Mächtiger als Macht?

Pierre Le Trognon

Pierre Le Trognon
Mächtiger als Macht?

1. Auflage 2022

Bibliografische Informationen der Deutschen
Nationalbibliothek

Die Deutsche Nationalbibliothek verzeichnet diese Informationen in der
deutschen Nationalbibliografie;
Detaillierte Daten sind im Internet
über www.dndb.de abrufbar

© 2022 Pierre Le Trognon
www.pierreletrognon.ch

Herstellung und Verlag:
Leoniden Verlag, Ebnat-Kappel, Schweiz
ISBN 978-3-98595-586-2

Inhalt

1 Ein Mann stirbt

Jojo sass im Wald und sah in die Abendsonne, die über der Stadt in der Ebene unten stand. Oben in den Bäumen musste eine Tannenmeise singen. Ganz deutlich hörte er ihr schnelles und leises Zwitschern. Didu-didu-didu tönte es in seinen Ohren. Er schaute nicht nach ihr. Er würde sie doch nicht finden. Lieber sog er ganz langsam, ganz tief, den Duft der Kiefern ein und liess sich die Unterarme von den letzten Strahlen der Sonne wärmen. Da riss ihn eine ungewohnte Bewegung aus seinem wohligen Frieden. Irgendjemand kam durch das Ödland den Berghang herauf. Das passierte eigentlich nie. Niemand kam hierher ausser ihm. Doch dieser Mann ging schnellen Schrittes den Berg herauf. Er beschleunigte seine Schritte sogar, je näher er kam. Wieder und wieder drehte er den Kopf zur Stadt, also ob jemand hinter ihm her wäre. Aber da war niemand. Der Mann war ganz allein. Und doch ging er, als ob er verfolgt würde. Es war schon kein Gehen mehr. Er lief, er rannte, und dabei schaute er sich immer wieder um. Seine Bewegungen wurden hektisch und abgehackt. Er lief direkt auf Jojo zu. Natürlich konnte er ihn unmöglich sehen im Schatten der Bäume. Jojo beobachtete ihn gespannt. Er hörte bereits den pfeifenden Atem des Mannes, sein Keuchen. Der Unbekannte taumelte, es musste ihm schwindlig sein. Endlich hatte er den Waldrand erreicht. Er lief noch einige Schritte durch den Wald und brach schliesslich zusammen. Seine Beine und Arme zuckten in Krämpfen. Sein Atem ging röchelnd. Jojo lief herbei. Er kniete bei dem Mann nieder und beugte sich über ihn. Die Augen des Mannes weiteten sich. Er starrte ihn an.

«Sie kommen», röchelte er fast unhörbar, «sie sind schon da, ganz nah, ich kann ihnen nicht entkommen. Sie haben mich erwischt.» Ein Flehen trat in seine brechende Stimme. «Sie dürfen es nicht bekommen, nie. Es darf nicht in ihre Hände fallen. Nimm du es Junge, verstecke es, bewahre es. Sie dürfen es nicht bekommen. Es ist zu kostbar.» Seine Finger krampften sich um etwas in seiner Hand. Er bäumte sich auf in einer letzten Konvulsion. Dann regte er sich nicht mehr. Es war nur noch das Weisse der Augen zu sehen.

Jojo sass starr vor Schreck. Was sollte er tun? Er versuchte den Puls des Gefallenen zu spüren. Nichts. Er lauschte auf Atem. Nichts. Er schaute, ob sich die Brust des am Boden Liegenden irgendwie regte. Nichts. Sollte er Hilfe holen? Das war schwierig. Durch das Ödland an den Rand der Stadt waren es fünfzehn Minuten. Und wie sollte er erklären, dass er im Wald gewesen war? Man ging nicht in den Wald. Nicht dass es verboten war. Es war nicht verboten. Aber es war tabu. Der ganze Wald war tabu. Man sagte besser nicht, dass man im Wald gewesen war. Dem Mann konnte er nicht mehr helfen. Aber vielleicht konnte er ihm seinen letzten Wunsch erfüllen. Er schaute auf den Körper hinab. Dessen Hände hatten sich entspannt. Das Ding war auf den Waldboden gefallen. Jojo hob es auf. Das Ding war ein Buch. Jojo hatte schon Bücher gesehen. Im Museum. Da gab es Bücher als Hologramme aus alten Zeiten. Früher hatte es Bücher gegeben. Früher, als die Menschheit noch nicht so weit entwickelt gewesen war. Aber er hatte noch nie eines in den Händen gehalten. Vorsichtig hob er das Buch auf. Es fühlte sich gut an. Es hatte einen festen Einband, und mit seinen Fingerspitzen konnte er eine leichte Struktur spüren. Später würde er es genauer anschauen. Jetzt musste er es zuerst in Sicherheit bringen. Er hatte ein Versteck tiefer im Wald. Da hatte er noch andere Sachen. Er hatte alles in seiner Kiste im hohlen Baum versteckt. Er stand auf und machte sich auf, tiefer in den Wald hinein.

Als er wieder an den Waldrand zurückkam, war der Mann verschwunden. Er konnte die Stelle noch sehen, wo er den Boden aufgewühlt hatte in seinen Krämpfen. Aber der Mann war verschwunden. Erstaunt blickte Jojo umher. Wo war er hin? Wie war das möglich? Dann sah er ihn. Dort ging der Mann durch das Ödland auf die Stadt zu. Er ging langsam, völlig entspannt. Er schlenderte geradezu. Und er schaute nicht zurück.

Jojo blickte ihm nach. Der Mann war schon ziemlich weit entfernt. Nun ging er normal. Nun hatte er den gleichen Gang wie so viele in der Stadt. Er ging langsam, ganz gelöst, und doch waren die Bewegungen nicht völlig fliessend. So gingen viele Menschen, entspannt mit fast fliessenden Bewegungen. Sie gingen zielgerichtet und doch wie absichtslos. Arme und Beine waren in ihren Bewegungen ideal koordiniert. Niemand liess die Arme beim Gehen einfach hängen wie Jojo, wenn er allein im Wald war. Alle bewegten die Arme gegensinnig zu den Beinen. Das war optimal für die Gesundheit. Arme und Beine bewegten sich in perfekter Harmonie. Ihre Bewegungen liessen sich durch eine ideale Sinuskurve beschreiben. Jojo schaute dem Mann nach, bis er die Stadtmauer erreicht hatte. Dort verschwand er. Ganz offensichtlich gab es doch mindestens eine Tür in der Stadtmauer.

Jojo fröstelte es trotz der Wärme im Wald. Er war nicht normal. Deswegen sass er jetzt auch allein im Wald. Er war krank, und er genoss es, im Wald zu sein. Erst um Mitternacht musste er wieder in der Stadt sein. Bis dahin würde er hier sitzen bleiben. Er würde einfach am Waldrand sitzen, den Vogelstimmen lauschen und zuhören, wie es mit zunehmender Dunkelheit weniger werden würden, und das Trippeln und Trappeln der kleinen Tiere zunahm, das Rauschen der Eulenflügel und ab und zu ein Knacken von Zweigen vom nächtlichen Leben im Wald künden würden. Er kannte den Wald noch nicht lange. Vor zwei Jahren war er das erste Mal hier gewesen. Damals hatte er noch bei Einbruch der Dunkelheit zuhause sein müssen. Aber seit zwei Wochen durfte er nun bis Mitternacht draussen bleiben. Vor zwei Wochen war er nämlich siebzehn geworden. Das war keine Erfindung seiner Eltern. Diese

Regel galt für alle in der Stadt. Wer siebzehn oder älter war, musste erst um Mitternacht wieder zuhause sein. Das galt für alle – auch für die Neunzigjährigen.

2 Die Gemeinschaft in der jeder allein ist

Jojo kam mit verschlafenen Augen in die Küche. «Guten Morgen Mama», sagte er. Seine Mutter sass am Küchentisch. Sie sah ziemlich genervt aus. Aber sie sprach mit ruhiger Stimme wie immer:

«Guten Morgen Jojo. Gut, dass ich dich endlich sehe. Ich wollte schon gestern Abend mit dir sprechen, aber du bist ja so spät nach Hause gekommen. Ich habe dich nicht gesehen, bis ich zu Bett gegangen bin. Allerdings habe ich wieder einmal dein schmutziges Geschirr gesehen. Ich habe es schliesslich abgespült. In der letzten Woche hast du dein Geschirr dreimal nach dem Essen auf die Spüle gestellt, und es stand dort jeweils bis zum Morgen. Dann habe ich es abgespült. Ich bin sehr traurig und frustriert, dass ich auch heute wieder einmal dein schmutziges Geschirr vorfinden musste. Ich möchte, wenn ich in das Haus komme, eine Ordnung vorfinden, die mir ein Entspannen möglich macht. Sage mir bitte, ob du bereit bist, dein Geschirr gleich nach dem Essen abzuspülen oder gemeinsam mit mir nach einem Weg zu suchen, wie unser beider Bedürfnis nach Ordnung erfüllt werden kann.»

Schon kochte die Wut in Jojo hoch. Wie er dieses Gerede hasste. Er hatte kein Bedürfnis nach Ordnung. Er konnte beim Anblick einer schmutzigen Socke, eines Turnschuhs und einer Mütze auf dem Fussboden wunderbar entspannen. Aber er konnte überhaupt nicht entspannen, wenn er in diesen Ordnungswahn eingezwängt wurde. Da sagte seine Mutter schon:

«Ich mag mich ja täuschen, aber ich habe den Eindruck, dass du wütend bist. Du weisst doch, wie schädlich Wut und jede Form der Aggression für das Zusammenleben in der Gemeinschaft und speziell in unserer häuslichen Gemeinschaft ist. Sollte da wirklich Wut irgendwo in dir vorhanden sein, müssten wir das unbedingt sofort angehen und behandeln lassen.»

Sie hatte Recht. Er musste unbedingt auf der Hut sein. Auf gar keinen Fall durfte seine Wut nach aussen sichtbar sein. Er hatte glücklicherweise einen Weg gefunden, damit umzugehen. Er liess auch jetzt wieder seine Wut hochsteigen bis zum Kopf und dann oben am Kopf heraussprudeln und über die Haut am ganzen Körper nach unten in den Boden rieseln. Er war stolz, dass er diese Methode gefunden hatte. So musste er die Wut nicht unterdrücken. Sie ging aus ihm heraus, und gleichzeitig war er auf eine seltsame Art besser geerdet. Er wurde stärker und mehr er selbst. Aber das reichte noch nicht. Er musste noch weiter gehen. Auch dafür hatte er einen Weg gefunden. Er nannte das «die Maske aufsetzen» und das tat er jetzt. Er stellte sich einfach vor, dass er eine nette, unverbindliche Maske aufsetzte.

«Ach Mama», sagte er mit einem schiefen Grinsen, «du täuscht dich, ich habe einfach einen Riesenhunger. Und es tut mir wirklich leid, dass das Geschirr ungewaschen geblieben ist. Du weisst ja, ich bin manchmal so in Gedanken, und da sehe ich es einfach nicht. Es tut mir wirklich leid. Ich weiss, wie wichtig Ordnung und Sauberkeit für dich sind. Es muss alles an seinem dafür bestimmten Platz sein. Nur wenn alles an seinem angestammten Platz ist, kann man störende Energien vermeiden. Nur so sorgen wir für den Fortschritt von Frieden und Harmonie auf unserem Planeten. Ich werde mich bemühen, in Zukunft mehr darauf zu achten.»

Seine Mutter war noch nicht zufrieden. «Jojo», sagte sie, «Riesenhunger ist nicht gut, du weisst das. Es ist ja nur Hunger, aber im Übermass bringt er dich aus dem emotionalen Gleichgewicht. Du solltest darauf achten, regelmässig zu essen. So vermeidest du Riesenhunger und bleibst im Gleichgewicht.»

Jojo hatte etwas Mühe, seine Maske weiter zu tragen. Aber es war wichtig. «Ja, Mama, ich weiss. Das nächste Mal nehme ich einen Powerbar und etwas zu trinken mit, wenn ich aus dem Haus gehe.»

Sie lächelte zufrieden. «Das ist gut Jojo. So ist es gut.» Auch Jojo lächelte zufrieden.

«Danke Mama», sagte er «vielen Dank.» Das zufriedene Lächeln war keine Maske mehr. Er war wirklich mit sich zufrieden. Er kam sich vor wie Dartagnan. Das war eine Figur aus dem Film «die drei Musketiere», den er einmal gesehen hatte. Der Film war schon einige hundert Jahre alt und spielte im achtzehnten Jahrhundert nach alter Zeitrechnung. Die drei Musketiere waren Abenteurer und fochten für die Freiheit. Sie fochten mit richtigen Degen. Dartagnan focht besonders elegant. Nun gab es keine Musketiere mehr. Es gab keine Degen mehr, und trotzdem hatte Jojo gerade ein Gefecht besonders elegant zu seinen Gunsten entschieden. Er hatte nicht gelogen. Er hatte sich keine Blösse gegeben. Seine Mutter hatte mal wieder ihren Willen durchsetzen wollen. Aber er hatte alle Versuche elegant abgewehrt. Sie war ins Leere gestossen mit ihrem Degen. Natürlich würde er sein Geschirr auch in Zukunft nicht abwaschen. Das war sein Protest gegen die häusliche Ordnung. Seine Mutter würde nichts sagen können. Er würde sich ja Mühe geben. Aber leider würde diese Mühe nie bis zur Tat führen.

«Auf ins nächste Gefecht», dachte er und musste sich gleich selbst korrigieren. Es ging nicht ins nächste Gefecht. Es ging in die nächste Maskerade. Es ging in die Schule. Natürlich musste er dazu nicht aus dem Haus gehen. Die Menschheit hatte schon lange erkannt, dass sie am wenigsten Energie verbrauchte, wenn sie sich möglichst nicht bewegte. Es war schon aus räumlichen Gründen nicht sinnvoll, in ein physisch existierendes Schulzimmer zu gehen. Denn wenn der Schüler zuhause war, stand das Schulzimmer leer, und wenn er in der Schule war, stand sein Zimmer zu Hause leer. Das war eine unverantwortliche Vergeudung von Platz. Es war energetisch viel effizienter, die Schule in den Cyberspace zu verlegen. Er musste nur die Realitätskappe aufsetzen und sich einloggen. Schon war er im Schulzimmer. Er sah die Mitschüler. Es waren nur zwanzig. Er sah den Lehrer. Es war, als wären sie alle körperlich im Klassenzimmer. Sie waren um ihn herum, und sie konnten tatsächlich miteinander kommunizieren. Er konnte normal reden, und die anderen konnten normal antworten. Die anderen waren tatsächlich da. Natürlich sassen alle körperlich zuhause, aber sie hatten sich in das Schulzimmer eingeloggt. Ihre ganze Aufmerksamkeit war auf das Schulzimmer konzentriert. In Wirklichkeit waren sie nicht da, wo ihre Körper waren. Sie waren da, wo ihre Aufmerksamkeit war. Sie waren wirklich alle im Schulzimmer. Das System merkte, wenn sie nicht mehr aufmerksam bei der Sache waren. Dann änderten sich nämlich die Hirnwellen von aufmerksamem Beta zu träumerischem Alpha. Und schon reagierte die Realitätskappe mit einem leichten Aufmerksamkeitsimpuls. Wo der Lehrer mit seiner Aufmerksamkeit war, wusste Jojo nicht so genau. Beim Lehrer war er sich nicht so sicher. Manchmal war er da und manchmal auch nicht. Das war auch sinnvoll. Wieso sollte der Lehrer das Wissen selber vermitteln. Es wurde einfach die optimale Wissensvermittlung, wie sie sich die besten Pädagogen der Welt ausgedacht hatten, einmal aufgezeichnet und mit der Stimme und der jeweiligen Gestalt des Lehrers wiedergegeben. Jojo fragte sich manchmal, was der Lehrer in dieser Zeit eigentlich tat. Unterrichtete er eine andere Klasse oder kaute er an den Fingernägeln? Bekam er auch Aufmerksamkeitsimpulse, wenn er wegdöste? Er wusste es nicht.

Auf jeden Fall waren in den letzten Jahrhunderten gewaltige Fortschritte in der Pädagogik passiert. Man musste nicht mehr schreiben. Es wurde mündlich kommuniziert. Das war der Urzustand der Menschheit vor der Erfindung der energieverschwendenden Schrift gewesen. Der war jetzt wieder hergestellt. Am besten lernte man durch Erfahrung. Darum wurde sehr viel Wissen in holographischen Szenen und Experimenten vermittelt. Das fand Jojo richtig cool. Und jetzt wurde das Wissen regelmässig abgefragt. Natürlich geschah das nicht in der Klasse, wo man sich vor den andern blamieren könnte, oder wo man seine Geltungssucht durch Zurschaustellen von übermässigem Wissen ausleben könnte. Es geschah in Einzelstunden mit dem Lehrer. Der Lehrer stellte Fragen, und man antwortete. Es gab kein Vorsagen, kein Abschreiben, keine Ablenkung. Manchmal wusste Jojo die richtige Antwort nicht. Da kam nie ein «falsch» oder so etwas. Der Lehrer reagierte dann sehr einfühlsam. «Gut, dass du es probiert hast, Jojo, bald wirst du es richtig können.» Wenn man die richtige Antwort sechsmal korrekt mündlich wiedergeben konnte, war das Wissen richtig verankert.

Alle Schüler waren in Jahrgangsklassen zusammen. Hochbegabte lernten friedlich neben Minderbegabten. Natürlich gab es schon lange keine Schulnoten mehr. Jeder bekam individuelles Feedback. Da es mündlich war, konnte man sich auch nicht mit den anderen vergleichen und so ungesunden Wettbewerb erzeugen. Wettbewerb führte zu Spannungen, und das war energetisch ungünstig.

Es gab nicht nur Unterricht für die ganze Klasse und Einzelunterricht. Es gab auch Hausaufgaben. Jojo liebte die Hausaufgaben. Da musste man das Gelernte in eigenen Worten wiedergeben. Man musste fliessend sprechen, wenn man stockte, machte das System einem Vorschläge. Das war eine trickreiche Angelegenheit. Die Vorschläge stammten nämlich nicht aus dem Schulsystem, sondern aus dem allgemeinen Sprachsystem. Heute war das Thema «Die harmonische Eingliederung der Menschheit in das System der Erde.» Zur Bearbeitung des Themas begann man zu sprechen. Wenn er also beginnen würde mit «die Erde ist eine…» und dann eine Pause machte, würde das System das Wort vorschlagen, das die Mehrheit der Menschen in diesem Zusammenhang verwenden würde. In diesem Fall wäre das «eine Kugel», man konnte dann mit «genau» bestätigen und fortfahren. In der normalen Kommunikation wäre das völlig ok, aber im Rahmen der Schule wäre das nicht gut, denn im Feedback würde es dann heissen: «Deine Beschreibung der Welt ist in erster Näherung korrekt. Du gibst dich mit einer groben Annäherung an die Realität in Übereinstimmung mit der breiten Masse der Menschheit zufrieden.» Das wäre nicht gut für seine Berufsaussichten. Im Mindesten würde er sagen müssen: «Die Erde kann von der Form her annähernd als rotationssymmetrisches Ellipsoid beschrieben werden.» Fatal wäre es hingegen, wenn er sagte. «Die Erde ist eine Scheibe.» Sofort würde das System nachfragen: «Bist du sicher?» Wenn er dann antwortete, «ja genau, es entspricht so der allgemeinen Erfahrung», würde das System noch zweimal nachfragen. Im Feedback hiesse es dann «Jojo beharrt auf seiner individuellen Sicht der Welt und verschliesst sich den Ergebnissen der Wissenschaft und einer Perspektive aus dem Ganzen heraus, was nicht zum Wohle des Ganzen ist.» Da könnte er sich alle Berufswünsche aus dem Kopf schlagen und gleich die Karriere als Masseur anstreben. Er machte sich also konzentriert an die Arbeit.

«Die Erde kann von der Form her annähernd als rotationssymmetrisches Ellipsoid beschrieben werden. Lange hat die Menschheit die Erde als eine Scheibe betrachtet. Erst um 1870 nach alter Zeitrechnung wurde sie als sogenanntes Geoid beschrieben. Das kann man auch als den Endpunkt der egozentrischen Beschreibung der Erde betrachten. Allerdings war es erst der Aufschwung eines anthropozentrischen Denkens und Handelns. Der Mensch betrachtete sich mehr und mehr als Krone der Schöpfung. Erst gegen Ende des 21. Jahrhunderts wurde der Menschheit bewusst, dass sie im Begriff war sich selber und das Leben auf der Erde auszulöschen. Es wurden dann sehr rasch lange bekannte grundlegende Erkenntnisse in Handeln umgesetzt. Zum einen erkannte man allgemein, dass der Mensch nicht Krone der Schöpfung ist, sondern einzig ein Tier mit besonders stark ausgeprägter Grosshirnrinde. Jedes Tier lebt in einer ökologischen Nische, und die ökologische Nische der Menschen ist die Stadt. Es lebten damals ohnehin bereits 95 % der Erdbevölkerung in grossen Städten. Diese Städte wurden zu Biotopen erweitert, die alle menschlichen Bedürfnisse erfüllen konnten. Die gesamte Menschheit zog sich in den Städten auf 5 % der Erdoberfläche zurück und überliess alles andere wieder der Natur. Natürlich stand es indigenen Völkern und auch sonst jedermann frei, auf dem Land, im Dschungel oder in der Steppe zu bleiben. Allerdings wurden ihnen die Zugänge zu den Städten und allen modernen Kommunikationsmitteln und Ressourcen nicht mehr möglich. Wer ausserhalb der Städte lebte, musste von seiner Hände Arbeit leben. Die ausserhalb der Städte verbliebenen Menschen stellten so keine Gefahr für die Natur oder gar die Erde als Ganzes dar. Die Natur stellte wieder eine Gefahr für diese Menschen dar.

Zum anderen erkannte man allgemein, dass die Menschheit nur so viel Energie verbrauchen konnte, wie sie selber erzeugte oder aus der natürlichen Sonneneinstrahlung erzeugen konnte. Der Bau von energieautarken Häusern war rasch so weit fortgeschritten, dass zum Heizen ausschliesslich Sonnenenergie ausreichend war. Damit blieb als letzter grosser Energieverbraucher das Mobilitätsbedürfnis der Menschen. Die Wirtschaft war schon länger dazu übergegangen, auf eigene Arbeitsplätze zu verzichten und die Menschen dort arbeiten zu lassen, wo sie auch lebten. Auch damit war die Menschheit zurück zu den gesunden Ursprüngen, wenn auch auf weitaus höherem Niveau. Noch im Mittelalter gab es keine Trennung zwischen Arbeitsstätte und Wohnstätte. Damit war damals aber auch der Wirkungskreis der mittelalterlichen Menschen sehr eingeschränkt. Die modernen Kommunikationsmittel erlaubten nun eine weltumspannende Zusammenarbeit, ohne Transporte nötig zu machen. Damit waren Transporte nur noch für die individuellen Mobilitätsbedürfnisse der Menschen nötig. Diese werden aus zwei Grundbedürfnissen gespeist, nämlich dem Bedürfnis nach neuen Sinneseindrücken und nach Begegnungen mit anderen Menschen. Mittlerweile hatte aber die Wissenschaft der Holografie enorme Fortschritte gemacht, die schliesslich zur Erfindung der Realitätskappen führten. Mit Hilfe der Realitätskappen konnte man sich an jeden gewünschten Ort, ja sogar imaginäre Orte, versetzen und mit jedem gewünschten Menschen kommunizieren, sofern der dazu bereit war. Es genügte, sich die Realitätskappe aufzusetzen und an den gewünschten Ort einzuloggen. Mittels Bewegungen des Kopfes konnte man sich in den virtuellen Welten bewegen. Schliesslich macht der Kopf den Menschen aus. Er ist Sitz der Grosshirnrinde und der Sinnesorgane sowie Sprachorgane. Alles andere sind nur Supportfunktionen. Es ist also nicht erstaunlich, dass die Realitätskappen einen eigentlichen Siegeszug über die Welt antraten. Mit dem Siegeszug der Realitätskappen ging der Niedergang der Industrie einher. Für neue Erfahrungen und Sinneseindrücke waren keine materiellen Gegenstücke mehr nötig. Es brauchte keine produzierende Industrie mehr. Von der unsäglichen Praxis des Essens von toten oder gar lebenden Tieren war man schon länger abgekommen. Tierische Produkte wie Milch oder Käse waren bald als schädlich erkannt und durch gesündere pflanzliche Produkte ersetzt, und pflanzliche Produkte wurden mehr und mehr von energetisch günstig zu erzeugende Zellkulturen verdrängt.

Damit ist die Menschheit heute harmonisch in das System der Erde integriert. Man kann eine moderne Stadt fast mit einem Bienenstock vergleichen. Nur fliegen von den menschlichen Bienenstöcken keine Menschen aus, holen Nektar von den Blüten und befruchten sie dabei. Die Menschen in den Städten atmen Kohlendioxid aus, das von den Pflanzen in den umliegenden Wäldern zum Wachstum verwendet wird. Die Pflanzen geben den Menschen in den Städten lebensnotwendigen Sauerstoff zurück. Die ursprüngliche Harmonie ist auf weitaus höherer Stufe wieder hergestellt.»

Jojo nahm die Realitätskappe ab und lehnte sich zufrieden zurück. Das war gut gelungen. Kürzer und eleganter könnte man die Sache wohl kaum darstellen. Er hatte sogar das Zauberwort Harmonie als krönenden Abschluss einbauen können.

Sein Aufsatz war natürlich Maskerade gewesen. Jojo hatte eine ganz andere Meinung von der Welt. Die Welt hatte sich für fast alle Menschen auf die Stadt reduziert, in der sie wohnten, und sie war grau und eintönig. Wenn man die Realitätskappe absetzte, sah man keine Farben mehr. Es war einfach alles aus grauem Beton oder Kunststoff. Farben wären ja die reinste Energieverschwendung gewesen. Heute wurde wieder für die Ewigkeit gebaut. Es war alles haltbar und solide und grau. Beim Bau und bei der Entsorgung wurde am meisten Energie verbraucht. Darum musste man möglichst langlebige Dinge bauen. Form und Farbe der Materie war sekundär. Sie war ja bloss Projektionsfläche für die individuellen Wirklichkeiten. Die Wirklichkeit existierte nur, wenn man die Realitätskappe aufhatte. Der Mensch existierte nur, wenn er die Realitätskappe aufhatte. Er grinste. Er existierte nun nicht mehr. Ohne die Realitätskappe konnte ihn niemand mehr erreichen. Und er konnte auch niemanden mehr erreichen. Er war aus der Welt verschwunden.

3 Der Eindringling

Jojo trat in den Wald. Dort blieb er zuerst einmal stehen und sog die würzige Luft in tiefen Zügen ein. Noch hing die Feuchtigkeit der Nacht zwischen den Bäumen. Noch stand die Sonne erst knapp über dem Horizont. Doch es versprach ein schöner Tag zu werden. Er hörte schon den Buchfinken zwischen den Zweigen der Bäume rufen. Ein warmes, tiefes Glücksgefühlt durchströmte seinen ganzen Körper. Hier war er zuhause. Dies war seine Welt. Er setzte sich auf den weichen, federnden Waldboden und strich mit den Händen über die Erde. Er spürte die spitzen abgefallenen Nadeln der Bäume unter den Fingern. Er fühlte, wie die Erde sich zwischen seinen Fingern krümelte. Dann lehnte er sich gegen den dicken Stamm einer Tanne, schloss die Augen und hörte dem Wald zu.

Er lauschte dem leisen Rascheln der Blätter über ihm, dem Plätschern des Baches weiter hinten und dem Gesang der Vögel überall. Den Star erkannte er, und der Stieglitz war auch schon wach. Irgendwo in der Ferne röhrte ein Reh. Er lächelte in sich hinein. Als er das erste Mal ein Reh gehört hatte, war er fürchterlich erschrocken. Dieses laute röhrende Bellen hatte ihm das Blut in den Adern gefrieren lassen. Dann hatte er das Reh gesehen, ein harmloses sanftes Reh hatte ihn so erschreckt, weil es erschreckt hatte.

Das Lächeln war noch um seine Lippen, als er plötzlich erstarrte. Da waren Schritte weiter oben im Wald. Sie waren viel lauter als das Getrippel von Mäusen, stärker als das Tapsen eines streunenden Hundes. Es waren eindeutig menschliche Schritte. Doch das konnte nicht sein. Er war der einzige Mensch hier im Wald. Noch nie hatte er einen Menschen hier gesehen oder gehört oder auch nur Spuren im Wald gefunden, die von Menschen kündeten. Jetzt wusste er, warum das Reh geröhrt hatte. Es war von einem Menschen gestört worden. Dieser Mensch war nun hier in der Nähe. Jojo stand auf und lauschte. Die Geräusche kamen von weiter oben im Wald. Es waren keine Schritte mehr zu hören, eher ein Rascheln. Er ging leise, immer im Schutz der Bäume bleibend, auf das Geräusch zu. Unruhe ergriff ihn immer mehr. Da oben war ja der hohle Baum mit seiner Schatzkiste. Genau daher kamen die Geräusche, da bog jemand Zweige auseinander und brach einen davon ab. Er zwang sich, weiter leise zu schleichen. Nun war er dicht bei seinem Schatzbaum. Da stand eine schmale Gestalt bei seinem Baum. Sie war weit vornüber gebeugt, vermutlich öffnete sie schon den Deckel der Truhe. Sie war ja nicht verschlossen.

Mit drei grossen Sprüngen war Jojo bei der Gestalt und hatte sie fest von hinten gepackt. Er riss sie nach hinten, und dabei verlor er selber das Gleichgewicht. Er fiel auf den Rücken, und sie fiel auf ihn. Er liess nicht los, soviel sie sich auch wehrte. Sie rangen verbissen ohne einen Laut. So viel Gegenwehr hatte Jojo gar nicht erwartet bei der schmalen Gestalt. Aber bald hatte er sie fest im Griff. «Kesa Gatame», sagte er sich voll innerem Stolz, «alter japanischer Judo-Haltegriff.» Da sah er, dass er ein Mädchen fest im Griff am Boden hielt.

«Was tust du in meinem Wald», knurrte er sie an.

«Was tust du in meinem Wald», zischte sie wütend.

«Was hast du in meinem Baum zu suchen», fauchte er.

«Was überfällst du mich einfach von hinten», stöhnte sie.

«Wer bist du überhaupt», schnauzten sie sich gleichzeitig an, hielten erstaunt inne, und begannen ob der Gleichzeitigkeit zu lachen.

«Ich bin Jojo», sagte er.

«Ich bin Mattea», sagte sie, «und jetzt könntest du mich eigentlich loslassen.»

Jojo liess sie los, und beide standen auf. Nun schaute er Mattea genauer an. Sie war etwa in seinem Alter, vielleicht einen halben Kopf kleiner als er, zierlich und hatte das hellbraune Haar zu einem Pferdeschwanz zusammengebunden. Immer noch etwas kurzatmig vom Kampf schaute sie ihn aus dunkelbraunen Augen an. Dann grinste sie kurz und sagte,

«erfreut, dich kennenzulernen, Jojo, und nun kannst du mir vielleicht sagen, was du hier zu tun hast?» Jojo machte eine kleine förmliche Verbeugung und tat so, also ob er einen Hut hob,

«die Freude ist ganz meinerseits und die Frage auch.» Dann schaute er sie erwartungsvoll an. Mattea zögerte eine Weile mit der Antwort:

«Also gut, ich erzähle dir, was ich hier tue, und du erzählst, was du hier tust. Wie ich sehe, läufst du ja auch ohne Realitätskappe herum.»

Jojo nickte, «einverstanden», und Mattea begann zu erzählen:

«Also eigentlich lebe ich ja in der Stadt, genauer gesagt im Paulusquartier.»

«Oh, das ist dieses alte Quartier, das unter Denkmalschutz steht», warf Jojo ein, «da war ich noch nie, da stehen doch alle diese kleinen Häuschen, die nicht einmal richtig isoliert sind, oder?»

«Genau, und ich wohne mit meinen Eltern und meiner jüngeren Schwester Lucia in so einem kleinen Haus, und seit ungefähr zwei Jahren gehe ich regelmässig in den Wald.»

«Was?», fragte Jojo überrascht, «seit zwei Jahren gehst du regelmässig in den Wald? Ja hast du denn gar nichts in der Schule gelernt über die Gefahren des Waldes? Ich meine, bereits bei mässigem Wind können Äste und Zapfen herunterfallen. Ein abbrechender toter Ast genügt völlig, und schon bist du schwer verletzt oder gar mausetot. Und denke nur bei Sturm, da schwebst du im Wald in akuter Lebensgefahr. Da können Bäume plötzlich umfallen oder gebrochen werden. So ein Baum wiegt mehrere Tonnen. Wenn du es krachen hörst, bist du schon so gut wie tot. Da bleibt keine Zeit mehr, um wegzulaufen. Darum geht kein normaler Mensch in den Wald, und nicht einmal die anderen tun es. Schliesslich lauern da überall Zecken. Sie sitzen im Gras oder auf

Blättern oder Zweigen. Kaum gehst du vorbei, lassen sie sich abstreifen und sitzen schon auf deiner Kleidung. Dann beginnen sie zu kriechen und sie kriechen und kriechen, bis sie ein Stück Haut entdeckt haben und stechen dich. Sie saugen sich an dir fest, sie saugen dein Blut auf, und gleichzeitig bringen sie ihre infamen Stoffe in deine Blutbahn. Davon bekommst du Borreliose oder Hirnhautentzündung. Daran kannst du sterben. Oder denke nur an den Fuchsbandwurm, der auf Früchten und Blättern sitzt und auf dich lauert. Vielleicht sitzt er schon in dir, und die tödliche Krankheit, die er mit sich bringt, bricht erst in einigen Jahren aus. Und dann ist da noch dieser Schmetterling, der Eichen-Prozessionsspinner. Seine Raupen haben kleine Härchen. Die trägt der Wind durch den Wald, wenn sie dich dann treffen, sondern sie ihr Gift auf deiner Haut ab. Das führt nicht nur zu Brennen und Jucken, am Ende bekommst du noch einen allergischen Schock und stirbst daran. Hast du das alles nicht in der Schule gelernt? Haben deine Eltern dir das nicht wieder und wieder gesagt? Wie bist du nur auf die Idee gekommen, regelmässig in den Wald zu gehen?»

Mattea sah ihn eine Weile sprachlos an, dann lachte sie und meinte: «na du hast ja die herrschende Meinung gut gelernt und bist trotzdem selber hier, wieso bloss?»

«Vermutlich», antwortete Jojo, «weil ich genauso verrückt bin wie du. Mir gefällt es hier einfach, und eigentlich habe ich die wichtigste Frage noch gar nicht gestellt. Auch wenn du auf die gefährliche Idee gekommen bist, in den Wald zu gehen, wie konntest du überhaupt hineingelangen? Es gibt ja keine Tore in der Stadtmauer, und über die Mauer klettern kann man nicht.»

«Ich lebe doch im Paulusquartier. Da steht seit vielen Jahrhunderten schon die Pauluskirche. Sie ist Teil der Stadtmauer. Es ist schier unglaublich aber wahr. In der Pauluskirche gab es immer schon eine kleine Tür, die nach draussen führt. Die ist natürlich verschlossen und einen Schlüssel gibt es schon lange nicht mehr. Aber das Schloss ist uralt. Das konnte ich mit einem hundskommunen Dietrich leicht öffnen.»

«Mit einem was?»

«Na, mit einem Dietrich!»

«Was ist das denn? Das Wort habe ich ja noch nie gehört.»

«Ich lebe doch im Paulusquartier. Da gibt es nicht nur uralte Häuser. In den Häusern gibt es auch uralte Sachen, Bücher zum Beispiel. Ich habe als Kind viel in diesen Büchern gelesen. So habe ich auch «Meisterdetektiv Kalle Blomquist» gelesen. Kalle war ein Junge in Schweden, und er hatte einen Dietrich. Das ist so etwas wie ein gebogener Nagel. So einen Dietrich habe ich mir gebastelt, und schon konnte ich die Tür öffnen.»

«Was als Kind schon?»

14

«Nein, erst viel später, erst vor zwei Jahren. Da stand ich vor dieser Tür und habe dieses Schloss angeschaut, und da fiel mir Kalle Blomquist wieder ein.»

«Und da hast du einfach so den Dietrich aus der Tasche gezogen, hast die Tür aufgeschlossen und bist hinausmarschiert?»

«Nein, natürlich nicht, aber da hatte ich das erste Mal das Gefühl, das ich hinaus müsste. Und ich wusste, dass ich auch hinaus könnte. Ich hatte ja gelesen, was ein Dietrich ist, und wie man ihn gebraucht. Dann ist das Gefühl immer wieder aufgetaucht, und es ist auch immer stärker geworden. Ich wusste nicht, was hinter der Stadtmauer ist. Ich wusste nur, dass da die Natur ist, und die Menschheit hat sich doch vor Hunderten von Jahren entschlossen, die Natur sich selbst zu überlassen und nur in der ökologischen Nische der Menschen zu leben, der Stadt. Die Natur geht die Menschen nichts an. Ich meine, das ist einfach so, und gleichzeitig ist dieses Gefühl immer häufiger da gewesen, und er ist auch immer stärker geworden, dieser Wunsch durch die Tür zu gehen.»

«Aber warum bist du nicht einfach in die Natur gegangen wie alle anderen auch. Ich meine, mit der Realitätskappe kannst du jeden Dschungel der Welt, jede Savanne Afrikas, jede Stadt im Mittelalter, jeden griechischen Tempel zur Zeit der alten Griechen besuchen. Du sitzt bequem und sicher zuhause und kannst alles wirklich erfahren, viel wirklicher als es die alten Griechen konnten. Und dazu noch ungefährdet. Keine Mikroben, keine Stürme, keine bösartigen Viren gefährden dich. Kein verdorbenes Essen bringt dich an den Rand des Todes, niemand überfällt dich oder bettelt dich an. Keine Zecke kriecht dein Hosenbein hoch bis in deinen Schritt und saugt sich da fest. Kein Regen durchnässt dich bis auf die Haut, keine Kälte friert dir fast die Zehen ab, kein Baum erschlägt dich.»

«Ach weisst du, ich kann es nicht rational erklären. Das stimmt ja alles, aber ich hatte einfach dieses Gefühl. Ich weiss nicht, woher es gekommen ist, aber es war da, und es wurde immer stärker. Alle Wirklichkeiten der Realitätskappe über die Natur sind mindestens zweihundert Jahre alt. Wir können in die Natur gehen, so wie sie vor zweihundert Jahren war. Seither hat sie niemand mehr gesehen. Seither ist sie tabu. Ich wollte und musste durch diese Tür. Ich wollte und musste sehen, was dahinter ist.»

«Hm, verstehe, und wie hast du es dann angefangen?»

«Zuerst habe ich natürlich nachgedacht. Ich musste ja vorsichtig vorgehen. Ich meine, in der Stadt ist nichts verboten. Es gibt schon lange keine Gesetze mehr, es gibt keine Polizei, keine Strafen, keine Gefängnisse. Und trotzdem verläuft alles in Frieden und Harmonie. Es gibt so viele Dinge, die niemand tut, einfach weil man sie nicht tut. Die Natur ist definitiv tabu. Ich wusste nicht, was passiert, wenn man ein Tabu bricht. Aber ich wusste sicher, dass nichts passieren würde, wenn ich dabei nicht gesehen würde. Was nicht gesehen wird, existiert nicht. Das ist so. Das weiss jeder. Es kann die Harmonie der anderen nicht stören. Also war es wichtig, dass ich auf keinen Fall gesehen wurde.»

«Na, das war ja wohl kein Problem. Es haben ja alle permanent ihre Realitätskappen auf. Die sehen nicht, was ausserhalb ihrer Wirklichkeit passiert.»

«Ach, das meinst du. Aber du kennst die Pauluskirche nicht. Das ist eine Kirche. In dieser Kirche trifft sich regelmässig diese kleine Gruppe. Sie nennen sich Christen. Die können machen, was sie wollen, solange sie andere nicht mit ihren wirren Ideen belästigen. Sie halten dort regelmässig ihre Versammlungen ab, heilige Messe, nennen sie das. Und dann ist da noch ihr Anführer, Priester nennen sie den. Der ist oft in der Kirche. Und das schlimmste: In der Kirche hat niemand eine Realitätskappe auf. Sie legen sie alle am Eingang ab. Dann sehen sie nur noch die kahle Kirche. Naja, sie haben etwas Schmuck, ein grosses goldenes Kreuz vorne in der Mitte und einige Statuen und Bilder. Also alles nicht besonders cool. Mit der Wirklichkeit der Realitätskappe nicht zu vergleichen. Aber so sehen sie natürlich jeden, der in der Kirche ist. Und einen Fremden würden sie sofort ansprechen.»

«Einen Fremden? Du bist doch vermutlich keine Fremde für sie. Sie müssen dich ja schon öfters in der Kirche gesehen haben, du wohnst doch in der Nachbarschaft und warst jedenfalls oft genug da, um diese Tür zu entdecken.»

«Ja das schon, sie kennen mich und haben mich auch schon angesprochen. Weisst du, sie sorgen sich um ihre Mitmenschen, sie fragen, ob es dir gut geht, und ob sie dir helfen können und so. Aber ich habe immer nur gesagt, dass mir die Atmosphäre in der Kirche so gut gefällt, da haben sie mich erstmal in Ruhe gelassen. Naja, jedenfalls habe ich herausgefunden, dass eine Stunde vor Sonnenaufgang nie jemand in der Kirche ist. Und eine Stunde nach Mitternacht auch nicht.»

«Also konntest du zwischen Mitternacht und Sonnenaufgang ungesehen in der Kirche sein?»

«Genau, das erste Mal war ich kurz nach Mitternacht dort und habe die Tür aufgemacht und herausgeschaut. In der Dunkelheit konnte ich nicht so viel sehen, aber die Lichter der Stadt machen die Umgebung doch mindestens etwas dämmrig. Da habe ich gesehen, dass zwischen der Stadtmauer und dem Wald auf fast einen Kilometer Länge nur ganz kurzes Gras wächst.» Jojo nickte grimmig und murmelte,

«ja sie nehmen es doch nicht so ganz genau mit der Natur. Die Stadtmauer ist nicht die eigentliche Grenze der Stadt. Der Waldrand ist die eigentliche Grenze. Soweit ich gesehen habe, ist überall zwischen Waldrand und Stadtmauer dieser breite Streifen kurzen Grases. Da fliegt der Sanitätsdienst regelmässig mit Drohnen drüber. Sie sprühen Substanzen, die alle Pflanzen verdorren lassen. Das geht dann fast zwei Wochen, bis wieder erstes Grün auftaucht. Und dann sprühen sie noch Substanzen, die alle Insekten vernichten. Schon schlau, wo keine Insekten und keine Pflanzen sind, sind auch keine anderen Tiere, wovon sollten die leben, und wo sollten die Deckung finden.»

«Genau, und als ich diesen breiten Streifen kurzen Grases gesehen hatte, wusste ich auch, dass ich nur zwischen Mitternacht und Morgendämmerung zur Tür hinaus und wieder herein konnte. Ich kann mir ja nicht vorstellen, dass irgendjemand oder irgendetwas jemals über die Stadtmauer nach draussen schaut, aber riskieren wollte ich es auch nicht.»

«Das heisst, du musstest beim ersten Ausflug in den Wald schon den ganzen Tag draussen vor der Stadt bleiben? Hattest du da keine Angst?»

«Natürlich hatte ich Angst. Auf der einen Seite wollte ich unbedingt hinaus, ich kann wirklich nicht sagen warum, es war einfach dieses Gefühl, das immer stärker wurde. Natürlich war da auch Neugier, ich wollte schon wissen, wie es draussen aussah und vor allen Dingen, wie es sich anfühlte. Auf der anderen Seite wusste ich von den Zecken und den herunterfallenden Ästen. Ich hatte auch gehört, dass es in der Natur Wildschweine, gibt, die schon Menschen getötet haben. Auch sollten Wölfe da sein, wilde Hunde und giftige Schlangen und Pflanzen, die dir die Haut verbrennen. Aber dieses Gefühl ist immer stärker und stärker geworden, dieses Gefühl, unbedingt den Wald erleben zu müssen. Vielleicht ist es das, was sie in den alten Büchern Sehnsucht nennen.»

«Und schliesslich hast du es dann getan.»

«Ja, schliesslich habe ich es dann getan. Ich habe überlegt, was ich für einen Tag im Wald alles benötigen würde, Wasser natürlich und etwas zu essen. Und dann brauchte ich noch einen Behälter für das alles. Den hast du ja wohl schon gesehen?»

"Was, den breiten Gürtel mit all den kleinen Säckchen daran? Hast du den selber gemacht?»

«Ja, das war schwierig genug. Ich musste mir Stoff beschaffen und Nadel und Faden, ich meine, wer braucht so etwas heute noch. Das war beinahe das grösste Hindernis. Dann habe ich in der Nähe diese Frauengruppe entdeckt. Die sind alle alt und pflegen alte Traditionen. Ich glaube die jüngst von ihnen ist dreimal älter als ich. Wie haben die sich gefreut, dass ich mich für die Mode von vor vierhundert Jahren interessiere. Sie haben mir mit Feuereifer Nadel und Faden und Stoffe beschafft, frage mich nicht wie und woher. Sie haben mir nähen und stricken und sticken beigebracht. Ach ich habe mir mehr als einmal die Finger blutig gestochen, und von diesen dünnen Nähnadeln werden dir die Fingerkuppen ganz wund. Natürlich habe ich meinen Gürtel heimlich genäht. Aber ich habe auch schon ein ganzes Rokokokleid fertig.»

«Ein was?»

Mattea drehte sich einmal um sich selber, hielt die Oberarme dich am Oberkörper und spreizte die Unterarme nach aussen. Sie lächelt vielsagend und etwas kokett.

17

«Ein Rokokokleid. Das stammt aus der Zeit um 1750 nach alter Zeitrechnung. Schau mich an, wo meine Fingerspitzen jetzt sind, ist bei diesem Kleid der Rock zu ende. Der hat ausserdem unendlich viele lange Falten. Original wären in den Stoff noch Gold- und Silberfäden eingewebt. Aber das ging natürlich nicht. Und oben hätte ich eine», sie hielt die Luft an und redete mit fast erstickter hoher Stimme, «Schnürbrust, also meine Brüste wären ganz in Ordnung, aber der ganze Brustkasten wäre zusammengeschnürt, sodass ich eine ganz schmale Taille hätte und nicht mehr richtig atmen könnte. Deswegen würde ich bei der kleinsten Aufregung in Ohnmacht fallen.»

Jojo sah sie verständnislos an und murmelte «vollkommen durchgeknallt.»

«Was durchgeknallt? Ich sage dir, diese alten Damen sind geradezu eine subversive Vereinigung. Natürlich weiss in der Wirklichkeit der Realitätskappe niemand etwas davon. Nach aussen haben sie ein rein historisches Interesse an all diesen Dingen. Also wenn jemand in der Wirklichkeit wüsste, dass wir da Rokokokleider nähen, ich kann mir nicht ausdenken, was passieren würde.»

«Aber das muss dich ja mindestens ein halbes Jahr gekostet haben!», platzte Jojo heraus.

«Das hat es auch, aber schliesslich war ich soweit. Ich konnte meine Expedition starten. Natürlich liess ich meine Realitätskappe im Bett. Der Mensch ist da, wo seine Realitätskappe ist, und bei Menschen in meinem Alter schöpft niemand Verdacht, wenn sie mal einen ganzen Tag nicht aus dem Bett kommen.»

«Und deine Eltern, was haben denn deine Eltern gesagt?»

«Ach die sind sehr grosszügig. Denen habe ich gesagt, dass ich das ganze Wochenende bei einer Freundin verbringen würde. Da war ich auch zuerst. So hatte ich genügend Zeit, falls etwas schief gehen würde. Ich bin also kurz vor Morgengrauen in die Kirche gegangen, und dann habe ich die Tür geöffnet und bin nach draussen getreten. Zuerst ging alles problemlos. Ich meine ausserhalb der Stadtmauer ist es ziemlich genauso wie innerhalb der Stadtmauer.» Jojo protestierte:

«Also naja ausser, dass ausserhalb die Natur ist und innerhalb der Mensch.»

«Nein, ich meine nicht das Äusserliche. Ich meine das Innerliche. Also das Gefühl. Vom Gefühl her ist da kein grosser Unterschied. Also, ich war natürlich aufgeregt und hatte etwas Angst, aber aussen, also im Gefühl um mich herum sozusagen, war da kein grosser Unterschied. Wie soll ich das bloss erklären? Also, ich nehme an, du läufst manchmal ohne Realitätskappe durch die Stadt?»

Ein breites Lachen zog um Jojos Mund als er antwortete: «manchmal ist etwas untertrieben. Ich tue das in der Tat mehr als manchmal.»

«Genau, und das Gefühl um dich herum, ich meine in gewissen Strassen, in gewissen Wohnungen, bei dir zuhause, ist sozusagen neutral.»

«Also bei mir zuhause ist es nervend, aber ich glaube ich weiss, was du meinst, ich würde das langweilig nennen.» Mattea seufzte leise und sagte, «lass mich das nochmals etwas erklären. Ich weiss nicht, wie ich mich ausdrücken soll, natürlich sind alle Gefühle in dir drinnen. Es gibt aber Gefühle, die kommen sozusagen aus dir heraus und es gibt andere Gefühle, die kommen sozusagen in dich herein. Sie tauchen alle in dir auf, aber ihr Ursprung ist nicht immer in dir.»

Nun war es an Jojo leise zu seufzen, ehe er antwortete: «Hm, lass mich mal überlegen. Ein Teil ist einfach. Es gibt Gefühle, die bringe ich hervor, das kenne ich. Dazu gehören bei mir zum Beispiel Abneigung, Widerwille, Abscheu, Ekel und so. Aber da muss zuerst etwas aussen sein, ein stinkender Fischkopf, Erbrochenes, Fäkalien. Und daran entzündet sich dann mein Gefühl. Das muss nicht zwanghaft so sein, es gibt ja offenbar sogar Leute, die lecken sich die Lippen nach Fischköpfen. Und bei positiven Gefühlen wie Freude, Erleichterung, Stolz ist das auch so. Und wohl auch bei Angst, Panik, Wut, Enttäuschung. Das verstehe ich. Gefühle kommen nicht einfach so, wenn ich zuhause im Bett sitze. Da gibt es immer einen äusseren Anlass wie den stinkenden Fischkopf oder meine nervenden Eltern. Obwohl», er zögerte einen Augenblick. «Ich habe auch schon im Bett gesessen und war enttäuscht und da war kein äusserer Anlass, ich habe da an ein enttäuschendes Erlebnis in der Vergangenheit gedacht, und dann war ich wieder enttäuscht.» Jojo schaute Mattea fragend an, dann redete er weiter, «Ok, ich habe noch nie zuhause im Bett gesessen und nichts gesehen oder gehört oder gerochen oder gedacht und dann ist ein Gefühl in mir aufgetaucht.»

Mattea lächelte etwas unsicher. «Das war bei mir auch so, jedenfalls in der Stadt, aber im Wald hat sich das geändert. Kaum hatte ich diesen Streifen mit dem kurzen Gras hinter mir gelassen und bin in den Wald gekommen, wurde ich von Gefühlen übermannt. Sie sind in mir aufgetaucht, wie Gefühle das tun, aber ich habe sie nicht hervorgebracht, ich war wie ein Wahrnehmungsorgan für Gefühle, die um mich herum waren. Das habe ich natürlich erst später herausgefunden. Und übermannt ist eigentlich auch nicht das richtige Wort. Man wird ja von Schmerz übermannt, aber so war das nicht. Es war nicht so stark aber es war ganz klar da. Du weisst ja, dass es nicht so einfach ist, in den Wald zu gelangen. Am Rand des Waldes stehen überall dichte Büsche, Brombeergestrüpp, Brennnesseln und so. Da habe ich mich zuerst vorsichtig durchgeschlängelt. Da habe ich nichts gespürt von aussen – ausser Stacheln, und Brennnesseln und so. Im Wald drinnen wurde es dann offener, da kam ich leichter voran. So kam ich schliesslich zu einem Hügel und je näher ich dem Hügel kam umso mehr wurde ich von – ich weiss nicht, ob du das Wort kennst - Güte erfüllt und von einer heiteren Gelassenheit. Mitten auf dem Hügel stand ein grosser Baum, da habe ich mich drunter gesetzt, und da ist dieses Gefühl von Güte und Gelassenheit immer stärker geworden. Das hat mich ganz schön verwirrt. Also, diese Gefühle passten ja gar nicht zu meiner Situation. Wieso sollte ich jetzt von so heiterer, gütiger Gelassenheit erfüllt sein? Spannung, Aufregung, Entdeckerlust, von mir aus auch Angst hätten viel besser gepasst. Aber wieso war ich jetzt so gütig und gelassen heiter? Da sass ich eine Weile. Ein Teil von mir, der wohl eher im Kopf lebte, war verwirrt über den anderen Teil von mir, der wohl eher im Herz lebte und erfüllt war von Güte und Gelassenheit und dieser Heiterkeit. Später habe ich dann herausgefunden, was das war. Das war der Baum auf dem Hügel. Das war eine Linde und diese Linde hat um sich herum diese Gefühle erzeugt und ich habe das gespürt. Ich habe es aber nicht um mich herum gespürt. Ich habe es in mir drinnen gespürt.

Schliesslich bin ich weiter gegangen, und langsam ist auch dieses ungewohnte Gefühl vergangen. Ich bin tiefer und tiefer in den Wald gekommen, und schliesslich kam ich in eine Gegend, da standen einige grosse Bäume. Da wurde ich wieder von einem ungewohnten Gefühl ergriffen. Diesmal war es, wie soll ich sagen, eine Mischung aus Erhabenheit und Stärke und einem Schmunzeln. Die tauchten in mir auf. So fühlte ich mich mehr und mehr. So fühlte ich mich im Herzen, und gleichzeitig sagte mein Kopf, Mattea nun beginnst du zu spinnen. Warum solltest du dich jetzt stark und erhaben fühlen. Du bist ja so klein und verloren in diesem Wald. Das waren natürlich nicht meine Gefühle. Das waren die Eichen um mich herum. Grosse alte Eichen die sind so.»

Mattea schwieg und schaute Jojo etwas befangen an, dann meinte sie, «ja so war mein erster Tag im Wald. Jetzt weisst du es. Nun habe ich dich fast zu Tode geredet. Nun bis du dran mit Reden.»

Jojo stöhnte leise, «ich kann jetzt nicht reden, ich sterbe fast vor Hunger, erst muss ich etwas essen. Schau wie hoch die Sonne schon am Himmel steht. Es ist Zeit zum Mittagessen.»

«Mittagessen?» Mattea schaute ihn fragend an. Dann meinte sie etwas verlegen, «ich weiss ja nicht, was du essen willst. Ich habe mir etwas aus der Stadt mitgebracht. Du kannst etwas abhaben. Wir haben ja die Realitätskappen nicht dabei, also sieht es nicht so toll aus, und ohne Gewürzmischungen aus der Stadt schmeckt es auch nach nichts. Aber es ist nahrhaft und gesund. Ich habe Sonnenmenü 3 mitgenommen. Ich bin ja den ganzen Tag draussen. Da ist Sonnenmenü 3 gut geeignet. Es hat relativ wenig Vitamin D, weil man das ja nicht braucht, wenn man viel an der Sonne ist und viel Vitamin C, weil man an der Sonne und der frischen Luft natürlich viel Antioxidantien braucht. Stufe 3 an Kalorien, das sind 2000 kcal. Genug für mich für einen Tag. Und zwei Liter Wasser habe ich natürlich auch mit. Sonnenaktivität 3. Also sehr mineralreich. Das ist gut, wenn man viel schwitzt. Das können wir natürlich alles teilen, wenn du möchtest.»

Jojo lächelte, «ja lass uns teilen, aber bei meinem Mittagessen musst du mutig sein. Ich habe heute Waldmenü Sommer gewählt. Heute gibt es frische

Walderdbeeren mit Haselnüssen und Bachwasser. Die Erdbeeren sind superfrisch, die hängen nämlich noch an den Pflanzen. Dafür sind die Haselnüsse vom letzten Herbst.»

«Was du isst Sachen aus dem Wald? Hast du keine Angst?»

«Angst? Ach was, ich tu das schon lange, und ich lebe immer noch. Hast du noch nie Walderdbeeren gegessen? Komm ich zeig sie dir. Du musst sie einzeln in den Mund stecken, aber ganz langsam, damit sie kurz zwischen den Lippen bleiben und du ihre Haut spüren kannst, dann mit der Zunge am Gaumen zerquetschen und auf der Zunge zergehen lassen, aber ganz langsam, ah, dann entfaltet sich ihr wunderbares fruchtig-säuerliches Erdbeeraroma, es füllt deinen ganzen Mund und steigt dir wie von innen in die Nase, dann ertastest du mit der Zunge all ihre kleinen Körnchen und reisst dich zusammen und spürst, wie der süsse Saft dir langsam hinten in den Rachen fliesst, bis du nicht mehr widerstehen kannst, und du schlucken musst. Und wenn du dann einen Schluck Bachwasser nimmst aber nicht gleich herunterschluckst, sondern ihn im Mund hin- und her rollen lässt, dann spürst du das leise Echo der Erdbeeren in deinem Mund.»

«Ok, einverstanden, bring mich ins Esszimmer.»

Die nächste Stunde verbrachten Jojo und Mattea mit Essen. Sie suchten die Erdbeeren, die sie am rötesten anstrahlten, pflückten sie vorsichtig, und liessen sie sich auf der Zunge zergehen, sie tranken Wasser aus dem klaren Bach, und sie knackten Haselnüsse mit Steinen und kauten sie langsam und voll Genuss.

4 Jojos Geschichte

Mattea liess gerade die letzte Erdbeere genüsslich im Mund vergehen und schaute Jojo erwartungsvoll an: «So, du bist dran, erzähl, wie hast du nun den Wald gefunden?»

«Naja, wie soll ich sagen. Der Nebelriese hat mir den Weg gezeigt.»

«Nebelriese, was ist denn ein Nebelriese?» Mattea sah ihn fragend an.

«Es ist schwer zu beschreiben. Ich nenne ihn so. Ich bin wieder einmal durch die Stadt gelaufen, und da bin ich irgendwie in den ältesten Teil der Stadt geraten, ich weiss nicht, ob du ihn kennst, der ist sicher schon fünfhundert Jahre alt. Den gab es schon, bevor es die Stadtmauer gab. Das stehen noch Häuser aus roten Ziegelsteinen. Und wie ich da so vor mich hin ging, stand plötzlich so ein Nebelriese vor mir. Also, ich habe ihn gesehen, aber nicht so, wie man mit den normalen Augen sieht, und ich hatte auch die Realitätskappe nicht auf. Auf jeden Fall habe ich ihn deutlich gesehen. Warst du mal unten am Fluss, da wo die alten Weidenbäume stehen?»

Mattea nickte.

«Also er sah aus wie so ein alter Weidenbaum. Aber er war wie aus Nebel und war doch kein Nebel. Er war durchsichtig wie Nebel, und seine Form hat sich ständig geändert, wie wenn Nebel durch die Bäume zieht. Dabei ist er jedoch an Ort und Stelle geblieben, wie Bäume es eben tun. Die wandern ja nicht durch den Wald, die bleiben, wo sie sind. Er war, wie soll ich das nur erklären, er war dichter als Luft und dünner als Nebel. Weisst du, wenn im Sommer die heisse Luft über der Strasse steht, dann flirrt sie doch manchmal so. So ähnlich sah es aus, aber er flirrte nicht wie Luft, er hatte eine Form wie Nebel. Er stand da wie eine riesige Weide mitten auf der Strasse, genauer gesagt eher am Rand der Strasse. Da stand er wie festgewachsen und bewegte sich hin und her, wie eine alte Weide im Wind sich bewegt. Sein Stamm, wenn ich das so nennen kann, bewegte sich nicht, aber seine Äste, oder was immer das war, bewegten sich leise hin und her und, wie soll ich sagen, seine Blätter raschelten, aber natürlich habe ich sie nur rascheln sehen. Gehört habe ich gar nichts. Ich bin stehen geblieben und habe ihn angestarrt, und er hat zurückgestarrt. Es war genau wie bei den alten Weiden unten am Fluss. Sie haben ja keine Gesichter, da ist nur die Rinde am knorrigen Stamm, aber manchmal hat man den Eindruck, sie schauen einen an. Man denkt, da sind Augen, die einen anschauen. Dann schaut man genauer hin und sieht wieder nur den knorrigen Stamm. Genauso war es. Nach einer Weile habe ich am Stamm hinuntergeschaut, und er hatte Wurzeln. Diese Wurzeln reichten in die Strasse hinein. Ich habe genauer geschaut und gesehen, dass er auf einer runden Scheibe stand, die in die Strasse eingelassen war. In dieser Scheibe waren Löcher und aus den Löchern heraus wuchsen seine Wurzeln. Naja, da habe ich an der Scheibe einen rostigen Metallring gesehen, an dem habe ich dann gezogen, ich bin ja ein neugieriger Mensch. Da habe ich gesehen, dass das gar keine Scheibe war. Es war ein Deckel über einem Loch. Kaum hatte ich ihn halb weggezogen habe ich die Metallleiter entdeckt. Da war nicht nur ein Loch, da war ein richtiger Schacht mit einer Metallleiter, die in die Tiefe führte.»

Mattea machte grosse Augen, «ja hattest du denn keine Angst, das hätte ja wer weiss was sein können!»

Jojo lachte, «Angst, nein Angst hatte ich überhaupt nicht. Ich war aufgeregt, aufgeregt wie ein Schatzsucher. Ich bin die Leiter hinuntergestiegen und habe natürlich gleich den Deckel über mir wieder zugezogen. Ich wollte ja nicht, dass da jemand hinunterfällt. Ich meine, normale Menschen schauen in der Regel nicht auf den Boden, wenn sie mit ihren Realitätskappen herumlaufen.»

Er hielt einen Moment inne und fügte dann hinzu, «Normale Menschen laufen gar nicht herum, aber man kann ja nie wissen.»

«Und dann, ist es dann nicht dunkel geworden?»

Jojo grinste, «mein Grossvater hat mir etwas beigebracht. Ein anständiger Junge verlässt nie das Haus ohne Taschenmesser und Taschenlampe im Hosensack. Das habe ich beherzigt, ich habe sie seit Jahren immer bei mir, obwohl ich sie fast nie benutzt habe, aber nun war die Taschenlampe nützlich. Ich habe sie angeknipst, und dann konnte ich ihn nicht mehr sehen.»

Mattea schaute verwirrt, «du willst sagen, dann konntest du wieder sehen?»

«Ja und nein. Ich konnte im Dunkeln sehen, aber der Nebelriese war verschwunden. Da war kein Nebelriese mehr, auch keine Wurzeln von einem Nebelriesen. Da war bloss der Schacht, die Leiter und sonst nichts. Als ich bis ans Ende der Leiter hinuntergestiegen war, stand ich am Rand von so einer Art Kanal. Im Kanal floss Wasser, zu beiden Seiten war so eine Art Bürgersteig, auf dem man laufen konnte, und oben ein gemauertes Gewölbe. Ich bin natürlich gleich dem Wasserlauf aufwärts gefolgt, ich wollte doch wissen, woher das Wasser kam. Ich bin vielleicht einen Kilometer so gelaufen, es ging stetig bergan, dann wurde es wieder heller. Bald stand ich vor einem Gitter, da habe ich mich kräftig dagegen gedrückt und dann war ich im Wald. Vor mir plätscherte ein Bach, der unter diesem Gitter im Untergrund verschwand. Irgendwann in grauer Vorzeit müssen sie diesen Bach unterirdisch weitergeleitet haben unter der Stadt hindurch.»

Beide schwiegen eine Weile. «Ja», sagte Jojo dann, «so war es, so habe ich den Wald gefunden. So einfach war das.»

«Und», fragte Mattea gespannt, «was hast du gespürt?»

«Also ehrlich gesagt habe ich überhaupt nichts gespürt. Naja, überhaupt nichts ist nicht ganz richtig. Ich war vor allen Dingen völlig baff. Ich war im Wald. Ich war ausserhalb der Stadt. Das hatte ich ja nicht geplant. Das war einfach so passiert. Und es ist mir so ähnlich gegangen wie dir im Wald. Also eigentlich ist es mir komplett anders gegangen, jetzt rede ich ganz schönen Unsinn, es ist aber auch schwer auszudrücken. Ich bin vom Wald völlig überwältigt worden, das heisst nicht vom Wald, sondern vom Leben im Wald.»

Behutsam fragte Mattea, «du meinst vom Leben im Wald, vom Gesumme und Gebrumme der Insekten, vom Rascheln der Blätter, von den sanften Gerüchen der Baumblüten?»

«Nein, das war es nicht. Das war natürlich alles da, aber da war noch etwas. Zwischen den Bäumen, zwischen den Pflanzen, über dem Gras, über dem Bach waren überall Wesen. Ich wusste, sie waren da, aber ich konnte sie nicht wirklich sehen. Es war ganz seltsam, manchmal sah ich wie im Augenwinkel die Zwerge hinter den Pflanzen hervorschauen, aber wenn ich dann hinschaute, versteckten sie sich sofort. Das war wie die Erinnerung an etwas, die einem wieder entschwindet.»

«Aber wie wusstest du dann, dass es Zwerge waren?», fragte Mattea mit hochgezogenen Augenbrauen.

«Das war ganz einfach. Sie sahen aus wie Zwerge. Sie waren klein, kleiner als die Pflanzen, hinter denen sie sich verbargen, von gedrungener Gestalt und kräftig gebaut. Sie hatten auch kräftige Bewegungen, wenn du weisst, was ich meine. Und alle waren sie auf so eine spezielle Art liebevoll zu ihren Pflanzen, nur mir gegenüber waren sie zurückhaltend und misstrauisch. Das war bei den Wasserwesen ganz anders. Die haben sich nicht versteckt vor mir.»

«Wasserwesen?», fragte Mattea,

«ja, Wasserwesen. Die tanzten über dem Wasser, da wo Wasser und Pflanzen zusammen kamen. Also auf dem Moos auf den Steinen am Bach, an den Pflanzen, die dicht am Wasser standen. Die konnte ich besser sehen. Fast so wie den Nebelriesen. Sie waren, wie soll ich sagen, dünner als Wasser und dichter als Feuchtigkeit. Sie tanzten und schwebten auf und ab. Es war mir immer, als wären sie Fische, die Menschen werden wollten, und es nicht schafften fast so wie Meerjungfrauen. Sie hatten alle etwas von Fischschuppen an sich, und sie änderten permanent ihre Form. Ich konnte sie mit den Augen nicht fassen, kaum hatte ich eine Gestalt erkannt, änderte sie sich schon und wurde zu einer anderen Gestalt. Sie waren allerdings etwas gesprächiger als die Zwerge. Ich habe sie nämlich angeschaut und so zu mir gesagt ‹Wer seid ihr denn.›. Da haben sie gelacht und gerufen ‹wir sind Undinen, dummer Junge›. Und ihre Stimmen kamen nicht von hinten vom Bach, wo ich sie gesehen habe, sondern von innen aus mir heraus.»

Mattea schaute ihn an. Dann sagte sie plötzlich: «Wann hast du aufgehört, deine Medikamente zu nehmen?»

Jojo blickte sie überrascht an. «Woher weisst du das?», fragte er betroffen.

Es war wie ein Lächeln um ihre Lippen, und Jojo wusste nicht, ob es ironisch oder spöttisch oder am Ende doch liebevoll, oder ob es überhaupt da war. Sie sagte nur: «Komm, spuck's aus.»

Und Jojo spuckte es aus. Er begann zu erzählen: «Begonnen hat alles vor drei Jahren. Es war an meinem vierzehnten Geburtstag. Da habe ich mir selber ein Geburtstagsgeschenk gemacht. Ich habe meine Medikamente abgesetzt.»

Mattea schaute ihn erstaunt an: «Einfach so?»

«Ja, einfach so.»

«Ich meine, du musst doch einen Grund gehabt haben. Aus irgendeinem Grund musst du es doch getan haben?»

Jojo dachte eine Weile nach. «Nein, ich hatte wirklich keinen Grund. Ich hatte einfach keine Lust mehr, die Medikamente zu nehmen.»

«Haben deine Eltern denn nichts bemerkt?»

Jojo grinste. «Nein, natürlich nicht. Ich habe das Zeugs ja weiter brav in den Mund gesteckt, wenn sie zugeschaut haben, aber ich habe es nicht mehr heruntergeschluckt. Es ist in meinem Taschentuch gelandet und später im Klo.»

Mattea sah ihn gespannt an. «Und ist irgendetwas passiert?»

«Die ersten sechs Monate ist gar nichts passiert. Einfach überhaupt nichts. Beinahe hätte ich es meinen Eltern erzählt. Ich war wieder ganz normal wie alle anderen. Ich brauchte keine Medikamente mehr. Und dann habe ich sie wieder gesehen.»

«Wie, du hast sie gleich wieder gesehen?»

Jojo fuhr sich durch das Haar. «Also es war schon seltsam. Anfänglich habe ich sie nicht gesehen. Ich hatte einfach das Gefühl, dass sie da wären.»

Mattea biss sich leicht auf die Lippen. «Du hast ihre Gegenwart gespürt?»

Wieder dachte Jojo eine Weile nach. «Gespürt ist das falsche Wort. Gespürt habe ich eigentlich überhaupt nichts. Ich meine, man spürt doch Kälte und Wärme, Freude und Schmerz, Druck und Erleichterung. Aber so war es nicht. Das erste Mal bin ich durch den Stadtpark gegangen, und dann hatte ich das Gefühl, dass sie da wären. Es ist schwer zu beschreiben. Ich habe gesehen, wie sie sich hinter den Blumen versteckt haben. Aber ich habe sie nicht wirklich gesehen. Es war eher so, als ob ich sie wie sah, wenn ich nicht wirklich hinsah. Und wenn ich dann hinsah, versteckten sie sich. Aber gesehen habe ich sie nicht. Sie haben sich ja versteckt.»

Mattea nickte zufrieden. «Also hast du sie doch gespürt.»

Jojo steckte die Hände in die Hosentaschen. «Also, ich spüre den Stein in meiner linken Hosentasche.» Er schloss die Augen, «und ich spüre deine Gegenwart vor mir, aber ich habe diese Blumenwesen nicht gespürt. Ich habe sie mehr wie geahnt. Es war auf jeden Fall etwas Visuelles. Es hatte mit den Augen zu tun, auch wenn ich sie nicht sehen konnte.»

Noch gab Mattea es nicht auf. Noch einmal fragte sie: «Du hast also gar nichts gespürt?»

Jojo seufzte. «Doch ich habe etwas gespürt. Aber es hatte nichts mit diesen Wesen zu tun. Ich habe Unruhe gespürt. Mehr und mehr Unruhe ist in mir aufgekommen. Diese Zufriedenheit zuhause. Diese permanente Harmonie. Sie hat mich rasend gemacht. Es gab nie Kritik. Es gab nie ein böses Wort. ‹Ach wirklich, Jojo, was du nicht sagst. Nein wie ist das interessant, Jojo. Erzähl weiter, Jojo, was du zu erzählen hast. Es ist so schön zu sehen, wie du so dasitzt und die Hände friedlich auf deinen Beinen ruhen lässt Jojo.› Ich hätte mit der Faust auf den Tisch schlagen können. Ich hätte vor Wut schreien können. Ich hätte mit den Füssen stampfen und das Geschirr auf den Boden schmeissen können.» Er seufzte. «Aber natürlich tat ich es nicht. Dann hätten sie ja etwas gemerkt. Dann wären sie mit mir zum Arzt gegangen, und der hätte gemerkt, dass ich meine Pillen nicht mehr nehme.»

«Und all deine Wut? All dein Ärger, hast du die denn einfach runtergeschluckt? Ich meine, die verschwinden doch nicht einfach so.»

«Natürlich nicht. Ich bin dann ins Fitnesscenter. Ich bin aufs Laufband und bin gerannt, bis ich fast ohnmächtig geworden bin vor Erschöpfung. Ich habe Gewichte gestemmt, bis meine Muskeln nicht mehr konnten. Das hat geholfen.

Dann war ich die nächsten zwei Tage so müde, dass ich keine Energie hatte, mich über irgendetwas aufzuregen. Erst am dritten Tag, war es wieder Zeit für das Fitnesscenter.»

Mattea schaute ihn fragend an.

«Aber natürlich war das keine Lösung. Die Trainer passen schon auf, dass du dich nicht überforderst. Sie achten darauf, dass du nicht zu ehrgeizig wirst. Ehrgeiz ist gut. Aber zu viel Ehrgeiz enthält schon den Samen der Aggression in sich. Wehret den Anfängen. Ja, ich musste aufpassen. Anfänglich habe ich so getan, als hätte ich die Anweisungen falsch verstanden. Wenn du nur den Anforderungen genügen willst, ist alles ok. Aber auf die Dauer geht das natürlich nicht. Ich musste also etwas anderes finden.»

Mattea nickte lebhaft. «Und so hast du den Wald gefunden?»

«Nein, so schnell war ich nicht. Die erste Lösung war zu naheliegend. Die Strassen. Die Strassen der Stadt sind immer leer. Es fahren ja keine Autos mehr. Ich konnte also mitten auf der Strasse laufen. Und die paar Leute, die draussen sind, tragen alle ihre Realitätskappen, damit sie in ihren individuellen Wirklichkeiten leben können. Die sehen die anderen Menschen auf den Bürgersteigen, damit sie ihnen ausweichen können. Was auf der Strasse vorgeht, sehen sie nicht. Sie sind ja nicht auf der Strasse. Ich bin also durch die Strassen der Stadt gerannt, so weit, bis ich vor Erschöpfung nur noch nach Hause schleichen konnte. Das war praktisch. Da war der Schweiss lange abgetrocknet, und mein Atem ging wieder schön regelmässig. Meine Eltern haben sich gefreut, wie ausgeglichen ich nach Hause gekommen bin.»

«Und wieso hast du nicht den Laufband-Dynamo benutzt? Es muss doch jeder jeden Tag zehn Kilometer auf dem Laufband gehen, um genügend Energie zu produzieren und seine körperliche Aktivität zu haben.»

«Den habe ich trotzdem benutzt. Bin schön ruhig meine zehn Kilometer auf dem Laufband gegangen. Es wäre ja aufgefallen, wenn da plötzlich zu viel Leistung produziert worden wäre. Ausserdem hätten meine Eltern gemerkt, wie ich mich verausgabt hatte. Verausgabung zeigt versteckte Aggression, und Aggression ist immer schlecht.»

Mattea nickte nachdenklich. «Und gegen was genau musstest du die Medikamente nehmen?»

«Ich habe eine schizoide Persönlichkeitsstörung, sagt der Doktor.»

«Und du kannst sicher auch erklären, was das ist», sagte Mattea etwas lakonisch.

«Ja, kann ich. Menschen mit schizoider Persönlichkeitsstörung haben eine übermäßige Vorliebe für Phantasie, zeigen ein einzelgängerisches Verhalten und sind eher in sich gekehrt, zurückhaltend und scheu. Durch einen Mangel an vertrauensvollen Beziehungen sind sie sozial isoliert. In Gesellschaft fällt es ihnen schwer, Regeln anzuerkennen. Hier neigen sie eher zu exzentrischem Verhalten. Beziehungsideen, paranoide Ideen und phantastische

Überzeugungen oder autistisches Versunkensein können bei diesen Patienten auftreten. Die Symptome reichen jedoch nicht an ein Wahnerleben heran. Außerdem erleben sie häufig ein zwanghaftes Grübeln mit aggressiven Inhalten. Neben intensiven Illusionen können auch Halluzinationen auftreten. Auf jeden Fall haben sie ein magisches Weltbild.» Jojo schwieg eine Weile.

«Wenn du das mit dem vergleichst, was ich dir gerade erzählt habe, dann passe ich genau in das Diagnoseschema. Immerhin bin ich nicht so völlig daneben wie der Typ am Sonntag.»

Mattea blickte überrascht auf und fragte, «Typ am Sonntag? Wer ist das denn? Wo hast du den denn getroffen?»

«Hier im Wald, und zwar gar nicht weit von hier. Ich habe letzten Sonntag hier am Waldrand gesessen und an nichts Böses gedacht, da sehe ich plötzlich einen Mann über das Ödland direkt auf mich zu laufen. Stell dir das mal vor, am helllichten Tag läuft ein Mensch über das Ödland in den Wald. Ich habe ja keine Ahnung, wie er es durch die Stadtmauer geschafft hat. Der war auf jeden Fall völlig daneben. Ist gerannt, als ob tausend Furien hinter ihm her wären, dabei war er ganz allein, kein Mensch zu sehen, keine Drohne, nichts. Woher auch. Durchs Gestrüpp hat er es noch geschafft, und dann ist er zusammengebrochen. Ich bin zu ihm hingelaufen und wollte schauen, ob ich irgendwie helfen konnte. Er war wie von Sinnen, ‹sie dürfen es nicht bekommen, sie dürfen es nicht bekommen› hat er immer geflüstert, sonst nichts. Dann hat er das Bewusstsein verloren. Ich dachte er wäre tot. Kein Atem mehr, die Augen nach innen gedreht, kein Puls zu spüren. In den Händen hatte er ein Buch gehalten, das ist ihm entglitten. Ich habe es dann genommen und ihm sozusagen seinen letzten Willen erfüllt. Ich habe das Buch gut im Wald versteckt. Dann bin ich zu ihm zurück, aber er war nicht mehr da. Ich habe völlig perplex dagestanden, Tote lösen sich ja nicht gleich in Luft auf. Dann habe ich hochgeschaut und ihn gesehen. Völlig entspannt ist er zur Stadt zurückgegangen. Geschlendert ist er geradezu. Der war echt voll durchgeknallt.» Jojo strich sich sinnierend über das Kinn. Dann fragte er plötzlich, «apropos durchgeknallt, wieso hast du überhaupt gefragt, wann ich meine Medikamente abgesetzt habe? Hast du etwa meine Symptome erkannt?» Jojo schaute Mattea plötzlich misstrauisch an, dann lachte er kurz und sagte nur, «ach nein, kann ja nicht sein, wenn du nicht weisst, was eine schizoide Persönlichkeitsstörung ist. Also sag, wieso hast du mich das gefragt mit den Medikamenten?»

«Kannst du dir das nicht vorstellen? Kannst du das nicht erraten?»

«Nein», sagte Jojo, «kann ich nicht, sonst hätte ich es ja erraten.»

«Ganz einfach, weil ich selber meine Medikamente abgesetzt habe.»

«Und was hast du? Warum musst du Medikamente nehmen?»

«Ich habe ein Borderline-Syndrom.»

«Muss ich wissen, was das ist?»

«Nein, musst du nicht. Ich kann es dir erklären: Borderliner haben Schwierigkeiten, ihre Impulse und Gefühle zu kontrollieren. Borderline-Patienten rasten auch bei Kleinigkeiten schnell aus und sind streitsüchtig, vor allem wenn sie daran gehindert werden, ihre Impulse auszuleben. Borderline-Patienten geben ihren Impulsen nach, ohne die Konsequenzen zu bedenken. Ihr überzogenes Verhalten bringt sie schnell in Konflikte mit anderen. Ihr Selbstbild ist instabil. Die meisten haben Probleme, ein angestrebtes Ziel zu verfolgen, weil sich ihre Pläne unentwegt ändern. Typische Borderline-Symptome sind Stimmungsschwankungen und Gefühlsstürme. Die Patienten erleben täglich eine Achterbahnfahrt von Gefühlen, die sie nicht kontrollieren können. Die Auslöser für diese intensiven Emotionen können geringfügig erscheinen, doch Borderliner reagieren sehr sensibel auf äußere Ereignisse. Sie fühlen sich schnell überfordert oder unter Druck gesetzt. Ihre Gefühle halten meist nicht lange an, erzeugen jedoch eine starke innere Unruhe. So beschreiben das die Mediziner. Fällt dir etwas auf? Das beschreibt doch ziemlich genau das, was ich im Wald erlebt habe.»

Jojo lachte grimmig, dann sagte er, «da passen wir ja gut zusammen. Wir haben beide einen Schuss, wir haben beide unsere Medikamente abgesetzt, wir haben beide den Wald entdeckt. Es gibt nur zwei kleine Unterschiede.»

«Welche denn?»

«Du bist weiblich, und ich bin männlich. Ausserdem haben wir nicht den gleichen Schuss. Wir sind mehr wie die Blinde und der Lahme.»

Er schaute sie eine Weile aufmerksam an. Sie sagte nichts, und sie rührte sich auch nicht. Schliesslich begann Jojo wieder zu reden. «Jetzt musst du mir nur noch erklären, wie du in diesen Teil des Waldes gefunden hast und ausgerechnet zu meinem Versteck-Baum gekommen bist.»

«In diesen Teil des Waldes bin ich eigentlich durch Zufall gekommen. Vielleicht ist es auch kein Zufall. Ich meine, ich wollte im Wald einmal um die Stadt herumlaufen. Da musste ich ja notgedrungen hierher kommen. Und der Baum? Das war kein Zufall. Der hat mich wie magisch angezogen.»

Jetzt grinste Jojo wieder und sagte, «nee, da bringst du etwas durcheinander, die magische Welt gehört zu mir, die gehört zur schizoiden Persönlichkeitsstörung, da musst du schon etwas anderes finden. Wieso bist du auf diesen Baum los?»

«Ohne Witz, der hat mich wie magisch angezogen. Ich hatte das Gefühl, ich müsse unbedingt zu dem Baum. Kennst du das Gefühl kurz vor dem Sonnenaufgang? Da ist alles noch ganz dunkel, und trotzdem weisst du, wo die Sonne aufgehen wird. Genauso ist es mir mit dem Baum gegangen. Er war anders als die anderen Bäume, irgendwie anders. Also bin ich hin und habe ihn mir näher angeschaut. Tatsächlich war er anders als die anderen. Er war innen hohl, und natürlich habe ich sofort hineingeschaut in das Innere des Baumes, aber da hast du mich ja schon von hinten gepackt und weggezerrt.»

Jojo überlegte. Es war noch keine Stunde her, da hatte er Mattea mit aller Kraft daran hindern wollen, dass sie seine Truhe näher untersuchte und damit natürlich auch daran, dass sie das Buch fand. Und nun fühlte er den plötzlichen Impuls, das Buch mit ihr zusammen zu entdecken. Bisher war er allein im Wald gewesen. Es war sein Wald gewesen, und er war gerne allein im Wald gewesen. Nun musste er seinen Wald sozusagen mit Mattea teilen. Jojo rief sich selbst innerlich zur Ordnung. Die Natur gehörte dem Menschen natürlich überhaupt nicht. Der Mensch hatte eigentlich in der Natur nichts zu suchen. Der Mensch gehörte in die Stadt, darum war es nicht sein Wald. Er war ein Eindringling hier und gehörte gar nicht hierher. Weiter kam er mit dem Denken nicht, denn schon hörte er sich sagen, «du, Mattea, du kennst dich doch aus mit Büchern. Ihr habt doch zuhause so viele Bücher, und du hast so viele gelesen. Ich habe in meiner Truhe im hohlen Baum das Buch dieses Verrückten. Wollen wir das jetzt zusammen anschauen?»

Mattea schaute ihn einen Moment erstaunt an, dann nickte sie begeistert, «ja klar wollen wir das.» Sie stand sofort auf, nahm ihn an der Hand und zog ihn mit sich zum Baum hoch. Oben angekommen, ging Jojo voran, beugte sich vor, öffnete den Deckel der Truhe und nahm das Buch heraus. Er drehte sich um und zeigte es ihr. Das Buch war eher schmal und klein. «Oh», sagte Mattea, «das Buch hat ja einen Ledereinband», sie beugte sich darüber und schnüffelte daran. Sie sog den Geruch tief ein und schmatzte dabei etwas, «Moschus, Amber, Zibetöl, so roch das Leder früher, und da ist etwas eingeprägt.» Sie schauten genauer hin. Der Einband war aus dunklem braunem Leder. In der Mitte des Buchdeckels war ein Kreis eingeprägt und in der Mitte des Kreises ein Kreuz aus gleich langen Balken. «Schau», sagte Mattea, «der Kreis ist gar kein Kreis. Das ist eine Schlange, die sich in den Schwanz beisst. Ich glaube, ihr äusserer Teil ist schraffiert und ihr innerer Teil ist glatt.»

«Sieh mal», ergänzte Jojo, «und die Seiten sind aus Gold.»

«Das glaube ich nicht», meinte Mattea.

«Schau doch, an allen Seiten des Buches siehst du Gold, wieso glaubst du das nicht», entfuhr es Jojo.

«Weil wir zu Hause auch solche Bücher haben. Die haben einen Goldschnitt. Die Seiten sind bestimmt aus Papier, aber aussen sind sie mit Blattgold vergoldet. So sehen sie schöner aus und sind vor Verschmutzen geschützt.»

Vorsichtig öffnete sie das Buch. Nun konnten sie den Titel lesen:

Angelus Helveticus
Von Maya zu Satya – Der Weg zur Einheit

«Was heisst das denn?», fragte Jojo, «du bist doch die Bücherexpertin.»

«Keine Ahnung, Angelus Helveticus ist natürlich der Autor, das ist ein Mann, das ist sicher, sonst hiesse es ja Angela Helveticus. Die Maya waren, glaube ich, ein Volk in Mittelamerika, das lebte vor Tausenden von Jahren und hatte damals schon eine Hochkultur. Und Satya? Das habe ich noch nie gehört. Der Weg zur Einheit? Das kann ja alles Mögliche heissen.»

Behutsam blätterte sie eine Seite um. Die Seiten des Buches waren aus ganz dünnem Papier. Auf der nächsten Seite stand

Der wesentliche Mensch
Ein wesentlicher Mensch ist wie die Ewigkeit,
Die unverändert bleibt von aller Äusserheit.

«Ich habe es ja gesagt», murmelte Jojo, «ein Verrückter hat das Buch hergebracht, und ein Verrückter hat es geschrieben.»

«Dann passt es ja ausgezeichnet zu uns», entgegnete Mattea, «weil es einem Verrückten gegeben und nun von zwei Verrückten gelesen wird. Komm blättere um.»

Jojo blätterte eine Seite weiter und sie steckten wieder die Köpfe über dem Buch zusammen. Nun lasen sie:

Am Anfang war das Wort, und er war das Wort, und das Wort war er. Alles, was entstanden ist, ist durch das Wort entstanden und ohne das Wort ist nichts entstanden. In ihm ist das Leben, und das Leben ist das Licht der Menschen. Und das Licht scheint für die Menschen in der Finsternis, aber die Menschen sehen es nicht. Dieses Buch soll dem Leser die Ohren öffnen, dass er das Wort wieder höre, und es soll ihm die Augen öffnen, dass er das Licht wieder sehe.

Jojo brummelte leise, «so ein Blödsinn, ich kann hören und ich kann sehen, was soll mir das Buch. Es gibt schon Spinner auf der Welt.»

Mattea aber lachte. Dann sagte sie wieder ernst, «man merkt schon, dass du ohne Bücher aufgewachsen bist. Dies ist natürlich eine Anleitung, wie man Bücher schreibt. Er ist natürlich der Autor. Und er benutzt natürlich Worte, wie soll er sonst Bücher schreiben. Also ist er das Wort. Aus den Worten bildet er Geschichten. Das ist das Leben. Ein gutes Buch muss ja lebendig sein, es muss dich mitreissen.» Sie hielt inne und zog die Stirn kraus. «Hm, lass mich überlegen. Das Leben ist das Licht für die Menschen. Ja klar, richtig gute Bücher erzählen eine Geschichte. Man liest sie, man liest sie mit glühenden Ohren. Man hört und sieht nichts mehr um sich herum und lebt ganz in der Geschichte. Und doch ist es, als öffne einem die Geschichte die Augen. Man sieht die Welt plötzlich in einem anderen Licht. Darum ist das Leben das Licht für die Menschen. Damit ist der Rest ganz klar. Die Menschen lesen keine Bücher mehr. Das ist die Übersetzung von ‹das Licht scheint in der Finsternis, aber die Finsternis hat es nicht angenommen›.» Sie hielt wieder inne und überlegte eine Weile. Dann fuhr sie fort, «aber dann ist es ja gar keine Anleitung für Autoren. Dann ist es eine Anleitung für Leser, damit sie lernen, wieder Bücher zu lesen. Da beisst sich die Katze in den Schwanz. Zuerst muss ich ein Buch lesen, um zu lernen, wie ich ein Buch lese. Wie soll das gehen?

Die Menschen haben ja keine Bücher. Wieso sollten sie ein trocknes Buch lesen, um zu lernen, wie man Bücher liest.»

Dazu meinte Jojo nur lakonisch, «na, dann weiss ich ja, warum auf dem Einband eine Schlange ist, die sich in den Schwanz beisst.»

Er blätterte um. Auf der nächsten Seite stand als Überschrift
Wie erlangt man Erkenntnisse der höheren Welten.

«Also was immer in diesem Buch steht», sagte Jojo, «ich glaube es hat nichts mit Büchern zu tun. Es sei denn die Welt der Bücher ist die höhere Welt.»

Sie steckten wieder die Köpfe zusammen und begannen zu lesen.

Es gibt nicht nur die Welt, die jeder mit physischen Augen sehen und mit physischen Händen betasten kann. Es gibt dahinter eine seelische Welt und eine geistige Welt. Die geistige Welt ist der Ursprung von allem. Aus ihr ist alles Geschaffene entstanden. Sie ist der Quell, dem alles Seelische, Lebendige und Physische entsprungen ist. Seit Urzeiten wussten die Menschen von diesen Welten. Sie hatten bestimmte Stätten, die sie Mysterienstätten nannten, in denen sie andere in die Geheimnisse dieser Welten einweihten. Diese wurden dann Eingeweihte genannt. Die Eingeweihten kannten die seelische und die geistige Welt. Sie nannten sie die höheren Welten.

Sie lasen fast eine Stunde lang in dem Buch. Dann kamen sie zu dieser Stelle:

So bleibt nur der andere Weg zur Erkenntnis der höheren Welten, der Weg des Hellsehens. Der Hellseher sieht Dinge, die in der physischen Welt nicht existieren. Er sieht Formen, die sich ständig verändern, die in ständiger Bewegung begriffen sind. Nie stehen sie vollständig still, nie sind sie völlig fassbar. In diesen Formen sieht er Farben, stets sich verändernde Farben. Sie blitzen auf, sie glimmen, sie leuchten und verschwinden wieder. Sie verwandeln sich in andere Farben, sie sind andere Farben. Das Violett entpuppt sich als ein sich ineinander Verweben von Blau und Rot. Das Grün ist das tanzende Durcheinander von gelben und blauen Punkten, kleinen Wesen, die sich an den Händen fassen, wieder voneinander trennen, andere Hände ergreifen und weiter schweben. Kaum will sich der Blick auf ein Detail richten, löst sich dieses auf, verschwindet, verwandelt sich in etwas anderes. Dieses Schweben und Weben der Farben steht nie still. Es ist schwer zu beschreiben und schwer im Detail zu erinnern. Was der Hellseher so als Farben und Formen sieht, ist nur seinem sprachlichen Unvermögen zu verdanken. Er weiss ja, dass er keine physischen Farben und Formen sieht. Manchmal sieht er sie, wenn er die Augen offen hat, und manchmal, wenn er die Augen geschlossen hat. Er beschreibt das, was er sieht, als Farben und Formen. In Wirklichkeit beschreibt er Eindrücke, die seine Seele hat. Die Seele hat nämlich an der physischen Farbe nicht nur das sinnliche Erlebnis. Sie hat auch das seelische Erlebnis. Das kann der Mensch in der Regel nicht unterscheiden.

Jojo stöhnte leise «Puh, ich gebe auf. Nun wird es mir zu kompliziert. Aber eines weiss ich nun ziemlich sicher. Ich bin nicht verrückt. Es geht mir genau so, wie er es beschreibt. Ich sehe etwas, und ich weiss, dass es nicht in der physischen Welt da ist. Ich sehe es, wie man eine Erinnerung vor dem inneren Auge hat, und es ist irgendwie realer als eine Erinnerung. Es ist permanent in Bewegung. Es ändert seine Form und es ändert seine Farbe. Ja, so ist es.»

Nun stand Mattea auf und sagte «und ich gebe auch auf. Ich muss nach Hause. Es ist noch ein weiter Weg für mich.»

«Und wann lesen wir weiter?»

Da lachte Mattea wieder und sagte: «Aha, da kommt Jojo, der noch nie ein reales Buch gelesen hat, der dieses Buch für das Werk eines Verrückten gehalten hat, und will weiterlesen.»

«Ja, das will er», murmelte Jojo, «immerhin haben er und ich etwas gemeinsam. Also, wann lesen wir weiter? Am nächsten Sonntag, das ist am einfachsten, da kann ich sicher kommen.»

«Ja am nächsten Sonntag», stimmte Mattea zu. «Das ist wirklich am einfachsten.»

Mattea wandte sich zum Gehen, und kurze Zeit später war sie zwischen den Bäumen verschwunden. Jojo lehnte sich gegen den nächsten Baum. Dann liess er sich ganz langsam zu Boden gleiten. Fast war er versucht, sich in den kleinen Finger zu beissen, um zu prüfen, ob er auch nicht träumte. Das war natürlich blöd, er wusste ja, dass dieser Tag real gewesen war. Und doch gab es nun zwei oder drei oder noch mehr verschiedene Realitäten für ihn. Da war das Leben in der Stadt, und mit ihm einher ging die Wirklichkeit der Realitätskappen. Dann war da die Realität des Waldes. Der war ja ganz offensichtlich in der gleichen Weise real wie die Mauern in der Stadt. Ausserdem war da die Realität seiner Wahrnehmungen. Natürlich waren das zuerst einmal subjektive Erlebnisse. Aber es waren keine Halluzinationen. Es waren auch keine Realitätskappenerlebnisse. Sie deuteten auf etwas Reales hin, das er mit den physischen Augen nicht sehen konnte. Und dann war da noch etwas, das sehr real und ganz anders war als alles, was er bisher gekannt hatte. Da war Mattea. Besser gesagt, das Zusammensein mit Mattea. Er war mit ihr wie verschmolzen. Sie war so ganz anders als er. Sie lachte manchmal über seine Meinungen, aber sie stand ihm dabei nicht wie gegenüber. Sie beide waren sozusagen wie Teil eines gemeinsamen Ganzen. Sie hatte ihn wie selbstverständlich an der Hand genommen und zum Baum gezogen. Sie hatten nebeneinander gesessen und das Buch gelesen. Ihre Körper hatten sich berührt, und es war eine vertraute Berührung gewesen. Natürlich war sie ihm fremd. Er kannte sie ja praktisch nicht, und doch war die Berührung eine vertraute Berührung gewesen. Sie hatte von Dingen geredet, die er nicht so kannte,

Gefühle, Empfindungen und so etwas. Und er hatte das Gefühl, dass sie seine Welt, die Welt der Bilder, des Hellsehens nicht wirklich kannte. Sie lebten also auf eine Art in fremden Welten. Nicht nur, dass sie in einem anderen Teil der Stadt lebte, in einem alten Haus, in dem es Bücher gab, die sie sogar las. Nein, sie waren sich auch sonst im Wesen völlig fremd. Und doch war da dieses Gefühl von Einheit gewesen, dieses Gefühl von bedingungslosem Vertrauen in allen Widersprüchen. Dieses Gefühl als ob sie sich zu einem Ganzen ergänzten und bisher nicht ganz gewesen waren. Nein, das war es nicht. Er war ja natürlich heil und ganz. Zusammen waren sie einfach ein grösseres Ganzes geworden.

Jojo blieb noch lange unter dem Baum sitzen, an den Stamm gelehnt, und dachte nach. Nachdenken war irgendwie das falsche Wort. Er war einfach. Er sass da, und er war, und er sah die Sonne und den Wald und spürte den harten Stamm an seinem Rücken. Er spürte den weichen Waldboden unter sich, und er spürte sich selber. Und vor allem spürte er, wie sich ihm eine wunderbare Zukunft näherte.

5 Die Gegenwart wird Vergangenheit

Jojo machte sich an die Arbeit. Heute musste er seinen Aufsatz über die Entstehung der freien Städte der Neuzeit schreiben. Er musste ein wenig schmunzeln. Es sagten immer noch alle in der Schule, man müsse einen Aufsatz schreiben, weil in der Tat das Ergebnis der Arbeit ein schriftliches Dokument war. In Wirklichkeit musste man natürlich ein Referat in freier Rede halten, das dann vom System als Dokument schriftlich festgehalten wurde. Er arbeitete konzentriert einige Stunden lang. Dann las er das fertige Dokument noch einmal durch.

Jojo war zufrieden mit seiner Arbeit. Er musste in dieser Arbeit wie immer darstellen, was er in der Schule gelernt hatte. Gleichzeitig musste er einige Aspekte einbringen, die den Lehrer überraschen und erfreuen würden. Das war ihm mit dem Hinweis auf Basel und die mittelalterlichen freien Städte sicher gelungen.

Die Wohnungstür öffnete sich. Seine Mutter kam von der Arbeit nach Hause. Jojo wusste schon, was als nächstes passieren würde. Sie würde leise an der Tür zu seinem Zimmer klopfen, dann würde sie hereinkommen und schauen, ob er noch in der Schule war. Er war nicht mehr in der Schule, also würde sie gleich hinter ihn treten und ihm sanft die Hände auf die Schultern legen. Genau so war es auch.

«Hallo Jojo», sagte seine Mutter,

«Hallo Mama», sagte Jojo, «wie geht es dir? War alles ok auf der Arbeit?»

«Oh, ja, ich bin ja so dankbar, dass ich diese Arbeit tun darf. Sie ist so erfüllend und befriedigend. Es ist so schön, dass ich anderen Menschen helfen darf, wieder ins körperliche Gleichgewicht zu finden.»

«Ach das freut mich für dich, Mama, es ist nicht allen Menschen gegönnt, so eine positive Rolle für andere zu spielen. Manch einer würde sich freuen, deinen Beruf zu haben und vor allen Dingen, ihn so positiv ausfüllen zu können.»

«Nett von dir, das zu sagen, Jojo, ich bin mir dessen jeden Tag, ach jede Minute, bewusst. Es ist wirklich wunderbar, dass es mir möglich war, diesen Beruf zu erlernen.»

Manchmal fragte sich Jojo, ob seine Mutter wirklich existierte. Natürlich existierte sie körperlich. Sie bestand aus Haut und Haaren, Muskelfasern, Fettzellen und Knochen. Sie hatte ein Herz, das schlug, und manchmal hatte sie Mundgeruch. Das war immerhin schon etwas. Seine Schulfreunde hatte er noch nie körperlich gesehen. Er traf sie immer nur in der Wirklichkeit der Realitätskappe. Das konnte auch gar nicht anders sein, schliesslich lebten sie in anderen Städten. Das war auch gut so. Die Menschen lebten auf der Welt verstreut und räumlich voneinander isoliert in verschiedenen Städten. Das System war aber so eingerichtet, dass die Schüler einer Klasse mit grosser Sicherheit eine Gemeinschaft werden konnten, auch wenn deren Mitglieder in allen möglichen Ecken der Welt wohnten und alle unterschiedliche Muttersprachen hatten. So wurde sichergestellt, dass die Menschheit wirklich zu einer globalen Gemeinschaft zusammenwuchs. Keiner von Jojos Mitschülern sprach Deutsch. Er merkte es aber nicht, weil das System immer alles in Echtzeit übersetzte. Er wusste, dass sie existierten, er sah sie fast jeden Tag, aber er erfuhr ihre Existenz nur in der Wirklichkeit der Realitätskappe. Es war noch nie auch nur einer von ihnen physisch in seiner Nähe aufgetaucht.

Bei seiner Mutter war das anders. Sie existierte physisch in seiner Nähe. Sie wohnte in der gleichen Wohnung mit ihm. Sie sprach seine Muttersprache. Sie sahen einander an, wenn sie sprachen, und sie hatten realen Körperkontakt. Und trotzdem fragte er sich, ob seine Mutter wirklich existierte. Seit er die Medikamente abgesetzt hatte, war die Frage immer drängender geworden. Er konnte es sich nicht wirklich erklären, aber er hatte mehr und mehr das Gefühl, dass seine Mutter ihre eigene Existenz nur spielte.

Bei diesem Gedanken lächelte er innerlich und korrigierte sich sofort. Natürlich war es kein Spiel, sondern bitterer Ernst, aber er kannte kein besseres Wort dafür. Es war ihm fast immer, als würde seine Mutter gar nicht dabei sein, wenn sie redete und handelte. Die da redete und handelte war ein Kunstprodukt. Es war jemand, der so redete und handelte, wie seine Mutter sich vorstellte, dass man so reden und handeln musste. Es stimmte immer alles. Es stimmte die Rücksicht des Klopfens an seiner Zimmertür. Es stimmte, dass sie wirklich nur näher zu ihm trat, wenn er mit der Schule fertig war. Es stimmte, dass sie ihn nur kurz anredete und dann wartete, ob er sie begrüsste, und wie er sie begrüsste. Das war alles wunderbar und korrekt und rücksichtsvoll und stimmig. Und doch war es ihm, als wäre es kein Mensch, der all das tat, sondern jemand, der nur einen Menschen spielte, um die Anforderungen eines Dritten zu erfüllen. Dieser unbekannte dritte Mensch war unsichtbar. Aber das war seine wahre Mutter. Die Mutter aus Fleisch und Blut, die er kannte, war wie ein Stück Teig, das von einer Kuchenform in die richtige Form gebracht wurde. Es war nichts wirklich Eigenes in diesem Teig und das Beunruhigende war, dass er nicht sicher war, ob es dahinter nur eine Form gab, oder ob jemand verschiedene Formen parat hielt, die jeweils hervorgezogen wurden, so wie es die Situation verlangte. Es war nicht sicher, ob seine wahre Mutter wirklich existierte. Vielleicht gab es da nur Vorschriften über das richtige Verhalten, die einst von seiner wahren Mutter aufgestellt worden waren, und mittlerweile war seine wahre Mutter vielleicht längst verschwunden.

Heute war die Form «Mutter, die dankbar von der Arbeit zu ihrem zufriedenen Sohn zurückkommt» dran. Hätte er aber statt «hallo Mama, wie geht es dir? War alles ok auf der Arbeit» etwas anderes gesagt, hätte er zum Beispiel nur leise genuschelt «hallo Mama, alles ok?» so wäre sofort eine andere Form in Aktion getreten. Da wäre die Form «besorgte Mutter» hervorgezogen worden. Dann wäre es ungefähr so weitergegangen:

«Hallo Jojo, was ist los, ist alles in Ordnung?»

«Ja Mama, es ist alles in Ordnung.»

«Jojo, du beunruhigst mich, deine Stimme klingt nicht so fröhlich. Ich höre da einen leicht depressiven Unterton, da stimmt etwas nicht, bedrückt dich etwas?»

«Nein Mama, es ist wirklich alles in Ordnung.»

Und schon wäre sie an seine Seite gekommen, hätte ihren Arm um ihn gelegt und gesagt, «Jojo, du musst mir nichts vormachen. Du kannst mir ruhig sagen, was dich bedrückt. Wenn du es mir sagen kannst, kann ich dir vielleicht auch helfen.» Da konnte er natürlich unmöglich die Wahrheit sagen. Denn dann hätte er sagen müssen, «Mama, ich fühle mich einsam. Manchmal frage ich mich, ob ich der einzige Mensch auf der Welt bin. Auch dich gibt es in Wirklichkeit nicht. Du bist nur eine Schauspielerin, die eine Rolle spielt. Wer die Rolle geschrieben hat, weiss ich nicht. Dieses Gefühl wird immer stärker, seit ich meine Medikamente nicht mehr nehme.» Das wäre natürlich sein Todesurteil als medikamentenfreier Mensch gewesen. Es gab nur einen Ausweg, er musste ihr etwas glaubwürdig vormachen. «Ach Mama, ich fühle mich nicht so gut heute. Ich habe nachts irgendwie schlecht auf dem Kopfkissen gelegen, und jetzt tut mir der Nacken weh.» Dann wäre mit Sicherheit ein erleichtertes «ach Jojo, sag das doch, komm leg dich hin, ich massiere dir den Nacken» gefolgt. Aber das war ja nicht passiert. Heute war alles ganz problemlos gelaufen. Und so ging es auch problemlos weiter.

«Jojo», sagte seine Mutter nun, «du weisst ja, heute haben wir Familientag. Dein Vater kommt gleich nach Hause, und dann essen wir gemeinsam. Heute kannst du wählen, wie möchtest du dich denn anziehen?»

«Zürich, 1875, gut bürgerlich.»

In diesem Augenblick war Jojo wieder einmal richtig froh, dass er in dieser Zeit geboren war. Früher waren die Menschen so eingeschränkt gewesen. Sie hatten in Staaten gelebt, waren durch Normen, Religionen und Gesetze, den sozialen Stand, die Obrigkeit eingeschränkt gewesen, und nicht wenige von ihnen hatten in schierer Existenznot gelebt. Das war heute völlig anders. Dank den Fortschritten der Menschheit und vor allem dank der Existenz der Realitätskappen war man nicht mehr eingeschränkt. Man konnte einen Zeitensprung an irgendeinen Ort der Vergangenheit oder Gegenwart machen und lebte dann dort. Das geschah in der Wirklichkeit der Realitätskappen, und natürlich war die physische Wirklichkeit darauf ausgerichtet. Mittels der Realitätskappen wurde dem, was man physisch sah, etwas anderes übergeworfen. Deswegen war in der physischen Realität auch alles grau. Denn Grau störte die Wirklichkeit der Realitätskappen am wenigsten. Die Wände der Wohnung waren grau, die Möbel waren grau, und auch alle ihre Kleider waren grau. Dieses Grau sah man allerdings nur, wenn man die Realitätskappe abnahm. Und wer wollte das schon.

Bei diesem Gedanken musste sich Jojo innerlich korrigieren. Welcher normale Mensch wollte das schon. Er war nicht normal, und er wollte das. Er setzte gerne manchmal die Realitätskappe ab. Dann strich er mit der Hand über die glatten Wände, über seine Bettdecke oder über die Tischplatte, manchmal stiess er mit dem Kopf gegen die Wand, nur um sich selbst und die Wand zu spüren. Am liebsten aber ging er dann in die Stadt. Da konnte er zum Beispiel aus dem Schatten ins helle Sonnenlicht treten und sofort die Wärme der strahlenden Sonne auf seiner Haut spüren. Er wusste natürlich, dass das nicht gesund war. Die Sonnenstrahlen enthielten nicht nur die wärmenden Infrarotstrahlen, sondern auch die gefährlichen Ultraviolettstrahlen. Die brachten Tod und Verderben – zwar erst langfristig, aber trotzdem drohte einem vorzeitige Hautalterung oder gar Tod durch Hautkrebs. Auch kurzfristig brachte die gefährliche UV-Strahlung der Sonne Gefahr. Die Haut wurde ungesund pigmentiert und verfärbte sich braun. Bei hellen Typen kam es sehr schnell zu Hautrötung und dem gefährlichen Sonnenbrand. Bei immer mehr Menschen traten Sonnenallergien und fototoxische Reaktionen auf. Es kam immer häufiger sogar zur Unterdrückung des Immunsystems. Auch die Augen liess man besser unter dem guten Schutz der Realitätskappe. Zuviel Sonne konnte Hornhautentzündungen und Bindehautentzündungen hervorrufen. Dabei wurden dann die äussersten Zellen der Hornhaut oder Bindehaut zerstört. Es könnte unter Umständen sogar photochemische Netzhautschäden geben. Es drohte einem Makuladegeneration. Dann könnte man nicht mehr scharf sehen. Auf jeden Fall musste man langfristig den grauen Star befürchten.

Jojo wusste das zwar. Es störte ihn aber nicht. Das lag alles in weiter Zukunft. Es war auch nicht sicher. Es hatte nur eine grosse Eintrittswahrscheinlichkeit. Zu schön war es jetzt, die Sonne plötzlich warm auf der nackten Haut zu spüren. Zu schön war es jetzt, mit geschlossenen Augen in die Sonne zu schauen. Zu schön waren das strahlende Orange, die tanzenden Lichtschatten, die man dann sah. Manchmal trat er direkt an den Rand eines scharfen Schlagschattens eines Hauses und liess den Körper pendeln. Dann war er einmal im Schatten, dann wieder im Licht, wieder im Schatten und wieder im Licht. Wieder und wieder liess er sich so zwischen Schatten und Licht hin und herpendeln. Wieder und wieder schaute er mit geschlossenen Augen in die Sonne und genoss es. Das war ja schon krank, also sprach er mit niemandem darüber.

Jetzt jedenfalls war er zuhause und hatte die Realitätskappe auf. Jetzt wurde es cool. Jetzt war 1875. Jetzt war Zürich. Die Tür ging auf und sein Vater kam herein. Er trug einen langen schwarzen Gehrock mit zwei Reihen glänzender Knöpfe. Wie üblich trat er auf die Mutter zu und gab ihr zur Begrüssung einen kurzen Kuss. Er trug einen Schnauzbart, wie es 1875 grosse Mode war. Den spürte die Mutter beim Kuss glücklicherweise nicht. So weit war man mit den Realitätskappen noch nicht gekommen. Die Mutter trug ein engsitzendes Mieder, das vorne zusammengeschnürt war, dazu einen hinten weit ausladenden, fliessenden Rock. «Grüss dich, Peter», sagte sie, «schön dich zu sehen. Es freut mich ja so, dein liebes Gesicht zu sehen. Wie geht es dir? Wie war es im Geschäft?»

«Ach, Miriam, es war wieder ein hektischer Tag mein Liebling. Du weisst ja, es ist kurz nach Monatsende, und morgen müssen wir den Monatsabschluss fertig haben.»

«Peter, ich glaube sie sind wirklich froh in deiner Firma, dass sie jemanden wie dich haben, der sorgfältig darauf achtet, dass alle Regeln korrekt befolgt werden. Ich bin so stolz auf dich, dass du deinen wertvollen Beitrag in der Firma leistest.»

«Nett, von dir, das zu sagen, Miriam. Einer muss es ja tun, und ich tue gerne meine Pflicht zum Wohle der Firma und damit auch der Gesellschaft», antwortete der Vater in ruhigem Ton.

Mittlerweile hatte die Mutter das Essen zubereitet und den Tisch gedeckt. Das war in der physischen Realität keine grosse Sache. Alle bekamen das Essen auf ihre individuelle Konstitution hin geliefert. Jeder bekam den genau für ihn berechneten Kalorien- und Vitamin-Mix. Der wurde nicht nur genau nach Alter, Geschlecht, Gewicht und individueller Gesundheit berechnet. Er war auch abhängig davon, ob man gerade unter Stress stand, viel lernen musste oder körperlich aktiv war. Das waren natürlich innere Werte. Äusserlich bekam jeder 20 bis 30 Nahrungswürfel. Ihr Vorteil war, dass sie grau und geschmacklos waren. So konnte die Realitätskappe das Aussehen der gewünschten Gerichte ideal projizieren und die Mutter hatte die Würfel nur noch mit den passenden Gewürzmischungen nach ihren individuellen Vorstellungen verfeinern müssen. Das gelang noch nicht in der Wirklichkeit der Realitätskappen. Da gab es noch Forschungsbedarf. «Setzt euch, meine Lieben», sagte die Mutter nun, «heute habe ich Kaninchenragout mit Kartoffeln und Blaukraut zubereitet.» Schon sahen alle auf ihren Tellern leicht braun angebratene Stücke Kaninchenfleisch zwischen Kartoffelstücken und Blaukraut. Jojo musste seine Mutter aufrichtig loben und sagte, «ach Mama, das hast du wirklich gut hingekriegt, wunderbar ist das leichte Bratenaroma, herrlich dieser Hauch von Salbei und Rosmarin über dem Fonds von Apfelwein.»

Es war ihr wirklich gut gelungen. Die Proteinwürfel kamen immer in leicht faseriger Konsistenz, und die Gemüsewürfel hatte die Mutter leicht zerstossen, dass sie auch wirklich nach Gemüse aussahen. So assen sie heute wie 1875. Das war wirklich cool. Sie waren nicht mehr an Raum und Zeit gebunden. Sie konnten ihren Raum und ihre Zeit frei wählen. Einen Augenblick bedauerte Jojo, dass er je die dumme Idee gehabt hatte, in den Wald zu gehen. Nun wusste er, wie natürliches Essen schmeckte. Er wusste, wie es war, wenn man mit genau richtig dosierter Kraft in eine Haselnuss biss, die grosse Nuss mit den Zähnen in viele kleine Stückchen zerknackte, die man dann im ganzen Mund spürte, ehe man sie zu einem weichen Brei zerkaute. Das gab es hier zuhause natürlich nicht. Hier kam gleich der weiche Brei, und er kam mit einem unglaublich intensiven Aroma aus den Gewürzmischungen seiner Mutter. Man musste dem Geschmack nicht nachspüren wie im Wald, er entwickelte sich nicht zart auf der Zunge. Man wurde vom Geschmack geradezu erschlagen.

Eigentlich komisch, dachte Jojo, nun spielen wir Maskerade in der Maskerade, und das ist unsere Wirklichkeit. Diese Frau, bei der ich nicht weiss, wieviel von meiner wirklichen Mutter noch in ihr steckt oder hinter ihr ist, spielt eine Ehefrau im neunzehnten Jahrhundert. Sie verhält sich gegenüber meinem Vater genau so, wie sich eine liebende Ehefrau gegenüber ihrem Gatten idealerweise verhält. Er antwortet perfekt. Ich antworte perfekt. Es ist alles perfekt. Das Essen ist perfekt. Es ist auf unsere individuellen Bedürfnisse hin zusammengestellt. Es erlaubt uns ein langes Leben in absoluter Gesundheit. Es gibt uns intensive Geschmackserlebnisse, wie sie die Natur allein nicht hervorbringen kann. Wir leben länger als die Menschen jemals zuvor gelebt haben. Es gibt nichts zu verbessern. Es ist alles ideal. Es ist alles, wie es sein muss. Aber ich weiss es nicht zu schätzen, weil ich meine Medikamente nicht mehr nehme. Am liebsten würde ich mit der Faust auf den

Tisch schlagen und sie anstarren und anschreien «wacht auf, wacht endlich auf aus diesem Scheiss-Zustand. Ich halte es nicht mehr aus.» Aber das werde ich natürlich nicht tun. Dann lande ich sofort beim Arzt.

Da hörte er seine Mutter sagen, «und zum Dessert, meine Lieben, gibt es Aargauer Rüeblitorte. Das ist eine Neuheit aus unserem Nachbarkanton. Sie wurde gerade erst erfunden. Stellt euch vor, sie wurde mit Karotten aus Küttigen gemacht.»

«Wow» dachte Jojo, «sie hat sich ja gut informiert.»

Und schon kam die Rüeblitorte auf den Tisch. Da hatte sich seine Mutter selbst übertroffen. Sie hatte die Kohlenhydratwürfel schön in Tortenform zusammengestellt, und noch dazu so, dass die ganze Torte aus einzelnen Kuchenstücken bestand. Ganz leicht rötlich schimmerte der Kuchen, und jedes Stück war mit einer kleinen Karotte aus Marzipan verziert. Jojo nahm sich ein Stück und biss hinein. Alles hatte seine Mutter bedacht. Da, wo in der Wirklichkeit der Realitätskappe das Marzipanrüebli sass, hatte sie etwas Mandelaroma platziert. Es war einfach perfekt. So sagte er denn auch «Ach Mama, wunderbar hast du das hingekriegt. Dieser Hauch von Nussaroma, dieser ganz zart angedeutete Geschmack von Karotten und das leichte Mandelaroma um die Marzipankarotten. So herrlich, wie es aussieht, schmeckt es auch.»

Der Vater fügte trocken hinzu: «Ja Miriam, was täten wir ohne dich. Wir sässen hier und müssten graue geschmacklose Brocken herunterschlingen.»

Bei seinem Vater war sich Jojo nicht sicher, ob er nun wirklich da oder auch nur in Formen gepresster Teig war. Manchmal redete und handelte er perfekt. Alles war harmonisch und ausgewogen. Da existierte er mit Sicherheit nicht, oder jedenfalls spielte er seine Maskerade perfekt. Manchmal redete er aber auch so wie jetzt gerade. Da war man nicht sicher, ob er es ernst meinte, oder ob es die blanke Ironie war. Das schien auch seine Mutter zu merken, oder aber der Teig wusste nicht, in welche Form er nun gepresst werden sollte. Jedenfalls sass seine Mutter mit leicht leerem Blick da, nur ganz kurz allerdings, fast hätte Jojo es nicht bemerkt, da lächelte sie schon strahlend zu seinem Vater hinüber und sagte «vielen Dank für das Lob Peter. Das habe ich doch gar nicht verdient.»

Jojo hatte genug. Darum erhob er sich nun und sagte, «Liebste Mama, lieber Paps, vielen Dank für das schöne gemeinsame Essen. Es war mir eine Freude so mit euch zusammen sein zu dürfen und die herrliche Mahlzeit zu geniessen mit dem fantastischen Rüeblikuchen zum Abschluss. Nun entschuldigt mich bitte, ich muss in den Ringerclub und trainieren.»

Natürlich gab es keinen Ringerclub, es passte aber hervorragend zu Zürich 1875. Darum antwortete seine Mutter auch perfekt im Stil der damaligen Zeit: «geh nur in den Ringerclub Jojo, wir wissen um seine Bedeutung für deine Erziehung und Bildung.»

In Wirklichkeit ging er nicht zum Ringen, sondern in den Judoclub und seine Eltern wussten das auch. Aber 1875 hatte es in der Schweiz noch kein Judo gegeben, da war der Ringerclub eine wunderbare Metapher. Damals hielt man Ringen in der Tat für eine wertvolle Bereicherung des Lehrplanes. Jojo grinste. Ihr familiäres Zusammenspiel war einfach perfekt. Seine Eltern unterstützten es nämlich tatsächlich, dass er in den Judoclub ging. Das war natürlich ein Relikt aus der Vergangenheit und wurde nur sehr vereinzelt von denen ausgeübt, die man allgemein für etwas zurückgeblieben hielt. Sie glaubten aber, dass es Jojo erlaubte, seinen Drang nach körperlicher Aktivität auszuleben und so seine Aggressivität auf ein zivilisiertes Mass zurückzubinden.

Eine halbe Stunde später stand Jojo bereits am Eingang des Dojos. Das war ihre Übungshalle. Er hatte seinen Keikogi bereits an, das war sein Judoanzug. Er bestand aus einer weissen Baumwollhose und einer weissen Jacke. Voll Stolz trug er seinen blauen Gurt. Er hatte gerade vor vier Wochen erst die Prüfung abgelegt und durfte nun den blauen Gürtel tragen. Seine Strassenkleidung und auch seine Realitätskappe hingen sicher im Umkleideraum. Nun zog er auch die Sandalen aus, trat in die Übungshalle, blieb kurz am Eingang stehen und verbeugte sich zur Frontseite der Halle hin.

Die Mitte der Halle war mit dicken Matten, den Tatamis, ausgelegt. Um sie herum war Platz für das Lauftraining. Er setzte sich zu den anderen, die schon im Halbkreis um den Trainer, den Sensai, herum knieten. Der Sensai sass dort, die Hände auf den Knien, die Augen geschlossen wie alle anderen auch. Sie fokussierten sich alle auf ihr Inneres, damit sie zur Ruhe kamen und völlig konzentriert für die kommende Übungsstunde waren. Ein Gong ertönte. Sie öffneten alle die Augen und verbeugten sich im Sitzen. Die Schüler verbeugten sich vor dem Lehrer, und der Lehrer verbeugte sich vor den Schülern. Dann begann das Training.

In der ersten halben Stunde war allgemeines Ausdauertraining, Schnelligkeitstraining und Koordinationstraining. Jojo liebte das. Er liebte es, seinen Körper zu spüren, mit nackten Füssen federnd zu laufen, die Einheit von Atem und Körper zu erfahren und speziell bei den japanischen Liegestützen, wo man Hände und Füsse in der Luft gleichzeitig zusammenklatschte, seine Körperbeherrschung in diesem speziellen Zusammenspiel von Kraft, Geschmeidigkeit und Eleganz zu erleben. Er liebte auch das eigentliche Judotraining mit dem Partner. Sie mussten natürlich alle zehn Minuten den Partner wechseln, um möglichst vielfältig zu trainieren. Da war der Fokus nicht auf dem eigenen Körper. Da war alle Aufmerksamkeit auf dem anderen. Man musste die kleinsten Bewegungen des andern erahnen, bevor er sie ausführte. Man musste geschmeidig die Kraft des anderen nutzen und seine Bewegung in eine andere Richtung lenken. Mit seinem Willen war man ganz bei sich, und mit seiner Aufmerksamkeit war man ganz beim anderen. Heute trainierten sie speziell Yoko-othoshi. Das war ein schwieriger Wurf. Es war nämlich ein sogenannter Opferwurf. Man fiel vor dem Partner auf den Boden, war also auf den ersten Blick der Schwächere und auf der Verliererseite. Im Fallen blockierte man aber das Bein des Partners, so dass dieser selber zu Fall kam und war dann durch eine schnelle geschickte Bewegung des Körpers über ihm.

Viel zu schnell war das Training vorbei. Jojo war immer schleierhaft, wie beim Judo die Zeit so schnell vergehen konnte. Natürlich war er völlig ausgepumpt und todmüde, er war aber auch glücklich und zufrieden, wie er es ausser nach dem Judotraining fast nie war. Nach dem Duschen lief er wie üblich mit Mark aus der Umkleidekabine. «Stadtpark?», fragte Mark wie immer.

«Stadtpark», antworte Jojo wie immer und nickte.

Der Stadtpark war unter einer riesigen Glaskuppel angelegt. Es war ein Stück kontrollierte Natur innerhalb der Stadt, und da liess die Stadtverwaltung besondere Vorsicht walten. Jojo und Mark nahmen ihre Realitätskappen ab und traten durch die Sicherheitsschleuse ein. Der Stadtpark war für Realitätskappen denkbar ungeeignet. Es gab Oberflächen in allen möglichen Farben, hauptsächlich natürlich Grüntönen und Brauntönen. Auch waren die Strukturen der Oberflächen völlig unregelmässig. Das liess eine anständige, wirkungsvolle Projektion von Inhalten und Verbesserungen auf die Oberflächen nicht zu. Das Besuchererlebnis war in der Realitätskappe also erheblich eingeschränkt. Darum waren auch nie viele Menschen im Stadtpark. Mark macht eine seiner üblichen Bemerkungen. Er machte sie fast jedes Mal, wenn sie den Stadtpark betraten. «Also, es ist ja wirklich nicht besonders prickelnd, einem Baum beim Wachsen zuzuschauen. Das Gras wächst zwar viel schneller, aber auch das sehe ich nicht wachsen. Ich habe schon mal zwei Stunden lang zugeschaut, nix. Und trotzdem fühle ich mich hier sauwohl.»

Dann gab Jojo seine übliche Antwort: «Ach, du bist halt wahnsinnig ungeduldig. Ich habe schon mal zugeschaut, wie sich eine Rosenblüte geöffnet hat. Sechs Stunden habe ich davorgesessen. Sie öffnet sich wirklich ganz allein, da zieht niemand dran.»

Beide lachten und Mark fuhr fort: «Ich liebe die Stille hier. Ich meine, die Bäume und Pflanzen, die arbeiten wie verrückt. Die treiben Fotosynthese, die bilden permanent neue Zellen. Und trotzdem ist es ganz still. Naja, mit Ausnahme von uns beiden hier. Wir quatschen natürlich, wenn auch mit gedämpften Stimmen.»

Sie lachten wieder, dann fragte Jojo: «Und wie geht es zuhause?»

«Wie soll es schon gehen. Du lebst ja in deiner Intellektuellenfamilie. Ihr nutzt die Realitätskappen wirklich. Ihr lebt in vergangenen Zeiten und in fremden Städten oder sogar Ländern. Ihr macht gemeinsam diese Erfahrungen.

Du weisst ja, bei uns geht das nicht so zu. Bei uns lebt jeder irgendwie so vor sich hin.»

«Ja, das schon, ich lebe in dieser Intellektuellenfamilie, und mir kommt das alles so theoretisch vor. Mir kommt es so vor, als würden meine Eltern gar nicht richtig sinnlich geniessen. Es geht immer alles so über den Kopf. Das nervt manchmal schon ziemlich.»

Mark grinste und antwortete: «Also das ist bei mir zuhause nun wirklich nicht der Fall. Da geht es unglaublich unintellektuell und unglaublich sinnlich zu. Das liegt zum einen natürlich an meinem kleinen Bruder Jan. Der ist erst drei Jahre. Der rennt überall herum und stösst sich die Nase und fragt einen zu Tode. Aber wenigstens ist es nicht mehr ganz so sinnlich wie früher. Wenn ich ihm den Hintern putzen musste, war mir das zuviel der Sinnlichkeit.

Die meiste Zeit sind meine Eltern auch in der Wirklichkeit der Realitätskappen. Da ist aber nichts Intellektuelles dran. Heute, als ich gegangen bin, da waren sie beide wieder in dieser Wirklichkeitserfahrung. John Bond und die wilde 13. Mein Vater war natürlich John Bond und meine Mutter war die schöne, schlanke Blondine mit den unglaublichen Kurven. Ich sehe von aussen ja nicht, was mein Vater erlebt, aber wenn ich ihn anschaue, wie er da in seinem Stuhl liegt mit der Realitätskappe auf dem Kopf, also da lebt der richtig sinnlich. Ich sehe es förmlich, wie er an seiner Pfeife zieht und den Pfeifenrauch geniesst.»

«Wie, das siehst du, ich meine du bist doch dann in einer anderen Wirklichkeit?»

«Nee, das habe ich ohne Realitätskappe gesehen, ich hatte die Realitätskappe abgenommen. Und ich kenne doch John Bond und die wilde 13. Da war ich auch schon mindestens viermal drin. Meine Eltern bestehen darauf. Sie meinen, das wäre ja wohl die coolste Erfahrung, die sie je gemacht haben. Natürlich bin ich nicht John Bond und die Blondine bin ich auch nicht, das sind die beiden ja schon. Meistens bin ich der Erfinder, und der hat ja nicht so die obercoolen Erfahrungen. Auf alle Fälle weiss ich, dass John Bond diese Pfeife raucht. Unglaublich dieser Typ. Wenn er die Schurken jagt, steckt er die Pfeife in die Tasche, aber kaum hat er sie dingfest gemacht, schon setzt er sich hin, lehnt sich zurück und zieht an seiner Pfeife. Und das sehe ich meinem Vater am Gesicht an. Da liegt er da und sein ganzer Gesichtsausdruck ist sinnlicher Tabakgenuss. Ich sehe förmlich, in welchem Mundwinkel die Pfeife hängt. Das musst du dir mal vorstellen. Der hat noch nie eine Pfeife angefasst und hat keine Ahnung, wie richtiger Tabak riecht. Und doch lebt er voll und ganz in diesem Genuss. Und dann solltest du mal sehen, wie John Bond mit der attraktiven Blondine flirtet. Also da sehe ich meinen Vater mit meiner Mutter flirten. Die sind beide im Raum vor meinen Augen, aber in Wirklichkeit sind sie ganz woanders. In seiner Wirklichkeit hat mein Vater kein Bäuchlein, er hat einen durchtrainierten muskelbepackten Körper, und meine Mutter ist in ihrer Wirklichkeit keine rundliche Frau mit lustigen Grübchen. Sie ist eine schlanke Blondine mit knackigem Popo und unglaublicher Oberweite. Die schaut John Bond an mit unergründlichem Gesichtsausdruck, und gleichzeitig sieht man darin eine Spur von sinnlicher Begierde. Ich meine, nicht man sieht das, ich sehe das.»

Jojo war etwas verwirrt und fragte: «Also, hilf mir mal, du siehst also deine Mutter. Die liegt in ihrem Stuhl und hat die Realitätskappe auf. Und auf dem Gesicht deiner Mutter, das du siehst, also in diesem rundlichen Gesicht mit den Grübchen, da siehst du den unergründlichen Gesichtsausdruck mit einer Spur von sinnlicher Begierde drin?»

«Ja, ganz genau so ist es. Sie erlebt das. Sie lebt das wirklich. Sie hat da Erfahrungen, die sie ohne die Realitätskappe nie hätte. Ich weiss doch, wie meine Mutter meinen Vater ohne Realitätskappe anschaut. Das passiert zwar fast nie, die beiden haben ja immer die Realitätskappen auf, aber einmal habe ich das gesehen. Die hat ihn angeschaut, wie man eine Bettdecke anschaut. Durchaus interessiert, aber eben wie eine Bettdecke.» Mark wischte sich mit den Fingern über die Lippen und fuhr fort: «Diese Realitätskappen sind die beste Erfindung der Menschheit. Sie erlauben uns Erlebnisse, die wir sonst nie hätten, und diese Erlebnisse sind real. Ich weiss nicht, ob das immer gesund ist. Ich möchte nicht wissen, welchen Blutdruck mein Vater hat, wenn er auf der Jagd nach der wilden 13 vom Autodach springt, aber jedenfalls kann er sich dabei keine Knochen brechen. Und dann – also Jojo, das erzählst du jetzt nicht weiter – und dann denke ich manchmal, dass ich krank bin.»

«Wieso denkst du denn, dass du krank bist?»

«Weil ich ehrlich gesagt lieber hier im Stadtpark bin. Das ist doch eigentlich ganz langweilig. Man sieht noch nicht einmal die Bäume wachsen. Aber ich bin gerne hier. Hier habe ich keine coolen Erlebnisse, aber hier spüre ich mich. Also, ich weiss nicht, ob ich mich da klar ausdrücke.»

Jojo lächelte und sagte, «nein, du drückst dich überhaupt nicht klar aus, aber ich weiss genau, was du meinst. Das kenne ich auch. Da, wo nichts ist, da fühle ich mich wohl und da, wo was abgeht, da fühle ich mich irgendwie einsam.»

«Das kennst du?» Mark sah in an. Er wirkte überrascht und erleichtert zugleich. Dann fuhr er fort und sprach etwas leiser als vorher. «Und hast du auch manchmal das Gefühl, dass du den richtigen Wald kennen lernen möchtest? Hast du auch manchmal Sehnsucht nach dem Wald? Denkst du dir auch manchmal, wie schön es wäre, du könntest einen Vogel rufen hören oder wenigstens eine Fliege brummen?»

Jojo schaute ihn aufmerksam an und antwortete: «Und wenn ich das hätte?»

«Naja, dann könnten wir ja, ich meine rein hypothetisch, also nur so als Gedankenspiel, dann könnten wir ja versuchen, in den Wald zu gehen. Ich weiss, es ist gefährlich im Wald. Ich weiss, man kommt nicht aus der Stadt heraus. Aber nur so hypothetisch.» Mark schwieg wieder und schaute Jojo wieder unsicher aber auch erwartungsvoll an.

«Und wenn ich eine Möglichkeit wüsste, warum würdest du das wirklich wollen?»

«Weil», Mark wischte sich wieder über die Lippen und senkte seine Stimme noch weiter, «weil ich wissen möchte, Jojo, du sagst das jetzt niemandem weiter?»

«Nein ich sage es nicht weiter, da kannst du sicher sein.»

«Weil ich wissen möchte, ob ich da draussen im Wald auch Stimmen höre.»

«Aber Mark, du hörst doch meine Stimme, reicht dir das nicht?»

«Nein, mach dich nicht lustig über mich. Ich höre hier im Stadtpark Stimmen. Sogar wenn ich ganz allein bin. Also eigentlich höre ich die Stimmen sogar eher besser, wenn sonst kein Mensch da ist. Also, ich frage mich, ob ich krank bin, das ist ja nicht normal. Aber dann sage ich mir wieder, vielleicht liegt es gar nicht an mir, vielleicht liegt es am Stadtpark, und dann müsste es im Wald draussen ja deutlicher werden. Also denk nicht, dass ich spinne, das ist doch folgerichtig gedacht oder?» Er sah Jojo wieder unsicher und erwartungsvoll an.

«Ja, das ist folgerichtig gedacht. Und ich nehme an, du hast bis jetzt noch niemandem von den Stimmen erzählt oder?»

«Nein, natürlich nicht. Ich bin doch nicht verrückt. Weisst du, bis jetzt bin ich ohne Medikamente ausgekommen, und das soll auch so bleiben.»

«Das verstehe ich», sagte Jojo, «das verstehe ich wirklich voll und ganz. Aber ich verstehe noch nicht, woher denn die Stimmen gekommen sind. Das ist doch wichtig, oder?»

«Das ist ja das Seltsame. Sie kommen aus den Bäumen. Also das ist nicht richtig ausgedrückt. Ich höre die Stimmen in mir. Ich höre sie nicht so, wie ich zum Beispiel deine Stimme höre, oder wie ich Stimmen in der Wirklichkeit der Realitätskappe höre. Ich höre sie in mir. Aber ich weiss gleichzeitig, dass die Bäume zu mir sprechen.»

«Die Bäume sprechen zu dir?»

«Ja, da ist zum Beispiel die Eiche dahinten. Im Augenblick ist sie stumm. Da sagt sie nichts. Aber sie hat schon zu mir gesprochen. Also ob sie zu mir gesprochen hat, weiss ich nicht. Auf jeden Fall habe ich sie gehört. Ihre Stimme ist ganz tief und ganz leise. Sie flüstert nur wie, naja wie wohl der Wind in den Blättern flüstern würde, wenn es hier Wind gäbe, aber viel tiefer. Fast hört man sie nicht. Aber ich konnte hören, was sie gesagt hat. Komische Dinge hat sie gesagt. «Ich habe solche Sehnsucht», hat sie gesagt, «solche Sehnsucht, die mich ganz verzehrt. Ich habe Sehnsucht nach Meisen, die auf meinen Zweigen sitzen, nach Spinnen und Käfern, die auf meiner Rinde krabbeln, nach Mäusen, die unter meinen Wurzeln graben und nach Luft, nach frischer und nach freier

Luft.» So Zeugs hat sie geredet oder geflüstert oder geächzt oder gestöhnt. Ich weiss nicht, wie ich das beschreiben soll.»

«So Zeugs? Ich finde das gar nicht Zeugs, das kann ich wirklich gut verstehen, dass sie so redet. So würde ich auch reden, wenn ich hier im Stadtpark stehen müsste, eingesperrt unter der Glasglocke.»

«Mach dich nicht lustig über mich. Bäume müssen immer stehen, wo sie stehen, sie wandern ja nicht umher.»

«Ich wollte mich nicht lustig machen, ich wollte nur sagen, klar müssen Bäume immer stehen bleiben, wo sie sind, klar können sie nicht umherlaufen, aber was ich verstehe, ist, dass die Bäume Sehnsucht haben, Sehnsucht nach Vögeln und Insekten und so. Da geht es den Bäumen im Wald doch viel besser.»

Mark schaute Jojo an und fragte «woher willst du denn wissen, wie es den Bäumen im Wald geht. Denen im Stadtpark geht es doch sicher besser. Sie sind abgeschirmt von allen Gefahren. Keine Maus, die an ihren Wurzeln nagt, keine Raupen, die ihre Blätter fressen, keine Vögel, die ihnen auf die Äste scheissen.»

«Ja, das kann schon sein, aber das wichtigste hast du vergessen. Im Wald da ist Leben, da atmet alles, da ist Bewegung, Entwicklung, Wachstum und naja, Kommunikation.»

«Aber Jojo, wie redest du denn, du redest ja, als würdest du den Wald kennen.»

«Ja und? Und wenn ich ihn kennen würde? Wenn ich ihn aus eigener Erfahrung kennen würde?»

«Was soll das jetzt heissen? Man kann den Wald nicht kennen, also klar kann man ihn kennen, wenn man ihn in der Wirklichkeit der Realitätskappe erfährt. Aber wirklich kennen, sich physisch an einen Baum lehnen, spüren wie einem eine Ameise über den grossen Zeh krabbelt, das kann man nicht. Das geht nicht, das ist völlig unmöglich. Es gibt keinen Weg in den Wald. Die Grenze zwischen der Sicherheit der Stadt und der Gefahr des Waldes ist unüberwindbar.»

«Und wenn es doch einen Weg gäbe? Wenn es möglich wäre, in den Wald zu gelangen? Würdest du dann gehen?»

«Ja natürlich würde ich gehen, nach allem was ich dir erzählt habe, sofort würde ich gehen.»

«Und die Gefahren des Waldes? Ich meine, so ein Ausflug könnte tödlich enden. Ein fallender Ast könnte dich töten, eine Wildsau könnte dich aufspiessen, ein heimtückischer Virus könnte dich langsam dahinsiechen lassen.»

«Meinst du, das würde mich abhalten? Meinst du, ich mache jetzt jahrelang Judo, meinst du, ich habe nun jahrelang die Heldentaten der Samuraikrieger studiert und würde mich von einer potentiellen Wildsau ins Bockshorn jagen lassen?»

«Also, ich will es nur ganz sicher wissen.»

«Warum willst du es denn so sicher wissen?»

«Mark, kannst du schweigen, über das, was du jetzt erfährst?»

«Du kannst schweigen, über das, was ich dir gesagt habe, und ich kann schweigen über das, was du mir zu sagen hast.»

«Also gut, dann sage ich es dir. Ich weiss, wie man in den Wald kommt. Ich bin schon dort gewesen. Ich bin sogar schon oft da gewesen – sehr oft.» Jojo schwieg und Mark schwieg auch. Sie schwiegen lange. Dann sagte Mark sehr leise, «dann nimm mich das nächste Mal mit Jojo, nimm mich mit in den Wald.»

6 Ein uraltes Buch führt in die Zukunft

Es war noch früh am Morgen, als Jojo wieder im Wald anlangte. Dicker Dunst lag zwischen den Bäumen, und Nebel wallte über die Wiesen des Ödlandes. Er liebte diese nebligen Stunden. Er liebte es, dem Nebel zuzuschauen, wie er zwischen den Bäumen dahinzog, lautlos und feucht. Er schaute zu, wie die ersten Sonnenstrahlen auf den Nebel trafen, wie sie ihn leise anstiessen und er sich erhob. Still tanzte der Nebel zu den Strahlen der Sonne, er wogte hin und her, er erhob sich mehr und mehr, wurde dünner und durchsichtiger, und die Sonnenstrahlen kitzelten ihn, dass er sich wand und drehte und weiter und weiter in die Luft schraubte, selber lichter und heller wurde und schliesslich verschwand. Jojo schaute ihm noch lange nach, bis es schliesslich heller Morgen war, und er von ferne Matteas Schritte hörte. Er stand auf und ging ihr entgegen. «Na», sagte er, «schön dich zu sehen.»

«Schön dich zu sehen», antwortete sie und sah ihn an. Und er sah sie an und wusste nichts zu sagen, und so standen sie eine Weile, und er fühlte sich wohl während dieser Weile und sagte nichts und stand nur da.

«Und, hast du das Buch noch?», fragte Mattea schliesslich.

«Natürlich», antwortete Jojo, «es liegt in der Truhe im Baum. Ich glaube, es kann es nicht erwarten, bis wir es wieder öffnen und weiter in ihm lesen.» Er ging zum Baum und kam mit dem Buch in der Hand wieder zurück. Sie setzten sich wortlos, steckten die Köpfe zusammen und lasen weiter.

Sehr lange sassen sie da beieinander und lasen in dem Buch. Schliesslich blickte Mattea auf. «Hast du das gesehen Jojo? Ich lese es noch einmal:

So wird es den Erkenntnis Suchenden kaum erstaunen, dass man auch von Hellhören und Hellfühlen sprechen kann. Auch ihnen steht keine physische Wirklichkeit gegenüber. Ihnen stehen Wirklichkeiten aus höheren Welten gegenüber. So wie es Hellseher gibt, gibt es auch Hellfühler und Hellhörer. Während das Hellsehen eher Einblicke in die geistigen Welten erlaubt, gelingen mit dem Hellfühlen Einblicke in die Seelenwelt. Beides sind höhere Welten, aber sie sind völlig unterschiedlich.

Bei Hellfühlern tauchen die Gefühle wie bei allen Menschen im eigenen Innern auf. Manche davon haben aber oft mit dem eigenen Inneren gar nichts zu tun. Bei Hellfühlern ist das Fühlen zu einem Sinnesorgan geworden. Das wissen die meisten aber nicht. Sie fühlen in ihrem eigenen Inneren, was um sie herum an Gefühlen ist. Nun suchen sie nach der Ursache des Gefühls in sich selber und finden keine. Sie haben plötzlich Angst und finden keine Ursache für ihre Angst. Sie fühlen plötzlich Traurigkeit und finden keine Ursache für diese Traurigkeit. Sie fühlen Wut und kennen deren Ursache nicht. Wenn sie in dieser Situation medizinische Hilfe suchen, ist damit ihr weiterer Weg als Hellfühler beendet. Man wird bei ihnen psychische Erkrankungen diagnostizieren und sie mit Medikamenten behandeln. Damit hört das Hellfühlen auf.»

Matteas Wangen waren leicht gerötet, und ihr Atem ging etwas schneller, fast so als wäre sie gerade ein Stück gerannt. «Jojo», sagte sie, «vielleicht bin ich gar nicht krank. Vielleicht bin ich gar nicht verrückt. Vielleicht bin ich einfach bloss ein Hellfühler. Wenn ich so darüber nachdenke. Also, ich habe dir ja schon einiges erzählt. Das erste Mal im Wald hatte ich Angst. Das war ganz klar ein Gefühl in mir, das von aussen wie angestossen wurde. Und dann war da meine Sehnsucht nach dem Wald. Da war zuerst die Sehnsucht in mir. Ich meine, den Wald kannte ich ja gar nicht. Ich hatte höchstens von ihm gelesen oder etwas in der Realitätskappe über ihn erfahren. Aber diese Sehnsucht, das war ja nicht Abenteuerlust oder Entdeckergeist oder wissenschaftliche Neugier. Es war dieses Gefühl, den Wald erleben zu wollen. Dann die Atmosphäre in der Pauluskirche. Also da erlebe ich ganz klar immer etwas in mir, was eigentlich ausser mir ist. Das zieht dann in mich herein. Dieses Gefühl des Friedens, der Andacht. Im Wald wurden die Gefühle von aussen dann ganz stark. Ich habe es dir ja erzählt. Auf jeden Fall bin ich nicht verrückt. Ich spüre einfach, was ausser mir ist. Das habe ich selber auch schon gedacht. Aber ich habe mich dabei trotzdem für verrückt gehalten.»

Jojo hatte still zugehört, dann meinte er etwas lakonisch, «was heisst schon krank. Psychisch Kranke haben komische Gefühle im Innern und projizieren sie nach aussen. Dann sehen sie etwas von aussen auf sich zukommen, was sie in ihrem Inneren erst geschaffen haben. Aber das tun normale Menschen ja auch. So hat mir einmal jemand gesagt ‹was schaust du mich so feindselig an› dabei hatte ich gar nichts Feindseliges in mir. Das hat der bloss in mich hinein projiziert. Es war in ihm. Leider konnte ich ihm das nicht sagen, sonst hätte er sofort behauptet, meine Rederei sei nur Beweis meiner Feindseligkeit.»

«Ja», sagte Mattea lebhaft, «jetzt, wo wir darüber reden, fällt mir noch etwas ein. Die meisten Menschen kennen doch Gefühle, die in ihnen sind, aber nicht zu ihnen gehören. So hörst du ein Musikstück und wirst plötzlich ganz melancholisch. Oder du schaust ein Bild an und bist plötzlich von einer wehmütigen Stimmung ergriffen. Oder denk bloss an die Filme in der Realitätskappe. Da lebst du mit dem Helden mit, da hast du Angst, wenn er in Gefahr schwebt, da bist du selig, wenn er die Frau seines Herzens trifft. Das hat ja nichts mir mir zu tun. Du gehst einfach in Resonanz mit dem Film oder der Musik oder dem Bild.» Sie schwiegen eine Weile. Dann nahmen sie das Buch wieder zur Hand.

Nach einer langen Weile war es Jojo, der die Lektüre unterbrach. Er konnte einfach nicht mehr weiterlesen.

«Jetzt habe ich zu viel von den niederen sinnlichen Trieben gelesen. Und da ist einer von denen auf mich übergesprungen. Jetzt ist er in mir, und zwar genau jetzt. In mir ist genau jetzt dieser selbstsüchtige sinnliche Trieb nach wunderbar süssen, herrlich roten, unvergleichlich fruchtigen, fantastisch duftenden Erdbeeren.»

«In mir auch, grausam quälend dieser Trieb», pflichtete ihm Mattea lachend bei. «Komm wir erheben uns und geben ihm nach.»

Und das taten sie. Sie zogen durch den Wald auf der Suche nach Erdbeeren. Aber weil sie nicht ganz so selbstsüchtig sein wollten, pflückte Jojo Erdbeeren, die er dann Mattea gab, und Mattea pflückte Erdbeeren, die sie dann Jojo gab. Jojo fand immer neue Stellen, an denen Erdbeeren wuchsen, und Mattea fand immer noch Erdbeeren an den alten Stellen, wenn Jojo die Suche dort schon längst aufgegeben hatte. Sie fand sie unter unscheinbaren kleinen Blättern, verborgen vor ihren Blicken aber nicht vor den Strahlen der Sonne, denn sie waren rot und süss.

Schliesslich kehrten sie zu ihrem Baum zurück. Jojo legte sich der Länge nach auf die Erde, blinzelte in die Sonne und strich sich über den Bauch. «Ach diese Begierde, kaum zu glauben, dass sie nicht für immer gestillt ist. Im Moment habe ich wirklich genug Erdbeeren gehabt, aber ich bin sicher, morgen erwacht wieder der Wunsch nach ihnen. Aber da bin ich ja leider in der Stadt. Da gibt es Erdbeeren bloss unter der Realitätskappe. Das ist glücklicherweise erst morgen, jetzt schauen wir, was uns der Gefühlswissenschaftler noch zu sagen hat.»

Sie lasen weiter. «Ich habe jetzt auch einen Wunsch. Ich will das jetzt nicht alles lesen», sagte Mattea schliesslich und seufzte. «Das ist alles so fürchterlich trocken. Da ist keine Spur von Gefühl drin. Den Rest des Kapitels können wir ja später lesen. Mal schauen, was im nächsten Kapitel kommt.» Sie blätterte einige Seiten weiter und sagte dann: «schau, hier kommt ein neues Kapitel. Das war fast zu erwarten. Es heisst Hellhören.»

Jojo unterbrach sie. «Du Mattea», sagte er zögernd, «können wir das auch das nächste Mal lesen?»

«Das nächste Mal, wieso das denn, es ist doch noch heller Tag, wir können sicher noch zwei Stunden hier sitzen und lesen.»

«Ja, das schon, aber weisst du, ich habe einen Freund, der sollte dabei sein, wenn wir das lesen»

«Na, du bist mir gut. Da sagst du mir in einem Nebensatz, dass du noch jemand zu uns in den Wald bringen willst. Vielleicht will ich ihn ja gar nicht dabei haben. Vielleicht ist es ja gar nicht gut, wenn zu viele Leute in den Wald kommen.»

«Mattea, ich bin sicher, du wirst ihn mögen. Ich bin sicher, er wird gut zu uns passen. Er wird sogar eine Bereicherung sein.»

«Bereicherung? Sind der Wald und ich nicht genug Reichtum für dich?»

Jojo lächelte etwas und sagte «du bist ein unglaublicher, gewaltiger, unerschöpflicher Reichtum für mich, und doch glaube ich, Mark wird dir gefallen.»

«Mark heisst er also, und wieso glaubst du, dass er mir gefallen wird? Wer ist er überhaupt, woher kennst du ihn?»

«Mark ist ein Freund von mir, ein richtiger, realer Freund, den ich nicht nur sehen und hören, sondern auch anfassen kann. Ich kenne ihn aus dem Dojo. Da treffen wir uns dreimal pro Woche.»

«Jojo ich höre deine Worte, aber ich verstehe nicht viel. Also da ist jemand, den kennst du gut, und du kannst ihn nicht nur sehen, sondern auch anfassen, und du triffst ihn oft, sehr oft sogar. Nur wo ist mir nicht klar. Was ist ein Dojo?»

«Ich habe dir noch nichts davon erzählt, es war noch keine Zeit dafür. Ich treibe Judo. Das ist ein japanischer Kampfsport.»

«Kampfsport? Geht das denn? Das hört sich doch nach ganz schön viel Aggression an. Aggression wollen wir doch vermeiden in unserer Gesellschaft. Aggression ist nicht gut. Sie hat in der Vergangenheit für so viel Unglück in der Welt gesorgt. Darum wird doch die Aggression in unserer Gesellschaft geächtet. Das will niemand, das tut man nicht. Darum wird doch alles vermieden, was die Aggression fördern oder überhaupt erst hervorbringen könnte.»

«Ach, es ist doch nicht wie Boxen oder so. Man tut dem anderen nicht weh. Judo ist japanisch und heisst ‹der sanfte Weg›. Niemand in der Gesellschaft kann etwas gegen einen sanften Weg haben. Sport wird doch gefördert in unserer Gesellschaft. Sport ist doch gut. Aus rein energetischen Gründen treibt man meist einzeln Sport.»

«Ja schon, aber man kann fast alle Sportarten für sich allein treiben und den anderen in der Wirklichkeit der Realitätskappe treffen. Man kann so rennen, fechten, Basketball und Tennis spielen. Fast jeden Sport kann man so treiben.

Da braucht man nur noch die Realitätsarmbänder anzulegen sowie die Beinbänder. Dann geht das ganz super. Kein Grund für unsichere Begegnungen an grossen Plätzen. Kein Grund grosse Hallen zu bauen, die meist leer stehen. Da kann man sich im sportlichen Wettbewerb messen, da kann man seine Geschicklichkeit verbessern, die Körperkoordination, alles, und ist doch in der Sicherheit der eigenen vier Wände oder vielleicht in einem kleinen, sicheren Sportstudio nebenan, wenn es gar nicht anders geht.»

«Mattea, wie redest du denn, kaum zu glauben, dass wir hier in der Unsicherheit der Natur sitzen. An einem Ort, der so gross ist, dass wir sein Ende nicht einmal erahnen können. Er erstreckt sich vielleicht über Hunderte von Quadratkilometern. Er ist mit Sicherheit viele Male grösser als die ganze Stadt.»

Mattea lachte, warf die hellbraunen Haare nach hinten und sagte, «ah, ich wollte dir doch nur zeigen, dass ich gut erzogen bin. Ich weiss, was man tut, und was man nicht tut. Aber ich weiss nicht, was ein Dojo ist, und ich habe keine Ahnung, was Judo ist.»

«Judo ist eigentlich eine ganze Philosophie und Lebensweise. Es geht um das gegenseitige Helfen und Verstehen zu beiderseitigem Fortschritt und Wohlergehen. Und es geht um den bestmöglichen Einsatz von Körper und Geist. Den üben wir auf der Judomatte in unserer Übungshalle. Die heisst Dojo. Da hat jeder eine weisse Hose und eine weisse Jacke aus Baumwolle an. Man steht sich gegenüber, verbeugt sich voreinander, und dann geht man aufeinander zu, fasst sich an den Jacken und versucht, den anderen zu Fall zu bringen und dann am Boden festzuhalten.»

«Also kämpft ihr miteinander.»

«Nein, das ist ein spielerischer Wettstreit. Man will dem anderen ja nichts wegnehmen oder ihn verletzen oder so. Da geht es um Eleganz und Geschicklichkeit. Wenn der andere einen Schritt auf dich zumacht, dann nutzt du seine Energie und Bewegung aus, und zum Schluss liegt er am Boden auf der Matte. Das liebe ich. Da muss man spüren, was der andere vorhat, da geht es nicht Kraft gegen Kraft, sondern Gespür und Geschicklichkeit gegen Gespür und Geschicklichkeit. Wer aggressiv ist, liegt meist zuerst am Boden, weil er zuerst eine Bewegung macht, die der andere dann ausnutzt. Und das Beste daran ist: Man spürt den anderen, man hat Körperkontakt, und man braucht richtig viel Einfühlungsvermögen, um ein guter Judoka zu sein.»

«Ein Judoka?»

«Ja, das ist jemand, der Judo treibt.»

Mattea reckte sich, gähnte und meinte dann «also kurz gesagt hast du einen guten Kumpel vom Judo, den willst du mit in den Wald nehmen, und er soll mit uns gemeinsam in dem Buch lesen. Das kann ich ja verstehen, aber warum sollte der so eine wunderbare Bereicherung für uns sein?»

«Naja, weil er auch anders ist als die anderen. So wie du und ich und der Autor dieses Buches. Wenn er zum Arzt ginge, würde er sofort Medikamente kriegen. Aber er ist schlau. Er geht nicht zum Arzt. Und er ist auf eine andere Art anders als du und ich. Ich meine, du spürst Sachen, die nicht da sind. Ich sehe Wesen, die nicht da sind, und er hört Wesen, die nicht da sind, sprechen. Also das stimmt jetzt nicht ganz. Er hört zum Beispiel Bäume sprechen. Die sind natürlich da, aber sie sprechen ja nicht.»

Mattea reckte sich wieder und meinte, «was soll ich da sagen. Natürlich kann er kommen. Obwohl, naja, früher war ich ganz allein im Wald. Da hat der Wald mir gehört. Also nicht wirklich natürlich. Und dann bist du in mein Leben getreten. Und da waren wir und der Wald, und wir gehörten zusammen, nur wir beide und der Wald.» Sie brach ab und schaute auf ihre Füsse und dann in den Wald, aber sie sah Jojo nicht an.

«Ja, ich weiss schon, was du meinst, das ist mir ja auch so gegangen. Es ist mir ganz genauso gegangen. Es war mein Wald, obwohl ich natürlich immer wusste, dass der Wald niemandem gehört.»

«Jedenfalls können wir dann schon konsequent sein mit der Teilerei. Du könntest den Heimweg mit mir teilen, du könntest mitkommen zu meiner Ecke des Waldes.»

Und das tat er.

7 Der rätselhafte Riku

Jojo stand vor dem Eingang des Dojo. Es war dunkle Nacht. Es würde sicher noch mehr als eine Stunde dauern bis zum ersten Morgengrauen. Jojo wartete. Er schaute in die Dunkelheit. Dort bewegte sich etwas. Jemand kam auf ihn zu. Er näherte sich ihm lautlos. Dann legte er ihm die Hand auf die Schulter. Er sprach leise. «Ich bin gekommen Jojo, wie abgemacht. Ich bin wirklich gekommen.»

«Das ist gut, Mark. Das ist sehr gut. Nun lass uns gleich gehen.» Jojo drückte Mark die Hand. Er sah ihm kurz in die Augen und wandte sich zum Gehen. Mark folgte ihm. Schon bald waren sie in den Schatten der Nacht nicht mehr zu sehen. Es war auch niemand da, der sie hätte sehen können. Nachts blieben die Menschen zuhause. In der Dunkelheit der Nacht funktionierten die Realitätskappen nicht. Um etwas in der Wirklichkeit der Realitätskappen zu sehen, benötigten sie ein Minimum an Licht. Selbst bei Vollmond war draussen nicht genügend Licht vorhanden für die Realitätskappen. Nachts war es unendlich langweilig draussen. Darum gingen die Menschen nachts nicht hinaus.

Jojo und Mark gingen fast eine Stunde lang durch die Schatten der Nacht. Sie gingen und sprachen kein Wort. Dann blieb Jojo stehen. Sie hatten den Deckel im Boden erreicht. Nun begann Jojo leise zu sprechen. «Ich hebe jetzt den Deckel an. Darunter ist eine Leiter. Die steige ich hinunter. Wenn ich im Loch verschwunden bin, kannst du mir gleich folgen. Dann schliesst du den Deckel über dir. Auf der Leiter benötigst du kein Licht. Steig einfach hinunter und pass auf, dass du mir nicht auf die Finger trittst.» Sie stiegen schweigend die Leiter hinunter. Jojo hörte das Wasser unten plätschern, er hörte wie Mark vorsichtig den Fuss aufsetzte, und er hörte Marks Atem. Unten knipste er die Taschenlampe an. «Ich gehe voran.» Er grinste und fuhr fort: «Verlaufen kannst du dich nicht. Es geht immer dem Wasser nach, entgegen der Fliessrichtung.» Sie gingen wieder schweigend. Jojo lauschte dem Rauschen des fliessenden Wassers. Er genoss dieses Geräusch. Es war das Geräusch der Verheissung. Es sprach zu ihm von der Verheissung des Waldes. Schliesslich hatten sie das Ende der Röhre erreicht. Jojo stemmte sich gegen das Gitter und stiess es nach aussen. Dann liess er Mark den Vortritt. «Komm, noch zwei Schritte, und du bist im Wald.» Mark ging zehn Schritte. Dann blieb er stehen und wartete, bis Jojo das Gitter wieder zurückgeschoben hatte und zu ihm aufschloss.

«Du, Jojo», sagte Mark, fast flüsterte er, «die Geräusche hier, sie sind so fremd. Ich kenne keines davon. Ich kenne doch nur die Geräusche der Stadt.»

«Ach, ich kann dir den Wald kurz vorstellen. Horch mal ganz nach oben. Da schweift der Wind leise über die Wipfel der Bäume. Er ist ganz sanft heute, der Wind. Aber er kann auch anders. Er kann tosen und brausen und heulen und pfeifen. Aber heute ist er gesittet und sanft. Darum hörst du noch mehr dort oben in der Luft, hör genau hin, da hörst du den Flügelschlag der Eule, schattengleich schlägt sie ihre Flügel, du kannst ihr Rauschen fast nicht vom Wind unterscheiden, und doch ist es anders. Du hörst den Willen der Eule darin.»

«Sei still jetzt, Jojo, ich möchte selber lauschen.»

So standen sie eine Weile still. Dann begann Mark leise zu sprechen. «Ah, jetzt höre ich den Bach. Dort hinter dem Gitter, wo sie ihn in den Kanal eingezwängt haben, von da tönt er dunkel und hohl zu uns her. Und hier vor unseren Füssen da plätschert er leicht und lustig und hell und strömt dahin. Und da ist noch ein Geräusch im Bach. Es hört sich fast so an, wie wenn ich mit den Fingern der einen Hand über die andere leise streiche.»

«Es ist noch dunkel, du siehst es nicht, aber ich kann dir sagen, ich glaube ich weiss, was das ist. Da streicht das Wasser leicht über die Kiesel am Ufer hin. Nachher, wenn es hell geworden ist, dann siehst du es. Mitten im Bach da ist immer Wasser, aber am Rande, da kommt es nicht immer hin. Da liegen kleine, feine Kieselsteine, und manchmal kommt das Wasser in einer leichten

Welle, streicht über sie hin und streichelt sie, und lässt sie feucht glänzend zurück.»

Sie standen weiter still und lauschten, und während sie dort standen, näherte sich weit hinter ihnen die Sonne dem Horizont. Langsam traten die Bäume aus dem Schatten der Nacht heraus. Die Buche begann, ihre glatte, graue Haut zu zeigen. Die Eiche liess erst Teile ihrer runzligen Rinde sehen und verbarg ihre Risse noch im Schatten. Hell liess die Birke weisse papierne Flecken aufscheinen, und man konnte nicht unterscheiden, ob dazwischen die Schwärze der Birke oder die Schwärze der Nacht lag.

Sie standen noch lange da und lauschten den Geräuschen des Waldes und sahen zu, wie die Bäume und Büsche ihre Blätter langsam grün färbten. Sie sahen zu, wie der Himmel sich erhob aus der Schwärze der Nacht und allmählich grau und schliesslich blau wurde. Dann trafen die ersten Strahlen der Sonne den Wald und liessen die grünen Tannennadeln in den Spitzen der Baumkronen hell strahlen.

«Komm», sagte Jojo, «wir setzen uns in die Sonne, und dann erzähle ich dir, was dich heute erwartet.»

«Was erwartet mich denn? Ich nehme an, der Wald wartet nicht wirklich auf mich. Ich meine, ich will den Wald kennen lernen. Der Wald will mich sicher nicht kennen lernen.»

«Der Wald wohl nicht, jemand anderes hingegen schon.»

«Komm, tu nicht so geheimnisvoll. Wer wartet auf mich? Eine Ameise? Ein Reh? Ein Hirsch?»

«Nein, alles falsch, du wirst es nie erraten, aber probiere es noch zwei- oder dreimal.»

«Ok, freut sich vielleicht eine Zecke auf mein süsses Blut? Oder will eine Mücke mich stechen? Oder willst du mich vielleicht in das Revier eines Wildschweins führen?»

«Alles verkehrt. Eine Waldfee natürlich. Heute erwartet dich eine Waldfee. Genauer gesagt erwarten wie sie. Sie kommt nämlich hierher und erwartet, uns hier zu sehen. Sie kommt von weither, nur um dich zu sehen.»

«Komm, du willst mich auf den Arm nehmen.»

Jojo lachte. Dann wurde er ernst und sagte «nein, wirklich nicht. Ich hätte es dir schon vorher sagen sollen. Aber die Stadt war nicht der richtige Ort dafür. Ich meine, die Stadt ist nicht der richtige Ort, um die Geheimnisse des Waldes auszuplaudern. Nun haben wir etwas Zeit, bis die Waldfee kommt. Ich erzähle dir alles.» Und Jojo erzählte. Er erzählte von Anfang an, wie er in den Wald gekommen war, wie er den Wald langsam kennen gelernt hatte, wie er den Mann gesehen hatte, der durch die Ödnis zum Wald hinaufgelaufen war, und von dem Buch. Er erzählte vom hohlen Baum, von Mattea, vom Paulusquartier und von Erdbeeren. Mark hörte zu. Er fragte nicht viel, er sagte nicht ‹ah› oder ‹oh› oder ‹was du nicht sagst›. Er hörte einfach zu. Als Jojo geendet hatte, stand die Sonne schon ziemlich hoch am Himmel.

«Eigentlich sollte sie schon längst da sein», sagte Jojo, «sie verlässt die Stadt doch immer im Schutze der Dunkelheit. Da sollte sie wirklich schon da sein.»

«Keine Sorge, sie wird gleich da sein. Ich höre Schritte auf dem Waldboden. Ah, siehst du, da kommt sie schon.» Mark unterbrach sich und fuhr dann fort, «ich wollte sagen, da kommen sie schon. Jojo, hast du mir wirklich alles erzählt?»

Jojo schaute in die Richtung, in die Mark gezeigt hatte, und pfiff dann leise durch die Lippen. «Da kommen zwei Waldfeen», sagte er, «aber sie hat gar nichts davon gesagt. Sie hat nicht erzählt, dass sie auch noch jemanden mitbringt. Zuerst hat sie solche Bedenken gehabt, als ich dich mitbringen wollte. Und nun bringt sie selber jemanden mit – einfach so.»

Sie gingen den beiden entgegen. «Hallo Mattea», sagte Jojo, «darf ich dir Mark vorstellen.» Und er fand es plötzlich schade, dass er Mark mit in den Wald gebracht hatte, denn mit Marks Anwesenheit war diese Vertrautheit zwischen ihm und Mattea verschwunden. Es war als würde die Vertrautheit sich vor fremden Blicken fürchten und einfach weglaufen.

«Hallo Mattea», sagte auch Mark und gab Mattea die Hand. «Ich bin Mark.»

«Ich bin Mattea, schön dich kennen zu lernen», sagte Mattea, «und das hier ist Lucia.»

Lucia war fast gleich gross wie Mattea und genauso zierlich wie sie. Fast konnte man sie drahtig nennen. Sie hatte lange blonde Haare, die ihr bis über die Schultern reichten, und blaue Augen. «Hallo Lucia», sagte Jojo und gab ihr die Hand.

«Hallo Lucia», sagte auch Mark und gab ihr ebenfalls die Hand. Dann schauten die beiden Mattea erwartungsvoll an. Mattea schaute zurück. Sie hatte einen merkwürdigen Ausdruck im Gesicht. Man konnte nicht genau sagen, ob sie verärgert oder belustigt aussah. Es war fast eine Mischung von beidem. Dann begann sie zu erklären: «Das ist Lucia. Sie ist meine Schwester. Sie ist mitgekommen. Das heisst, ich musste sie mitnehmen. Ich konnte nicht anders. Sie hat mir aufgelauert im Beichtstuhl in der Kirche. Als ich gerade daran war, die Tür von der Kirche nach draussen mit dem Dietrich zu öffnen, stand sie plötzlich neben mir. Sie wollte mit. Sie hat gedroht, mich zu verraten, falls ich sie nicht mitnähme. Ich meine, was wollte ich machen. Da habe ich sie mitgenommen. Auf dem Weg hierher ist meine Wut über sie verraucht. Und nun sind wir hier. Lucia, du kannst nun selber erzählen, warum du unbedingt herwolltest, und wer du überhaupt bist.»

«Ja», sagte Jojo, «das wäre nicht die schlechteste Idee, Lucia, erzähl mal. Aber vorher können wir doch rüber zum Bach gehen. Da sitzt man bequem und kann trinken, wenn man Durst hat.»

Sobald sie sich alle beim Bach auf den Boden gesetzt hatten, schauten Jojo und Mark Lucia erwartungsvoll an.

Sie begann zu sprechen: «Also, ich bin Lucia. Ich bin die Schwester von Mattea und eigentlich ist es Matteas Schuld, dass ich jetzt hier bin.»

Mattea brauste auf: «Wieso meine Schuld? Ich wollte dich nicht mitnehmen. Du wolltest mitgehen.»

«Das schon, aber du hast mich überhaupt erst auf die Idee gebracht, mitzugehen.»

«Wieso? Ich habe doch gar nichts erzählt vom Wald. Ich habe nicht die leiseste Bemerkung gemacht zum Wald.»

«Gesagt hast du nichts, aber verändert hast du dich. Du warst, wie soll ich sagen, du warst irgendwie fröhlicher und, hm, lebendiger als sonst. Und du warst fast jeden Sonntag bei deiner Freundin. Das warst du sonst nicht. Mama und Papa finden ja, man soll sein eigenes Leben führen. Sie haben ja Verständnis, dass du nichts erzählen willst. Sie finden ja, du bist alt genug für ein eigenes Leben. Sie sind ja froh, wenn du nicht immer zuhause rumhängst. Die haben sicher auch gesehen, dass deine Haut ein wenig dunkler geworden ist, aber das ist ihnen vermutlich egal. Sie finden Sonne ja sogar gut. Und mir wäre das eigentlich auch egal gewesen. Aber dann habe ich deine Realitätskappe entdeckt. Die hattest du im Bett versteckt. Du kannst froh sein, dass ich Mama und Papa nichts davon erzählt habe. Da habe ich mich schon gefragt, wo du hingehst so lange ohne die Realitätskappe. Das ist ja absolut öde ohne die Kappe. Und so toll kann deine Freundin auch nicht sein. Und an irgendeinen Typen habe ich nicht geglaubt. Die kann man ohne Kappe auch nicht aushalten. Da musste etwas anderes sein. Also habe ich angefangen aufzupassen.»

«Aufzupassen? Nachspioniert willst du wohl sagen!» Bei diesen Worten sah Mattea eindeutig genervt aus.

«Wieso spionieren? Ich wollte einfach herausfinden, was du so treibst. Ich wollte bloss wissen, wieso du plötzlich so viel lebendiger bist. Und fragen konnte ich wohl kaum. Dann hättest du bloss gesagt ‹lebendiger, so ein Blödsinn. Ich lebe einfach, man kann nicht lebendiger oder weniger lebendig sein. Man kann nur leben oder tot sein. Man kann ja auch nicht tot oder toter sein. Frag nicht so einen Blödsinn›. Also habe ich bloss versucht das herauszufinden, ohne dich fragen zu müssen.»

Jetzt huschte eindeutig so etwas wie ein Lächeln über Matteas Gesicht. «Das stimmt», sagte sie, «das hätte ich wirklich geantwortet auf so eine doofe Frage. Und dann hätte ich natürlich aufgepasst, dass ich nicht irgendwie anders wirke.»

Nun mischte sich Jojo in das Gespräch ein: «Du, Mattea, was hast du Lucia von uns erzählt? Was weiss sie von uns? Und was tun wir jetzt?»

«Erzählt habe ich eigentlich gar nicht viel. Ich habe bloss erzählt, dass ich jetzt durch den Wald müsse, weil ich mich mit jemandem treffen wolle. Ich habe erzählt, dass ich zwei Jungen treffe. Und nun sind wir da.»

Jojo stöhnte leise und sagte dann: «Also sind die Zeiten, in denen ich den Wald für mich allein hatte, wohl definitiv vorbei. Jetzt sind wir so viele. Da können wir geradezu einen Club gründen. Den Club der Waldmenschen oder so.»

«Ach», meinte Mark, «das finde ich nicht so schlimm, dass Lucia da ist. Vier sind doch besser als drei. Bei dreien, da kommt es leicht vor, dass es zwei und einer sind. Drei sind kein Paar und keine Gruppe. Aber vier sind schon eine kleine Gruppe. Das ist gar nicht schlecht.»

Nun meldete sich auch Lucia wieder zu Wort: «Also da hat er definitiv recht. Und ausserdem haben wir etwas gemeinsam. Wir wollen alle den Wald kennen lernen. Das ist zu viert sicher lustiger und auch sicherer als allein.»

Jojo blickte Mattea unsicher an. Da war noch die Sache mit dem Buch. Wie sollten sie das jetzt machen? Eigentlich hätte er das gerne mir ihr allein besprechen wollen. Aber gleichzeitig kam es ihm völlig unpassend vor, sich in der jetzigen Situation mit ihr von den beiden anderen abzusondern, und etwas nur zu zweit zu besprechen.

Mattea schien seine Frage zu spüren und zuckte wie zur Antwort mit den Schultern. Jojo nahm das für ein ‹rede doch von dem Buch, ist sowieso schon eine merkwürdige Situation, keine Ahnung wie das noch endet›. Das konnte er natürlich nicht wissen. Schliesslich hatte sie nur mit den Schultern gezuckt. Aber er nahm es mal so auf und sagte also:

«Dann ist da noch die Sache mit dem Buch. Wir haben hier noch ein Buch.»

«Was», prustete Lucia los, «ihr habt ein Buch hier im Wald? Wir haben Hunderte von Büchern daheim. Man muss doch nicht in den Wald gehen, um ein Buch zu lesen.»

«Wir haben überhaupt kein Buch zuhause», sagte Mark bloss, und Jojo fügte hinzu:

«wir auch nicht. Und ausserdem ist dies kein Buch für die Stadt. Es gehört in den Wald.»

Lucia sah ihn völlig erstaunt an und fragte dann: «Ok, heute liest niemand mehr Bücher, ausser bei uns daheim, weil wir etwas seltsame Eltern haben. Aber nach allem, was ich weiss, gehören Bücher in Häuser und Wohnungen. Sie gehören in gute Stuben, in Bücherregale, aber mit Sicherheit nicht in den Wald.»

«Dieses schon», erwiderte Jojo, und dann erzählte er die ganze Geschichte des Buches. Lucia und Mark hörten ihm gebannt zu, und keiner unterbrach ihn. Als er am Ende seiner Geschichte angelangt war, fügte er hinzu:

«Darum gehört das Buch in den Wald. Es ist auf irgendeine Art in der Stadt in Gefahr. Irgendjemand ist daran interessiert und darf es nicht bekommen. Und dann ist da noch etwas. Mattea und ich haben angefangen, in dem Buch zu lesen. Zuerst dachten wir, es sei von einem Verrückten geschrieben, von einem psychisch Kranken genauer gesagt, und dann haben wir plötzlich gemerkt, dass er unsere Symptome beschrieben hat und irgendwie gar nicht verrückt war.» Jetzt unterbrach ihn Mark und fragte:

«Willst du mir sagen, dass du psychisch krank bist? Davon habe ich ja gar nichts gemerkt. Sind deine Tabletten so gut eingestellt?»

«Also, wenn du es genau wissen willst», antwortete Jojo, «habe ich ziemlich viele Symptome des Schizoiden, das heisst ich sehe Sachen, die nicht da sind, und aggressiv bin ich auch noch. Natürlich bekomme ich Medikamente, aber ich nehme sie nicht. Ich nehme sie schon seit drei Jahren nicht mehr. Jetzt kannst du den Mund wieder zuklappen, Mark.»

Mark schloss den Mund wieder, er sagte aber nichts, denn schon hatte Lucia angefangen zu sprechen: «Ha, dann passt du ja gut zu Mattea, die nimmt ihre Tabletten auch nicht.»

«Woher weisst du das denn?», fuhr Mattea sie an.

«Naja, wenn man eine nicht ganz blöde Schwester hat, kann man nicht so viel vor ihr verbergen», antwortete Lucia, «aber ich finde das eigentlich ganz ok. Bei uns in der Gesellschaft gibt es ja nicht Gut und Böse. Da gibt es nur gesund und krank. Und irgendeine Ärztegesellschaft entscheidet, was krank und was gesund ist. Gesund ist, was einen selbst und die anderen nicht stört. Krank ist der Rest. Ich bin ziemlich sicher, dass zu grosse Intelligenz bald auch als krank erklärt wird. Ich meine, die stört einen selbst, weil man all diesen Schwachsinn um einen herum als Schwachsinn erkennt, und sie stört die anderen, weil man sie auch noch auf ihren Schwachsinn hinweist. Das hören sie natürlich gar nicht gerne. Bloss gut, dass es noch nicht so weit ist. Sonst müsste ich auch noch Tabletten nehmen. Also habe ich nie etwas gesagt.»

«Und Mama und Papa?», fragte Mattea ziemlich entgeistert,

«bei denen bin ich mir nicht so sicher. Es ist nicht auszuschliessen, dass sie es auch wissen und einfach auch nichts sagen.»

«Auf alle Fälle», begann Jojo wieder, «haben wir das Buch hier, und Mattea und ich lesen darin, und eigentlich wollten wir, das Mark auch mitliest, das heisst natürlich, nur wenn er auch will.» Mark nickte bloss stumm. «Und nun bist du da Lucia, und wir wissen nicht genau, wie wir nun weiter machen sollen.» Lucia hatte eindeutig an Selbstsicherheit gewonnen. Sie grinste nun und sagte: «Es kann ja nicht schaden, wenn auch jemand mitliest, der mit einem hellen Köpfchen gesegnet ist.» Als sie die empörten Blicke der anderen bemerkte, fügte sie hinzu: «Ich meine damit natürlich mein blondes Haar, was dachtet ihr denn? Jedenfalls ist es doch am einfachsten, wenn wir nun alle vier das Buch lesen.»

Jojo sah Mattea wieder fragend an. Sie meinte nur ziemlich lakonisch: «Dann ist die Sache ja klar. Hol' das Buch Jojo. Wir setzen uns dahinten in einen Kreis. Da kannst du gleich anfangen zu lesen. Fangen wir einfach wieder von vorne an.»

Die vier setzten sich also im Kreis auf den Boden. Jojo nahm das Buch zur Hand. Dann begann er zu reden. Er redete nicht aus sich heraus, sondern eher aus einem Impuls heraus, der ihn jetzt erfasste: «Mattea, du hast Lucia mit hierher gebracht. Mark, ich habe dich mit hierher gebracht. Ihr wisst unterschiedlich viel von dem, was wir schon erlebt haben. Aber eines ist euch vielleicht noch nicht ganz klar. Mattea und ich waren Kranke in der Stadt, als wir hierher kamen. Ihr könnt auch ‹Verrückte› sagen. Wir hatten beide unterschiedliche Krankheiten, aber beide psychische Krankheiten. Wir haben beide jahrelang Medikamente gegen diese Krankheiten genommen. Schliesslich haben wir vor ein paar Jahren aufgehört die Medikamente zu nehmen. Das hat niemand erfahren. Wir haben sehr aufgepasst, uns angepasst zu verhalten. Das ist uns sehr schwer gefallen, es ist aber gelungen. Dann sind wir hierher in den Wald geraten, und hier ist uns ein Buch in die Hände gefallen. Die Umstände, unter denen das geschehen ist, waren schon merkwürdig genug, aber das Wichtigste ist euch vermutlich noch nicht klar. Wir haben in dem Buch gelesen und plötzlich gemerkt, dass wir gar nicht krank waren. Wir haben bloss Fähigkeiten, die andere Menschen nicht haben. Dieses Buch ist sehr rätselhaft, und ich glaube, es ist gut, wenn wir es nun nochmals gemeinsam lesen und uns dabei stark und unvoreingenommen auf das Gelesene konzentrieren.» Er begann vorzulesen:

Angelus Helveticus
Von Maya zu Satya – Der Weg zur Einheit
Dann blätterte er um und las weiter:
Der wesentliche Mensch
Ein wesentlicher Mensch ist wie die Ewigkeit,
Die unverändert bleibt von aller Äusserheit.
Er blätterte nochmals um und las:
Am Anfang war das Wort, und er war das Wort, und das Wort war er. Alles, was entstanden ist, ist durch das Wort entstanden, und ohne das Wort ist nichts entstanden. In ihm ist das Leben, und das Leben ist das Licht der Menschen. Und das Licht scheint für die Menschen in der Finsternis, aber die Menschen sehen es nicht. Dieses Buch soll dem Leser die Ohren öffnen, dass er das Wort wieder höre, und es soll ihm die Augen öffnen, dass er das Licht wieder sehe.

Er machte eine Pause. Alle schwiegen. Alle spürten diesen rätselhaften Worten nach, die so unverständlich waren. Nach einer Weile las Jojo den Text nochmals laut vor. Er machte wieder eine Pause. Alle schwiegen weiter. Alle spürten diesen rätselhaften Worten nach, die so unverständlich waren. Nach einer Weile las Jojo den Text ein drittes Mal vor. So sassen sie sicher eine halbe Stunde lang. Immer wieder las Jojo den Text vor. Immer wieder sassen die anderen dabei und schwiegen und spürten dem Text nach. Dann erschien jemand in ihrer Mitte. Er war nicht physisch zu sehen. Mattea spürte seine Anwesenheit eher. Jojo sah ihn mehr, als dass er ihn spürte. Mark hörte ihn, und Lucia war es wie Gedanken, die in ihrem Inneren auftauchten und doch nicht von ihr selber gedacht wurden. Es waren die Gedanken eines anderen. Ein Aussenstehender hätte nichts gesehen, als vier Jugendliche, die auf einer Lichtung im Wald im Kreis sassen und schwiegen. Für die vier geschah aber Unerhörtes. Sie erlebten es in ihrem Inneren. Sie sprachen innerlich und schwiegen äusserlich. Sie erlebten alle das gleiche, und sie erlebten alle äusserlich nichts.

Riku blickte sie an.

«Ihr seht mich hier», sprach er, «aber ihr seht nur einen Teil von mir. Ich bin entzweigerissen. Zu mir gehören ein Körper und eine Seele. Aber ich kann sie nicht mehr erreichen. Sie leben in der Stadt ohne mich.»

«Ohne dich, was soll das heissen?», fragte Lucia.

«Dort unten in der Stadt lebt ein Mensch, der Riku heisst. Sein Körper gehört zu mir. Seine Seele gehört zu mir. Aber ich bin nicht mehr bei ihm. Mein Körper und meine Seele wurden von Ahriman gekapert. Es ist Ahriman, der ihm aus den Augen schaut, es ist Ahriman, der ihm die Finger bewegt, es ist Ahriman, der sich schneuzt, es ist Ahriman, der geht.»

«Aber wie konnte das geschehen?», fragte Lucia entsetzt.

«Ach, es konnte geschehen, weil ich verstehen wollte, was die Erde im Innersten zusammenhält. Es konnte geschehen, weil ich zu viel vom Wissen der Welt in mich aufgenommen hatte. Es konnte geschehen, weil mein Körper zu sehr, weil mein Körper ganz und gar von diesem Gelernten ergriffen war. Da wurde ich verfolgt. Da lief ich in Angst und Panik und verlor schliesslich das Bewusstsein. In diesem Augenblick, als ich das Bewusstsein verlor, ergriff Ahriman die Herrschaft über meinen Leib und meine Seele. Da konnte ich noch so intelligent sein, da konnte ich noch so viel gelernt haben. Da war der brillante, der glänzende, der überragende Geist der ahrimanischen Intelligenz stärker als das, was in mir war, viel, viel stärker. Er vertrieb mich aus meinem eigenen Körper und liess mich draussen zurück.»

Jojo hatte bisher schweigend zugehört. Nun sagte er: «Ich glaube ich kenne dich. Ich habe dich gesehen, als du voll Angst und Panik von der Stadt zum Wald heraufgelaufen bist. Ich habe dich gesehen, wie du am Waldrand zusammengebrochen bist. Ich dachte, du wärest tot. Aber dann warst du nicht mehr da. Dann habe ich dich zur Stadt zurückgehen sehen. Du bist ganz normal gegangen, wie fast alle Menschen gehen.»

«Du hast mich zum Wald laufen sehen. Du hast mich zusammenbrechen sehen. Aber du hast mich nicht zurück zur Stadt gehen sehen. Nicht ich bin gegangen. Ahriman ist gegangen. Ich blieb zurück - von meinem Leib und meiner Seele abgetrennt.»

Wieder meldete sich Lucia zu Wort: «Und wer ist Ahriman? Ich habe noch nie von ihm gehört.»

«Ahriman ist gross. Ahriman ist mächtig. Er ist schön und schrecklich zugleich. Er besitzt grosse, ja überragende Intelligenz. Aber er ist kein Mensch. Er wirkt auf der Erde, aber er kann nicht auf der Erde leben. Er kann keine menschliche Gestalt annehmen. Er kann überhaupt keine Gestalt annehmen, denn er kann keinen eigenen Körper haben. Aber er möchte so auf die Menschen wirken, wie Menschen auf andere Menschen wirken. Er möchte direkt zu den Menschen sprechen. Das kann er ohne einen menschlichen Körper nicht. Darum hat er mich gekapert. Er hat schon lange nach einem geeigneten Menschen und nach einer geeigneten Gelegenheit gesucht. Ich war so ein Mensch, denn ich bin mit meinem Geistigen nicht aufgestiegen zum Geist sondern tiefer gestiegen in den eigenen Körper, und vor drei Wochen kam die Gelegenheit. Damals war mein Bewusstsein in einer gewissen Weise hinuntergedämmert. Darum konnte er Besitz von mir ergreifen. Nun sitzt sein glänzender Geist in meinem Körper und überragt meine kleine menschliche Persönlichkeit bei weitem. Nun kann er auf Erden wirken, wirken, wie Menschen wirken. Durch mich kann er wirken. Das wollte Ahriman schon lange. Darnach strebte er schon lange.»

Lucia schaute die anderen ratlos an. Nun war es an Mattea zu reden: «Das heisst also, Ahriman ist kein menschliches Wesen, und er hat keinen Körper. Er will aber auf der Erde wirken, und dazu muss er irgendwie in einen Menschen hineinschlüpfen. Er kann aber nicht in irgendeinen Menschen hineinschlüpfen. Es muss der richtige Mensch sein, und zwar muss es ein hochbegabter Mensch sein, der wahnsinnig viel gelernt hat, aber mit seinem Denken irgendwie zu sehr im Körper drin steckt. Und wenn dieser Mensch dann irgendwie nicht ganz bei sich ist, wenn er extreme Panik hat oder bewusstlos wird oder so, dann kann Ahriman in seinen Körper und seine Seele schlüpfen. Und der wahre Mensch kommt dann nicht zurück in seinen Körper und seine Seele?»

«Ja», sagte Riku, «so kann man es sagen.»

Lucia schaute immer noch ratlos. Und sie fragte weiter: «Also ist Ahriman kein menschliches Wesen, und er kann nicht selber auf der Erde in Erscheinung treten. Aber was will er denn überhaupt auf der Erde? Wieso ist ihm die Erde nicht egal?»

Riku lächelte grimmig, als er antwortete: «Vor kurzem noch hätte ich dir die Frage nicht beantworten können. Solange ich noch in meinem Körper und in meiner Seele steckte, hätte ich die Frage nicht beantworten können, denn auch ich wusste nicht, wer er ist, und was er will. Nun kann ich es wenigstens ansatzweise, denn nun habe ich ihn kennen gelernt. Ahriman ist der Herr über die Materie. Die Materie ist sein angestammtes Reich, sein Herrschaftsgebiet. Das Gravitationsgesetz ist sein Gesetz. Die Coulombschen Gesetze sind seine Gesetze. Der dritte Hauptsatz der Thermodynamik ist sein Hauptsatz. Ohne Materie gäbe es die Erde nicht. Ohne Materie gäbe es die Menschen nicht. Ahriman hat die Materie nicht gemacht. Aber er herrscht über die Materie. Nun genügt ihm das nicht mehr. Nun will er die Herrschaft über die Menschen und die Erde.»

Lucia fragte weiter: «Aber ist denn der Mensch mehr als Materie? Ich meine, der Mensch besteht doch aus Materie.»

Riku seufzte tief und redete weiter: «Seht ihr, so weit hat Ahriman es schon gebracht. Die Materie lebt nicht. Das seht ihr an den Steinen. Das Leben ist in die Materie eingezogen. Das seht ihr an den Pflanzen. Das Leben fühlt nicht. Das Fühlen ist in das Leben eingezogen. Das seht ihr an den Tieren. Das Fühlen denkt nicht. Das Denken ist in das Fühlen eingezogen. Das seht ihr an den Menschen. Die Menschen haben eine Aufgabe. Sie sollen sich in Freiheit zum Göttlichen erheben. Sie sollen das Leben im Denken erfahren. Und genau das will Ahriman verhindern. Er ist schon weit gekommen. Er will, dass der Mensch nichts mehr vom lebendigen Denken weiss. Er will, dass der Mensch nur den toten Intellekt kennt. Und das hat er schon erreicht. Der Mensch erlebt das lebendige Denken nicht mehr. Er erlebt den Intellekt. Der Intellekt macht uns innerlich kalt, macht uns innerlich tot. Der Intellekt lähmt uns. Wir leben eigentlich nicht, wenn wir den Intellekt entwickeln. Lebt ihr denn, wenn ihr euer Leben ausgiesst in tote Verstandesbilder? Könnt ihr in den toten Verstandesbildern noch schaffendes Leben empfinden?»

Mit einem Mal war Riku aus ihrer Mitte verschwunden. Die vier sassen noch im Kreis, aber die Mitte war leer. Da war niemand mehr. Sie schwiegen immer noch. Dann unterbrach Jojo das Schweigen: «Wir haben gerade alle mit Riku gesprochen?» Alle nickten. «Riku hat uns von Ahriman erzählt?» Wieder nickten alle. «Ahriman hat die Seele und den Körper von Riku gekapert?» Alle nickten zum dritten Mal. «Riku kann nicht in seinen Körper zurück, aber er hat uns von Göttern und vom lebendigen Denken und der Aufgabe der Menschen erzählt?» Alle nickten zum vierten Mal. «Und was tun wir nun?»

Es war Mark, der als erstes antwortete: «Na, das ist ja wohl klar. Wir müssen dem Riku, der gerade mit uns gesprochen hat, helfen, wieder in seinen Leib und seine Seele zu gelangen.» Eine Weile lang herrschte wieder Schweigen.

Dann sprach Lucia: «Kann es nicht sein, dass das, was wir gerade erlebt haben, einfach eine innere Wirklichkeit war? Ich meine, es gibt die äussere Wirklichkeit, die kann man messen und so. Aber die innere Wirklichkeit existiert nur im Innern der Menschen. Sie ist sehr bedeutungsvoll für das Glück der Menschen, aber für die Welt hat sie keine Bedeutung. Ich meine dem Stein ist es doch egal, was die Menschen über ihn denken. Und das hier, vielleicht war das nur eine zufällig gemeinsam erlebte innere Wirklichkeit, einfach eine Koinzidenz?»

Jojo schüttelte nachdenklich den Kopf. Dann sagte er: «Das kann schon sein – theoretisch. Aber vergiss nicht, dass ich Riku gesehen habe - ohne Realitätskappe. Er lief auf den Wald zu. Dann ist er wie naja, wie gestorben und der Riku, den ich danach gesehen habe, war ein anderer, er ist zumindest anders gelaufen und hat das Gegenteil von dem getan, was er vorher getan hat. Zuerst ist der eine Riku von der Stadt fort geflüchtet. Kurze Zeit später ist der andere Riku ganz entspannt wieder zur Stadt gegangen. Die Grenze zwischen Stadt und Wald ist doch nicht so unüberwindbar. Sie scheint eher löchrig zu sein.»

Endlich redete auch Mattea: «Ich denke, das Buch ist der Schlüssel zu allem. Natürlich kann man annehmen, dass Riku vor irgendjemandem geflüchtet ist. Allerdings hat er das Buch in der Hand gehalten. Vielleicht ist er gar nicht geflüchtet, sondern wollte nur das Buch vor irgendwelchen Verfolgern in Sicherheit bringen. Jojo, hat er nicht so etwas gesagt?»

«Ja, das stimmt», antwortete Jojo, «er hat immer wieder geflüstert ‹sie dürfen es nicht bekommen›.»

«Also», fuhr Mattea fort, «ist das Buch tatsächlich der Schlüssel zu allem. Es ist unsere Verbindung zu Riku, und ich hoffe, es ist auch unsere Verbindung zu der Welt, in der Riku jetzt ist.»

«Genau», rief Jojo, «genau, das ist es. Der Schlüssel liegt im Buch. Es ist ein zweifacher Schlüssel. Auf der einen Seite, hilft uns der Inhalt des Buches hoffentlich, etwas über diese Welt herauszufinden, in der Riku jetzt ist, also, ich meine, den Riku, der gerade mit uns geredet hat. Auf der anderen Seite hilft uns das physische Buch vielleicht, den Weg zum physischen Riku zu finden, ich meine seinen Körper und naja, seine Seele.»

«Einverstanden», sagte da Mark, «aber ich muss gestehen, dass ich mich im Moment nicht so sehr auf Rikus Rettung konzentrieren kann, weil ich fürchterlichen Hunger habe. Wir haben nämlich vergessen, Essen mitzunehmen.»

«Vergessen ist gut», rief Lucia, «ich habe es nicht vergessen. Ich hatte ja keine Ahnung, dass ich plötzlich im Wald landen und hier so lange bleiben würde.»

«Ich habe auch Hunger», fiel Mattea ein, «ich vertraue aber auch auf Jojo, dass er uns bald ein wunderbares Mahl auftischen wird.» Jojo stand auf. Er reckte sich und erklärte: «Auftischen werde ich euch gar nichts. Ihr sitzt ja schon auf dem Tisch. Ich werde euch aber die Speisekammer zeigen. Kommt, ich zeige euch die Stelle, an der ich schon mit Mattea Walderdbeeren gefunden habe.»

8 Suche nach Rikus Ursprung

Es war schon später Nachmittag. Alle vier lagen zufrieden im Gras und liessen sich von der Sonne bescheinen. Sie hatten nun schon zum zweiten Mal Erdbeeren gegessen. Sie hatten in dem Buch die Seiten über Hellsehen und Hellfühlen gelesen. Nun hatte Jojo Lust auf Neues und sprach die beiden Neuankömmlinge im Wald an: «He Mark und Lucia, ihr wirkt etwas erschöpft. Hat euch das Lesen in dem Buch so fertig gemacht, oder seid ihr noch mit dem Verdauen beschäftigt?»

Sofort erhob Lucia Protest: «Was heisst da erschöpft? Wir liegen einfach im Gras und geniessen die Sonne», und Mark fügte hinzu:

«Genau, noch fünf Minuten Sonne tanken, und wir können wieder Bäume ausreissen.»

«Na also», sagte Jojo, «ich nehme euch beim Wort. Bäume ausreissen müsst ihr nicht, nur Bäume umlegen.» Lucia sah ihn schräg an und fragte mit besorgter Miene: «Jojo, ich glaube, dir hat die Sonne nicht gut getan. Wir wollen alle Bäume stehen lassen. Wir wollen sie nicht ausreissen und auch nicht umlegen, und ehrlich gesagt können wir das auch gar nicht. Wir sind doch kleine schwache Menschlein.»

«Doch das sollt ihr, aber wenn ihr keine Lust habt, übernehme ich das Bäume umlegen. Schau nicht so entsetzt Lucia. Ich rede vom Seiten umblättern. Papier wird heutzutage nicht mehr gebraucht und auch nicht hergestellt. Aber früher wurde viel Papier gebraucht. Das hat man aus Bäumen gemacht. Aus der Fichte hier konnte man über eine Million Seiten von diesem Dünndruckpapier machen. Kommt lasst uns noch ein paar Millionstel Fichte umlegen, kommt lasst uns einige Seiten weiterlesen.»

«Gute Idee», pflichtete ihm Mattea bei. «Mark und Lucia wurden heute schon ganz schön gefordert, aber ein paar Millionstel Fichte schaffen sie schon noch, wenn uns Jojo jetzt nicht wieder auf den Arm nimmt.»

«Oh nein», protestierte Jojo. «Ich nehme euch nicht auf den Arm. Das stimmt. Das habe ich recherchiert. Realitätskappen sind cool. Mit ihnen steht dir das Wissen der Welt offen. Du musst es nur suchen. Und das habe ich letzte Woche getan. Ich habe mich über Bäume schlau gemacht. Also, ich wollte wissen, was es für verschiedene Bäume gibt und so. Aber Bäume wurden früher vor allem unter Nützlichkeitsaspekten betrachtet. Da bin ich zuerst drauf gestossen. Die Nützlichkeit von Bäumen bestand vor allem darin, Papierrohstoff zu sein. Der Eukalyptusbaum ist viel nützlicher als die Fichte. Man kann viermal so viel Papier daraus machen.»

Lucia sah Jojo wieder eine Weile schräg an, ehe sie antwortete: «Die Realitätskappen sollen uns doch vor allem super Erlebnisse verschaffen oder? Aber sie sind kein Vergleich mit der Realität, in der wir gerade sitzen.» Sie klopfte mit der Hand auf den Erdboden. «Ich war in der Realitätskappe schon im Dschungel Kambodschas und im Kolosseum im antiken Rom. Ich war schon in der Eiswüste der Antarktis und in der Sandwüste der Sahara, aber das hier», wieder klopfte sie mit der Hand auf den Erdboden, «das hier ist einfach», sie hielt inne und überlegte einen Moment, aber es fielen ihr keine passenden Worte ein, darum schloss sie etwas lahm: «das ist einfach ganz etwas anderes.»

Mattea sah ihre Schwester mit grossen Augen an und fragte schliesslich: «Was meinst du mit ganz etwas anderes?»

«Naja, ich weiss nicht, wie ich sagen soll. Es ist alles so, naja, so lebendig. In der Stadt ist fast alles tot. Tiere gibt es dort nicht. Die gehören nicht in unsere ökologische Nische, die können bei uns nicht artgerecht leben. Tiere zu halten ist unmenschlich, wer will, kann sich ja eines in der Wirklichkeit der Realitätskappe halten. Pflanzen gibt es nur in den Parks unter den Glasglocken. Das Haus, in dem wir leben, ist tot. Der Tisch, von dem wir essen, ist tot. Das Geschirr ist tot. Die Realitätskappe ist tot, sogar unser Essen ist tot. Das Bett, in dem ich schlafe, ist tot. Die Bettdecke ist tot, und das Kopfkissen ist auch tot.»

«Und hier», fragte Mark mit leiser Stimme, «wie ist es hier?»

«Hier ist alles lebendig. Alles lebt. Schau die Ameise dahinten. Sie lebt, sie müht sich mit der Fichtennadel ab. Sie schleppt diese Fichtennadel fort, die fast grösser ist als sie selbst. Schau die Fichte an. Die Fichte lebt, die Gräser leben. Sogar das Wasser, ich weiss, das klingt jetzt blöd, auch das Wasser lebt. Es springt lustig über die Steine. Es murmelt etwas, während es fliesst.» Sie klopfte wieder mit der Hand auf den Erdboden. «Sogar der Erdboden unter mir lebt.»

Jojo räusperte sich und sagte: «Ich will deinen Überschwang nicht dämpfen, Lucia, aber der Erdboden besteht aus zerfallenen Blättern und Nadeln und so. Die werden langsam zu Humus.»

«Das ist doch alles Leben. Leben ist wachsen und vergehen. Was unverändert bleibt ist tot.»

«Na, dann mal rasch unter die Realitätskappe», sagte da Mattea, «da verändert sich permanent alles, ganz nach Wunsch.»

Lucia sah sie an mit einem wieder ziemlich genervten Ausdruck in den Augen. «Tu nicht so, du weisst, was ich meine. Unter der Realitätskappe ist alles tot. Es verändert sich zwar, aber es ist trotzdem tot.» Sie hielt wieder inne. Dann fuhr sie fort: «Klingt zwar blöd, ist aber so.»

«Jetzt wirst du bald nur noch von Riku übertroffen», bemerkte Mattea trocken.

«Wieso Riku? Wieso werde ich von Riku übertroffen?»

«Weil der gesagt hat, unser Denken wäre auch tot. Er hat doch gesagt, dass der Mensch das lebendige Denken nicht mehr erlebt. Er hat doch gesagt, dass man in toten Verstandesbildern kein schaffendes Leben empfinden kann.»

«Hm, das stimmt, so etwas hat er gesagt. Ich habe bloss keine Ahnung, was der damit gemeint hat.»

Jetzt meldete sich Jojo wieder zu Wort: «Ich habe da schon so eine Ahnung. Ich sehe doch manchmal Dinge, die physisch nicht da sind. Da sehe ich Bilder, und diese Bilder verändern sich ständig. Nur selten ist das so wie bei diesem Baum über dem Deckel, der mich in den Wald geführt hat. Der war ja einigermassen still. Ich meine, der hat sich auch permanent verändert, er ist aber immerhin ein Baum geblieben. Meistens verändert sich alles in diesen Bildern. Das kann man fast nicht beschreiben, und behalten kann man es schon gar nicht. Das sind auf jeden Fall lebendige Bilder, ob das lebendiges Denken ist, weiss ich nicht. Aber das hilft uns jetzt auch nicht weiter. Jetzt lass uns mal weiterlesen, sonst kommt ihr vor der Dunkelheit nicht mehr nach Hause.» Die anderen stimmten zu, und so lehnte Jojo sich gegen einen Baum, öffnete das Buch und las. Er las laut vor.

Der dritte Weg zur Erkenntnis der höheren Welten, ist der Weg des Hellhörens. Auch dieser Weg muss mit äusserster Vorsicht begangen werden. Zu gross sind die Täuschungen, die überall lauern. Im normalen Erleben hört man Geräusche, Töne oder Stimmen und kann deren Quelle in der Regel gut auch in einem anderen Sinneskanal ausmachen. Man hört jemanden sprechen und sieht den Sprechenden, hört die Kirchglocke läuten und sieht den Kirchturm, auch wenn man die Glocke selber nicht sieht, hört die Meise singen und vermutet sie weiter oben in den Bäumen, wo Meisen üblicherweise singen. Psychisch Kranke hören Stimmen, ohne dass sie deren Quelle wahrnehmen können und ohne dass es diese äussere Quelle gibt. Sie sind trotzdem von der Realität der Stimmen überzeugt. Manchmal kommentieren diese Stimmen. Sie sagen Dinge wie ‹Jetzt bewegt sie sich. Jetzt zieht sie sich an. Das ist aber ein hässliches Kleid. Sie ist zu gar nichts mehr nütze. Am besten würde sie die Stadt verlassen.› Manchmal befehlen sie etwas wie ‹verlasse das Zimmer›.

Lucia schnaubte etwas, und Jojo unterbrach sein Vorlesen. «Ist etwas Lucia?», fragte er.

«Also der Typ ist schon ziemlich von gestern. Ich höre oft Stimmen und folge denen sogar. Wenn ich durch die Stadt gehe und die Stimme in der Realitätskappe sagt, ‹in 100 m rechts abbiegen um auf die 27. Strasse zu gelangen›, dann tue ich das immer. Aber ich bin ja schon still. Lies weiter.»

All diese Stimmen haben allerdings mit der Wirklichkeit der höheren Welten nichts zu tun. Stimmen als Botschafter von höheren Welten sind aus dem Bewusstsein der modernen Menschen verschwunden. Das war vor Jahrtausenden noch anders. Da wusste man noch von den höheren Welten. Da sah man im Aufgleissen des Blitzes am Himmel noch das Aufglimmen des Geistes im Weltenraum. Da hörte man im Grollen des Donners noch das Schreiten der Götter. So nahm man die geistige Welt mit den Ingredienzen der Sinneswelt wahr. In noch älteren Zeiten gab es ausserdem Zwischenzustände zwischen Wachen und Schlafen, in denen der Mensch die höheren Welten tatsächlich erlebte. Da konnte der Mensch sich hineinversetzen in das, was lebte und webte in der Sphärenharmonie.

Jojo hörte wieder auf zu lesen. Er schaute Mark an und sagte, «he, Mark, Lucia schnaubt, wenn sie etwas sagen will, und du hältst gleich ganz den Atem an. Nun atme weiter, das macht mich sonst nervös. Und dann rede bitte.»

Mark atmete hörbar aus, und dann sagte er leise: «Also vielleicht habe ich das gespürt heute Morgen oder gehört, oder wie immer man sagt. Als wir da am Bach standen, als wir da standen zwischen Tag und Nacht, da war mir, als würde ich den Raum erleuchten, als würde mir durch meine eigene innere Kraft der Himmel erleuchtet, und als würde der ganze Himmel zu tönen beginnen. Da wurde der Raum, in dem gerade noch die Sterne schwebten, von Tönen erfüllt, von gewaltigen, herrlichen Tönen. Dabei ist erfüllt nicht das richtige Wort. Er wurde wie nicht erfüllt, er tönte geradezu selber aktiv.»

Da unterbrach ihn Lucia und fragte lebhaft: «War es wie das Brausen des Windes, ein tiefer Ton? War es wie ein Klang aus einem mächtigen Alphorn, der von den Bergen widerhallt oft und oft? War es wie der Klang der ersten Posaune das Metall, das zum Ton wird?»

Mark sah sie erstaunt an. «Kennst du das etwa? Hast du das auch schon gehört?» Lucia schüttelte den Kopf. «Gehört nicht. Ich habe es gelesen in einem dieser alten Bücher. Ich musste nur daran denken, als du es erzählt hast. Komm Jojo, lies weiter.»

Der wahre Hellhörer fühlt sich wie in einem Meer von Tönen. Und in diesen Tönen, in diesem geistigen Klingen, drücken sich die Wesenheiten der geistigen Welt aus. In ihrem Zusammenklingen, ihren Harmonien, Rhythmen und Melodien prägen sich die Urgesetze ihres Daseins, ihre gegenseitigen Verhältnisse und Verwandtschaften aus. Was in der physischen Welt der Verstand als Gesetz, als Idee wahrnimmt, das stellt sich für das geistige Ohr als ein Geistig-Musikalisches dar. Pythagoras nannte daher diese Wahrnehmung der geistigen Welt Sphärenmusik. Dem Hellhörer ist diese Sphärenmusik nicht bloss etwas Bildliches, Allegorisches, sondern eine ihm wohlbekannte geistige Wirklichkeit. Man muss nur, wenn man einen Begriff von dieser geistigen Musik erhalten will, alle Vorstellungen von sinnlicher Musik beseitigen, wie sie durch das physikalische Ohr wahrgenommen wird. Es handelt sich hier eben um geistige Wahrnehmung, also um eine solche, die stumm bleiben muss für das sinnliche Ohr.

«Wer ist denn Pythagoras?», fragte Mark, «von dem habe ich noch nie etwas gehört.»

«Oh doch, das hast du mit Sicherheit», antwortete Lucia.

«Woher willst du denn wissen, was ich gehört habe und was nicht?»

Lucia antwortete etwas schnippisch: «In allen ebenen rechtwinkligen Dreiecken ist die Summe der Flächeninhalte der Kathetenquadrate gleich dem Flächeninhalt des Hypotenusenquadrates.»

«Siehst du, das habe ich noch nie gehört», antwortete Mark mit leicht patzigem Unterton.

«$a^2 + b^2 = c^2$?»

«Puh, das kenne ich. Das ist so Schulzeugs.»

«Das ist der Satz des Pythagoras», sagte Lucia nur, «aber ehrlich gesagt weiss ich nicht, ob der auch von Sphärenharmonie geredet hat. Komm Jojo, lies weiter.»

Ehe der heutige Hellhörer so weit ist, wie es vor fast dreitausend Jahren Pythagoras war, wird er die ersten zaghaften Schritte in die geistige Welt tun. Die Vögel werden zu ihm sprechen, die Bäume und die Schatten der Erinnerung. Die Vögel werden ihm ihre Namen sagen, tief aus seinem Inneren heraus. Die Bäume werden ihm Kraft geben in ruhigen Worten in seinem Herzen. Und steht er auf einem ehemaligen Schlachtfeld so wird das Klagen und Leiden der Kämpfenden und Sterbenden in seiner Seele zu ihm tönen.

Und wieder geht es dem Hellhörer wie dem Hellseher. Er erzeugt die Worte, die Klänge, die Melodien, und doch ist er nicht ihr wahrer Urheber. Er spricht, und doch weiss er nicht, was er sagen wird. Er ist dabei, er macht es, er ist bewusst, und doch ist er nicht der Schöpfer. Er bringt es nur in sich zur Erscheinung. Sobald er weiss, was er sagen wird, bringt er nur seine eigenen Wünsche zum Ausdruck. Und wenn er ganz sicher ist, dass es nicht seine eigenen Wünsche sind, können es immer noch die seiner Mutter oder Grossmutter oder sonst jemandes Wünsche sein, die er unbewusst mit in sich aufgenommen hat. Mit grosser Objektivität ja Skepsis sich selbst gegenüber muss der Hellhörer vorgehen.

Jojo liess das Buch sinken. Alle schwiegen. Dann liess sich Mark vernehmen: «Ich glaube, ich muss noch ganz, ganz oft in den Wald, da kann ich dann hören, ob das stimmt. Und nun sollten wir uns einen Plan machen. Wir müssen viel Zeit im Wald verbringen, wenn wir wissen wollen, was es mit dem Hellhören, Hellfühlen und Hellsehen auf sich hat. In der Stadt scheint das nicht richtig zu gelingen. Dann brauchen wir noch einige Zeit im Wald, um dieses Buch weiter zu lesen. Und schliesslich müssen wir in der Stadt nach dem Körper und der Seele von Riku suchen.»

«Das Leben hast du noch vergessen», fügte Lucia hinzu, «wir müssen noch herausfinden, was es mit dem Leben auf sich hat.»

«Bezüglich Riku hätte ich eine Idee», sagte Jojo, «er ist doch hier in der Nähe aus der Stadt gekommen und wieder dorthin zurückgegangen. Er ist ganz normal zurückgelaufen, also muss da eine ganz normale Tür sein. Wo eine Tür ist, ist auch ein Haus, und in dem Haus muss jemand wohnen. Vielleicht finden wir so den Weg zu Riku. Ich kann der Sache einmal nachgehen.»

«Wenn wir längere Zeit im Wald verbringen wollen, benötigen wir auf jeden Fall etwas zu essen. Bisher hat Jojo für unser leibliches Wohl gesorgt», meldete sich Mattea zu Wort. Ich habe zwar keine Ahnung, was man hier noch so essen kann, aber ich mache mich da mal schlau.»

«Ein Dach über dem Kopf benötigen wir auch, wenn wir länger als einen Tag im Wald bleiben wollen. Ich sehe zu, wie wir uns eine Hütte bauen können», sagte Mark.

«Dann schaue ich, wo wir uns in der Stadt öfters treffen können», sagte Lucia. «Es ist ja von uns aus zu weit hierher. Das schaffen wir während der Woche nicht. Und wir sollten uns doch öfter sehen als nur alle sieben Tage, ich meine sehen ausserhalb der Wirklichkeit der Realitätskappe.»

Mark schaute zufrieden in die Runde. «Dann sehen wir uns also am nächsten Sonntagmorgen? Bis dahin haben alle genug zu tun.»

«Ja», antwortete Mattea, «es wird auch höchste Zeit, die Sonne steht schon wieder über dem Horizont, und ich möchte doch nicht in der Dunkelheit durch den Wald laufen.»

Sie verabschiedeten sich also. Mark und Jojo sahen den Mädchen nach, bis sie zwischen den Bäumen gänzlich verschwunden waren.

«Und nun, was machen wir nun?», fragte Mark, «wir müssen noch nicht in die Stadt zurück. Es ist ja erst in zwei Stunden dunkle Nacht.»

«Du könntest mir helfen», antwortete Jojo, «ich muss doch herausfinden, wo Riku damals verschwunden ist.»

«Kein Problem», antwortete Mark, «zeig mir erst einmal wo du gesessen hast, als Riku verschwunden ist.»

«Gute Idee, vielleicht hast du ja bessere Augen als ich.»

Kurze Zeit später sassen die beiden am Waldrand in den Büschen und sahen zur Stadt. Zwischen dem Waldrand und der Stadt lag das Ödland. Dann begann die Stadtmauer. «Wieso sind eigentlich auf den untersten vier Metern keine Fenster?», fragte Mark nach einer Weile, «und warum kann man durch die Fenster darüber nicht hindurchschauen?»

«Ach, das stammt noch aus den Anfängen der Stadt. Das stammt noch aus der alten Bauordnung. Die ist teilweise mehr als 300 Jahre alt und wurde in einigen Teilen nie geändert. Fenster und Türen waren damals ein Sicherheitsrisiko. Die Stadt stellte doch die Sicherheit der Bewohner sicher. Die hatten damals, glaube ich, Angst vor Einbrecherbanden, die durch das Land zogen, und so. Darum wurden alle Fenster und Türen zugemauert. Etwaige Einbrecher hätten mit mehr als vier Meter langen Leitern herumziehen müssen. Das war ziemlich unwahrscheinlich. Da brauchte man also weniger Sicherheitspersonal. Und dann haben sie alle Aussenfenster mit diesem undurchsichtigen Glas versehen. So konnte man die Stadt von aussen nicht ausspähen. Die Einbrecher sind ja nur da eingebrochen, wo es etwas zu holen gab. Nun konnten sie nirgends mehr sehen, ob es etwas zu holen gab. Das senkte auch noch die Motivation von etwaigen Einbrechern, und das gesamte Einbruchsrisiko war dann nahezu Null. Das war die Idee.»

«Ah, ja, das kann ich nachvollziehen. Und vermutlich sind da deshalb heute nur Läden und Lager. Ich meine, da will ja niemand wohnen, wo kein Tageslicht einfällt.»

«Was heisst da wollen? Die Stadt garantiert doch jedem Bewohner dreissig Prozent Tageslicht in seiner Wohnung, das können die gar nicht als Wohnungen vermieten oder verkaufen.»

«Also wo genau ist Riku damals verschwunden?», fragte Mark nach, «das ist ja schon seltsam. Da ist also eine Tür, die in dreihundert Jahren niemand zugemauert hat?»

Jojo wies mit dem ausgestreckten Arm zur Stadtmauer hin. «Da ist er verschwunden, da hört doch die rote Ziegelmauer auf, und die gelbe Ziegelmauer beginnt. Und irgendwo in dieser gelben Ziegelmauer muss die Tür sein. Aber das kann man aus dieser Entfernung natürlich nicht sehen.»

«Du Jojo, bist du eigentlich gut in Geometrie?»

«Gut? Ich war mal gut, aber ich habe das meiste natürlich vergessen. Wer braucht schon Geometrie!»

«Jojo, wir brauchen jetzt Geometrie, und zwar dringend!»

«Ich verstehe kein Wort. Wozu um Himmels willen sollten wir jetzt dringend Geometrie brauchen?»

«Weil sie uns hilft, herauszufinden, wo Riku verschwunden ist. Wir wissen nun ungefähr, wo die Tür liegen muss, und wir wissen ziemlich genau, wo der unterirdische Kanal auf die Stadtmauer trifft. Wir wissen, dass das Ödland rund um die Stadt ziemlich genau einen Kilometer breit ist. Jetzt müssen wir nur noch den Winkel zwischen Kanal und Tür messen, und schwupps haben wir die Lösung.»

Jojo sah Mark etwas verständnislos an und sagte nur: «Also, ich habe da im Moment schwupps überhaupt nichts.»

«Aber ich, wir hatten nämlich in der Schule diesen verrückten Geometrielehrer. Der wollte uns beibringen, wie nützlich Geometrie ist. Er hat uns erzählt, dass schon die alten Griechen den Erdumfang fast richtig ausgerechnet haben – nur mit Geometrie.»

«Da hat er euch aber einen Bären aufgebunden. Früher glaubte man doch, die Erde wäre eine Scheibe. Erst Galileo hat mit dem Aberglauben aufgeräumt.»

Mark grinste und sagte: «Eben nicht, da bist du einem Rufmord aufgesessen. Schon der alte Aristoteles hat gesagt, die Erde sei eine Kugel, Kolumbus ist im Mittelalter nach Westen gesegelt, um nach Indien zu kommen. Indien lag aber im Osten. Natürlich hat Kolumbus die Erde für eine Kugel gehalten, wie die meisten Mönche, Priester, Dichter und Kaufleute des Mittelalters auch. Und Galileos Ketzerei war nicht, dass er die Erde für eine

Kugel gehalten hat, sondern dass er meinte, dass nicht die Erde, sondern die Sonne der Mittelpunkt des Universums sei. Der Mythos vom dunklen Mittelalter mit den dummen und abergläubischen Menschen ist von den Gelehrten der Renaissance und Aufklärung aufgebaut worden. Die wollten sich klüger machen, indem sie die anderen dümmer machten. Das war leicht, denn die anderen waren ja schon tot und konnten sich nicht wehren. Das meinte jedenfalls mein Geometrielehrer.»

«Ok, ok, und wie ist das nun mit deiner Geometrie?»

«Na, das ist ja das Problem. Ich weiss, dass es theoretisch ganz einfach ist. Das haben wir vor Jahren einmal in der Schule gelernt. Das macht man mit Triangulation. Wenn man von einem Dreieck die Länge der Schenkel a und b sowie den Winkel zwischen den beiden Schenkeln kennt, kann man leicht die Länge der dritten Seite c berechnen. Wir sitzen nun schon auf der einen Ecke des Dreiecks. Wenn wir zum Punkt schauen, an dem vermutlich der Kanal auf die Stadtmauer trifft, ist das Schenkel a des Dreiecks. Schenkel b ist die Linie von uns zur Tür.»

Mark legte nun zwei Äste auf den Boden um die beiden Linien zu verdeutlichen. «Nun müssen wir nur noch den Winkel zwischen den beiden Ästen messen, und schon haben wir die Lösung.»

Jojo stöhnte und sagte: «Genau, ‹nur noch›, aber wie wollen wir den Winkel messen. Wir haben kein Gerät dafür, und die Länge der Schenkel a und b kennen wir auch nicht.»

«Messen können wir es nicht, aber wir können es leicht schätzen. Also der Winkel hier, lass mich überlegen. Neunzig Grad kenne ich. Das ist ein rechter Winkel. Die Hälfte davon ist fünfundvierzig Grad und das hier ist sicher weniger als die Hälfte und mehr als die Hälfte von der Hälfte. Die Hälfte von der Hälfte sind zweiundzwanzigeinhalb Grad, also sind das hier vielleicht dreissig Grad.» Er nickte befriedigt.

«Und die Längen der beiden Linien», frage Jojo, «wie willst du die schätzen? Wir sehen nicht, wo der Kanal unter der Stadtmauer durchläuft, und wir können die Tür auch nicht sehen. Wir wissen nur, wo sie ungefähr sein muss.»

«Na ganz einfach. Wir wissen ja aus der Schule, dass das Ödland auf eine Breite von einem Kilometer angelegt wurde. Das war zwar schon vor dreihundert Jahren, aber seither wird das Ödland immer gemäht mit diesen Mährobotern. Es ist also sicher nicht kleiner geworden. Grösser ist es sicher auch nicht geworden, weil die Roboter doch damals auf damalige Grösse programmiert wurden. Also können wir annehmen, dass die beiden Schenkel je einen Kilometer lang sind. Genauer müssen wir das alles nicht wissen. Das schränkt ja den gesuchten Ort schon ziemlich genau ein.»

«Wow, du bist ja richtig praktisch veranlagt. Den Rest können wir auch zuhause ausrechnen, und dann gehen wir einfach die Stadtmauer entlang vom

Kanaldeckel die Strecke c ab. Das ist nun einfach», meinte Jojo erfreut. Sie blieben schweigend sitzen und schauten weiter zur Stadt. Dann fing Jojo wieder an zu reden: «Eigentlich ist das ziemlich ungemütlich.»

«Was ist ungemütlich?»

«Auf der einen Seite leben wir in der Stadt. Das ist geradezu das Schlaraffenland. Klar, wir müssen jeden Tag zur Schule, und danach müssen wir einen Beruf lernen, aber später, später müssen wir vielleicht zwei Stunden pro Tag arbeiten, und die restliche Zeit können wir unser Glück optimieren. Wir haben ein Dach über dem Kopf, die Nahrung wird uns jeden Tag gebracht, es ist warm, es gibt keine Feinde und keine Aggressionen. Wir können den ganzen Tag zuhause unter der Realitätskappe hocken, unsere Freunde treffen und unser Glück optimieren. Auf der anderen Seite sind wir jetzt im Wald. Hier im Wald erfahren wir völlig neue Dinge, weisst du, Hellhören, Hellsehen, Hellfühlen und die Begegnung mit Riku.»

«Ja», antwortete Mark, «und das geht offenbar nur hier draussen im Wald. Das habe ich auch schon gedacht. In der Stadt geht das nicht. Naja, vielleicht im Stadtpark ein wenig.»

«Eben. Und es wäre ja spannend, eine Weile hier draussen zu leben. Das wäre sogar möglich, wir haben ja bald Ferien. Da lernen wir eine Welt kennen, die es in der Stadt nicht gibt.»

«Zwei Welten meinst du», antwortete Mark.

«Wieso zwei Welten?»

«Da ist erst einmal der Wald. Das ist die eine Welt. Und dann ist da noch die zweite Welt, die Welt von Riku und all das, wovon wir mit Hellhören und so etwas erfahren. Das ist doch eine ganz andere Welt als der Wald. Der Wald ist sinnlich wahrnehmbar, und die andere Welt ist mit den normalen Sinnen nicht wahrnehmbar. Wenn wir diese andere Welt kennenlernen wollen, müssen wir in den Wald gehen.»

«Und genau das ist ja so ungemütlich.»

«Wie meinst du das? Bisher war alles prima.»

«Ja bisher, aber gerade haben wir es bemerkt. Wir sind völlig hilflos. Wir wissen nichts über den Wald, wir haben keine Ahnung, was wir essen können, wir müssen uns irgendwann gegen Regen und Wind schützen und wissen nicht wie.»

«Das schon, aber das können wir ja alles lernen. Ich meine, wir haben das doch schon abgemacht. Mattea macht sich über Essbares schlau, ich schaue, wie wir uns eine Hütte bauen können.»

«Das stimmt. Dazu braucht ihr aber die Realitätskappe. Da kann man alles erfahren. Und danach muss man es auswendig wissen. Hier draussen funktionieren die Realitätskappen doch nicht. Die funktionieren nur in der Stadt. Sobald wir im Wald sind, können wir nicht mal schnell etwas nachschauen. Das müssen wir alles auswendig wissen. Und was noch viel schlimmer ist: Wir haben keine Werkzeuge. Wir konnten noch nicht einmal den Winkel zwischen den beiden Linien messen. Irgendwann werden wir Axt, Messer, Spaten und so Sachen benötigen. Wir haben aber keine Werkzeuge, und in der Stadt gibt es auch keine.»

«Jojo, nun übertreibe mal nicht. Es wird doch mit Sicherheit noch Werkzeuge in der Stadt geben.»

«Bist du da so sicher? Es muss ja nichts mehr gebaut werden. Alle Häuser sind gebaut. Alle Wohnungen sind eingerichtet. Alle Kleider sind genäht. Den äusseren Schein projizieren wir uns mit den Realitätskappen darauf. Die Wohnungseinrichtungen halten ewig, und die Kleider werden rezykliert, wenn sie wirklich einmal ausgetragen sind. Das geschieht industriell. Dazu braucht man Maschinen und Roboter aber keine klassischen Werkzeuge.»

«Ach komm, da machen wir uns später Gedanken drüber. Jetzt gehen wir noch ein wenig durch den Wald.»

Und das taten sie.

9 In den Tempel der Freimaurer

Jojo machte sich auf die Suche. Das mit der Triangulation war wirklich ganz einfach gewesen. Schon nach zwanzig Minuten Recherche mit der Realitätskappe war er auf die Lösung gekommen. Mark hatte das nur falsche Wort benutzt. Triangulation hatte man früher zur Vermessung der Erde verwendet. Da legte man sozusagen Dreieck an Dreieck, bis die Erde voll von Dreiecken war. Das Wort hatte mit ihrem Problem nichts zu tun, aber immerhin hatte Mark sie auf die richtige Spur mit den Dreiecken gebracht. Sie hatten mit all ihren Vereinfachungen und Abschätzungen ein gleichschenkliges Dreieck konstruiert. Da konnte man die dritte Seite leicht berechnen. Man musste einfach die Seitenlänge mit Wurzel zwei multiplizieren. Dank Realitätskappe war das schnell berechnet: 1,4 Kilometer. Er machte sich also auf den Weg zum Schachtdeckel. Diesmal musste er die Realitätskappe aufsetzen, denn wie sonst sollte er wissen, wann er 1,4 km die Stadtmauer entlang gegangen war. Nach zwanzig Minuten hatte er sein Ziel erreicht. Jojo nahm die Realitätskappe ab. Er wusste nicht genau, nach was er eigentlich suchte. Deswegen war er ja auch selber hierher gegangen. Er hätte auch in der Realitätskappe schauen können. Aber er wollte nicht das sehen, was die Hauseigentümer von sich sehen lassen wollten. Er wollte mit seinen eigenen physischen Augen sehen, was in der physischen Wirklichkeit da war.

Die Rechnung hatte wohl einigermassen gestimmt. Jetzt stand er jedenfalls vor einer Reihe von Häusern aus gelben Ziegelsteinen. Irgendwo in dem Mauerteil aus gelben Ziegelsteinen musste die Tür sein. Jojo ging weiter, bis er dahin kam, wo die gelben Ziegel roten Ziegeln Platz machten. Dann begann er langsam wieder zurück zu gehen und schaute die Häuser genauer an. ‹Möbellager Möbius›, das war es wohl kaum. Lagerinhaber hätten sicher alle Türen zum Wald zugemauert, bei ihnen gab es ja etwas zu stehlen. ‹Lebensmittel-Frischlager Bösch› kam aus dem gleichen Grund nicht in Frage genauso wenig wie ‹Gewürzhandel Cook›. Auch ‹Coiffeur Suter› war wohl keinen Versuch wert. Coiffeure gehörten in der Regel nicht zum heroischen, traditionsbewussten Menschenschlag, den es doch brauchte, wenn jemand in seinem Haus eine Tür zum Wald nicht zumauerte.

Endlich blieb Jojo vor einer Tür stehen. Das musste es sein. Neben der Tür war ein Messingschild, das an Merkwürdigkeit nicht zu übertreffen war. Es war quadratisch, blank poliert und zeigte ein Relief. Jojo versuchte zu erkennen, was das Relief darstellte. In der Mitte war ein Buch, das war deutlich. Oberhalb vom Buch waren zwei Stäbe, die in einem Winkel von einem Knopf herabhingen, fast wie sein gleichschenkliges Dreieck. Unterhalb vom Buch war so etwas wie die Ecke eines Bilderrahmens mit der Ecke nach unten, während die Seiten sich nach oben öffneten. Jojo stand noch da und schaute auf das seltsame Messingrelief, als er merkte, dass er nicht allein in der Strasse war. Von ferne näherte sich jemand. Ein Mann näherte sich. Jojo sah ihn aus den Augenwinkeln. Irgendetwas stimmte nicht mit diesem Mann. Jojo konnte nicht sagen, was genau nicht stimmte, aber definitiv stimmte etwas nicht. Da stand der Mann schon neben ihm, und plötzlich wusste Jojo, was mit ihm nicht stimmte. Der Mann trug keine Realitätskappe. «Guten Tag», sagte der Mann. Er hatte eine freundliche, warme Stimme, «suchen Sie etwas Bestimmtes?»

«Nein, eigentlich nicht», antwortete Jojo, «ich habe nur dieses Schild gesehen. Und jetzt stehe ich davor und frage mich, was das wohl sein soll.»

Der Mann lächelte und antwortete: «Es ist schon erstaunlich genug, dass Sie es überhaupt sehen. Noch viel erstaunlicher ist allerdings, dass es Sie beschäftigt.»

«Aber wieso denn», gab Jojo erstaunt zurück, «ich meine, es ist doch in der Tat seltsam und rätselhaft.»

«Das ist es schon, wenn man es mit seinen physischen Augen sieht. Wir zeigen es allerdings nicht unter der Realitätskappe. Wenn jemand mit der Realitätskappe hier vorbeiläuft, sieht er nur die allgemeine Hintergrundinformation seiner Welt. Sie stehen hier erstaunlicherweise ohne Realitätskappe. Wenn es Sie wirklich interessiert, kann ich Ihnen erklären, was das Messingschild bedeutet.»

«Oh ja, gerne.»

«Darf ich Sie dann zu einer Tasse Tee einladen? Es redet sich besser bei einer Tasse Tee im Haus als hier draussen auf der Strasse.»

«Vielen Dank für die Einladung. Ich nehme sie gerne an.»

Der Unbekannte zog einen grossen altmodischen Schlüssel aus der Tasche und schloss die Tür auf. «Sie erlauben, dass ich voran gehe?»

Jojo folgte ihm und blieb gleich hinter der Tür stehen. Er fasste sich an den Kopf. Nein, er hatte die Realitätskappe nicht auf, aber offensichtlich hatte er soeben eine Zeitreise gemacht. Er musste vierhundert Jahre in die Vergangenheit geraten sein. Er stand in einem viktorianischen Vorzimmer. Rechterhand war eine Garderobe, links ein Sofa, in der Mitte ein kleiner runder Tisch sowie zwei Stühle. Er schaute voll Überraschung das Sofa an. Es war der Inbegriff eines viktorianischen Möbels. Es war sozusagen mit verschnörkeltem, geschwungenem, dunklem Holz eingerahmt. Die üppige Rückenlehne aus rotem Samt wurde nach oben durch einen Holzrahmen abgeschlossen, ebenso die ausladenden Armlehnen und sogar unter der samtenen Sitzfläche war der Holzrahmen zu sehen. Alles in diesem Raum war verschnörkelt und verziert. Es gab Quasten, Schnüre Flechten und Kristalle. Selbst die Fliesen auf dem Boden zeigten kunstvolle Ornamente.

«Willkommen in der Loge Sapientia et Scientia. Ich bin Bruder Maximilian Wyss.»

«Angenehm», antwortete Jojo, und es war ihm sehr förmlich zumute. «Ich bin Jojo Furrer.»

«Aber legen Sie doch ab, Jojo, legen Sie ab, es ist doch angenehm warm hier drinnen.» Maximilian Wyss half Jojo aus der Jacke und hängte sie in der Garderobe sorgfältig auf einem Bügel auf. Dann wies er auf das Sofa: «Nehmen Sie Platz, nehmen Sie einfach Platz. Ich versichere Ihnen, das Sofa ist sehr gemütlich.» Jojo setzte sich also, und in der Tat war das Sofa ausnehmend angenehm gepolstert. «Sie erlauben, dass ich mich einige Minuten entferne, um den Tee zu bereiten?»

«Selbstverständlich.»

Nach ungefähr zehn Minuten kam Herr Wyss mit einem silbernen Tablett in der Hand zurück. Auf dem Tablett stand eine ebenfalls silberne Teekanne, wie Jojo noch nie eine gesehen hatte. Sie war unten bauchig und oben schlank. Die Tülle ähnelte fast einem Schwanenhals und das Mundstück einem geöffneten Schnabel. Auch der Griff war ausladend gebogen. Die Kanne hat nicht etwa einen profanen Boden. Sie stand auf vier kleinen Löwenfüssen aus Silber. Alles an der Kanne war reich mit Ornamenten verziert. Daneben standen zwei kleine Teetassen aus weissem Porzellan. Sie waren üppig bemalt. Jojo meinte fast einen ganzen Rosengarten darauf zu sehen. Herr Wyss setzte das Tablett auf dem Tisch ab, schenkte Tee in beide Tassen und bat Jojo mit einladender Bewegung am Tisch Platz zu nehmen.

«Nehmen Sie nur einen Schluck, Herr Furrer, aber passen Sie auf. Er ist sehr heiss. Am besten schlürfen sie ihn beim Trinken. Das kühlt ihn etwas ab und erlaubt dem Aroma, sich voll zu entfalten.»

«Ach bitte, nennen Sie mich doch einfach Jojo, sonst fühle ich mich zu alt.»

«Kein Problem, Jojo, kein Problem.»

Jojo griff nach seiner Tasse. Innen war sie neutral weiss. Das liess die Farbe des Tees klar hervortreten. Klar wie Wasser sah der Tee aus und gleichzeitig metallisch bronzen. Vorsichtig roch Jojo daran. Es war nur ein feiner Duft wahrzunehmen und dieser Duft erinnerte Jojo an den Wald. Er erinnerte ihn an Holz, Rinde, Moos und Felsen. Dann nahm Jojo vorsichtig einen Schluck Tee. So einen Tee hatte er noch nie getrunken. Natürlich wusste er, dass er hauptsächlich Wasser im Munde hatte. Und doch fühlte es sich samtig und seidig und weich an. Wieder meinte er, Holz zu spüren und etwas Bittersüsses. Er schluckte den Tee herunter, und nun blieb ihm im Gaumen und auf der Zunge dieser bittersüsse Geschmack und wie ein Hauch von Rosenduft. Er war nicht ganz sicher, ob er das wirklich schmeckte, oder ob es ihm einfach die Rosen auf der Tasse eingaben. Herr Wyss hatte ihn aufmerksam und still angesehen. Nun fragte er: «Und, wie schmeckt er dir, Jojo?»

«Das ist», begann Jojo, «das habe ich noch nie getrunken. Was ist das?»

«Das ist Tee. Das ist echter Tee, ich habe ihn mit frischem Wasser aufgebrüht, und er stammt aus echten Teeblättern aus dem Himalaya. Wir haben sie selber importiert. Doch davon ein andermal. Ich wollte dir doch das Relief erklären. Das wolltest du doch hören nicht wahr?»

Jojo nickte lebhaft.

«Wundert es dich, dass du hier inmitten von Mauern aus Backsteinen stehst? Nun es soll dich nicht wundern. Wir sind eine Gemeinschaft von Maurern, genauer gesagt Freimaurer. Maurer, das tönt nach Leuten, die Mörtel anrühren, auf einen Stein klatschen und auf einen anderen Stein legen, so lange, bis eine Mauer entstanden ist. Das war früher auch so, aber heute ist es unnötig. Das tut heute kein Mensch mehr. Es ist aber auch nur ein klitzekleiner Teil der Wahrheit. Lass mich im Mittelalter beginnen. Im Mittelalter hiessen sie nicht Maurer, sondern Steinmetze. Sie bauten in ganz Europa himmelstrebende gotische Kathedralen. Sie gehörten zur Elite der Gesellschaft, denn sie kannten die Gesetze der Statik und der Form. Wer die Gesetze kannte, konnte Kathedralen konstruieren, wer nicht, konnte höchstens kleine Häuser bauen. Darum gaben sie ihr Können auch nur an sorgfältig ausgewählte Lehrlinge weiter. Ihr Wissen erfuhr nur, wer sich des Wissens auch würdig erwies. Die Steinmetze hatten sich in Logen zusammengeschlossen, in denen selbstverständlich Verschwiegenheit das oberste Gebot war.

Doch zu Beginn des 17. Jahrhunderts war kaum noch jemand an ihrem Wissen interessiert. Es wurden keine neuen Kathedralen mehr gebaut, und es versammelten sich auch immer weniger Gläubige in den bereits existierenden Kathedralen. Immer mehr Menschen wollten Freiheit von Glaubensvorschriften und ihre eigene Persönlichkeit frei aufbauen. Das gefiel König und Kirche natürlich überhaupt nicht. Es drohte nämlich ihre Macht anzuzweifeln und ins Wanken zu bringen. Wer also mit Gleichgesinnten reden wollte, musste das im Geheimen tun, sonst hätte ihm Kerkerhaft oder Schlimmeres gedroht. Steinmetze konnten Geheimnisse bewahren und stellten nun ihre Logen für solche Zusammenkünfte zur Verfügung. Das war der Beginn der heutigen Freimaurerei. Die ersten Aufklärer entdeckten nämlich bald eine Ähnlichkeit zwischen der Arbeit der Steinmetze und der freien Entwicklung des Individuums. Sie betrachteten die Arbeit der Steinmetze am Stein als Symbol für die Arbeit an der eigenen Persönlichkeit. So wie der Steinmetz den rohen Stein bearbeitet, bis schliesslich ein perfekter Mauerstein oder gar eine edle Statue daraus wird, so sahen sich auch die neuen Mitglieder der Logen, die Freimaurer. Sie sagten sich: Jeder einzelne Mensch unter uns ist wie ein unbehauener Stein, der vom Steinbruch kommt. Diesen haut und schneidet er dann zu. Er schleift ihn und vervollkommnet ihn. Das tut er nur für sich und nur an seiner eigenen Persönlichkeit. Er tut es aber nicht allein. Er tut es in Gemeinschaft von Gleichgesinnten. So wurde die Freimaurerei zu einer Stätte der Einigung und zu einem Mittel, wahre Freundschaft unter Menschen zu stiften. In den ersten Urkunden der neuen Freimaurer war denn auch nicht mehr die Rede von Maurern. In den Logen der Freimaurer versammelten sich von nun an gute und redliche Männer von Ehre und Anstand ohne Rücksicht auf ihr Bekenntnis oder darauf, welche Überzeugungen sie sonst vertreten mochten.

Es geht nämlich nicht um Dogmen oder Religion. Es geht um den Bau der eigenen Persönlichkeit. Das beginnt mit der sinnlichen Begegnung mit der Welt. Darum zeigen wir unseren Eingang nicht in der Wirklichkeit der Realitätskappen. Darum laden wir den Fragenden, der unser Schild mit physischen Augen gesehen hat, zu uns ein. Darum servieren wir ihm wahren Tee aus wahren Teeblättern, die mühevoll aus dem fernen Himalaya hierher gebracht wurden.»

Jojo schaute Herrn Wyss mit grossen Augen an. Als er sprach, tönte Erstaunen aus seiner Stimme:

«Dann war mein Stehen vor dem Messingschild also eine Prüfung? Nur als ich für würdig befunden wurde, durfte ich eintreten?»

Ein Lächeln spielte um die Lippen von Maximilian Wyss, ehe er fortfuhr: «Du magst es so betrachten. Und doch ist es nur natürlich und menschlich, dass wir dem antworten, der fragt, und ihn einlassen. Wer nicht fragt, dem wird auch nicht geantwortet. Nun lass mich fortfahren zu erklären, was du hier siehst. Arbeit an sich selbst als Selbstzweck wäre zwar edel und gut aber auch ein wenig egoistisch. Darum folgt dem sinnlichen Erfahren der Welt die Erkenntnis der Welt durch rationales Denken. Das zeigt sich symbolisch schon auf dem Messingrelief draussen.

«Also ausser dem Buch konnte ich nicht wirklich erkennen, was das Messingrelief zeigt», schob Jojo schüchtern ein. Maximilian Wyss lächelte verständnisvoll, als er antwortete:

«Das ist auch verständlich, denn vermutlich hast du die beiden anderen Gegenstände nie gesehen. Doch waren sie Voraussetzung für Erkenntnis und Beherrschung der Natur und schliesslich die Verbesserung der Welt im praktischen Handeln.»

Er stand auf, ging zur Garderobe und gab gleich darauf mit einem Kästchen in der Hand zurück. Er öffnete das Kästchen und nahm einen Gegenstand heraus. «Dies hier ist ein Zirkel. Siehst du die beiden metallenen Stäbe, und wie sie an einem Ende in diesem Gelenk verbunden sind. Dieser hier hat an seiner Spitze eine Nadel und dieser hier eine Bleistiftspitze. Mit dem Zirkel kann man einen Kreis malen.»

Er nahm ein Blatt Papier aus dem Kästchen, setzte den Zirkel mit der Metallspitze darauf auf und zog mit der Bleistiftspitze sorgfältig einen Kreis darum herum. Dann holte er einen zweiten Gegenstand aus dem Kästchen. «Und dies hier ist ein Winkelmass.»

Er legte das Winkelmass an den Kreis an und zeichnete mit seiner Hilfe ein perfektes Quadrat in den Kreis ein.

«Mit Winkelmass und Zirkel allein schufen die alten Griechen geometrische Objekte. Zirkel und Winkelmass erlaubten die Vermessung der Welt.»

Jojo nickte und Maximilian Wyss unterbrach seine Rede und fragte:

«Warum nickst du, ist dir das bekannt?»

«Ja», antwortete Jojo, «dazu dient die Triangulation. Man nimmt zwei Punkte und misst den Abstand zwischen ihnen. Dann peilt man von einem der Punkte einen dritten Punkt an. Nun misst man den Winkel zwischen der Peillinie und der Basislinie von diesem Punkt. Danach tut man das auch vom zweiten Punkt aus. Aus den Winkeln kann man dann präzise die Entfernung zum dritten Punkt berechnen.»

Jetzt war es an Maximilian Wyss zu nicken. Und er nickte begeistert.

«Unglaublich dein Wissen, du würdest einen Maurer abgeben. Woher weisst du das bloss?»

«Oh», antwortete Jojo verlegen, «da bin ich durch Zufall drauf gestossen.»

Das stimmte. Es war der reine Zufall, dass Mark das falsche Wort Triangulation für diese Geschichte mit den Dreiecken gebraucht hatte, die ihn schliesslich präzise und keineswegs zufällig hierher geführt hatte. Während seiner Recherche hatte Jojo dann erfahren, was mit Triangulation bezeichnet wurde.

«Auf jeden Fall kennst du nun ein wenig den Segen, den Zirkel und Winkelmass der Menschheit gebracht haben. Sie erlauben nicht nur die Vermessung der Welt. Sie erlauben die Konstruktion ganzer Gebäude. Kreis und Gerade waren die Geburtshelfer unserer modernen Welt. Es gibt in der Natur weder Kreis noch Gerade. Das sind Erfindungen des menschlichen Geistes, die es erst erlaubt haben, die Natur zu erobern und zu beherrschen.»

Er schaute auf die Realitätskappe, die Jojo noch immer in der Hand hielt und fuhr fort:

«Natürlich würden auch sämtliche Objekte, die du in der Realitätskappe siehst, ohne Kreis und Gerade nicht existieren. Sie werden ja alle mathematisch berechnet und konstruiert aufbauend auf Kreis und Gerade. Dafür stehen Zirkel und Winkelmass der Freimaurer. Sie stehen aber noch für weitaus mehr. Der Zirkel steht auch für die kosmische Ordnung ausserhalb des Menschen sowie Mässigung und Besonnenheit im Innern des Menschen, in seinem Charakter. Das Winkelmass ist das Symbol der Gewissenhaftigkeit, das die menschlichen Handlungen nach dem Gesetz der Rechtwinkeligkeit, das heisst nach Recht, Gerechtigkeit und Menschlichkeit ordnet und richtet, auf dass dieselben immer regelrecht seien und sich innerhalb der rechten Schranken halten. Es wird angelegt an die menschlichen Handlungen, auf dass sie erkannt werden als frei von Eigennutz, getrieben von innerem Drang, ohne äusseren Zwang, in voller Erkenntnis des Rechten und Pflichtmässigen.»

Er hatte die letzten Worte mit einem gewissen Pathos gesprochen. Nun fügte er hinzu:

«Das letzte waren nicht meine eigenen Worte. Sie stammen aus einer wichtigen Urkunde der Freimaurer.»

«Dann stammen sie sicher aus dem Buch. Das war ja das einzige, was ich auf dem Messingschild erkennen konnte.»

Maximilian Wyss lächelte leise als er antwortete:

«Ja, dort hast du richtig ein Buch erkannt. Es ist das weisse Buch. So ein Buch existiert wirklich. Es ist ein dickes, kostbar eingebundenes Buch mit vielen Seiten. Und alle Seiten sind leer. Sie sind nicht bedruckt. Sie sind einfach weiss.»

«Aber warum das denn», fragte Jojo erstaunt.

«Oh das hat mit dem Lauf der Welt zu tun. Ursprünglich gab es die Freimaurer nur in Europa. Dort lebten ausschliesslich Christenmenschen. Sie hatten ein Buch der Bücher. Das war die Bibel. Doch dann hat sich die Freimaurerei über die ganze Welt ausgebreitet. Unsere Mitglieder gehörten allen möglichen Religionen an: Judentum, Christentum, Islam, Buddhismus, Hinduismus, Shintoismus, Yorubaismus, Akanismus und viele mehr. Leider verging auch das, und heute huldigen die Menschen nicht mehr einem Gott oder einem Ziel, sondern nur noch einem Zustand: dem Glück. Aber das spielt für uns Freimaurer keine Rolle. Wir huldigen weiter einem hehren Ziel. Jesus und Buddha, Laotse und Platon und Mohammed waren Führer zu einem Ziel. Dieses Ziel war die Offenbarung der Wahrheit. Als allgemeines Ziel ist es für alle Menschen gleich. Als individuelles Ziel ist es für jeden Menschen anders.

Darum kann man dieses Ziel nicht in Worte fassen. Diese Worte würden immer für einige Menschen stimmen aber niemals für alle. Und selbst wenn man ein Ziel heute konkret beschreiben kann, was ist morgen oder übermorgen oder in hundert Jahren? Wir wissen nicht, was die Ziele morgen konkret sein werden. Das Ziel ist die Offenbarung der Wahrheit. Das Weisse Buch ist das Symbol unerschöpfter und unerschöpflicher Offenbarung der Wahrheit. Darum ist es leer. Denn man findet die Wahrheit nicht aussen in der Welt, sondern nur im eigenen Inneren. Diesen Weg muss jeder für sich allein gehen. Die Wahrheit muss jeder in sich selber finden.»

«Und wenn der Freimaurer sie gefunden hat, was tut er dann?», fragte Jojo.

«Dann schreitet er von der sinnlichen Erfahrung und der rationalen Erkenntnis zur Tat. Diese Tat ist aber nicht mehr der Bau der Kathedrale, des Doms, des Tempels. Heute muss das ganze äussere Leben umgestaltet werden zum Tempel der Erde, zum Abbild des geistigen Baus der Erde. Weisheit, Schönheit, Stärke sollen erstrahlen im neuen Tempel. Sie sind auch die drei Grundworte aller Freimaurerei. Die äussere Welt so umzugestalten, dass sie ein Kleid des Geistigen ist, das ist die Aufgabe.»

«Und wie tut er das denn alles?», fragte Jojo aufgeregt. «Wie tut er das genau?»

Maximilian Wyss erhob sich und sprach mit feierlichem Unterton: «Das ist das Geheimnis der Freimaurer, Jojo, das ist das grosse Geheimnis. Ich kann dich einen Blick auf das Geheimnis werfen lassen. Wenn du diesen Blick tun willst, musst du allerdings Stillschweigen bewahren über alles, was ich dir zeigen und sagen werde.»

Jojo musste nicht lange überlegen. Zu neugierig war er auf dieses Geheimnis. So antwortete er rasch: «Aber sicher werde ich Stillschweigen bewahren.»

«Kannst du das feierlich versprechen. Kannst du versprechen zu niemandem und zu keinem Zeitpunkt in deinem ganzen Leben etwas zu verraten, über das, was du jetzt sehen und hören wirst?»

Jojo hatte sich erhoben. «Ja, das verspreche ich» antwortete er feierlich.

«Nun nach diesem Versprechen ist es mir erlaubt, dich aus dem Vorzimmer in das Innere des Tempels zu führen.» Er ging zur Tür und öffnete sie. Dann blieb er stehen, wandte sich zu Jojo um und sprach wieder mit feierlicher Stimme: «Bevor wir eintreten, sollst du das wahre Geheimnis der Freimaurer erfahren: Wir arbeiten an der Unsterblichkeit. Der Mensch kann aber nicht direkt an seiner eigenen Unsterblichkeit arbeiten. Der Weg zur Unsterblichkeit führt über die Selbstlosigkeit. Zuerst muss der Freimaurer völlig selbstlos werden. Wenn der Freimaurer tätig wird, so strebt er danach, völlig selbstlos tätig zu werden. Denn die selbstlosen Taten sind die eigentlichen Begründer der Unsterblichkeit. Wenn du etwas tust, um unsterblich zu werden, tust du es nicht selbstlos. Wenn du etwas tust, um glücklich zu werden, tust du es nicht selbstlos. Wenn du jemanden hilfst, um dich besser zu fühlen, tust du es nicht selbstlos. Wenn du jemandem hilfst, um Schuld von dir abzuwenden, tust du es nicht selbstlos. Deswegen muss die Persönlichkeit völlig verschwinden hinter der Wirkung ihrer Taten. Sie muss ihren Anteil an der guten Tat geheim halten. Das ist das wahre Geheimnis der Freimaurer.»

Maximilian Wyss führte Jojo in einen grossen viereckigen Raum, der aber keine normale Decke hatte, sondern von einer riesigen Kuppel gekrönt war. Die Kuppel war dunkelblau gestrichen und mit Sternen bemalt. Er schloss die Tür hinter ihnen. Es roch nach Blumen, und kein Geräusch von aussen drang hinein. In der Mitte des Raumes standen drei mannshohe Säulen. Zwischen ihnen lag ein Teppich.

«Willkommen in unserem Tempel», sprach Maximilian Wyss wieder. «Dies ist der Ort unserer Arbeit. Dort siehst du drei Säulen. Sie tragen symbolisch unsere Loge. Sie stehen für Weisheit, die die Formung des Menschen leiten soll, Stärke, die ihn in die Welt hinausgehen lassen soll, und Schönheit, die seinen Weg zu sich selbst begleiten möge.»

«Was arbeiten Sie denn hier?», fragte Jojo.

«Unsere Arbeit ist die Arbeit an der Erkenntnis. Zur Erkenntnis kommt jeder einzelne in sich selber. Wir unterstützen ihn durch das Erleben der Symbole. Nun, da du das Vorzimmer verlassen hast und Verschwiegenheit gelobt hast, ist es mir erlaubt, dir die ersten Geheimnisse preiszugeben:

In alten Zeiten bestand unsere Gemeinschaft ausschliesslich aus Maurern. Sie verrichteten alles das, was zur Maurerei gehört. Sie waren die Pyramidenbauer im alten Ägypten. Sie waren die Tempelbauer im alten Griechenland. Sie waren die Erbauer der Städte im alten römischen Reich. Im Mittelalter waren sie die Erbauer von Domen und Kathedralen. Jede Pyramide, die sie gebaut haben, widerspiegelte die Distanzen zwischen den ewigen Sternen. Jeder Dom, den sie gebaut haben, war ein Abbild des Himmelsdoms. Sie bauten auf der Erde, aber sie bauten aus den Geheimnissen des ganzen Weltenalls heraus. Das begann schon beim Meisseln der Steine. Jeder Stein wurde in einem heiligen Rhythmus bearbeitet, Schlag auf Schlag, Schlag auf Schlag, und dieser Rhythmus wurde als ein Widerhall der Sphärenmusik der höheren Welten empfunden. Das setzte sich fort beim Bau der Mauern. Das war Grundlage für die Geometrie der Wände.

Darum konnte der Priester während der Messe im Dom seine Stimme erschallen lassen, und sie wurde von den Mauern zurückgeworfen, durchtränkt mit Sphärenharmonie. So stand die Gemeinde der Gläubigen in einem Lautmeer, das in sinn- und bedeutungsvollen Schwingungen wogte, die für die seelischen Ohren eine viel grössere Bedeutung noch hatten als für die physischen Ohren. Die Menschen hörten es nicht, doch es wirkte wohltuend in ihren Seelen.

Diese Geheimnisse erfuhren die Maurer nicht durch Unterrichten des Verstandes. Diese Geheimnisse wurden ihnen eingeflösst durch den Anblick mächtiger Symbole. Diese Symbole ergriffen ihren Willen und durchtränkten ihr Gefühl. Dann waren die Maurer im Einklang mit dem Universum. Dann konnten sie jeden einzelnen Stein so setzen, dass er im Einklang mit dem ganzen Kosmos stand.

Jetzt gibt es keine Maurer mehr. Jetzt sind wir nicht mehr Maurer. Heute findest du hier Masseure, Krankenpfleger, Psychiater und Professoren. Jetzt kann jeder aufgenommen werden. Aber wir gehören immer noch in eine uralte Geistesströmung.

Diese Strömung, die uns trägt, sie hat auch die Manichäer, die Albigenser, die Waldenser und die Katharer getragen. Diese Strömung geht zurück bis zum ersten Menschen. Sie geht zurück bis zu Adam. Er war der erste wirkliche Maurer. Er stammte unmittelbar vom Licht ab. Deshalb kannte er die Geheimnisse der Geometrie. Der Ursprung liegt im Licht, und das Licht geht der Menschheit voran. Doch das Licht ging verloren, und die Sphärenharmonie ist verhallt. Die Manichäer, die Albigenser, die Waldenser und die Katharer sind untergegangen. Wir allein sind übrig geblieben.

Wir allein haben überlebt. Von der grossen Weisheit sind uns nur noch die Symbole geblieben. Wir sind übrig geblieben, doch sind wir zu einer Hülse geworden und suchen nun den verlorenen Inhalt. Wir sind eine Pflanze, die versteinert ist, und suchen nun das Leben wieder zu gewinnen. Wir wissen, dass unsere Augen blind sind für das, was die alten Maurer sahen. Wir wissen, dass unsere Ohren taub sind für das, was die alten Maurer hörten. Wir wissen, dass unsere Herzen kalt sind, und wir nur toten Stein spüren, wenn wir den rauen Stein anfassen. Wir leben mit den Symbolen. Wir leben mit den alten Ritualen, aber wir haben die Weisheit, das Licht und das Leben verloren.

Nun sucht jeder die Weisheit allein zu finden und wird in seinem Streben gestützt und getragen von den Brüdern. Wir alle suchen, den wahren Tempel Salomos in uns aufzurichten, das ‹verlorene Wort› wiederzufinden, das heisst, schon in diesem irdischen Leben Beweise reiner Unsterblichkeit zu erleben. Wir haben noch die Symbole. Sie sind den Dingen selbst entnommen. Die Natur selbst hat sie geschrieben. Es sind keine willkürlich gewählten Bilder, und sie beruhen nicht auf irgendeinem Zufall, sondern sie sind begründet in den Eigenschaften Gottes und des Menschen, und wir müssen sie als Urbilder betrachten. Wir werden aber nie die Form, das Gefäss, das Ritual, die Symbole für den Inhalt nehmen, sondern in der Form den geistigen Inhalt suchen. Wer sie wirklich zu lesen vermag, kommt mit dem innersten Wesen der Dinge in Verbindung. Er kommt in die Dinge selbst hinein und bleibt nicht mehr draussen vor ihnen stehen. Aber wir haben niemanden mehr, der uns anleiten kann, in die Dinge selbst zu kommen.»

«Was meinen Sie mit ‹Beweise der Unsterblichkeit›?», fragte Jojo etwas schüchtern.

«Wir wissen, dass der Mensch in seinem Wesenskern unsterblich ist. Wir erfahren es aber nicht mehr, und seit Jahrtausenden schon sucht die Menschheit vergeblich nach Beweisen der Unsterblichkeit. Das ist und war die grosse Sehnsucht seit denkende Menschen existieren. Das ist die Sehnsucht seit die Menschen denken, aber nicht mehr sehen können. Der Mensch braucht diese Überzeugung von seinem Fortleben nach dem Tode, um in diesem Leben wahrhaft glücklich sein zu können. Es haben sich daher auch die Mysterien aller Religionen und Weisheitsschulen aller Regionen der Welt mit dieser Frage beschäftigt. Das war ihre höchste und vornehmste Aufgabe. Bis vor dreihundert Jahren war das Kirchentum noch ein Bollwerk dieser Überzeugung. Es hat die Suchenden jedoch immer auf den Weg der Gnade verwiesen. Die Kirche sagte, man könne das Sehen nur als Geschenk erhalten, als Gnade Gottes.

Unser Orden weiss aber, dass jeder Suchende sich aus eigener Kraft durch praktische Mittel mit dem Weltbewusstsein vereinigen kann. Jeder kann sich bewusst und selbst gewollt schon in diesem Leben mit der Urschöpferkraft vereinen. Jeder kann schon jetzt in diese Welt blicken und sich mit ihr vereinigen. Er kann es jetzt tun. Er muss nicht warten, bis die Pforte des Todes sich für ihn öffnet und ihm Einlass gewährt.»

Maximilian Wyss seufzte und fuhr dann fort: «Wir wissen, dass es geht, aber wir wissen nicht mehr, wie es geht. Wir haben die praktischen Mittel, das sind die Symbole, aber wir können sie nicht mehr anwenden. Es ist alles da, aber es ist tot und wartet darauf, wieder belebt zu werden.»

«Und was tun Sie jetzt damit?», fragte Jojo.

«Wir betreiben das Handwerk der Freimaurerei natürlich weiter. Wir tragen alle Symbole getreulich weiter, bis sich jemand findet, der sie entziffern kann.»

«Das heisst, das kann man lernen?», fragte Jojo mit leuchtenden Augen.

«Ja, das kann man lernen. Man kann bei uns in die Lehre gehen. Allerdings muss man bei Beginn der Lehre ein Gelöbnis ablegen: Ich schwöre, dass ich nichts dem Worte, dem Zeichen, dem Griffe nach jemals verraten werde von dem, was mir von diesem Zeitpunkt ab innerhalb dieser Loge mitgeteilt wird. Sollte ich etwas verraten, so gestatte ich jedem der Brüder, der etwas davon erfährt, mir die Kehle durchzuschneiden und die Zunge herauszureissen. Das ist der Schwur, den die angehenden Lehrlinge leisten.»

«Und geht es dann noch weiter? Was passiert, wenn man mit der Lehre fertig ist?»

«Dann kann man Geselle werden. Doch der Schwur des Gesellen ist noch furchtbarer als der des Lehrlings. Er gestattet den anderen, einem die Brust aufzuschneiden, das Herz herauszureissen und den Vögeln zum Frass vorzuwerfen. Und noch viel schauerlicher ist der Schwur des Meisters. Er ist so furchtbar, dass ich ihn nicht aussprechen kann. Wir bewahren die Geheimnisse. Wir tragen sie getreulich weiter und warten auf den neuen Hiram.»

«Hiram, wer ist Hiram?»

«Von Hiram darf ich dir erzählen. Von ihm berichtet die Tempellegende. Hiram war Baumeister am Hof von König Salomo, der für seine Weisheit berühmt war. Hiram hat den Tempel des Salomo erbaut. Er war Meister, das heisst, er kannte das Meisterwort. Nur, wenn man das Meisterwort kannte, konnte man auch Baumeister werden. Nun gab es drei Gesellen, einen syrischen Maurer, einen phönizischen Zimmermann und einen hebräischen Grubenarbeiter, die wollten von Hiram das Meisterwort erfahren. Er konnte es ihnen aber nicht verraten, denn das Meisterwort durfte man nur den Fähigen verraten. Die drei waren aber nicht fähig. In ihrer Wut über das entgangene Wort, fassten sie den Entschluss, Hiram etwas anzutun.

Die Gelegenheit dazu fand sich, als Hiram sein Meisterstück, das Eherne Meer, giessen wollte. Die Bewegung des Wassers sollte in der Form festgehalten werden. Das lebendige, bewegte Meer sollte in der toten, starren Form des Metalls wieder erscheinen. Das ist das Wesen der Kunst. Wahre Kunst haucht der toten Materie Leben ein. Die drei Gesellen bohrten nun heimlich ein Loch in die Form. Als Hiram begann, das flüssige, glühende Metall in die Form zu giessen, rann es durch das Loch sofort hinaus und verbreitete sich in der Umgebung. Hiram wollte den Feuerguss aufhalten und goss sofort Wasser darauf. Dadurch sprühte aber das Metall in die Luft und fiel als Feuerregen unter furchtbarer Gewalt wieder herunter. Als Hiram noch hilflos daneben stand, hörte er eine Stimme. Dreimal rief sie seinen Namen: Hiram! Hiram! Hiram! Und dann rief sie: Stürze dich in das Feuermeer. Er tat es und sank immer tiefer, bis zum Mittelpunkt der Erde, wo der Ursprung des Feuers ist. Da traf er den Stammvater Tubal-Kain. Tubal-Kain trug einen Hammer. Dieser Hammer hatte die Zauberkraft, alles wieder herzustellen. Er übergab Hiram seinen Hammer und sprach zu ihm: Du wirst einen Sohn haben, der wird ein Volk von Wissenden um sich haben, und du wirst Stammvater sein derer, die aus dem Feuer kommen, das weisheitsvoll und gedankenvoll macht.

Hiram nahm den Hammer, und dadurch wurde das Eherne Meer wieder hergestellt, und Hiram trat wieder ins Leben und heiratete und zeugte Kinder und wurde Stammvater. Die Wut der drei Gesellen wuchs nun aber ins Unermessliche, und eines Tages erschlugen sie ihn. Mit seinem Tod hätte Hiram aber auch das Meisterwort mit ins Grab genommen. Das geschah aber nicht. Denn Hiram hatte von der Gefahr gewusst. Er hatte das Meisterwort auf einem Dreieck eingemeisselt und das Dreieck in einen tiefen Brunnen versenkt. Hiram wurde begraben und auf seinem Grabe ein Akazienzweig gepflanzt. Der Akazienzweig verrät dem Wissenden das Gebiet, wo das

Dreieck mit dem Meisterwort versteckt liegt. Es kann nicht weit von dem Grab entfernt sein. Derjenige, der es findet, wird der neue Hiram sein.»

Maximilian Wyss seufzte tief und sagte dann: «Mehr darf ich dir nicht sagen. Mehr darfst du erst erfahren, wenn du als Lehrling unserer Gemeinschaft beitrittst. Du musst den Tempel nun wieder verlassen.»

Er öffnete die Tür und führte Jojo wieder hinaus ins Vorzimmer. Dort holte er Jojos Jacke aus der Garderobe und half ihm hinein. «Adieu Jojo», sagte er, «ich hoffe, wir sehen uns bald wieder.»

«Adieu Herr Wyss», sagte Jojo, und wenig später stand er auch schon draussen vor der Tür im hellen Sonnenlicht.

10 Das Leben erleben

Es war ein schöner strahlender Morgen. Jojo, Mattea, Lucia und Mark sassen auf einer kleinen Lichtung im Wald. Mattea hatte gerade das Wort ergriffen. «Heute habe ich euch etwas ganz Besonderes mitgebracht», sagte sie stolz und griff in ihre Tasche. Sie holte ein dickes Buch heraus und zeigte es ihnen. «Hier ist es. Ich bin fündig geworden. Nun ist das Wichtigste schon mal geschafft.»

Mark schaute sie an, schluckte schwer und fragte dann bloss: «Das Wichtigste? Noch ein Buch? Wir haben doch schon eines. Wollen wir denn eine Bibliothek aufmachen?»

«Bibliothek? Natürlich nicht, aber wir wollen mehrere Tage im Wald verbringen. Das haben wir doch das letzte Mal gesagt oder?»

«Und das können wir nur mit einem Buch?»

«Lies doch mal den Titel, schau da: Die essbaren Wildpflanzen Mitteleuropas. Damit sehen wir, welche Pflanzen essbar sind und welche nicht.» Sie machte eine Pause und fuhr dann fort: «Allerdings fürchte ich, dass wir uns im Sommer nicht von den Früchten des Waldes ernähren können.»

«Wieso das denn nicht?» fragte Jojo überrascht, «wir haben doch schon die wunderbaren Erdbeeren gegessen – ohne Buch und alles.»

«Da haben wir vermutlich das Beste, was der Wald uns zu bieten hat, schon gehabt», antwortete Mattea mit einem schiefen Lächeln. «Es gibt unglaublich viele essbare Pflanzen im Wald. Liebstöckel, Wegerich und drüsiges Springkraut habe ich mir merken können. Die können wir alle essen. Aber wir können nicht davon leben. Das Problem ist unser Kalorienbedarf. Ich habe da recherchiert. Wir werden im Minimum 2000 Kilokalorien pro Tag brauchen. Im Mai hätten wir noch die zarten Blätter der Bäume, also Buche, Haselnuss, Pappel und so, essen können. Aber 100 g davon haben maximal 20 kcal. Da müssten wir jeden Tag zehn Kilogramm Blätter essen.»

Mark lachte und sagte: «Also, ich glaube nicht, dass wir das können. Wir sind ja keine Wiederkäuer. Wir haben keinen Pansen. Und selbst wenn wir einen hätten. Die haben früher ja nicht einmal den Kühen Blätter zum Fressen gegeben.» Er ging zum nächsten Baum, riss ein Blatt ab und steckte es in den Mund und begann zu kauen.

«Aber die Erdbeeren, Brombeeren, Himbeeren, die wachsen jetzt, schmecken super, und die finden wir sicher den ganzen Sommer durch», hakte Jojo nach.

«Das schon, aber auch da haben wir das Energieproblem. Bei den Erdbeeren habe ich die genaue Zahl noch im Kopf. Erdbeeren haben 33 Kilokalorien pro 100 g. Da müsste jeder von uns jeden Tag fast acht Kilogramm Erdbeeren essen. Weisst du wie lange wir das letzte Mal nach den paar Erdbeeren gesucht haben?»

Mark kaute immer noch an seinem Blatt. Das hinderte ihn allerdings nicht daran zu sagen: «Lieber acht Kilo Erdbeeren als zehn Kilo Buchenblätter. Aber du hast gesagt Früchte des Waldes. Es gibt doch sicher noch andere Früchte des Waldes.»

«Ich habe geschaut. Vielleicht finden wir irgendwo Kirschen, Äpfel, Birnen oder so. Im Juli sind die Kirschen reif. Ab Ende August dann Äpfel und Birnen. Zuerst müssten wir aber solche Bäume finden. Und wenn wir dann einen Apfelbaum gefunden haben, müssen wir jeder 40 Äpfel pro Tag essen.»

Jojo meldete sich wieder zu Wort: «Naja, die anderen Bäume tragen doch auch Früchte. Ich meine, jeder Baum stammt aus einem Samen. Die sind voll Energie.»

Mattea seufzte wieder und antwortete dann: «Stimmt, so ab Ende September kann man Nüsse ernten. Davon gibt es reichlich im Wald. Es gibt Walnüsse, Haselnüsse, Eicheln, Bucheckern, Kastanien. Die sind viel besser als der ganze Rest. Hundert Gramm Haselnuss zum Beispiel, die haben über 600 Kilokalorien. Das schenkt endlich mal ein. Da musst du nur 400 Gramm pro Tag essen. Aber dazu musst du ungefähr 200 Nüsse pro Tag sammeln und knacken.»

Jetzt meldete sich Lucia zu Wort: «Es gab doch früher in der Steinzeit oder so die Jäger und Sammler. Wir können doch leben wie die Jäger und Sammler. Die haben es auch geschafft.»

«Ja, das habe ich auch gedacht. In der Steinzeit gab es schon Ackerbau und Viehzucht. Die Jäger und Sammler waren davor. Aber du siehst ja, vom Sammeln allein können die nicht überlebt haben. Da müssten wir schon auf die Jagd gehen.»

Lucia verzog das Gesicht als sie antwortete: «Tiere töten? Meinst du, ich will Tiere töten? Das tue ich im Leben nicht.»

Und Mark meinte nur lakonisch: «Töten? Selbst wenn du das wolltest, du könntest das gar nicht. Wir haben keine Gewehre, Pistolen, nichts. Wir könnten uns ja Pfeil und Bogen schnitzen, wenn wir bloss ein anständiges Messer hätten. Aber dann haben wir immer noch keine Pfeilspitze. Und vermutlich wären wir verhungert, ehe wir das erste Tier geschossen hätten. Wir müssten uns mit Ameisen, Heuschrecken, Würmern und Maden begnügen. Die laufen nicht so schnell weg.»

«Pfui», rief Lucia, «meinst du, ich will Maden essen oder Ameisen?»

«Tja», sagte Mark, «das will ich ja auch nicht. Und damit ist die Schlussfolgerung ziemlich klar: Wir sind völlig von der Stadt abhängig. In der Stadt wird unsere Nahrung produziert. Früher konnte man beim Nachbarn über den Zaun steigen und ihm aus seinem Garten Kartoffeln klauen. Aber das geht heute nicht mehr. Es gibt keine Gärten und Felder mehr. Alles wird biotechnologisch produziert. Das geschieht alles unglaublich energieeffizient. Ein Einzelner kann seine Nahrung gar nicht allein produzieren. Dazu braucht es eine ganze Fabrik und unglaublich viel Wissen. Man kann seine Nahrung nicht einmal aus einem Lagerhaus stehlen. Es wird ja alles termingerecht produziert und am Folgetag gleich aufgegessen.»

«Ich habe da eine Idee», meldete sich Lucia wieder zu Wort, «wir können uns ja selber ein Lager für einige Tage anlegen.»

«Wie willst du das denn machen?» fragte Mattea skeptisch.

«Na, ganz einfach. Die Essenslieferungen werden doch immer an unsere Bedürfnisse angepasst. Wenn wir alles aufessen, wird am nächsten Tag etwas mehr geliefert und wenn wir etwas zurückgehen lassen, wird am nächsten Tag etwas weniger geliefert. Da müssen wir nur jeden Tag etwas Essen auf die Seite tun und uns selber ein Lager anlegen. Wenn wir 25 Prozent mehr bekommen, als wir tatsächlich essen, können wir uns in vier Wochen eine Woche Ferien im Wald leisten.»

«Das ist eine super Idee», fand Mark, «aber für die Woche im Wald haben wir dann immer noch einige Schwierigkeiten zu überwinden.»

«So, was denn?» fragte Jojo neugierig.

«Ich habe doch recherchiert. Wir müssen nachts irgendwo schlafen und tagsüber brauchen wir ein Dach über dem Kopf, wenn es mal regnet. Das mit dem Schlafplatz geht noch so. Man kann sich an einem umgestürzten Baum einen Schlafplatz einrichten. Da muss man nur an einer Stelle, an der ein grosser Ast hoch genug über dem Boden absteht, zwischen Baumstamm und Ast kleinere Äste als Dach auflegen und zum Schluss alles dick mit altem Laub bedecken. Da kommt so schnell kein Regen durch.»

Lucia legte den Kopf schief als sie fragte: «Hast du vielleicht auch noch etwas Komfortableres gefunden?»

Mark grinste breit, bevor er antwortete: «Mit der Frage habe ich natürlich gerechnet. Wir können uns hier eine Hütte für vier Leute bauen. In der Theorie weiss ich genau, wie es geht. Man braucht vor allem Weidenzweige, Lehm und eine Axt.»

«Eine Axt?» fragte Jojo, «glaubst du, dass es in der ganzen Stadt auch nur eine einzige Axt gibt?»

«Wir machen uns natürlich eine Steinaxt. Ich weiss theoretisch genau, wie das geht.»

Lucia hatte die Stirn aber immer noch in Sorgenfalten gelegt und fragte: «Dann haben wir also ein Dach über dem Kopf. Und was haben wir unter dem Hintern? Auf was schlafen wir? Wir können unsere Matratzen doch nicht mitnehmen. Früher haben die Leute auf Heu oder Stroh geschlafen, aber nicht einmal das gibt es heute mehr.»

Mark hatte schnell eine Antwort parat. «Ja genau und aus dem Bärenfell wird auch nichts. Vermutlich gibt es hier keine Bären und falls doch, dann wird der Bär wohl eher uns töten als wir ihn. Wir finden vermutlich nicht einmal ein Schaf für eine Schafwolldecke.»

Jetzt mischte sich Mattea ein: «Mark, du wirst ja immer blutrünstiger. Ich will keine Tiere töten, und ihr sollt das auch nicht. Dann tun wir ja genau das, was die Menschheit vor Hunderten von Jahren aufgegeben hat. Wir gehen in die Natur und machen sie kaputt.»

«Beruhige dich Mattea und keine Sorge, es gibt eine Lösung. Wir machen uns ein Bett aus Tannenzweigen und viel Blättern.»

Endlich meldete sich Jojo zu Wort: «Ich verstehe euch nicht. Ihr redet permanent von Schlafen und Betten, dabei knurrt mir der Magen. Ich denke jetzt eigentlich eher an Essen. Wollen wir uns nicht etwas zum Essen suchen?»

Das taten sie ausgiebig, doch schliesslich gewann die Neugier wieder die Oberhand, und als alle beieinander am Bach sassen, fragte Mattea Jojo:

«Du, Jojo, du wolltest doch schauen, wohin Rikus Körper und Seele verschwunden sind. Bis du da eigentlich ein Stück weitergekommen?»

«Oh ja, ein grosses und seltsames Stück bin ich weitergekommen – dank Marks gütiger Hilfe», begann Jojo und erzählte in aller Ausführlichkeit seine ganze Geschichte, beginnend bei der Triangulation bis zum Abschied von Maximilian Wyss. Nur den Teil, über den er Stillschweigen gelobt hatte, liess er aus.

Lucia hatte schweigend zugehört. Als er geendet hatte, sagte sie: «Das ist in der Tat eine seltsame Geschichte, und ich habe eigentlich nur noch zwei Fragen.»

«Na, dann schiess mal los.»

«Hast du die Tür nach draussen auch gesehen?»

«Nein, ich war die meiste Zeit im Vorzimmer des Tempels. Zum Schluss hat er mich nur einen Blick in den Tempel werfen lassen. Ich nehme an, hinter dem Tempel ist noch ein weiteres Zimmer, und dort geht dann die Tür nach draussen.»

«Und hast du etwas von Riku gesehen oder gehört?»

«Nicht wirklich.»

«Also können wir nicht sicher wissen, ob du da auf der richtigen Spur von Riku bist oder?»

Auf diese Frage antwortete Mark, kaum dass sie ganz ausgesprochen war: «Also, ich würde mal sagen, dass wir da schon zu 99,9 Prozent sicher sind.»

«Aber wieso bis du dir da so sicher? Bloss weil sich vier Verrückte im Wald getroffen haben, und dann einer von ihnen in der Stadt auf einen ganzen Club von Verrückten trifft, heisst das ja noch lange nicht, dass auch Riku dabei ist.»

Wieder war es Mark, der antwortete: «Rein theoretisch kann man da zweifeln. Aber es gibt ja schliesslich eine ganze Reihe von Hinweisen, dass wir da auf der richtigen Spur sind.»

«Und die wären?»

«Erstens haben wir den Ort berechnet, wo sich die Tür befinden muss. Und diese Berechnungen stimmen ziemlich genau mit dem Tempel der Freimaurer überein. Zweitens ist die Tür nach draussen in einer gelben Backsteinmauer und der Tempel der Freimaurer ist aus gelbem Backstein. Drittens kommen die gelben Backsteingebäude auf beiden Seiten des Tempels nicht wirklich in Frage. Viertens passen die Worte dieses Maximilian Wyss ziemlich gut zu den Worten, die wir von Riku gehört haben.»

«Findest du?»

«Ja, finde ich. Vergleich doch einfach mal, was wir über Maximilian Wyss gehört haben. Er hat doch Dinge gesagt wie ‹Jeder einzelne Mensch unter uns ist wie ein unbehauener Stein, der vom Steinbruch kommt. Das Weisse Buch ist das Symbol unerschöpfter und unerschöpflicher Offenbarung der Wahrheit.› All das, so redet sonst niemand, den ich kenne.» Mark schwieg, und es war eine ganze Weile still. Schliesslich unterbrach Jojo die Stille: «Das geht mir genauso. Ich kenne auch niemanden sonst, der so redet. Allerdings hat doch Riku von etwas anderem gesprochen. Er hat nicht von Wahrheit und Persönlichkeitsbildung und Menschlichkeit geredet. Er hat doch von einer ganz anderen Aufgabe der Menschen geredet. Er hat alle diese seltsamen Sachen gesagt. ‹Die Materie lebt nicht. Das seht ihr an den Steinen. Das Leben ist in die Materie eingezogen. Die Menschen sollen das Leben im Denken erfahren.› Klar, so redet auch niemand, den ich kenne. Aber es ist doch eigentlich ganz etwas anderes als das, was Maximilian Wyss gesagt hat.»

Wieder trat eine lange Stille ein, die schliesslich von Mattea unterbrochen wurde: «Also, ich kann das nicht so genau fassen, aber irgendwie gehört das alles zusammen. Maximilian Wyss hat von dem weissen Buch geredet. Es ist das Symbol für die Offenbarung der Wahrheit. Danach sollten die Menschen eigentlich streben. Und Riku sagt, unser Denken ist heute tot und wir sollen das Leben im Denken erfahren. Wir leben in der Stadt. In der Stadt ist die Natur aber ausgeschlossen. In der Stadt ist alles tot mit Ausnahme der Menschen und einiger Pflanzen in den Parks. Nun sind wir hier in der Natur. Hier ist alles um uns herum lebendig. Hier erfahren wir, was Leben eigentlich heisst. Wenn die

Freimaurer die Offenbarung der Wahrheit suchen und wenn die Wahrheit darin besteht, das Leben im Denken zu erfahren, dann gehört das alles zusammen. Dann müssen wir diese Freimaurerspur weiter verfolgen. Dann war Riku wohl bei den Freimaurern.» Sie unterbrach sich einen Augenblick, fuhr sich mit der Hand durch die Haare und fuhr dann fort: «Also, ich will sagen, dann war der Riku, der uns hier erschienen ist, bei den Freimaurern, und nun sind sein Körper und seine Seele noch dort, werden aber von Ahriman beherrscht.»

Mark ergriff wieder das Wort: «Ich sehe da jetzt zwei Wege vor uns. Das eine ist der Weg in die Natur. Da müssen wir das Leben besser kennenlernen und irgendwie unsere seltsamen Sinne trainieren – also, ich meine Sachen sehen, die für das physische Auge nicht da sind und so. Das andere ist der Weg in die Stadt zu den Freimaurern. Da müssen wir Riku kennenlernen und schauen, was mit dem nicht stimmt.»

«Das ist ein guter Vorschlag», stimmte Jojo zu, «allerdings heisst das auch, dass wir zu den Freimaurern in die Lehre gehen müssen.»

Sie sassen alle vier noch lange schweigend da. Schliesslich regte sich Mark und sagte: «Ich will ja nicht Druck machen, aber so langsam wird es wieder Abend, und wir müssen doch noch etwas entscheiden. Wir müssen noch entscheiden, was wir jetzt mit diesen Freimaurern machen. Oder vielleicht wollt ihr ja gar nichts mit den Freimaurern machen. Aber das müssen wir auch entscheiden.»

«Ich dachte, das ist klar», antwortete Lucia. Wir machen da selbstverständlich weiter.»

«Ist euch klar, was das heisst?», fragte Jojo, «weitermachen heisst, dass ich euch alle drei dem Maximilian Wyss vorstelle und dass ihr beantragt, Lehrlinge bei den Freimaurern zu werden.» Er grinste schief und fuhr dann fort: «und das heisst, Lucia, dass ich dir unter Umständen die Kehle durchschneiden und die Zunge herausreissen muss, wenn du etwas verrätst.»

Lucia verzog das Gesicht und meinte dann: «ach das ist doch sicher nur symbolisch gemeint, und ausserdem würde ich ja nichts verraten, die einzigen, denen ich es erzählen wollte, wäret ja ihr, und euch dürfte ich es dann ja erzählen.»

«Ich denke auch, dass es klar ist», meinte nun Mattea. «Wir machen selbstverständlich mit und werden Lehrlinge bei den Freimaurern.»

11 Die Wirklichkeit der Realitätskappen

Jojo machte sich an die nächste Hausaufgabe. Er musste in wenigen Worten die Entwicklung der Realitätskappen, die sich doch über mehr als hundert Jahre erstreckt hatte, beschreiben. So begann er, in das System zu sprechen:

«Die Menschheit hat sich im Laufe ihrer Entwicklung das Leben immer leichter gemacht, in dem Tätigkeiten, die früher der Mensch selber mühsam ausführen musste, mit Werkzeugen zuerst vereinfacht und später ganz den Werkzeugen zur Ausführung überlassen wurden. So wurde die Arbeit der Hände zuerst unterstützt durch Werkzeuge wie Hammer, Spaten und Pflug. Erst Tausende von Jahren später wurde dann der Mähdrescher erfunden und heute findet die Produktion pflanzlicher Zellen vollkommen automatisiert statt. Die Arbeit der Beine wurde erheblich vereinfacht durch die Erfindung des Rades. Wieder ging es Tausende von Jahren bis Eisenbahn, Auto und Flugzeug erfunden waren. Heute ist die persönliche Fortbewegung nahezu vollständig überflüssig gemacht. Der Mensch muss sich nicht mehr bewegen, um irgendwohin zu kommen. Er bewegt sich nur noch, um seinen Körper gesund zu erhalten. Erst in den letzten Phasen der Menschheitsentwicklung kam es auch zur Unterstützung des Kopfes. Das liegt daran, dass der Kopf erheblich komplizierter aufgebaut ist, als Hände und Füsse es sind. Der Kopf leistet drei Dinge für den Menschen: Das Empfangen von Informationen, das Verarbeiten von Informationen und das Senden von Informationen. Der Kopf ermöglicht das Empfangen von Informationen durch die Sinnesorgane, die elektrische Signale an das Hirn leiten, was der Mensch als Sehen, Hören, Riechen und Schmecken empfindet. Er ermöglicht das Senden von Informationen durch das Erzeugen von Schallwellen, die der Mensch als Sprache empfindet. Das Verarbeiten von Informationen geschieht vor allem in der Grosshirnrinde, was für den Menschen grösstenteils unbewusst ist, in Einzelfällen auch als Denken bezeichnet wird.

Das Empfangen von visuellen Informationen wurde durch Geräte wie Lupen, Brillen, Fernrohre und Teleskope verbessert. Auditive Informationen wurden durch Geräte wie das Hörrohr besser aufgenommen. Die Verbesserungen hielten sich also durchaus in Grenzen. Zur Verbesserung von olfaktorischen und gustatorischen Informationen wurden überhaupt keine Geräte entwickelt. Grosse Entwicklungsschritte machte die Menschheit anfänglich, als nicht die Sinnesorgane und Sendeorgane verbessert wurden, sondern die Übertragungswege nicht mehr natürlichen Vorgängen wie der Ausbreitung des Lichtes und des Schalls überlassen wurden, sondern neue Wege gefunden wurden. Der erste Schritt war mit dem Einsatz von Boten zur Übertragung von Informationen gegeben. Sie gaben mündlich erhaltene Informationen auch mündlich weiter. Ein zweiter immens grosser Fortschritt war mit der Erfindung der Schrift gegeben. Nun konnten Informationen auf Materie wie Stein, Holz, Papyrus, Pergament oder Papier übertragen werden. Die Materie wurde dann physisch weitergegeben. Das führte zur Briefpost, aber auch zum Buchdruck. So konnten Informationen nicht nur im Raum von A nach B übertragen werden, sondern auch über tausende von Jahren hinweg in der Zeit. Damit war die Übertragung von Information aber immer noch an die Materie gebunden. Ein weiterer Schritt war die Datenübertragung mittels elektromagnetischer Wellen. Dazu gehören zum Beispiel Röntgenstrahlung, Licht, Mikrowellen und Radiowellen. Diese können sich als gekoppelte elektrische und magnetische Felder auch im Vakuum fortbewegen. Sie sind also nicht mehr an die Materie gebunden. Den grossen Durchbruch für die Menschheit brachte schliesslich der Übergang von der analogen zur digitalen Übertragung von Informationen. Diese war fortan durch äussere Umstände wie Regen oder Sturm nicht mehr beeinträchtigt. Ausserdem ermöglichte die Digitalisierung Senden, Empfangen und Verarbeiten von Informationen in einem Medium. Damit war die wichtigste Voraussetzung zur Entwicklung der Realitätskappen gegeben.

Parallel zum Senden von Informationen verlief nämlich die Verarbeitung der Informationen. Das lag vorab an der Erfindung der Rechenmaschine. Schon vor mehreren tausend Jahren wurden die ersten Rechenmaschinen erfunden. Dazu kann man den vor mehr als dreitausend Jahren erfundenen Abakus oder das Rechenbrett zählen. Das waren die ersten digitalen Rechenhilfen. Diese wurden immer mehr zu ausgeklügelten mechanischen Rechenmaschinen verfeinert, die nun schon seit mehreren Jahrhunderten nicht mehr auf mechanischer, sondern auf elektronischer Basis funktionieren.

Ein weiterer Durchbruch war die Möglichkeit digitale Rechner zu programmieren. Damit konnten diese Rechenoperationen selbständig ausführen Das war die Basis für das Speichern und Verarbeiten sehr grosser Mengen an Informationen. Diese konnten dann als Bilder oder Töne dargestellt werden.

Natürlich muss der Mensch in der Regel keine grosse Menge an Rechenoperationen in seinem Leben durchführen. Seine Herausforderung ist eine ganze andere: Er muss aus der Unmenge an Informationen, die auf seine Sinnesorgane treffen, eine sinnvolle Auswahl treffen. Der grösste Teil der Informationen wird überhaupt nicht verarbeitet. Ein Teil der Informationen wird von der Grosshirnrinde verarbeitet und ein Teil führt direkt zu körperlichen Reaktionen. Das war in den Urzeiten der Menschheit überlebenswichtig. Der Mensch musste nicht erst kostbare Zeit mit der Überlegung ‹stammt dieses Geräusch von einem Tiger, der mich gleich fressen will› verbringen, sondern konnte sofort handeln. Dann hiess es ‹Angriff oder Flucht›. Die Schaltstelle, die entscheidet, welcher der drei Wege beim Menschen eingeschlagen wird, ist die Amygdala. Das ist ein Bereich des limbischen Systems, der stammesgeschichtlich erheblich älter ist als die Grosshirnrinde. Und nicht in der Beschäftigung mit der Grosshirnrinde, sondern mit der Amygdala liegt der Ursprung für die gewaltigen Entwicklungen der letzten Jahrhunderte.

In der Neuzeit war nur in den seltensten Fällen zwischen Flucht und Angriff zu entscheiden. Nur allzu oft führte ein Fehlentscheid der Amygdala jedoch zu

Angst oder Stressreaktionen in für das Überleben völlig harmlosen Situationen. Die Amygdala war für Gesundheit und Wohlbefinden also eher hinderlich. Hier setzte die Forschung an. Die neue Generation an Rechnern war konsequent an der Frage ‹wie können wir Glück, Freiheit und Unabhängigkeit des Menschen optimieren?› ausgerichtet. Diese Rechner trug der Mensch direkt auf dem Kopf. Sie wurden Realitätskappen genannt, da sie die Unmengen an elektrischen Signalen, die von den Sinneszellen über die Nervenbahnen an das Gehirn geliefert wurden, in innere Realitäten übersetzten. Die neuen Rechner unterstützten den Menschen weniger bei Funktionen der Grosshirnrinde, da diese für das Wohlbefinden eine sehr untergeordnete Rolle spielt. Nicht die Erkenntnis ‹ah, das ist eine Frau, und sie ist schön› führt zu Wohlbefinden, sondern das Bild der schönen Frau allein führt auch ohne begleitende Erkenntnis zu Wohlbefinden. Die neuen Rechner umgingen vor allem die fehlerhafte, an die Erfordernisse der modernen Welt nicht mehr angepasste Amygdala. So konnten irrelevante Informationen sofort ausgefiltert werden, und relevante Nervensignale so moduliert werden, dass die Gefühle von Glück, Freiheit und Unabhängigkeit stiegen. Wer wollte schon den Pickel auf der Nase seiner Geliebten sehen? Dieser Anblick steigerte weder das Glück der Pickligen noch das Glück des Pickelbetrachters. So wurden in der Frühphase der Realitätskappen zuerst Abweichungen von einem Idealbild, die für das Überleben ohne Bedeutung, für das Wohlbefinden aber wichtig waren, dem Normalzustand angepasst. Die Pickel verschwanden, wenn der Picklige es nur wollte. Er konnte seine eigene Realitätskappe so einstellen, dass jemand, der ihn sah, seine Pickel nicht mehr sah. So wurde sowohl das Wohlbefinden des Pickligen, als auch das des Betrachters massiv gesteigert. Das Glück in der Welt nahm zu. Später konnten dann durch die Analyse einer grösseren Menschenpopulation, z.B. der Rothaarigen, ein Idealbild der Rothaarigen erstellt und die erhaltenen Nervenimpulse direkt an dieses Idealbild angepasst werden. Es wurde eine grosse Zahl lokaler und kultureller Idealbilder entwickelt, von der klassischen griechischen Schönheit über die kühle nordische Blondine und die erotische Südkoreanerin bis hin zur kräftigen Pygmäin. Nun konnte jeder Mensch selbst entscheiden, wie er aussah. Das brachte nochmals einen massiven Glücksschub auf der Welt. Wie die einzelnen Menschen ohne Realitätskappe gesehen wurden, spielte bald keine Rolle mehr. Wichtig war vielmehr, welches Idealbild die Menschen von sich entwarfen und der Abgleich dieses Idealbildes mit dem, was der Kommunikationspartner sehen wollte. Das System funktionierte nämlich auch umgekehrt. Wer keine Pickel sehen wollte, konnte seine Realitätskappe so einstellen, dass er keine Pickel mehr sah. Niemand musste mehr durch den Anblick pickliger Gesichter in seinem Wohlbefinden beeinträchtigt werden, nur weil die Pickligen zu ihren Pickeln stehen wollten.

Damit waren die grössten Ungleichheiten und Ungerechtigkeiten des Lebens endlich beseitigt. Die Ungerechtigkeit der Geburt nämlich. Keine Frau musste mehr damit hadern, als hässliche, picklige, rundliche, krausköpfige Brünette geboren zu sein. Sie konnte sich entscheiden, künftig eine schöne, samthäutige, schlanke, glatthaarige Blondine zu werden. Das verlangte keine Haarfärbung, Diät, Fitnesstraining, Genmanipulation, und ähnliche Mühseligkeiten der physikalischen Welt mehr. Es genügte ein Knopfdruck. Kein Mann wurde durch den Anblick eines von Akne geplagten Gesichts mehr am Kennenlernen einer intelligenten, tiefgründigen Frau gehindert. Die inneren Werte kamen endlich zu ihrem Recht und rückten in den Vordergrund, indem äusserliche Makel eliminiert wurden, und das Äussere aufgrund seiner überall vorhandenen Perfektion in den Hintergrund rückte.

Bald schritt die Entwicklung weiter fort. War die Projektion von Wunschbildern auf menschliche Gesichter und Gestalten aufgrund von deren grundsätzlicher Ähnlichkeit über alle Menschen hinweg noch relativ einfach, so gestaltete sich das bei der Projektion auf die Umwelt erheblich komplizierter. Aber auch hier wurden grosse Fortschritte erzielt. Schliesslich konnten nicht nur existierende Umwelten in ihren Oberflächen für den Betrachter visuell angepasst werden, es konnten bald auch realistische Projektionen in leere physikalische Räume eingebracht werden. Damit konnte der Mensch mittels der Realitätskappe ganze Umwelten nach seinen Wünschen wahrnehmen. Er konnte in einer modernen Stadt leben, oder sie an einen beliebigen Punkt der Vergangenheit versetzen. Das erhöhte natürlich auch das Verständnis der Menschen für Geographie und Geschichte in früher ungeahntem Ausmass. Er lernte Geographie und Geschichte nun durch eigene Erlebnisse und Anschauung kennen. Vorbei waren die Zeiten des mühsamen Auswendiglernens. Das Erlernen wurde vom Erleben verdrängt. Damit gingen ausserordentliche Steigerungen der Gedächtnisfähigkeit einher. Selbst Erlebtes prägt sich dem Menschen ohne Anstrengung leicht ein und bleibt im Gedächtnis während selbst Erlerntes relativ schnell verblasst.

Relativ einfach war demgegenüber die Entwicklung im auditiven Bereich. Die Systeme waren schon relativ rasch in der Lage, in Echtzeiten von einer beliebigen Sprache in jede beliebige andere Sprache zu übersetzen. Sie konnten dabei auch relativ rasch Stimmhöhe und Tonfall des jeweiligen Sprechers übernehmen. Damit war der weltumspannenden Kommunikation zwischen Individuen keine hinderliche Sprachgrenze mehr gesetzt. Das mühselige Lernen von Fremdsprachen und alle die mit dem Sprechen und Hören in einer Fremdsprache verbundenen Schwierigkeiten und Missverständnisse waren damit ausgeräumt. Das erlaubte eine Intensivierung des Dialogs und des Verständnisses über früher unüberwindliche Sprachbarrieren hinweg.

Es brauchte dann nur noch knappe fünfzig Jahre technologischer Entwicklung, bis auf physische Begegnungen zwischen Menschen völlig verzichtet werden konnte. Die Systeme waren dann soweit entwickelt, dass sie dem Gesprächspartner physische oder gewünschte Umgebungen räumlich exakt vermitteln konnten. Einer Begegnung in der Heimatstadt eines Gesprächspartners, einem anderen Ort der Gegenwart oder einem beliebigen Ort der Vergangenheit stand damit nichts mehr im Weg. Schon bald war die ökologisch bedenkliche und unsinnige Ressourcenverschwendung durch Reisen ein Problem der Vergangenheit. Akte körperlicher Aggressionen wurden zu blossen Erinnerungen an böse Zeiten.

Dank der technischen Entwicklung der Realitätskappen wurden quasi als Nebenprodukt die Ideale der französischen Revolution von 1789 - nämlich Freiheit, Gleichheit und Brüderlichkeit - erfüllt. Jeder Mensch hat heute die Freiheit an jedem Ort seiner Wahl, in jeder Gestalt seiner Wahl, in jeder Zeit seiner Wahl aufzutreten. Damit sind auf den ersten Blick zwar alle Menschen unterschiedlicher als jemals zuvor in der Geschichte der Menschheit. Sie sind aber alle gleich in den Möglichkeiten, die ihnen ihre Realitätskappen geben. Einem brüderlichen Miteinander ohne physikalische Restriktionen durch Ort, Zeit oder materielle Barrieren steht nichts mehr im Wege. Was bleibt, und was zählt, ist einzig der Wesenskern der sich begegnenden Menschen.»

12 Das Aufnahmeritual

Jojo nahm die Realitätskappe ab und lehnte sich zufrieden zurück. Er hoffte, für seine Hausarbeit die Bestnote zu bekommen. Er hatte wieder einmal Detailwissen, das er sich mühsam persönlich erarbeitet hatte, mit dem in der Schule Gelernten verbunden. Den letzten Satz hatte er fast zwingend schreiben müssen. Das war ja das Credo aller Menschen, die er kannte, und wurde speziell von den Lehrern täglich gepredigt. Er fragte sich nur, was das eigentlich bedeutete. Er hatte ja seine eigenen Eltern vor Augen. Die spielten eigentlich permanent irgendeine Rolle. Liebende Gattin, besorgte Mutter, hingebungsvolle Mitarbeiterin und noch viele andere. Er hatte sich aber schon oft gefragt, ob ausser der Rolle da noch ein Inhalt war. Er hatte sich gefragt, wer denn der war, der die Rolle spielte, und ob es den überhaupt gab. Manchmal hatte er den Eindruck, bei seinen Eltern sei nur noch die Grosshirnrinde geblieben und die Menschen dahinter verschwunden. Bei den Eltern von Mark war es ganz anders. Die gingen völlig im sinnlichen Genuss auf. Doch auch da war die Frage, ob da ausser dem Genuss noch jemand war, der genoss, und wer genau das war. Bei denen war es eher so, dass nur die Genusszentren im Vorderhirn geblieben und die Menschen dahinter verschwunden waren. Er fragte sich wirklich, ob es bei diesen Menschen überhaupt noch so etwas wie einen Wesenskern gab. Sie waren nicht wie Aprikosen, bei denen unter dem weichen, rosigen Äusseren ein harter Kern steckte. Sie waren eher wie Zwiebeln. Man konnte Schale für Schale abnehmen und zum Schluss fand man gar nichts.

Heute war ihm diese Frage allerdings relativ egal, denn heute hatten sie ihre Aufnahme bei den Freimaurern. Er hatte seine drei Freunde Maximilian Wyss vorgestellt. Dieser war hocherfreut gewesen und hatte versprochen, sich um ihre Aufnahme in den Orden zu bemühen. Jojo war sich ziemlich sicher, dass der Orden in den letzten zwanzig Jahren keine neuen Mitglieder mehr aufgenommen hatte. Das hatte Maximilian Wyss zwar nicht direkt gesagt, er hatte es aber ziemlich klar zwischen den Zeilen angedeutet. Jojo machte sich also auf zum Tempel der Freimaurer. Als ihm Maximilian Wyss die Tür öffnete, merkte er, dass er als letzter angekommen war. Mark, Mattea und Lucia waren schon da. Sie sassen zu dritt auf dem roten Sofa und wirkten etwas angespannt. Maximilian Wyss bat ihn, auf einem Stuhl Platz zu nehmen, blieb aber selber stehen. Er sah sie der Reihe nach alle ernst an und begann zu sprechen:

«Liebe Aspiranten, willkommen bei den Freimaurern. Nun seid ihr im Vorzimmer des Tempels angelangt, und schon bald werdet ihr in den Tempel selber eintreten. Ihr werdet Dinge sehen, die ihr noch nie gesehen habt. Ihr werdet Dinge hören, die ihr noch nie gehört habt. Ich fürchte, fast alles wird euch fremd und unverständlich vorkommen. Es ist nämlich nicht für den rationalen Verstand gemacht. In tiefer, langer, schwerer Seelenarbeit müsst ihr euch das Verständnis dafür erarbeiten. Was ihr sehen und hören werdet, hat eine aussergewöhnliche Eigenschaft. Ich kann sie am Beispiel des Geheimnisses erläutern. Wenn ein Geheimnis verraten wird, ist es kein Geheimnis mehr. Das Geheimnis hat aufgehört zu existieren. Natürlich kann das, was verraten wurde, weiter existieren, auch die Botschaft selber kann weiter existieren, das Geheimnis aber ist verschwunden. So ist es auch hier. Nichts von dem, was ihr hier seht und hört, darf verraten werden. Wenn es verraten wird, verliert es seinen Wert. Es hat dann keine Bedeutung mehr. Es hat aufgehört zu existieren. Es hat dann auch für uns keine Bedeutung mehr, und wir müssen es ändern.»

Lucia hob fast schüchtern eine Hand und fragte: «Ich habe gehört, dass mir die Zunge herausgerissen wird, wenn ich etwas verrate.»

Maximilian Wyss lächelte ein wenig. Dann antwortete er: «Früher musste man schwierige Proben bestehen, ehe man ein Geheimnis erfuhr. Wer in den Tempel eingelassen werden wollte, musste sich harten Proben unterwerfen. Wenn er die Proben bestand, wurde er für würdig befunden, in den Tempel zu gelangen. Um weitere Geheimnisse zu erfahren, musste er weitere Proben bestehen. Von dieser Methode ist in neuerer Zeit abgegangen worden. Man zeigt euch die Geheimnisse, ohne dass ihr schwierige äussere Proben bestehen müsst. Die grösste Probe ist nämlich eine innere. Es ist das Verständnis der Elementarlehren. Diese sind nur der Anfang der tiefen Weisheit. Je mehr ihr versteht, desto tiefere Weisheiten werdet ihr erfahren. Wer diese Weisheiten verrät, der wird vom Weg zu Wahrheit und Erkenntnis abgeschnitten. Wird ihm auch die Zunge herausgerissen? Glaubst du wirklich, dass all die ehrenwerten Männer und Frauen diese Worte im Aufnahmeritual gesprochen hätten, wenn sie ihn anders als symbolisch verstanden hätten? Kannst du dir vorstellen, dass wir dir jemals die Zunge herausreissen könnten?»

«Und was genau werden wir nun erfahren?», fragte Mattea ohne viel Hoffnung auf eine Antwort.

«Ihr werdet erfahren, was die Welt im Innersten zusammenhält.»

«Das Standardmodell der Physik!», entfuhr es Lucia, «aber das ist seit Hunderten von Jahren bekannt. Allerdings verstehen das bloss die theoretischen Physiker.»

«Es ist nicht Physik, Chemie oder Biologie, was die Welt im Innersten zusammenhält», antwortete Maximilian Wyss, «Physik, Chemie und Biologie sind nur die Endpunkte einer unheilvollen Entwicklung.»

«Ja wieso unheilvoll?», fragte Mark, «sie haben uns doch überhaupt erst unser jetziges Leben ermöglicht.»

«Nun du magst Recht haben, wenn du eure heutige Existenz als Leben ansiehst. Die Menschen heute bezeichnen das Ärmliche, was sie kennen, als das Leben. Mir kommen die Menschen heute vor wie Farbenblinde. Sie können keine Farben sehen und behaupten, es gäbe keine Farben. Wer trotzdem Farben sieht, wird sofort als Kranker behandelt, bis er keine mehr sieht.»

«Aber wir sehen doch Farben, in der Wirklichkeit der Realitätskappen sehen wir sogar viel intensivere Farben als in der physikalischen Wirklichkeit», warf Jojo lächelnd ein.

«Ich sagte ja wie Farbenblinde. In Wirklichkeit sind die Menschen heute Geistblinde. Sie sehen den Geist nicht mehr, also behaupten sie, es gäbe ihn nicht. Das Unglück hat schon vor vielen tausend Jahren begonnen. Die meisten Menschen sahen schon damals den Geist nicht mehr, aber sie glaubten noch denen, die ihn sahen und davon erzählten. Die sprachen ihnen vom Geist in Form von Märchen und Mythen. Später sprachen sie davon durch die Worte und Rituale der Religionen. Doch dann kam der Buchdruck und damit das Verderben. Mehr und mehr Menschen wollten nicht mehr einfach glauben, was man ihnen sagte. Sie wollten wissen. So entstand der Zwiespalt zwischen Wissenschaft und Religion, zwischen Wissen und Glauben. Wissen war für die Menschen früher das, was sie selber sehen, hören, fühlen, riechen und schmecken konnten. Vom Wissen kam man zur Wissenschaft. Wissenschaft ist heute das, was man mit Instrumenten messen und ausserdem in mathematische Formeln kleiden kann. Anerkannte Wissenschaft ist es allerdings erst, wenn jedermann die Messungen jederzeit an jedem Punkt der Erde wiederholen kann und zum gleichen Resultat kommt. Die Wissenschaft war der erste grosse Irrtum, der ins Verderben führte. Wissenschaft gibt es nur für die Welt der Materie. Die Menschen suchten den Geist, indem sie tiefer und tiefer in die Welt der Materie eindrangen. Da fanden sie aber keinen Geist. Geist kann man nicht mit den Sinnen und auch nicht mit Messinstrumenten erfahren. Geist kann man nur im Geist erfahren.»

Lucia hatte schon wieder schüchtern die Hand gehoben und fragte nun: «Was erfahren wir denn nun, wenn man es doch nicht mit den Sinnen erfahren kann?»

«Weisst du, wie Christoph Columbus Amerika entdeckt hat?»

Lucia schaute etwas empört, als sie antwortete: «natürlich weiss ich das.»

«Nun, als Christoph Columbus zurück in Spanien war, konnte er den Spaniern nicht beweisen, dass es Amerika gibt. Er konnte nur berichten, was er gesehen hatte, und wie man dorthin gelangt. So wird es euch auch gehen. Es wird euch so gehen, wie den Spaniern, die von der Entdeckung Amerikas gehört haben und sich auch ein Schiff gebaut haben und dorthin aufgebrochen sind.»

Maximilian Wyss machte eine lange Pause und fuhr dann fort: «Ihr lebt in der Welt der Sinne. Wir werden euch von der Welt des Geistes erzählen. Wir selber sehen den Geist nicht mehr. Aber wir wissen davon. Es gab einmal Menschen, die haben den Geist gesehen, und sie haben davon berichtet. Ihre Berichte sind treulich von Generation zu Generation weitergegeben worden, bis sie zu uns gelangt sind. Was ihr hören werdet, ist das gesammelte Wissen von Menschen, die in die geistige Welt hineingesehen haben. So wie Columbus Amerika gesehen hat, so haben sie gesehen, was in der geistigen Welt vorgeht. Ihr hört also nicht von Spekulationen oder Hypothesen. Ihr hört Berichte von Tatsachen. Das ist wahres Wissen. Vom Geiste stammt alles Wissen.» Maximilian Wyss machte wieder eine lange Pause, ehe er fortfuhr: «Ausserdem werden wir euch ein Schiff geben, mit dem ihr nach Amerika gelangen könnt. Das sind Symbole und Rituale, die ihr sehen und später auch selber durchführen werdet. Anfangs werden sie euch unverständlich sein, je länger ihr aber über sie nachdenkt, umso mehr werden sie euch zum Schiff werden, das die Überfahrt ins Land des Geistes ermöglicht.»

Nun ergriff Jojo das Wort: «Sie haben vom ersten grossen Irrtum gesprochen. Dann muss es also auch noch einen zweiten grossen Irrtum geben?»

«Ja es gibt noch einen zweiten grossen Irrtum. In der Wissenschaft erlangt man immer das gleiche Resultat, wenn man ein Experiment immer in exakt der gleichen Weise durchführt. Das ist auf dem Weg zum Erfahren des Geistes nicht so. Es kann sein, dass ihr gewisse innere Verrichtungen tut und dann den Geist schaut. Einen Tag später tut ihr die gleichen Verrichtungen und schaut den Geist nicht. Der Geist lässt sich von euch nicht zwingen. Der Geist ist euch nicht untertan. Geist erfahren ist Gnade erfahren.

Doch genug davon. Ihr möchtet unserer Gemeinschaft beitreten. Ihr werdet heute noch das feierliche Gelöbnis zum Eintritt in die Gemeinschaft der Freimaurer ablegen. Vorher werde ich euch den Tempel zeigen. Darum müsst ihr jetzt schon versprechen zu schweigen über das, was ihr von nun an hier sehen und hören werdet.»

Die drei auf dem Sofa nickten.

«Könnt ihr das feierlich versprechen? Könnt ihr versprechen, zu niemandem und zu keinem Zeitpunkt in eurem ganzen Leben etwas von dem zu verraten, was ihr jetzt sehen und hören werdet?»

Die drei erhoben sich vom Sofa und antworteten feierlich: «Ja, das versprechen wir.»

«Nach diesem Versprechen ist es mir erlaubt, euch aus dem Vorzimmer in das Innere des Tempels zu führen. Folgt mir nun.» Er ging zur Tür und öffnete sie. Alle vier folgten ihm in den grossen viereckigen Raum mit der gewaltigen blauen Kuppel, den Jojo schon gesehen hatte. Sie blieben neben Maximilian Wyss gleich am Eingang stehen und schauten in den Raum. In der Mitte lag ein riesiger viereckiger Teppich mit Schachbrettmuster. Am entfernten Ende des Teppichs standen zwei Säulen und am näheren Ende eine Säule. Die Säulen waren vielleicht zwei Meter hoch. Sie ragten nicht einmal in die Kuppel hinein. Maximilian Wyss deutete auf die beiden Säulen am Nordende des Raumes. «Das sind die Säulen des Herkules.» Er deutete auf die rechte Säule. Sie war dunkelblau und obenauf lag ein roter Stein. «Das ist die Säule Boas. Der Stein obendrauf ist unbehauen. Er symbolisiert den Menschen, der noch nicht an sich gearbeitet hat.» Wieder hob Lucia fast schüchtern die Hand und fragte: «Und wer ist Boas?»

«Seht ihr, alles hier ist Symbol. Alles hat eine tiefe Bedeutung. Alles wird auf euch wirken, auch wenn ihr es nicht versteht. Aber das Wort Boas könnt ihr verstehen. Um das Wort Boas zu verstehen, muss man weit in die Vergangenheit der Menschen zurückgehen. Damals gab es eine gemeinsame Ursprache. Dort hatte jeder Laut seine Bedeutung. Das B bedeutete so viel wie ‹Haus›. Das klingt heute noch an in Worten wie behüten, beschirmen, Behausung, beschützen. Die Bedeutung von O kennt ihr heute noch.»

Mark sah auf und sagte «oh.» Dabei sah er sie etwas verwundert an.

Maximilian Wyss lächelte und fuhr fort: «ja so ist es, Mark. O ist der Ausdruck der Überraschung, der Verwunderung. Und darin spielt eine gewisse Vorsicht mit. O ist der Laut der zurückhaltenden Verwunderung.»

Nun lächelte Mark und sagte «ah.» Dabei lag eine gewisse Begeisterung in seinem Gesicht.

«Genau, Mark, A bedeutet auch Überraschung. Es ist aber eine angenehme Überraschung. A ist also der Laut der angenehmen Verwunderung. Nun, S werdet ihr nicht kennen. S ist der uralte Laut der Schlange. Ihr Zischen ist das S, und ihr Dahinschlängeln ist das S.»

Mattea blickte die anderen ratlos an und sagte dann: «Haus, zurückhaltende Verwunderung, angenehme Verwunderung, Schlange. Ich verstehe rein gar nichts.»

«In der Ursprache war allen Eingeweihten die Bedeutung von Boas klar: Die Welt ist ein grosses Haus, das der grosse Baumeister der Welt gebaut hat, über das man sich sowohl ängstlich als auch behaglich verwundern muss, und in dem es auch das Böse gibt, die Schlange.»

Dann deutete er auf die linke Säule. Sie war ziegelrot und obenauf lag ein grosser Würfel aus Stein. Er war blau. «Diese Säule heisst Jakin. Seht ihr, der Stein ist behauen. Er symbolisiert den Freimaurer, der hart an sich gearbeitet hat.»

«Nur ganz kurz», bat Lucia, «wofür steht Jakin?»

«Jakin steht für: Erkenne dich selbst», antwortete Maximilian Wyss und deutete schliesslich auf eine kleine Tafel, die zwischen den beiden Säulen stand und sagte: «Und das ist unser Tableau. Das ist unsere Gesetzestafel. Die schauen wir später einmal an.» Nun deutete er auf die Wand auf der linken Seite. Dort hing eine grosse blaue Fahne herab. Sie zeigte eine strahlende Sonne mit einem Dreieck in der Mitte. Maximilian Wyss erklärte: «Das ist die Ostwand des Tempels. Dort steht der Altar der Weisheit. An ihm wird später der Meister walten.» Maximilian Wyss führte sie dorthin. Er blieb vor dem Altar stehen und begann wieder zu erklären: «Sehr ihr, das goldene Dreieck, das vorne vom Altar hinunterhängt, ist ein Senkblei. Die dünne Schnur, an der es hängt, läuft direkt senkrecht zur Erde. Mit Hilfe des Senkbleis konnten die Maurer früher exakt senkrechte Wände bauen. Heute lehrt es uns, die Wahrheit zu suchen und ihr zum Recht zu verhelfen. Mit dem ins Gewissen gesenkten Blei wird die Geradheit und Wahrhaftigkeit des Freimaurers geprüft, genauso wie die Steinmetze früher damit die gerade Linie des Bauwerks prüften.»

Wieder war Lucia die erste, die fragte: «Und auf dem Altar, das ist ja seltsam. Da stehen eine Kerze und Zündhölzer, das verstehe ich noch. Aber die Schere mit dieser seltsamen Einbuchtung, was soll die? Und dann diese Pyramide an einem Stab?»

«Das sind ganz praktische Dinge. Das ist eine Lichtschere. Mit ihr schneidet man den Docht ab, wenn er zu lang wird. Das abgetrennte Dochtstück fällt dann in die Einbuchtung und kann sauber entsorgt werden. Daneben liegt der Kerzenlöscher. Man nennt ihn auch Löschhut. Wenn das Löschhütchen über die Flamme gestülpt wird, erlischt die Flamme, sobald der im Hütchen enthaltene Sauerstoff verbraucht ist. Das ist sehr praktisch, denn wenn man die Kerze einfach ausbläst, kann heisses Wachs herumspritzen, und ausserdem riecht es dann oft nach dem Wachsdampf. Das passiert mit dem Kerzenlöscher nicht.»

«Und der Hammer und dieses Ding daneben, was ist das?», fragte Lucia weiter.

«Das sind Hammer und Kelle. Steine aus dem Steinbruch wurden in frühester Zeit mit einem Spitzhammer bearbeitet. Was da herauskam, war der sogenannte raue Stein. Damit diese rauen Steine für einen Dombau verwendet werden konnten, mussten sie der jeweiligen Mauer angepasst werden. Dazu brauchte der Maurer diesen Hammer. Er machte aus dem rauen Stein den behauenen Stein. Schaut auf die Säulen des Herkules. Auf Boas liegt der raue Stein. Auf Jakin liegt der behauene Stein. Wenn die Steine behauen waren, konnte der Maurer sie nebeneinander und aufeinander setzen. Es blieben aber noch Spalten zwischen den Mauersteinen. Darum tat der Maurer Mörtel auf die Kelle und füllte damit die Zwischenräume. Aus den Realitäten der Vergangenheit sind uns heute Symbole geworden. Heute betrachten wir den einzelnen Menschen wie einen rauen Stein. Das ist der Stein auf der roten Säule Boas. Der Freimaurer arbeitet an sich selber, so wie der Steinmetz mit dem Hammer den Stein bearbeitet. Wenn er das geschafft hat, gleicht er dem Stein auf der blauen Säule Jakin. Er ist nun nicht bloss vollkommener geworden, er gliedert sich auch harmonisch in die Gemeinschaft ein. Das symbolisiert die Kelle. Mit der Kelle bringt der Maurer den Mörtel zwischen die Steine und kittet so die Steine zusammen. Bedenkt, ihr steht hier vor dem Altar des Meisters. Es ist der Altar der Weisheit.»

Jojo nickte und sagte: «Ah, dann ist der Kelch dort wohl das Symbol des Meisters?»

«Der Kelch symbolisiert das Allerheiligste.»

Lucia sah Maximilian Wyss erstaunt an und fragte: «Ich weiss, was ein Kelch ist. Aus einem Kelch haben früher die Menschen getrunken. Aber was soll das sein, das Allerheiligste?»

«Wir leben in einer modernen Stadt, aber Teile dieser Stadt sind schon fast tausend Jahre alt. Früher, vor vielen hundert Jahren, waren fast alle Menschen die in der Region lebten, sogenannte Christen. Sie glaubten noch, dass es Geist gab, den Geist nannten sie Gott, und ausserdem glaubten sie, dass ein Teil des Geistes einmal als Mensch auf die Erde gekommen war. Sie nannten ihn darum Gottes Sohn oder Christus. Dieser Christus wurde schon in jungen Jahren getötet. Seine Anhänger fingen sein Blut in einem Kelch auf. Dieser Kelch wurde der heilige Gral genannt. Gral war das Wort für Kelch in den alten Sprachen. Heilig hiess etwas, das heilend wirkte, das etwas Zerbrochenes ganz machte. Heilend wirkte nun natürlich nicht der Kelch, sondern das, was darin gewesen war. Vor fast dreitausend Jahren drohte die Erde zu zerbrechen. Sie war so krank, dass sie geheilt werden musste. Darum kam der Christus auf die Erde. Die Eingeweihten wussten damals, dass Christus sich ganz mit der Erde verbunden hat und für immer mit der Erde verbunden blieb, als sein Blut auf die Erde fiel. Damit hat er die Erde wieder ganz gemacht. Mit seinem Blut hat er die Erde wieder heil gemacht. Etwas, dass mehr als die ganze Welt heilt, gibt es nicht. Darum ist das von Christus vergossene Blut das Maximum an Heilung. Darum ist der Kelch Symbol für das Allerheiligste. Nun lasst uns nach Westen zur gegenüberliegenden Wand gehen.»

Sie gingen gemeinsam hinüber und blieben vor dem Altar, der dort stand, stehen. «Noch ein Altar», sagte Lucia, «und auch dieser hat Senkblei, Zündhölzer, Kerze, Lichtschere, Kerzenlöscher, Hammer und Kelle.»

«Genau», bestätigte Maximilian Wyss. «Das haben alle Altäre gemeinsam, aber dieser hier hat keinen Kelch. Ihr seht da links zwei Zirkel, daneben einen Zollstab und dann einen Totenkopf auf dem Altar. Dies ist der Altar der Stärke. Hier amtet der erste Aufseher.»

«Ein Totenkopf?», fragte Lucia, «ist das nicht grässlich?»

«Dieser hier ist nicht aus Knochen. Es ist der Gipsabdruck von einem Totenkopf. Er ist ein Symbol für die Vergänglichkeit des Menschen und soll jedem Freimaurer eine Warnung sein, seine Lebenszeit weise einzuteilen.»

Sie drehten sich nach rechts und gingen weiter zur Südwand. «Dies ist der Altar der Schönheit. Hier amtet der zweite Aufseher.»

Lucia hatte schon wieder neue Fragen: «Ah ich sehe schon den Unterschied: Kein Kelch, stattdessen ein Rauchfass mit Schale und ein Winkel. Und der kleine Altar dort hinten neben dem Altar der Weisheit? Was ist der? Dorthin sind wir noch gar nicht gegangen.»

«Das wird für euch heute der wichtigste Altar werden», entgegnete Maximilian Wyss, «lasst uns hinübergehen.»

Bald standen sie vor dem kleinsten Altar. Er war sehr einfach gestaltet. Es lagen nur ein goldenes Dreieck und eine Kelle darauf sowie ein grosses aufgeschlagenes Buch. «An diesem Altar werdet ihr nachher euer feierliches Gelübde ablegen», sagte Maximilian Wyss. Schaut das aufgeschlagene Buch an. Es ist eine Bibel. Sie ist beim 13. Kapitel des Johannesevangeliums aufgeschlagen. Aber nun ist es Zeit zurückzugehen. Die Brüder kommen schon.»

Die fünf gingen zurück zum Eingang und blieben dort stehen. Langsam füllte sich der Raum mit Männern und Frauen, die schweigend eintraten und auf Stühlen an der Nordseite und der Südseite des Raumes Platz nahmen. Ein Mann in einer weissen Robe, die ihm bis zu den Schuhen reichte, erhob sich, schritt zum Altar des Ostens und blieb auf seiner rechten Seite stehen. Ein zweiter schritt zur linken Seite des Altars, ein dritter zum Altar im Süden und ein vierter zum Altar im Norden.

«Das in der weissen Robe ist der Meister», flüsterte Maximilian Wyss, «der auf der linken Seite des Ostaltars ist der Administrant. Der am Altar im Süden ist der zweite Aufseher und der am Altar im Norden ist der erste Aufseher. Nun seid still. Die Zeremonie beginnt.»

Der Meister trat vor und rief: «Was ist des Maurers erste Pflicht in der Loge?

Der Administrant antwortete: «Zu sehen, ob die Loge gedeckt ist.» Nach diesen Worten schritt er zur Tür öffnete sie, schaute hinaus und schloss sie dann wieder. Nun rief er: «Die Loge ist gedeckt.»

Darauf rief der Meister: «Wenn die Loge in vorschriftsmässiger Weise gedeckt ist, kann unsere Arbeit beginnen.» Er schlug mit dem Hammer dreimal auf den Altar und sprach: «Weisheit leite unsern Bau», und zündete die Kerze auf dem Altar an.

Nun schlug der zweite Aufseher dreimal mit dem Hammer auf den Altar im Süden und rief: «Schönheit ziere ihn.» Er zündete die Kerze auf dem Altar an.

Der erste Aufseher schlug dreimal mit dem Hammer auf den Altar im Westen und rief: «Stärke führe ihn aus.» Er zündete die Kerze auf dem Altar an.

Nun rief der Meister: «Bruder zweiter Aufseher, dein ständiger Platz in der Loge?»

Der zweite Aufseher antwortete: «Im Süden, denn ich soll wie die Sonne im Meridian sein und die Schwestern und Brüder zur Arbeit rufen, auf dass der Tempel gebaut werde.»

Der Meister rief: «Bruder, erster Aufseher, dein ständiger Platz in der Loge?»

Der erste Aufseher antwortete: «Im Westen, denn ich soll wie die Sonne im Untergang sein und die Schwestern und Brüder nach getaner Arbeit dem profanen Leben wieder geben, nachdem sie in der Loge Kraft und Stärke für die äussere Arbeit erhalten haben.»

Der Meister: «Wo ist des Meisters Platz in der Loge?»

Der Administrant antwortete: «Im Osten, denn wie die Sonne im Osten aufgeht, um den Tag zu erhellen und zu beleben, so hat der verehrungswürdige Meister die Arbeit im Innern der Loge mit Licht und Leben zu erfüllen.» Nun wendete sich der Administrant den Teilnehmern zu und sagte: «Der verehrungswürdige Meister wird das Gebet sprechen, das den Sinn der Brüderschaft euch ans Herz legt, erhebet euch und höret es an.»

Alle erhoben sich, und der Meister sprach: «Brüder der Vorzeit, euer Schaffen werde unsere Weisheit; wir nehmen Zirkel und Richtmass aus euren Händen. Eure getane Arbeit sei Kraft unserer Seele, sei Kraft unserer Hände. Brüder der Gegenwart, so ihr weiser seid als wir, lasset leuchten eure Weisheit in unsere Seelen, auf dass wir Offenbarer werden eurer Gottesgedanken. Brüder der Zukunft, so ihr des Baues Plan in eurem Willen traget, ströme eure Stärke in unsere Glieder, auf dass wir Leib werden den grossen Seelen.»

Nach diesen Worten tat der Meister einen Hammerschlag und der Administrant sprach: «Aufgabe ist es mir in Ordnung des Maurer-Dienstes, euch meine Schwestern und Brüder, zur Aufmerksamkeit zu mahnen auf den Schlag des heiligen Tao-Zeichens. Der Welten hehre Mysterien schliesst des Taos Ton ein. Was euch vom Osten als Lehre werden soll, wird die Kraft des Taos in Eurem Innern befestigen. Was als Geisteswort im Tao euch gegeben wird, soll Wesen werden eures eigenen Wesens. Ans Herz wird euch der Weg des heiligen Tao vom Altar des Ostens aus gelegt werden: schreibt euch ein das Wort, das dann zu euch gesprochen wird.»

Der Meister schlug das Tao, das heisst er malte mit der Hand ein grosses T in die Luft, und der zweite Aufseher sagte «Aufgabe ist es mir in Ordnung des Maurer-Dienstes, euch meine Schwestern und Brüder, zur Arbeit zu rufen. Was der Arbeiter am Tempelbau der Menschheit die Schönheit nennt, möge inspirieren meinen Auftrag. Arbeit leisten sollt ihr an dem Bau, der in Herzen seine Steine, in wohlabgemessenen Gedanken seine Verbindungsglieder und in der Kraft des Willens seinen Kitt erblickt. Schauet in die Welt, die eure Herzen belebt; deren Weisheit eure Gedanken schult; deren Samenkräfte euren Willen nähren. Ein Ausdruck verborgener Geisteswesen ist alles das. Nehmet auf in euer Inneres die Kräfte dieser Wesen, und es wird als Schönheit nach aussen fliessen, was euch im Innern lebt. Ans Herz wird euch der Weg zu dieser Schönheit vom Altar des Ostens aus gelegt werden: schreibt euch ein das Wort, das dann zu euch gesprochen wird.»

Der Meister begab sich zum kleinen Altar neben dem Altar der Weisheit und sprach: «Liebe Brüder und Schwestern, vier junge Aspiranten haben an unsere Tür geklopft und um Einlass gebeten. Sie haben aber nicht nur um Einlass gebeten. Sie haben auch darum gebeten, Aufnahme in unsere Gemeinschaft zu finden. Es sind dies Jojo Furrer, Mark Gantenbein, Mattea Frischknecht und Lucia Frischknecht. Wir nehmen die vier gerne auf und lassen sie nun die Aufnahmeformel sprechen.» Er wandte sich zu den vieren: «Liebe Lucia, liebe Mattea, lieber Mark, lieber Jojo, tretet nun vor und sprecht.»

Die vier gingen zum Altar und stellten sich dort in einer Reihe auf. Dann sprachen sie im Chor die Worte der Aufnahme: «Ich verspreche, mich in den Dienst der Mauerei zu stellen und will im Dienste meines Selbst Entwickelung finden. Ich verspreche mich dem heiligen Geheimnis in ehrfürchtigem Schweigen zu nähern. Ich verspreche mein Selbst zu behüten vor allen Einflüssen, die seine vollbewusste Freiheit herabmindern und will ihm stets die innere Lichtkraft und Selbstbestimmung bewahren. Ich will die Lehre aufnehmen von den Wissenden, die den Schlüssel haben zu verborgenen Geheimnissen. Ich gelobe die Regeln des echten und wahren Maurer-Dienstes getreulich zu halten und zu befolgen; das heilige Geheimnis streng zu wahren. Ich gelobe, dass alles, was im Leben je auf mich wirken wird, mich in dem Zustande des Wachens antreffen werde, so dass die Geheimnisse des grossen Dienstes niemals durch mich an Aussenstehende verraten werden können. Ich schwöre, dass ich nichts dem Worte, dem Zeichen, dem Griffe nach jemals verraten werde von dem, was mir von diesem Zeitpunkt ab innerhalb dieser Loge mitgeteilt wird. Sollte ich etwas verraten, so gestatte ich jedem der Brüder, der etwas davon erfährt, mir die Kehle durchzuschneiden und die Zunge herauszureissen. Dieses gelobe ich bei den weisen Meistern des Ostens, die ihr Auge heften mögen auf meine Taten.»

Maximilian Wyss ging zum Altar und führte die vier zu vier freigehaltenen Stühlen in der hintersten Reihe der Brüder und Schwestern.

Dann hub der Meister wieder an: «Liebe Brüder und Schwestern höret heute die Worte, die ihr schon oft gehört habt. Liebe Lehrlinge, höret heute erstmals Worte, die ihr noch oft hören werdet: Vor Urzeiten sprach die Weisheit direkt zu den Menschen. Sie sprach zu ihnen aus dem Rieseln der Quelle in den Felsen, aus dem Rauschen des Flusses in der Ebene, aus dem Sausen des Windes im Walde und aus dem Knistern der Flammen im Feuer. Wenn der Mensch wissen wollte, was er zu tun hatte, da fragte er nicht andere Menschen. Er fragte die Elemente und horchte auf die Antworten, die Erde, Wasser, Luft und Feuer ihm gaben. Alles um ihn herum sprach eine deutliche, klar vernehmbare Sprache. Es sprach der rollende Donner in den Wolken zu ihm, und es sprach das Flüstern des Windes zwischen den Gräsern zu ihm. Und zu gewissen Zeiten wurde der Mensch ganz still in seiner Seele. Da hörte er nicht auf das Rieseln der Quellen, er hörte nicht auf das Rauschen der Wasserwogen. Er hörte nicht auf das Wehen des Windes im Walde. Er hörte an all dem vorbei und lauschte dem einen Grundton, der durch alles hindurchtönte. Allüberall konnte er ihn hören: im Norden, im Süden, im Osten und im Westen. Und wenn er ihn hörte, dann empfand er, dass der grosse Geist zu ihm sprach, der durch alles flutete, der grosse Geist, der in den Wassern der Weisheit, den Winden des Wissens und den Flammen des Verstehens waltete. Und so vernahm die Seele den Ton des grossen Geistes: Tao. Und dann wurde die Seele still und ehrfürchtig und gab betend den Ton dem grossen Geiste zurück: Tao. Laut sprach die Seele Tao und leise flüsterte sie es, und sie empfand dabei nicht nur diesen Ton - sie fühlte in tiefer Weisheit alle Schauer der Welt, von denen sie durchströmt wurde. In Urzeiten lebte Tao in allen Menschen und war um sie. Noch heute lebt es in allen Menschen und ist um sie. Aber heute hört es niemand mehr. Anfänglich lebte es noch in den Menschen des Ostens. Für sie war Tao Weg und Ziel zugleich. Es war das Höchste, zu dem sie aufsehen konnten, und es war das Ziel, zu dem sie hinkommen wollten. Es war der Keim, den sie in sich wussten, und es war die Blüte, zu der sie sich entwickeln wollten. Es war ihnen ein tiefer, verborgener Seelengrund und eine erhabene Zukunft zugleich. Mit scheuer Ehrfurcht sprachen sie Tao aus, und mit scheuer Ehrfurcht dachten sie es. Sie wussten, dass Tao in der Kraft des Windes war und im Licht der Sonne. Sie wussten, dass Tao die Wachstumskraft in der Pflanze war und im Tier als Empfindung lebte. Sie wussten, dass sie Tao mit jedem Atemzug in sich aufnahmen und wieder ausströmen liessen. Sie wussten es, aber sie spürten es nicht mehr. Heute ist auch für diese Menschen Tao eine vage Erinnerung an eine Religion der Vergangenheit. Wir Freimaurer aber wollen wieder zum Tao gelangen. Wir wollen es wieder erfahren. Wir schauen auf den Horizont von Ost nach West. Wir schauen auf zur Sonne am Mittag und die beiden Linien, die wir damit mit den Augen ziehen, werden uns zum T, zum Tao. Die Linien im Hammer, der Stiel und der Kopf bilden zusammen ein T. Auch das ist uns das Symbol des Tao. Wir schauen auf die Symbole, wir leben mit ihnen und werden so das wahre Tao wieder erleben. Mit diesen Worten lasst uns unsere Versammlung beschliessen: Die Steine sind stumm. Das Urwort Tao halten sie in sich verborgen. Die Pflanzen leben und wachsen. Das Urwort Tao strömt ihnen im Sonnenlicht zu und sie tragen es in die Tiefen der Erde. Die Tiere empfinden und wollen. Das Urwort Tao lebt in ihnen und wird zu bewegtem Leben. Der Mensch denkt und handelt. Das Urwort Tao leidet und freut sich in ihm. Er soll es in die Höhen tragen. Der Mensch gibt sich hin in seiner Seele. Das Urwort Tao erhebt sich strömend in ihm und soll ihn zu den Höhen der Weisheit und Frömmigkeit führen. Der Geist im Menschen liebt das All. Das Urwort Tao erlöst in Reinheit die Welt und strömt erlösend zum Licht.»

Wieder schlug der Meister das Tao und der erste Aufseher sprach: «Aufgabe ist es mir in Ordnung des Maurer-Dienstes, euch meine Schwestern und Brüder, von der Arbeit zu entlassen. Was der Arbeiter am Tempelbau der Menschheit die Stärke nennt, möge inspirieren meinen Auftrag. Die gelernte Arbeit sollt ihr wirken lassen, wenn ihr zum Aussenleben verlasst die Pforte dieses Tempels; aus euren Herzen soll fliessen in die andere Menschheit, was Herzen formen kann zu Bausteinen des grossen Tempels; aus euren Gedanken soll wirken, was Bindeglieder schaffen kann diesem Bau; aus eurem Willen soll sich ergiessen, was Kitt sein kann für die Steine dieses Tempels. Tuet nur, was aus Echtheit eures Herzens kommt, wozu die Sorgfalt eurer Gedanken euch führt, wozu die Kraft eures Willens ihr gestählt habt. Ihr selbst werdet Abbild eures Urbildes dadurch; und die Stärke wird von euch kommen, welche die Welt gestaltet. Ans Herz wird euch der Weg zu dieser Stärke vom Altar des Ostens aus gelegt werden. Schreibt euch ein das Wort, das dann zu euch gesprochen wird.»

Der Administrant sprach: «Lerne schweigen und dir wird die Macht.»
Der zweite Aufseher: «Begib dich der Macht und dir wird das Wollen.»
Der erste Aufseher: «Begib dich des Wollens und dir wird das Fühlen.»
Der Meister: «Begib dich des Fühlens und dir wird Erkenntnis.»

Wieder schlug der Meister das Tao und schritt zur Tür gefolgt vom Administranten und den beiden Aufsehern. Alle anderen folgten ihnen hinaus. Die vier blieben mit Maximilian Wyss zurück. Dieser richtete das Wort an sie: «Ihr seid herzlich eingeladen mit uns gemeinsam das Abendessen in unserem

Speisesaal einzunehmen. Das ist ganz zwanglos. Wir haben vier Tische, da kann jeder von euch an einem Tisch sitzen und die Brüder und Schwestern kennen lernen.»

13 Zuflucht in der Wohnung der Tante

Die vier sassen eng zusammengedrängt am kleinen Esstisch. «Gut, dass ihr diese Tante habt und sie überreden konntet, uns ihre Wohnung zu überlassen», sagte Jojo zu den beiden Mädchen, «so können wir nun auch während der Woche zusammenkommen. Das macht es doch erheblich leichter. Für mich war es eine knappe Stunde Fussmarsch hierher. Das geht noch.»

«Ja, für mich war es auch nicht mehr», warf Mark ein.

«Wir hatten auch etwas weniger als eine Stunde», meinte Mattea, «und nun haben wir den ganzen Nachmittag Zeit. Meine Tante kommt erst zum Abendessen zurück. Dann müssen wir gehen.»

«Was haltet ihr eigentlich von dieser Freimaurergeschichte?» fing Jojo wieder an, «wir hatten ja nach dem Abendessen keine Zeit mehr zum Reden. Es war doch schon ziemlich spät.»

«Wenn du mich fragst, sind wir sicher vierzig Jahre jünger als der jüngste von denen», meinte Lucia, «das ist schon etwas speziell. Und ist denn nun dieser Riku dabei?»

«Ja», sagte Mattea, «er sass an meinem Tisch. Riku ist der Meister. Das verwirrt mich schon ziemlich. Der Riku im Wald hat doch gesagt, sein Körper sei von Ahriman gekapert worden. Und was will dieser Ahriman nun genau in seinem Körper?»

«Wenn ich mich recht erinnere, hat Riku gesagt, dass Ahriman über die Materie herrscht. Das ist sein Reich. Da gehört er hin. Aber nun genügt ihm das nicht mehr. Nun will er die Herrschaft über die Menschen und die Erde», antwortete Jojo.

«Das hatte ich auch gedacht», fuhr Mattea fort, «aber das passt ja gar nicht. Der Riku am Tisch hat nicht viel geredet und der Meister, also was der im Tempel gesagt hat, passt ja eher zu diesem Buch, das wir lesen. Da ist nichts von Herrschaft über Menschen und Erde. Das ist ja alles ziemlich, hm ‹geistig›.»

«Was wir gehört haben schon», meldete sich nun Lucia zu Wort, «ich habe allerdings etwas recherchiert. Ich habe keinen einzigen Bericht über die Freimaurer gefunden, der jünger als 300 Jahre ist. Aber davor waren sie schon ziemlich berüchtigt. Sie sollen geheime Hexenkulte praktiziert und die Weltherrschaft angestrebt haben. Sie sollen ein Doppelleben geführt haben. Nach aussen hin waren sie angesehene Bürger und sagten, dass sie in ihren

Logen gute Menschen besser machen wollten, aber nach Innen war das Ziel eine neue Weltordnung unter ihrer Herrschaft zu errichten. Sie waren streng hierarchisch organisiert. Man musste vom Lehrling in 33 Stufen bis zum Meister aufsteigen. Offenbar glaubten die unteren Stufen alle an das gute Ziel, und nur die ganz oben strebten die Weltherrschaft an. Ich habe auch viel von einem Luzifer gelesen. Luzifer war der Teufel. Ziemlich abstrus das Ganze. Viele Menschen haben damals noch an einen Gott geglaubt und irgendwie war der Teufel Gottes Gegenspieler. Jedenfalls sollen die obersten Grade der Freimaurer mit Luzifer, also dem Teufel, im Bunde gewesen sein.»

Mark hatte bisher geschwiegen. Nun meldete er sich auch zu Wort: «Ich habe auch etwas recherchiert. Das mit den Freimaurern scheint eine verzwickte Sache zu sein. Ich bin ja eher praktisch veranlagt, aber es gab früher Menschen, die waren so berühmt, dass sogar ich sie kenne. Also, ich kenne sie natürlich nicht. Ich habe nur von ihnen im Geschichtsunterricht gehört und die Namen nicht vergessen. Ich kann euch ein paar aufzählen: Johann Wolfgang Goethe, Wolfgang Amadeus Mozart, Giacomo Casanova, Winston Churchill, Matthias Claudius, Arthur Conan Doyle, Henri Dunant, Benjamin Franklin, Friedrich der Grosse, Karl Gustav Jung, Alexander Puschkin, Theodor Roosevelt, Mark Twain, George Washington, es hört nicht auf. Die waren alle bei den Freimaurern, heisst es. Und die haben wohl kaum die Weltherrschaft angestrebt.»

Endlich sagte Jojo auch etwas: «Das Ganze ist schon eine ziemlich seltsame Geschichte. Jetzt sind wir alle vier Mitglieder bei den Freimaurern geworden. Das haben wir eigentlich nur getan, weil wir Riku helfen wollten, seinen Körper und seine Seele wieder zurückzubekommen. Der Riku, dem wir helfen wollen, ist so etwas wie der geistige Rest von einem Menschen. Das müsst ihr euch mal auf der Zunge zergehen lassen. Wir sitzen hier in der Stadt. Seit Jahrhunderten sind alle Menschen in der Stadt und vermutlich die ganze Menschheit sicher: Eine Seele und einen Geist gibt es gar nicht. Früher brauchten die Menschen die Idee vom Geist noch, weil der Gedanke, nichts als Materie zu sein, für sie unerträglich war, aber das ist mittlerweile anders. Wir sind vom Primat der Erkenntnis zum Primat des Erlebnisses fortgeschritten.»

«Wir sind was?», fragte Mark irritiert.

«Entschuldigung», sagte Jojo, «also, ich wollte sagen, früher haben sich die Menschen oder mindestens die Philosophen immer wieder gefragt, ‹wer bin ich› und ‹was ist die Welt›. Die Antworten darauf nannte man dann Selbsterkenntnis und Welterkenntnis. Das nennt man das Primat der Erkenntnis. Das sind natürlich sinnlose Fragen. Durch Erkenntnis will man ja zur Wahrheit gelangen. Mittlerweile ist aber bekannt, dass es gar keine Wahrheit gibt. Man kann höchstens Aussagen mit gewissen Graden von Wahrscheinlichkeit machen. Und für Seele und Geist passt das überhaupt nicht mehr. Eine Erkenntnis ist doch eine Theorie, die sich durch empirische

Beobachtungen bewährt hat. Man kann Seele oder Geist aber nicht beobachten. Also kann es auch niemals eine Theorie zu Seele und Geist geben, die sich durch empirische Beobachtungen bewährt hat. Das heisst, es kann keine Erkenntnis von Seele und Geist geben, oder anders gesagt: Es gibt weder Seele noch Geist. Deswegen ist die Frage heute: Wie kann ich die Qualität meiner Erlebnisse optimieren. Das kann jeder für sich tun, und das nennt man das Primat des Erlebnisses.

Es gibt also keinen Geist, und es gibt keine Seele. Aber wir sitzen hier und behaupten, dass wir den Geist oder mindestens ein geistiges Wesen tatsächlich gesehen haben. Naja drei von uns sind krank und nehmen Dinge wahr, die sie besser nicht sehen oder hören oder fühlen sollten. Die haben den, wie soll ich sagen, den geistigen Riku gesehen.»

«Ich bin nicht krank», warf Lucia ein, «und ich habe den auch gesehen, oder wie immer du das ausdrücken willst.»

«Wie dem auch sei, auf der Suche nach dem Körper von Riku sind wir auf die Freimaurerloge gestossen, und die Freimaurer reden genauso verrücktes Zeug, wie in dem Buch steht, das der damals noch ganze Riku in den Wald gerettet hat.»

«Das ist doch einigermassen logisch», warf Lucia wieder ein, «die Freimaurer glauben so komisches Zeugs, und ihr oberster Führer und Meister hat ein Buch, in dem noch mehr so komisches Zeug steht. Interessant wird es erst jetzt: Die Freimaurer glauben dieses komische Zeug, sie sehen es aber nicht. Sie haben alle diese Rituale und Symbole, und wer weiss was noch, und hoffen, vom Glauben zum Wissen zu kommen. Das gelingt ihnen aber nicht. Wir, oder wenigstens die meisten von uns, haben ohne Symbole und Rituale komisches Zeugs gesehen. Und sehen ist das falsche Wort. Wir haben es eher geistig erfahren also nicht mit den Sinnen. Aber es hatte für die meisten von uns, wie soll ich sagen, einen sinnlichen Unterton. Für Mark war es mehr wie hören, für Mattea war es mehr ein Gefühl, für Jojo war es mehr ein Sehen. Das ist das Verzwickte. Der normale Mensch hat Sinneswahrnehmungen, also sehen, hören, fühlen und so, und er denkt. Wir haben das auch und wir haben noch etwas Drittes. Es ist weder Denken noch ist es mit den Sinnen wahrnehmen. Es ist etwas Drittes. Wir erfahren geistige Sachen und wissen nicht, was sie bedeuten.»

«Genau», sagte Jojo, «gut gesagt. Ich habe diese Erfahrung, und es ist nicht wie Sehen mit den Augen, es ist eher so wie ein Bild, dass ich aus der Erinnerung hole. Also das tönt jetzt blöd. Es ist nicht die Erinnerung an etwas, das ich gesehen habe, aber es hat sozusagen die gleichen Sinnesqualitäten wie eine Erinnerung. Ach und das nenne ich dann einfach sehen.»

«Für mich ist das so ähnlich», pflichtete ihm Mark bei, «nur muss ich dann hören dazu sagen.»

«und für mich ist das fast so aber nicht ganz,» sagte Mattea, «ich sage zwar fühlen dazu. Es ist aber nicht äusserliches Fühlen wie heiss und kalt oder rau und glatt oder so. Es ist wie innerliches Fühlen. Und da ist noch etwas Wichtiges, ich habe den Eindruck, dass ich im Wald erheblich mehr komisches Zeug sehe als in der Stadt.»

«Das geht mir auch so», bestätigte Jojo.

«Und mir ebenfalls», sagte Mark.

«Und ich habe im Wald überhaupt das erste Mal komisches Zeug gesehen», sagte Lucia und lächelte, «und nun sollten wir langsam einen Plan machen, was wir jetzt tun wollen.»

Mark sah sie erstaunt an: «Aber wir haben doch einen Plan. Ich dachte, wir hatten das entschieden. Wir gehen in den Schulferien für mindestens eine Woche in den Wald. Da lesen wir weiter in dem Buch und schauen, ob wir Riku wieder treffen. Noch haben wir vier Wochen Schule, da können wir genügend Essen sammeln, damit wir im Wald nicht verhungern.»

«Und mit den Freimaurern, was machen wir mit denen?», fragte Lucia.

«Da gibt es gar nicht viel zu entscheiden. Wir sind ja jetzt selber Freimaurer. Wir gehen an ihre Sitzungen. Da ist doch in den nächsten vier Wochen genügend Zeit. An den Sitzungen werden wir dann schon erfahren, ob dieser Ahriman im Körper von Riku sitzt. Das muss man ja irgendwie merken.»

«Bist du da so sicher?», fragte Mattea, «ich habe ja mit vielen anderen Freimaurern an seinem Tisch gesessen. Die haben nichts bemerkt, ich meine, die haben sich nicht so verhalten, als ob an Riku irgendetwas nicht stimmte.»

«Also dieser Ahriman ist doch nicht blöd», antwortete Lucia, «der sagt ja nicht gleich, was er wirklich will, dann würde ja jeder merken, dass etwas mit Riku nicht stimmt. Und ausserdem hat er an diesem Ritual im Tempel ja nicht seine Meinung gesagt, sondern so allgemeine Sachen, die bei den Freimaurern offenbar oft gesagt werden.»

«Ich stimme Mark zu», sagte Jojo, «wir haben doch wirklich gesagt, dass wir mindestens eine Woche in den Wald wollen und mehr als möglichst oft an die Sitzungen der Freimaurer gehen, können wir jetzt auch nicht tun.»

Die beiden Mädchen nickten zustimmend und Mattea sagte: «Das ist also beschlossene Sache. Allerdings müssen wir wohl noch ein bisschen konkreter werden. Eines ist klar: Jeder muss in den nächsten vier Wochen so viel Essen wie möglich auf die Seite schaffen. Sonntags treffen wir uns immer im Wald und lesen im Buch und entdecken den Wald. Dann müssen wir auch noch an alle diese Sitzungen von den Freimaurern gehen. Die sind glaube ich immer an einem Mittwoch. Und wir müssen ganz viel recherchieren, damit wir die Woche im Wald auch gut vorbereiten können.»

«Genau», antwortete Mark, «jetzt müssen wir nur noch entscheiden, wer was genau recherchiert. Wir müssen uns auf jeden Fall schlau machen, wie wir uns ein Haus bauen oder wenigstens einen Unterschlupf und wo wir schlafen. Wir müssen das mit der Kleidung noch genauer anschauen und das mit dem Essen, ich will ja nicht eine Woche lang geschmacklose Würfel essen und die Gewürze aus unserer Küche kann ich auch nicht gut klauen.»

«Einen Teil haben wir ja bereits entschieden», sagte Mattea, «du schaust nach dem Haus und ich nach dem Essen, also jetzt nach den Gewürzen.»

«Ich schau nach der Kleidung», sagte Lucia, «Mattea hat da ja schon Vorarbeit geleistet, da bleibt das Wissen in der Familie.»

«In dem Fall bin ich für den Rest zuständig», ergänzte Jojo, «also Feuer machen, Messer finden, Tiere abhalten und so.»

14 Ahriman

Sie sassen bei den Weiden am Fluss und arbeiteten schweigend. Sie waren früh aus der Stadt gekommen und geradewegs in ihr Tal aufgebrochen. Es gab viel zu tun. Heute mussten die vier Kiepen fertig werden, mit denen sie am nächsten Wochenende ihre Sachen ins Tal transportieren wollten. Mark hatte als erstes genügend Weidenzweige geschnitten. Das war nicht ganz einfach gewesen. Er musste die Weidenzweige zwar nicht sehr hoch oben abschneiden, aber sie hatten auch keine Leiter. Schliesslich hatte Jojo ihn auf die Schultern genommen. Nun sassen sie da, und jeder flocht an seiner Kiepe.

«Es hilft nichts», sagte Jojo in die Stille hinein, «wir müssen den geistigen Riku wieder sehen.»

«Ganz einverstanden», antwortete Mark, «aber wie sollen wir das anstellen? Das letzte Mal ist er doch einfach so aufgetaucht, und dann war er plötzlich wieder verschwunden.»

«Einfach so aufgetaucht?» fragte Lucia, «da bin ich nicht so sicher. Er ist doch aufgetaucht, als wir über diese seltsamen Worte am Anfang des Buches von Angelus Helveticus nachgedacht haben.»

«Gute Idee», meinte nun Mattea. «Ich weiss bloss nicht, ob nachgedacht richtige Wort ist. Wir haben alle vier zusammen da gesessen und uns, ich weiss nicht, wie lange, auf diese rätselhaften Worte einfach nur irgendwie konzentriert.»

«Das stimmt», sagte nun Mark, «ich wusste gar nicht, was ich da gross drüber nachdenken sollte. Ich meine, da gab es ja nicht viel zu denken. Im Grunde waren das einfach vier Worte: Wort, Leben, Licht, Menschen. Die waren irgendwie in verschiedene Sätze gepackt, in denen man keinen Sinn ausmachen konnte.»

«Genau», begann nun wieder Lucia, «und der Effekt war gewaltig. Dieser Riku war meine erste und bisher einzige übersinnliche Erfahrung. Und was wir damals gemacht haben, haben wir seither nie mehr gemacht.»

«Was meinst du denn genau?», fragte Mark.

«Naja, seither waren wir viel im Wald und haben darüber geredet, wie man im Wald leben kann, und wir haben das Buch gelesen. Aber das war alles immer so, wie soll ich sagen, intellektuell. Wir haben uns nie mehr alle vier zusammen auf irgendetwas konzentriert. Das haben wir doch damals mindestens eine halbe Stunde lang gemacht, ohne dass irgendetwas passiert ist. Und dann ist plötzlich dieser Riku aufgetaucht.»

«Ja, das war schon der Wahnsinn», stimmte ihr Mark zu, «eine halbe Stunde an etwas denken, das gar keinen Sinn ergibt.»

«Ich glaube, das war der Punkt», sagte Lucia, «wir mussten uns alle vier zusammen auf etwas konzentrieren, worüber man gar nicht richtig nachdenken kann, und worüber man auch keine Bilder im Kopf machen kann. Damit haben wir irgendwie einen Raum geschaffen, wo der Riku hinein konnte.»

«Dann könnte es doch sein», sagte nun Jojo, «dass wir mit der Konzentration auf diese Worte diesen Raum geschaffen haben. Und dann kam Riku, da haben wir uns nicht mehr auf die Worte konzentriert, sondern auf das, was Riku gesagt hat, und darum ist der Raum dann relativ schnell wieder verschwunden. Ohne Raum, in dem er sich aufhalten konnte, musste Riku natürlich auch verschwinden.»

«Na also, dann haben wir es», sagte Mark, «wir wiederholen das Experiment vom letzten Mal, aber dieses Mal denken wir immer weiter die Worte, egal wer oder was da kommt. Wenn die Überlegung stimmt, können wir so den Raum aufrechterhalten.»

Die anderen nickten. Jojo ging also und holte das Buch hervor. Er schlug es wieder vorne auf und begann vorzulesen:

«Angelus Helveticus
Von Maya zu Satya – Der Weg zur Einheit
Dann blätterte er um und las weiter:
Der wesentliche Mensch
Ein wesentlicher Mensch ist wie die Ewigkeit,
Die unverändert bleibt von aller Äusserheit.»
Er blätterte nochmals um und las:
«Am Anfang war das Wort, und er war das Wort, und das Wort war er. Alles, was entstanden ist, ist durch das Wort entstanden, und ohne das Wort ist nichts entstanden. In ihm ist das Leben, und das Leben ist das Licht der Menschen. Und das Licht scheint für die Menschen in der Finsternis, aber die Menschen sehen es nicht.»

Er machte eine Pause. Alle schwiegen. Alle spürten diesen rätselhaften Worten nach, die so unverständlich waren. Nach einer Weile las Jojo den Text nochmals laut vor.

Er machte wieder eine Pause. Alle schwiegen weiter und konzentrierten sich nur auf die Worte. Nach einer Weile las Jojo den Text nochmals laut vor. So sassen sie sicher eine halbe Stunde lang. Immer wieder las Jojo den Text vor. Immer wieder sassen die anderen dabei und schwiegen und spürten dem Text nach.

Dann erschien jemand in ihrer Mitte. Er war nicht physisch zu sehen. Mattea spürte seine Anwesenheit eher. Jojo sah ihn mehr, als dass er ihn spürte. Mark hörte ihn, und Lucia war es wie Gedanken, die in ihrem Inneren auftauchten, und doch nicht von ihr selber gedacht wurden. Es waren die Gedanken eines anderen. Riku blickte sie an.

«Ihr seht mich wieder», sprach er, «und ihr seht immer noch nur einen Teil von mir. Ich bin immer noch entzweigerissen. Ihr seht mich ohne Körper. Ihr seht mich ohne Seele. Ich bin der Welt abhanden gekommen. Ich kann die Welt nicht mehr erreichen. Ahriman beherrscht meinen Körper und meine Seele. Ich komme nicht durch ihn hindurch.»

«Vielleicht können wir etwas für dich tun», sagte Lucia, «aber dazu müssen wir wissen, wer dieser Ahriman ist. Vielleicht können wir ihn zusammen besiegen.»

Riku lachte bitter und antwortete dann: «Ahriman besiegen? Ihr wisst nicht, wovon ihr sprecht. Ahriman ist der Herr über die Materie. Aber das genügt ihm schon lange nicht mehr. Er will auch die Herrschaft über die Menschen auf der Erde. Er ist der wahre Herr der Erde. Er ist der rechtmässige Herr der Erde. Er ist auf ewig verquickt mit der Erde, weil er allein alle die Wege gegangen ist, die auch die Erde gegangen ist. Er ist ein Wissender, ein Weiser der Materie. Und nicht nur das, er ist auch der Herr des Intellektes. Die Erde kann ohne Ahriman nicht fortschreiten, und der Mensch braucht den Intellekt. Darum will Ahriman auch die Herrschaft über die Menschen übernehmen. Mein Körper und meine Seele sind nun sein williges Werkzeug dazu. Schon beugen sie sich seiner Macht.»

«Was soll das heissen?» fragte Lucia entsetzt.

«Oh ich spüre schon die Kräfte, die an meinem Körper reissen. Meine hohe Stirn soll nach hinten fliehen, mein Gesichtsausdruck ist nur noch eine Maske. Noch sehe ich aufrichtig und geradezu fromm nach aussen aus, doch dahinter steht mir schon die Frivolität ins Gesicht geschrieben. Noch schaue ich ernst in die Welt, doch hinter dem Ernst macht sich Zynismus breit. Spott und Verachtung verbergen sich noch hinter meinem sanften Blick. Meine Mitmenschen sehen sie nicht, doch sie sind immer da. Hinter meinem Blick steht lauernd schon sein Blick. Meine Augenbrauen ziehen sich schon zusammen, sie werden zu Geierflügeln, und meine Nase wird zum Körper des

Geiers, der sich auf sein Opfer stürzt. Schmal werden meine Lippen und ziehen sich nach unten im Ausdruck unerbittlichen Willens. Der Wille zur Macht breitet sich über meine Wangen, und Kälte zieht in meine Augen. Er schiebt mir den Unterkiefer vor, und lässt alles Weiche aus meinen Gesichtszügen verschwinden.»

«Aber wir haben dich erst kürzlich getroffen, wir haben nichts von dem gesehen», wandte Lucia schüchtern ein.

Wieder lachte Riku, und bitter klang sein Lachen, als er antwortete: «Natürlich seht ihr es nicht. Er trägt ja mich als Maske. Ich bin seine Larve. Er will auf keinen Fall entlarvt werden, denn dann wäre es um seine Macht geschehen.»

«Aber warum du, warum ausgerechnet du?», fragte Lucia weiter

«Weil ich das Endspiel bin. Er war schon einmal so weit. Schon einmal hatte er die Herrschaft über die Erde praktisch vollständig in seiner Hand. Doch dann ist ihm ein Widersacher erschienen von gewaltiger Kraft. Ein Gott ist Mensch geworden und hat Ahrimans Macht die Kraft der Liebe entgegengesetzt. Dieser Gott hat die Liebe zu den Menschen auf die Erde gebracht. Damit hat er das Vordringen Ahrimans gestoppt. Aber das war nur der erste Schritt.

Den zweiten Schritt hätten die Menschen allein tun sollen. Die Liebe der Menschen hätte das Böse der Macht in Schranken halten sollen. Dort, wo Liebe ist, kann Ahriman nicht existieren. Doch die Liebe der Menschen war zu schwach. Die Menschen haben den ersten Leib, in dem die Liebe wohnte, zerstört. Sie haben den ersten Menschen, in dem sich die Liebe auf der Erde verkörperte, getötet, doch der Gott in diesem Leib hatte seinen Tod vorausgesehen, und mit seinem Tod, mit dem Blut, das aus seinen Wunden strömte und die Erde netzte, hat er Ahriman in Fesseln gelegt.

Nun hätte die Liebe sich über die Erde ausbreiten sollen. Die Liebe hätte überall in den Seelen der Menschen wohnen sollen. Doch die Liebe der Menschen war zu schwach, und Ahriman hat sich aus seinen Fesseln befreit. Über Tausende von Jahren hinweg hat Ahriman mit Macht die Liebe aus den Herzen der Menschen verdrängt. Die Liebe kämpft nicht. Die Liebe ist einfach da, um des Geliebten willen, und solange ein Mensch liebt, ist er beschützt vor der Macht Ahrimans.

Ahriman wusste das, und Ahriman ist sehr geschickt vorgegangen. Er hat sich den Mantel der Liebe übergeworfen. Unter dem Mantel der Nächstenliebe, unter dem Mantel des Mitleids hat er seine Macht verborgen und sich die Menschen wieder untertan gemacht. Einen nach dem anderen. Nicht mit Macht hat er sich die Menschen unterworfen. Er hat Lüge und Irrtum als seine furchtbaren Waffen verwendet.

Wie oft haben die Menschen sich selbst belogen. Wie oft haben sie sich über sich selbst getäuscht. Wie oft hat ein Mensch einem anderen gesagt ‹ich helfe dir zu deinem Besten›. Doch in ihm wirkte in Wahrheit Ahrimans Gift. In Wahrheit sagte er ‹ich zwinge dir meinen Willen auf zu meiner Befriedigung und zur Mehrung meiner Macht›. Nur selten hat die Macht ihre hässliche Fratze gezeigt. Sie hat sich stets unter denselben Worten verborgen: ‹ich übe jetzt Gewalt, damit in Zukunft das Gute gewährleistet ist.›

Über Jahrhunderte, ach Jahrtausende, hat Ahriman sehr erfolgreich auf diese Strategie gesetzt. Aber dann hat er seine Strategie geändert. In den letzten Jahrhunderten hat er höchst erfolgreich eine neue Strategie eingesetzt.

Es geht nicht mehr um Macht zwischen den Menschen. Es geht nicht mehr darum, dass Macht die Liebe korrumpiert. Nun geht es darum, die Quellen der Liebe zum Versiegen zu bringen. Seele und Geist sind Quellen der Liebe. Und sie will Ahriman austrocknen. Er will Seele und Geist aus den Herzen und Köpfen der Menschen eliminieren. Wenn Seele und Geist aus den Menschen verschwinden, dann ist der Weg zum lebendigen Denken versperrt. Es bleibt nur noch der kalte Intellekt.

Der Intellekt ist wahr, doch er ist tot. Mit dem Intellekt kann ich nur das Tote verstehen. Der Intellekt kann Leben und Seele nicht verstehen, und weil er sie nicht versteht, erkennt er sie nicht. Sie existieren für ihn nicht. Wenn Seele und Geist aus dem Menschen verschwinden, dann ist der Weg zur Liebe versperrt.

Es bleibt die gierige Wunscherfüllung, und dann wird das Leben der Menschen ein Leben in der Qual ewiger Begierde. Materielles allein kann die Gier nie befriedigen. Wünsche nach Materiellem werden ewig unerfüllt bleiben. Kaum ist ein Wunsch erfüllt, schon erscheinen tausend neue und quälen den Wünschenden in süchtigem Sehnen. Nur Geist kann Gier grundsätzlich zähmen. Das ist die Zukunft, wenn Ahriman gewinnt.

Wenn Ahriman siegt, wird nur noch die Materie als real anerkannt. Noch ist nicht entschieden, ob er siegt. Noch ist nicht entschieden, ob Weisheit oder Torheit auf der Welt herrschen werden. Noch ist nicht entschieden, ob die Menschen weise oder töricht werden. Ahriman ist der Herr des Intellekts. Er will in allen Menschenköpfen die Intelligenz besitzen. Und wenn er das geschafft hat, wird Klugheit Torheit sein. Dann wird der Weg zur Weisheit versperrt sein. Und das Endspiel, das Endspiel bin ich.»

«Aber wenn schon einmal ein Gott erschienen ist und die Menschen gerettet hat, warum kann das nicht ein zweites Mal passieren?» fragte Lucia weiter.

«Weil die Götter die Menschen in die Freiheit entlassen haben. Früher, vor Tausenden von Jahren, lebten die Menschen im Schoss der Götter. Ihre Taten wurden von den Göttern gelenkt. Sie waren gut, aber sie waren nicht frei. Seither haben die Götter ihnen immer wieder und immer mehr Freiheit gegeben, und immer wieder haben die Menschen sie zum Bösen genutzt. Immer wieder haben die Götter eingegriffen und die Menschen auf den Weg des Guten geführt. Doch diese Phase ist abgeschlossen. Nun sind die Menschen ganz frei. Sie sind frei zum Guten und frei zum Bösen. Es liegt nur noch bei ihnen.»

Darauf entgegnete Lucia: «Aber wir sehen doch nichts Böses. Es ist den Menschen noch nie so gut gegangen wie heute. Die Menschen sind frei. Niemand ist arm. Niemand zerstört die Umwelt. Es gibt keine Unterdrückung mehr. Es gibt keinen Krieg mehr. Es gibt keine Gewalt mehr. Glück für alle ist das Ziel der Welt. Wo ist das Böse?»

«Das Böse ist das Gute am falschen Platz.»

«Ach Riku du sprichst in Rätseln. Was soll das heissen? Und was hat das mit Ahriman zu tun?» antwortete Lucia erstaunt.

«Habt ihr es noch nicht erraten? Ahriman ist das Gute am falschen Platz. Sein Platz ist die Welt der Materie. Sein Platz ist die Welt der physikalischen Körper. Er ist zu Recht der Herr über die Naturgesetze. Er ist zu Recht der Herr von Ursache und Wirkung. Das ist Ahrimans Platz. Dort ist er gut. Doch nun hat er seinen Platz verlassen. Jetzt wird er böse. Er greift nach dem Leben. Er greift nach den Seelen. Er greift nach dem Geist. Und was er beherrscht, wird vom Tod beherrscht.»

«Aber auf der Erde gibt es doch kein Leben ohne Materie. Wie kann Ahriman da den Tod bringen?», fragte Lucia.

«Auf der Erde gibt es kein Leben ohne Materie, weil das Leben in die Materie einzieht. Schaut einen Menschen an, der gerade gestorben ist. Alle Materie ist noch da, aber das Leben ist fort. Und darum beginnt die Totenstarre. Die Materie gehorcht nun nicht mehr den Gesetzen des Lebens. Das Leben ist aus dem Körper ausgezogen, und von nun an gehorcht er nur den Gesetzen der Thermodynamik. Der Körper zerfällt. Die Form vergeht. Zurück bleiben Atome und Moleküle. Leblos und seelenlos. Asche zu Asche. Staub zu Staub. Das ist die Signatur des Todes.

Leben hingegen heisst Wachstum und Entwicklung. Die geistige Welt ist eine Welt von Wachstum und Entwicklung, die seelische Welt ist eine Welt von Wachstum und Entwicklung. In der Welt der Materie allein gibt es kein Wachstum und keine Entwicklung. Die Welt der Materie ist dem Wärmetod geweiht. Wachstum und Entwicklung werden vom Leben in die Welt der Materie hereingebracht.

In der Welt der Materie allein herrschen die Naturgesetze. Sie sind ewig und unveränderlich. Die Welt der Materie ist vollständig berechenbar. Und das heisst tot. Ahriman hat es schon weit gebracht. Ihr seht nur noch die Materie. Für euch gilt das Gesetz von Ursache und Wirkung überall. Wenn ihr euren kleinen Bruder durch die Stadt schickt, und unterwegs wird er von einem Blitz erschlagen, fühlt ihr euch schuldig an seinem Tod. Ihr meint, ihr seid die Ursache und der Blitz die Wirkung. Vielleicht erkennt ihr noch die Anmassung dieser Annahme und verklagt dann den meteorologischen Dienst, weil er den

Blitz nicht vorausgesagt hat. Welche Torheit, welch grausame Verkennung der Wahrheit. Zufall oder gar Vorhersehung gibt es in eurer Welt nicht mehr, denn die Welt der Materie ist tot und damit vollständig berechenbar. Es ist nur eine Frage der Rechenkapazität.

So bringt ihr den Tod in euer Leben. Was ihr in der Realitätskappe seht und erfahrt, ist entweder Vergangenheit und damit tot. Oder aber es wird gerade neu gebildet und ist dennoch tot. Jede Farbe, jede Form, jede Bewegung, jeder Ton, noch die allerkleinste Einzelheit, die ihr dort erfahrt, beruht auf einem Algorithmus. Sie beruht auf einem Rechenvorgang, der nach einem bestimmten Schema abläuft.

Oh ja, er ist ausserordentlich kompliziert, dieser Rechenvorgang. Aber auch durch noch so grosse Kompliziertheit entsteht das Leben nicht. Das Leben kommt aus der geistigen Welt. Und von dieser will Ahriman den Menschen abschneiden. Er soll sie nicht mehr sehen. Er soll nichts mehr von ihr wissen. Er soll sie verhöhnen und verlachen als Aberglauben der Altvorderen. Wahr ist nur noch, was man zählen, messen, wägen, berechnen und vorhersagen kann. Damit ist nur noch die Materie wahr. Damit ist nur noch der Tod wahr. Die Menschen werden zu Maschinen ohne Leben, ohne Seele, ohne Geist. Sie werden beherrscht von Naturgesetzen, Axiomen und Rechenvorgängen.»

«Und warum bist du nun das Endspiel?» fragte Lucia.

«Weil Ahriman schon fast alle Menschen in seinem Reich hat. Nun, sie sind vielleicht noch nicht ganz in seinem Reich, aber sie schauen alle nur noch auf sein Reich. Keiner schaut mehr hoch zum Himmel und sieht dort den Sitz der Götter. Keiner schaut mehr hoch zu den Sternen und sieht dort seine Bestimmung. Ihr alle seht dort nur noch leeren Raum zwischen Zusammenballungen von Materie.

Wir Freimaurer sind die einzigen, die noch nach dem Geist suchen. Wir schauen zwar auch hoch zum Himmel und sehen dort nur leeren Raum oder Zusammenballung von Materie. Aber wir wissen, dass dort der Sitz der Götter ist. Wir wissen, dass dort oben unsere Bestimmung zu finden ist. Wir folgen den alten Ritualen und suchen so den Geist, und eines Tages wird unser Suchen von Erfolg gekrönt sein. Eines Tages werden wir sehen, was wir so lange schon suchen. Hören wir aber auf zu suchen, dann hört alles Suchen auf, und das Sehen wird nie eintreten. Dann wird Ahrimans Sieg endgültig sein.

Darum bin ich das Endspiel. Ich bin der Meister der Freimaurer. Sie schauen auf mich. Sie folgen meinen Ideen. Die Ideen, die mein Mund verkündet, sind aber nicht mehr meine Ideen. Die Worte, die aus meinem Mund kommen, sind Ahrimans Worte. Die Sätze, die mein Körper vor ihnen spricht, sind Ahrimans Sätze. Sie werden nur von meinem Körper und meiner Seele präsentiert.

Gewaltige Ideen sind es, herrliche Ideen sind es. Sie passen so wunderbar zu dem, was ich immer gesagt habe. Aber die Richtung stimmt nicht mehr. Früher, als ich noch selber gesprochen habe, haben meine Worte den Weg zum Geist gewiesen. Heute spricht Ahriman aus meinem Mund und seine Worte führen alle noch tiefer in die Materie. Sie führen weg von der lebendigen Weite des Geistes und hinein in den Schlund des Todes.»

Endlich stellte Mark eine Frage: «Wie können wir dich retten? Wie können wir dir zurück in deinen Körper helfen?»

«Ihr könnt es nicht. Ihr seid zu schwach, um gegen den gewaltigen Ahriman anzutreten.»

Kaum hatte er diese Worte ausgesprochen, verschwand Riku wieder. Genau wie das letzte Mal verschwand er ohne Vorwarnung. Er war einfach fort, und die vier blieben schweigend zurück. Mark war der erste, der wieder das Wort ergriff: «Sehr hilfreich war er nicht gerade, dieser geistige Riku. Und sehr motivierend schon gar nicht.»

«Sehr motivierend war er nicht», gab ihm Mattea recht, «aber das kann ich auch verstehen. Könntest du glauben, dass vier unwissende und schwache Kinder dich retten können, wenn gerade ein Elefant auf dir liegt und dich erdrückt?»

«Unwissende Kinder?», protestierte Lucia, «wir sind nicht unwissend, und Kinder sind wir schon gar nicht.»

«Vielleicht aus unserer Sicht nicht, aber aus seiner Sicht schon», gab Mattea zu bedenken. «Er ist doch uralt. Also sind wir aus seiner Sicht blutjung. Und wir wissen gar nichts über alle diese Traditionen und Rituale der Freimaurer.»

«Wie wir ihn retten können, wissen wir auch noch nicht», sagte Jojo, «aber hilfreich war das schon, was er gesagt hat.»

«Hilfreich?», fragte Mark, «was war da hilfreich dran? Ich höre noch seine Worte: ‹Ahriman besiegen? Ihr wisst nicht wovon ihr sprecht.› Und das Schlimme ist: Er hat sogar recht damit.»

«Ich glaube, er ist einfach schon zu lange unter dem Einfluss von Ahriman», antwortete Jojo. «Dieser Ahriman hat doch eine perfide Methode: Er sagt etwas, das wahr ist, aber eigentlich ist es doch eine Lüge.»

«Meine Güte, Jojo, wie redest du?», platzte es nun aus Lucia heraus. «Es ist wahr, und es ist doch eine Lüge. Das ist ein Widerspruch in sich. Entweder ist es wahr, oder es ist eine Lüge. Es kann nicht beides gleichzeitig sein.»

«Ich weiss ja, aber lass es mich erklären», bat Jojo, «schau mal, wenn ich sage, du bist eine Ansammlung von Zellen, dann stimmt das. Es sind zwar ziemlich viele, so 100 Billionen glaube ich, aber es stimmt. Also ist es wahr. Und gleichzeitig ist es eine Lüge. Du bist nämlich mit Leib und Seele Lucia. Wenn man nur einen Teil der Wahrheit nimmt, und sie als die ganze Wahrheit darstellt, wird die Wahrheit zur Lüge. Das ist das Lügnerische an Ahriman.

Damit hat er Riku auch schon infiziert. Es stimmt ja, wir sind alle ziemlich jung, wir haben keine Ahnung von den Ritualen der Freimaurer, wir sind schwach, und wir sind nie im Leben so intelligent wie dieser Ahriman. Der ist ja offenbar geradezu der Herr der Intelligenz. Das stimmt alles, aber das heisst nicht, dass wir nicht Ahriman besiegen können. Und ausserdem ist Riku vielleicht doch ein wenig arrogant. Er hat es ja selber gesagt: Die Freimaurer suchen, aber sie sehen nicht. Er kann sich gar nicht vorstellen, dass es Menschen gibt, die sehen, obwohl sie nicht gesucht haben. Das sind nämlich wir. Und dann ist da noch die Sache mit der Intelligenz und dem lebendigen Denken. Das kann ich noch nicht so in Worte fassen, aber in der Richtung können wir auch suchen. Also man kann doch offenbar mit dem lebendigen Denken Sachen erreichen, die man mit der grössten Intelligenz nicht erreichen kann.»

«Ich habe auch noch etwas, das Jojo bestimmt gefällt», sagte Mattea. «Also wenn du sagst, die Erde ist eine Kugel. Dann ist das sicher wahr. Die Erde ist eine Kugel oder von mir aus ein abgeplattetes Rotationsellipsoid. Aber wenn es stimmt, dass es eine geistige und eine seelische Welt gibt, man sagt es aber nicht, dann wird die Wahrheit zur Lüge. Das ist so, wie wenn du ein Zebra siehst und siehst aber nur das Schwarze. Das Weisse siehst du nicht. Dann sagst du ‹das Zebra ist schwarz› und das stimmt ja auch. Es ist aber gleichzeitig auch weiss. In dem Sinne ist die Wahrheit dann doch eine Lüge oder wenigstens ein Irrtum.»

Lucia verdrehte stumm die Augen, aber ehe sie etwas sagen konnte, redete Jojo bereits:

«Genau, und da beginnt das Problem erst. Das habe ich am eigenen Leib erfahren. Ich habe sozusagen das Weisse am Zebra gesehen und war dumm genug, es auch noch zu sagen. Da wurde ich sofort für psychisch gestört erklärt und bekam Medikamente. Zu meinem eigenen Besten haben sie mir Medikamente gegeben, und schon wurde ich tot wie die anderen. Da handelte die Macht unter dem Deckmantel des Mitleids.»

Jojo hatte sich richtig in Rage geredet, doch Mark unterbrach ihn und sagte: «Wisst ihr was, das ganze Reden hilft uns nicht wirklich weiter. Wir müssen nun konkret werden. Wir müssen etwas tun.»

«Und was genau müssen wir tun?» fragte Jojo.

Mark stutzte einen Augenblick, dann sagte er:

«Ganz einfach. Wir müssen das tun, was wir sowieso schon tun wollten. Aber jetzt kriegt es einen ganz anderen Sinn. Nächsten Sonntag starten wir unser erstes Wochenende im Wald. Und das wird auch der Start unserer Rettungsaktion für Riku. Die können wir nur im Wald starten. Offenbar hat Ahriman doch schon die ganze Stadt erobert. Und wenn man Riku glaubt, hat er sogar die ganze Welt erobert, und nur in unserer Stadt gibt es noch dieses kleine Nest an Freimaurern, die ihm noch nicht folgen. Wenn wir in der Stadt bleiben, werden wir irgendwie eingelullt. Dann denken wir so wie alle anderen auch. Dann denken wir nämlich genau so wie Ahriman, und mit seinen eigenen Waffen können wir ihn nie schlagen. Wir müssen andere Waffen finden. Also müssen wir an einen Ort, den Ahriman noch nicht erobert hat. So ein Ort ist der Wald, da bin ich ganz sicher. Da haben wir zuerst aber ganz schön praktisch zu tun. Wir müssen nämlich die Hütte bauen. Und dann müssen wir, wie soll ich sagen, unsere Sinne schärfen. Wir müssen schauen, ob wir in unserer Zeit im Wald etwas von dieser geistigen Welt sehen. Ich meine nicht so wie bisher. Da habe ich einfach Sachen gehört und konnte gar nichts damit anfangen. Wie müssen unsere Sinne schärfen und das, was wir sehen oder hören oder fühlen, auch verstehen. Dann finden wir sicher auch den Weg, wie wir Riku befreien können.»

«Das finde ich auch», sagte Jojo und wenn wir etwas verstehen wollen, müssen wir weiter in dem Buch von diesem Angelus Helveticus lesen. Das ist wohl unsere einzige Chance.»

Mark stand auf und nahm seine Kiepe zur Hand. «Wisst ihr was», sagte er, «ich habe es schon immer gesagt. Wir müssen in den Wald. In der Zeit im Wald werden wir weiter sehen. Und nun müssen wir nach Hause.»

15 Hinter die Maske des Meisters

Jojo, Mattea, Lucia und Mark waren wieder im Tempel der Freimaurer. Sie sassen zum zweiten Mal in diesem grossen, kuppelgekrönten Saal. Heute waren sie allerdings nicht im Fokus der Aufmerksamkeit wie bei ihrer Aufnahme in die Loge. Heute sassen sie in der letzten Reihe der Teilnehmer und sahen nach vorne zum Altar der Weisheit. Dort stand der Meister und begann zu sprechen:

«Liebe Brüder und Schwestern, Kämpfer im Geiste. Ich möchte meine Rede beginnen mit der Erinnerung an die gerade gesprochenen rituellen Worte. Weisheit leite unseren Bau. Schönheit ziere ihn. Stärke führe ihn aus. Es sind kraftvolle, edle, uralte Worte. Doch sind diese Worte noch zeitgemäss? Stehen wir damit richtig in der Welt? Ist nicht unser Leben heute von ganz anderen Werten geleitet? Schauen wir das einmal näher an: Heute wird unsere Gesellschaft bestimmt vom Streben nach Glück. Was hat das mit Weisheit, Schönheit oder Stärke zu tun? Nun, lasst uns das Glück genauer betrachten. Was ist denn Glück genau? Heute ist mit Glück eher Wohlbefinden, Wohlgefallen gemeint. Das war in früheren Zeiten noch anders. Damals machte man noch einen Unterschied zwischen Glück und Wohlbefinden. Damals stand Glück noch für Gelingen. Glück lebte im Steinmetz, wenn er sein Werk vollendet hatte. Glück lebte im Krieger, wenn die Schlacht siegreich beendet war. Glück lebte im Mann, wenn er die Frau seines Herzens für sich gewonnen hatte. Glück lebte im Bergsteiger, wenn er den Gipfel erreicht hatte. Das weist uns darauf hin, was Glück im Kern bedeutet. Glück ist das Gefühl, das entsteht, wenn ein Widerstand überwunden wird. Was bedeutet es, dass ein Widerstand überwunden wird? Es bedeutet nichts anderes, als dass die eigene Stärke wächst. Das müssen wir ins Auge fassen. Das müssen wir klar sehen. Gut ist, was die Stärke im Menschen erhöht, denn es führt zu Glück, und schlecht ist, was aus der Schwäche stammt, denn es führt zu Unglück. Wahres Glück kann nur das Glück des Starken sein.

Nun ist der Mensch Bestandteil der Tierwelt. Der Mensch hat heute seine ökologische Nische in der Stadt gefunden. Der Mensch hat Tier- und Pflanzenwelt sich selbst überlassen. Und doch ist es gut, den Ursprung nicht zu vergessen und einen Blick in die Tierwelt zu tun. Was tut das Schaf, wenn es vier Junge geworfen hat, aber nur drei davon ernähren kann? Es drückt das schwächste Schaf weg. Es wird dem Verfall preisgegeben, damit die drei stärksten Schafe überleben können. Was tun die Schimpansen mit einem missgebildeten Artgenossen? Er wird ausgesondert aus dem Verband, verjagt und vertrieben. Alligatoren, Warane und Schlangen töten schwächere Artgenossen und fressen sie. Wenn in einem Gebiet die Zahl der Mäuse sehr stark steigt, und die ganz Population deshalb zugrunde zu gehen droht, dann fressen die erwachsenen Mäuse ihre Jungtiere. Dies ist ein universales Prinzip in der Natur. Stets verdrängt der Stärkere den Schwächeren. Das geschieht nicht aus persönlichem Egoismus, sondern damit die Population als Ganzes überleben und stärker werden kann. Etwas tun nicht aus Eigennutz, sondern zum Nutzen des Ganzen. Das ist wahre Liebe. Das Mutterschaf, das das schwächste Lamm wegdrückt, tut es das aus Eigennutze? Wird es dadurch selber stärker? Nein, es tut es zum Wohle der Gesamtheit. Das ist wahre Liebe. Das ist das Vorbild der Natur.

Wie ihr alle wisst, ist der Mensch durch den Gang der Evolution entstanden. Er hat sich entwickelt aus der allgemeinen Natur heraus durch Mutation und Selektion. So haben sich aus den gemeinsamen Vorfahren von Affen und Menschen die Vormenschen entwickelt, ich darf nur an den Australopithecus erinnern, daraus die Urmenschen wie der Homo habilis, dann die Frühmenschen wie der Homo erectus und schliesslich sind wir entstanden, der Homo sapiens. Es gibt keinen Australopithecus mehr, keinen Homo habilis, keinen Homo erectus. Es gibt nur noch uns, den Homo sapiens. Diese Entwicklung darf nicht stehenbleiben. Sie muss weitergehen hin zum Höherwertigeren, Lebenswürdigeren, Zukunftsgewisseren. Der Mensch muss sich über sich hinaus entwickeln. Das ist sein natürlicher Entwicklungspfad. Das ist die Aufgabe, die das Leben uns gibt. Und es gibt uns auch die nötigen Werkzeuge dazu an die Hand, nämlich den Instinkt für Wachstum, für Dauer, für Häufung von Kräften, für Stärke. Wo der Wille zur Stärke fehlt, beginnt der Niedergang.

Darum müssen wir uns mit Macht wenden gegen alle, die Sabotage an der Menschheit treiben. Sie nennen sich Idealisten. Sie predigen uns ihre Ideale, doch in Wirklichkeit betreiben sie den Niedergang der Menschheit. Schauen wir uns einige solcher Ideale an. Es sind abstrakte Prinzipien, die wir nirgends in der Tierwelt finden. Ihre Befolgung soll den Menschen aber über die Tierwelt hinausheben. Welche Arroganz der Idealisten und welche Verblendung. Ist es nicht Arroganz zu meinen, wir wären besser als die anderen Tiere? Und es ist ganz gewiss Verblendung, denn es bringt in Wahrheit die gesamte Menschheit in Gefahr. Glücklicherweise gibt es auch eine Evolution der Ideale. Früher strebte jeder Idealist nach Mitleid, Demut, Keuschheit und Armut. Sie waren Leitlinien der Mönche im Mittelalter. Überall in Europa wurden Klöster gegründet, um diesen Idealen nachzuleben. Nun, die Evolution ist ihren Weg gegangen. Es gibt keine Klöster mehr. Es gibt keine Mönche mehr. Es gibt keine Demut, keine Keuschheit und keine Armut mehr. Nur das unsägliche Mitleid haben wir noch nicht vollständig ausgemerzt. Es ist wie eine Krankheit, die man schon glaubte, besiegt zu haben, und schon bricht sie unerwartet irgendwo wieder aus. Darum, liebe Kämpfer im Geist, möchte ich euch vor Augen führen, wie das Mitleid die Menschheit in den Niedergang führen kann.

Mitleid ist die gefühlte Anteilnahme an Schmerz und Leid anderer. Das Mitleid wurde als kulturelle Höchstleistung gefeiert, die den Menschen über das Tier hinaushebt. Welch gefährlicher Irrtum.

Nehmen wir ein einfaches Beispiel: Angenommen ich bin gut und stark und glücklich. Nun sehe ich einen Mitmenschen, dem es schlecht geht. Ich fühle Mitleid, das heisst im Klartext: Das Leid, das bisher nur der andere im Herzen hatte, lebt nun auch in meinem eigenen Herzen. Am Anfang ging es nur dem einen Menschen schlecht. Nun empfinde ich Mitleid, und es geht auch mir schlecht. Schon geht es also bereits zwei Menschen schlecht. Ein dritter, vierter, fünfter empfinden Mitleid. Damit geht es dann schon sechs Menschen schlecht.

Das Leiden des einen bringt dem einen Leben schon genug Einbusse an Kraft. Das Mitleiden seiner Mitmenschen vermehrt und vervielfältigt diese Einbusse noch. Man verliert Kraft, wenn man mitleidet. Erhöht sich damit die Lebensenergie der Menschheit? Ganz und gar nicht. Jeder einzelne, der mitleidet, wird nicht glücklicher, sondern depressiver. Er wird nicht nur depressiver. Er wird auch kraftloser. Das steht nicht nur im Gegensatz zum angestrebten Glück des Menschen und der Menschheit. Es steht auch im Gegensatz zum Gesetz der Evolution.

Evolution beruht auf Mutation und Selektion. Evolution heisst Selektion der Starken und nicht der Schwachen. Wenn ich der Ideologie des Mitleids folge, sage ich mir ‹ich bin ein guter Mensch, weil ich mitleide und mich schlecht fühle›. Das ist eine zutiefst lebensfeindliche Tendenz. Es ist ein Denken, das die gesamte Menschheit in den Abgrund der Dekadenz führt.

Der grosse Aristoteles wusste das noch. Er sah im Mitleiden einen krankhaften und gefährlichen Zustand, einen Flecken im Gemüt, das man dann unbedingt reinigen müsste. Das Reinigungsmittel war die Tragödie. Dazu wurde die Tragödie erfunden. Sie wurde als Reinigungsmittel erfunden und die Reinigung fand im Theater statt. Dort betrachtete der Mensch eine Tragödie, empfand Mitleid und verliess das Theater gereinigt vom Mitleid voll Kraft und Energie für das wahre Leben.

Leider ist das gesunde Denken der Griechen im Laufe der Geschichte verschwunden. Eines Tages wurde das Mitleid zum Ideal erklärt und bald darauf avancierte es zur Tugend. Das war ein gefährlicher Schritt an den Rand des Abgrunds. Das Ideal ist noch harmlos. Es wird erst durch die konkrete Handlung zur Tugend. Doch dann entfaltet es seine ganze furchtbare, zersetzende Wirkung.

Wenn das Mitleid zur Tugend wird, kann man nur noch dann ein gutes Gewissen haben, wenn man sich schlecht fühlt. Diese sogenannte Tugend ist Sabotage am Leben. Die falschen Idealisten opfern das persönliche Leben und Glück dem Moloch der abstrakten, falschen Tugend. Reale, richtige Tugend ist aber nicht eine Handlung, die aus abstrakten Ideen geboren wird. Wahre Tugend ist jede Handlung, die aus dem Leben kommt, und sie hat im Glück ihren Beweis, eine gute Handlung zu sein. Offensichtlich badet niemand im Glück, der sich im Mitleid suhlt.

Woher stammen diese seltsamen Ideen? Sie sind natürlich entstanden, weil man den Menschen als dem Tier überlegen darstellen wollte. Man wollte ihn sogar aus etwas Höherem, aus einer sogenannten Gottheit, ableiten. Das ist nicht Evolution. Das ist Kreation.

Heute haben wir umgelernt. Heute ist jedem klar, dass der Mensch keineswegs die Krone der Schöpfung ist. Er ist nicht einmal das vollkommenste Tier. Kein Mensch taucht so tief wie der Pinguin. Kein Mensch sprintet so schnell wie der Gepard. Keiner wird auch nur annähernd so alt wie die Riesenschildkröte. Keiner springt so weit wie das Känguru.

Das wusste man natürlich auch früher schon, und deshalb sah man im Bewusstsein des Menschen, im ‹Geist›, den Beweis seiner höheren Abkunft, seiner Göttlichkeit. Davon ist nichts geblieben. Das Bewusstwerden, der ‹Geist›, ist geradezu das Kennzeichen für einen unvollkommenen Organismus. Bewusstes Handeln ist allzu oft nichts anderes als ein Versuchen, ein Tasten, ein Fehlgreifen, kurzum eine Mühsal, bei der unnötig viel Nervenkraft verbraucht wird.

Es ist nicht möglich, dass irgendetwas vollkommen gemacht werden kann, so lange es noch bewusst gemacht wird. Das Wissen muss vergessen werden, damit es zur Fähigkeit wird. Der Tänzer, der jeden Schritt mühsam und bewusst tun muss, ist ein Stümper. Vollkommen wird der Tanz erst, wenn die einzelnen Schritte nicht mehr bewusst sind. Das gilt in jedem Gebiet des Lebens. Schaut in die Natur: Jedes des bewussten Gedankens nicht fähige Reh überlebt in der Wildnis eher als der nackte, nur auf sich gestellte Mensch mit seiner gewaltigen Grosshirnrinde.

Und es gilt über das individuelle Leben hinaus. Dem Menschen unerreicht sind immer noch die vollkommenen Organisationen der Ameisen und der Bienen. Der ‹reine Geist› im Menschen soll den Unterschied zum Tier ausmachen. Doch der reine Geist ist eine reine Dummheit. Keiner hat ihn je gefunden. Fragen sie die Physiker, die Geologen, die Chemiker, die Biologen, ja fragen sie die Pathologen. Millionen von Menschen wurden seziert und in keinem einzigen wurde der Geist gefunden. Man musste sich mit der Grosshirnrinde, dem Nervensystem und den Sinnesorganen begnügen. ‹Gott›, ‹Seele›, ‹Ich›, ‹Geist›, und auch der freie Wille sind samt und sonders imaginäre Konstrukte, die wir nirgends in der Wirklichkeit finden.

Geschweige dennIch kann nur noch kurz auf Wege aus dieser Verirrung des Denkens hinweisen. Nicht gegen die Sünde müssen wir kämpfen, sondern gegen das Leiden. Die Sorge müssen wir abschütteln, die Sorge für sich und für die anderen. Kampf gegen Andersdenkende, Abneigung, Rache müssen aus unserer Seele verschwinden. An ihre Stelle sollen positive Vorstellungen treten, solche, die Ruhe geben oder Freude. Es gilt das Glück auf Erden zu realisieren. Glück entsteht, wenn Widerstände überwunden werden. Glück entsteht, wenn Macht sich mehrt.

Liebe Brüder und Schwestern im Geiste, zum Abschluss möchte ich nochmals an unsere rituellen Worte erinnern: Weisheit leite unseren Bau. Schönheit ziere ihn. Stärke führe ihn aus. Es ist nicht intelligent, geschweige denn weise, etwas zu tun, das einen weniger glücklich oder sogar unglücklich macht. Wir werden nicht schöner, wenn wir Schmerz im Herzen fühlen. Stärke führt uns auf den Weg zu Glück, Freiheit und Unabhängigkeit.»

Zwei Stunden später sassen Jojo, Mattea, Lucia und Mark in der Wohnung der Tante.

«Dieser Riku ist schon seltsam», sagte Lucia, «er redet von Zeugs, das vermutlich bloss seine Freimaurer interessiert.»

«Wie meinst du das genau?», fragte Mattea.

«Naja, Mitleid, Demut, Keuschheit und Armut, das sind Worte, die heute niemand mehr verwendet. Das sind Sachen, die niemand mehr anstrebt und auch niemand mehr predigt. Sie sind überflüssig geworden. Fangen wir mal mit Mitleid an. Wenn ich ihn recht verstanden habe, heisst das doch, das Leid eines anderen sehen und mit ihm mitfühlen. Habt ihr in der Wirklichkeit der Realitätskappe jemals einen anderen leiden sehen? Das gibt es doch heutzutage gar nicht mehr. Wenn ich niemanden leiden sehe, kann ich auch mit niemandem mitfühlen und mitleiden.»

Mark nickte und sagte: «das sehe ich auch so. Ja früher, da wurden die Leute vom Säbelzahntiger verfolgt oder des Nachts tief im Wald in ihrer Postkutsche von Banditen überfallen oder so. Aber das gibt es heute nicht mehr. Jeder sitzt glücklich und zufrieden in seiner Wohnung und hat die Erfahrungen, die er gerne haben möchte. Er hat gar nicht die Möglichkeit, unglücklich zu werden.»

«Ich weiss nicht», gab Mattea zu bedenken, «bei unseren Nachbarn ist kürzlich die Mutter gestorben. Die waren wochenlang untröstlich. Tod und Trauer gibt es doch immer noch. Auch wenn man nicht mehr von Säbelzahntigern oder Banditen umgebracht wird.»

«Eure Nachbarn?», fragte Jojo überrascht, «kennt ihr eure Nachbarn?»

«Ja natürlich», antwortete Mattea, die gehen wir des Öfteren besuchen.»

«Aber wieso das denn? Also, ich nicht. Meine ganze Familie tut das nicht. Wir kennen unsere Nachbarn nicht einmal. Wir haben doch Freunde in der ganzen Welt, die wir in der Wirklichkeit der Realitätskappen treffen. Das ist cool. Warum sollte ich in die Wohnungen meiner Nachbarn gehen? Ohne die Realitätskappen ist in den Wohnungen ja nichts Interessantes zu sehen. Schaut euch doch nur um hier.»

«Ach so», antwortete Mattea, «das erklärt einiges. In den Realitätskappen haben unsere Nachbarn auch nichts von Tod und Trauer sehen lassen. Das ist ja schon ziemlich privat. Und damit will eigentlich auch niemand belästigt werden.»

«Eben», pflichtete Lucia bei, «das meinte ich ja, Mitleid muss man nicht mehr haben, weil man in der Wirklichkeit der Realitätskappen nur Gutes oder Spannendes oder so sieht, aber mit Sicherheit nichts Mitleiderregendes. Darum gibt es auch kein Mitleid mehr. Es ist unnötig geworden. Es hat seine Ursache verloren.»

«Und Demut?» fragte Mark, «was ist Demut überhaupt?»

«Davon hat doch der Angelus Helveticus geschrieben», warf Jojo ein. «Er hat doch geschrieben «das Tor der Demut ist verschlossen oder so ähnlich.»

«Mag sein», antwortete Mark, «aber jetzt weiss ich immer noch nicht, was Demut ist. Es hatte doch mit Verehrung und Ehrfurcht und so seltsamen Sachen zu tun.»

«Ich habe das damals recherchiert, als ich wieder zuhause war», meldete sich Lucia wieder zu Wort, «Demut bezeichnet die Haltung des Geschöpfes zum Schöpfer. Es gibt keinen Schöpfer. Das ist heute jedem klar. Deswegen gibt es auch keine Demut mehr. Wir sind das Produkt des Zufalls. Vor Millionen von Jahren haben sich in der Ursuppe die Bestandteile der DNA und der Proteine gebildet, und durch Mutation und Selektion sind schliesslich Menschen, Tiere und Pflanzen entstanden. Ich selber bin auch Produkt des

Zufalls. Ich bin während der Zeugung aus Teilen der Gene meiner beiden Grossmütter und Teilen der Gene meiner beiden Grossväter zusammengewürfelt worden.»

«Von Vater und Mutter redest du da gar nicht?» fragte Mattea.

«Also gut, ich kann das auch so sagen: Als einer der Samen meines Grossvaters väterlicherseits mit einer der Eizellen meiner Grossmutter väterlicherseits verschmolz, hat sich die befruchtete Eizelle gebildet, aus der später mein Vater entstanden ist. Alle Körperzellen meines Vaters haben alle Chromosomen seiner Mutter und alle Chromosomen seines Vaters enthalten. Aber dann haben sich im Körper meines Vaters die Samenzellen gebildet. Die hatten nun nicht mehr alle Chromosomen doppelt, sondern nur noch einen einfachen Chromosomensatz. Da hat das grosse Würfeln stattgefunden: Dies nehmen wir vom Grossvater, das von der Grossmutter. Und bei meiner Mutter war es genauso. Nur ging es da um die Eizelle. Der Zufall hat entschieden, welche spezielle Zusammensetzung an Genen aus den Genen meines Vaters schliesslich in dieser einen Samenzelle landete. Als beim Zeugungsakt eines der 600 Millionen Spermien meines Vaters mit der einen Eizelle meiner Mutter verschmolz, ist eine befruchtete Eizelle entstanden, die dann ich wurde. Die Chance, dass ich so zusammengesetzt wurde, wie ich jetzt bin, war also mit Sicherheit erheblich kleiner als 1 zu 600 Millionen. Ich enthalte nun alle Chromosomen meines Vaters und alle meiner Mutter, aber genauer gesagt, nur die meines Vaters, die in der Samenzelle waren, und die meiner Mutter, die in der Eizelle waren. Die anderen Hälften sind jeweils verloren gegangen. Da hat also unglaublich viel Zufall mitgespielt und ich kann ehrlich gesagt keinerlei Verehrung für diesen Zufall empfinden.»

«Wenn du das so siehst, dann dürftest du eigentlich Grossvater und Grossmutter auch nicht erwähnen, denn bei denen war das ja genauso wie bei Vater und Mutter», antwortete Mattea.

Lucia grinste und sagte: «Ja das ist so, eigentlich wurden von Grossmutter und Grossvater und Urgrossvater und Ururgrossvater und immer weiter zurück nur jeweils Gene weitergegeben, die schon vorher existiert haben. Eigentlich ist es doof zu sagen, das habe ich vom Vater und jenes von der Mutter geerbt. Eigentlich müsste man sagen, das habe ich von Adam oder von Eva geerbt, wenn es die denn gab. Und sollte sich irgendwann durch Mutation ein neues Gen gebildet haben, so war diese Mutation auch nur der reine Zufall.»

«Wenn man so streng logisch denkt», sagte nun Jojo nachdenklich, «dann gibt es Demut tatsächlich nur solange es einen Gott, einen Schöpfer, gibt.»

«Hilf mir mal Jojo», sagte nun Mark, «der Angelus Helveticus hat das doch irgendwie erwähnt.»

«Ja, das hat er. Gleich am Anfang von seinem Buch hat er das geschrieben. Die geistige Welt ist der Ursprung von allem. Aus ihr ist alles Geschaffene entstanden. Sie ist der Quell, dem alles Seelische, Lebendige und Physische entsprungen ist. Das ist doch das, was die Menschen früher mit Gott oder Schöpfer bezeichnet haben. Gott, Schöpfer und geistige Welt gehören dann zusammen.»

«Eines ist jetzt jedenfalls sonnenklar», sagte Mattea so entschieden, dass die anderen sie überrascht anblickten, «Dieser Riku ist tatsächlich von Ahriman gekapert worden.»

«Dir ist das vielleicht sonnenklar, mir aber nicht», antwortete Mark und zuckte etwas ratlos mit den Schultern.

«Wir haben doch alle Riku, also, ich meine den geistigen Riku, dem Leib und Seele abhandengekommen sind, getroffen. Der hat damals gesagt, dass Ahriman der Herr über die Materie ist. Die Materie ist sein angestammtes Reich, sein Herrschaftsgebiet. Die Menschen sollen sich in Freiheit zum Göttlichen erheben, aber Ahriman will das nicht. Es gibt die Welt der Materie, die Welt der Seele und die Welt des Geistes. Ahriman will, dass wir nur die Welt der Materie kennen, weil das nämlich sein Herrschaftsgebiet ist. Mit allen unseren Sinnen erfahren wir nur etwas über die Welt der Sinne, also die Welt der Materie. Unser Denken stammt aber aus der geistigen Welt. Mit dem Denken könnten wir die geistige Welt erfahren. Das kann man, wenn man lernt, lebendig zu denken. Und genau das will Ahriman verhindern. Er will, dass der Mensch nichts vom lebendigen Denken weiss. Er will, dass der Mensch nur den toten Intellekt kennt. Und da ist er schon fast am Ziel. Ich jedenfalls kenne keinen Menschen, der das lebendige Denken erlebt. Wir erleben alle den Intellekt. Der Intellekt macht uns innerlich kalt, macht uns innerlich tot. Der Intellekt lähmt uns. In der Schule lernen wir, den Intellekt immer weiter zu entwickeln. Das heisst die Schule macht uns nicht lebendiger, sondern tötet uns irgendwie.»

«Ja und», sagte Mark wieder, «was hat das mit dem Riku der Freimaurer zu tun?»

«Mattea hat schon recht», kam ihr Lucia zu Hilfe, «was der Freimaurer-Riku heute gesagt hat, war doch wirklich intellektuell brillant, es war bestechend und logisch und sauber abgeleitet. Und es war innerlich völlig kalt. Keine Spur von Wärme. Genauso soll dieser Ahriman doch sein. Und ausserdem hat sich der Freimaurer-Riku heute geradezu über Gott, also die geistige Welt, lustig gemacht. Er hat gezeigt, dass es keine geistige Welt gibt, und bei seiner Beweisführung hat er ausschliesslich die Welt der Materie betrachtet.»

«Aber Lucia», sagte Mark immer noch verständnislos, «was ist da speziell dran? Das lernen wir doch genau so in der Schule. Was ist da so speziell ahrimanisch?»

«Du Mark», sagte nun Jojo, «ich glaube du hast recht. Und ich glaube, Mattea hat auch recht. Riku wurde von Ahriman gekapert, und was Riku heute gesagt hat, ist nicht sehr speziell. Das lernen wir alles in der Schule – vielleicht nicht so brutal ausgedrückt, wie Ahriman-Riku das heute gemacht hat, aber es ist doch das, was wir in der Schule lernen.»

«Und was willst du damit genau sagen?»

«Also, vielleicht haltet ihr mich jetzt für verrückt, aber aus dem Ganzen gibt es nur eine Schlussfolgerung: Ahriman hat bereits die ganze Welt gekapert. Das Denken der ganzen Welt bezieht sich ausschliesslich auf die Materie. Das Denken der ganzen Welt ist tot und intellektuell. Es gibt einige Ausnahmen, das sind du, Mattea und ich. Wir sind aber nicht Ausnahmen, weil wir anders denken. Wir sind Ausnahmen, weil wir anders wahrnehmen. Wir sehen und hören und fühlen Dinge, die die anderen nicht sehen oder hören oder fühlen. Wir denken zwar noch wie alle anderen, aber wir nehmen anderes wahr. Und nun passt unser Denken nicht mehr zu unseren Erfahrungen. Wir sind wie die Leute in der Höhle aus Platos Geschichte, die sich umdrehen und plötzlich ins Licht sehen. Wir sehen das Licht und es verwirrt uns, und wir verstehen überhaupt nichts, weil wir immer noch intellektuell denken. Und dann gibt es da diese Freimaurer. Die nehmen genauso wenig wahr wie alle anderen, und ob sie anders denken, weiss ich nicht. Auf jeden Fall versuchen sie mit all diesen Ritualen wieder zur geistigen Welt zu gelangen.»

Lucia legte Jojo die Hand auf den Arm und schaute ihn entgeistert an. Dann sagte sie leise: «Jojo, wenn das stimmt, dann verstehe ich, warum Ahriman ausgerechnet Riku gekapert hat. Dann war das ein genialer Schachzug von ihm. Nun kehrt er das Denken der Freimaurer um. Er sieht aus wie Riku, er ist der Meister der Freimaurer, sie glauben an ihn und seine Autorität, und nun dreht er ihr Denken um, und zwar sehr geschickt. Sie sind sozusagen das letzte Nest des Widerstands. Er bekämpft sie nicht offen. Er höhlt sie von innen aus, indem er sich des Körpers und der Seele von Riku bedient.»

«Eines verstehe ich trotzdem nicht», sagte Mark, «warum lässt die geistige Welt das zu? Wieso schauen die alle tatenlos zu, was Ahriman da tut?»

«Weil das irgendwie mit der Freiheit der Menschen zu tun hat, glaube ich», sagte nun Mattea, «das stand ja auch in dem Buch: Die Menschen sollen sich in Freiheit zum Göttlichen erheben. Wenn die geistige Welt eingreift, sind die Menschen nicht mehr frei.»

«Wenn die geistige Welt nichts tut, dann müssen wir etwas tun», sagte Mark, «so einfach ist das.»

«Aber Mark, was können wir denn schon tun, wir sind ja noch nicht einmal erwachsen. Wir gehen noch in die Schule», wandte Lucia ein.

Jojo lachte und sagte: «Genau deswegen können wir noch etwas tun. In der Schule wird doch das Denken abgetötet. Da wird der Intellekt daraus gemacht. Wir gehen noch zur Schule, also ist unser Denken noch nicht ganz abgetötet. Also können wir noch Zugang zur geistigen Welt haben, wenn wir es richtig anstellen.»

«Was wir tun können, ist doch sonnenklar», antwortete Mark, und plötzlich vibrierte seine Stimme vor Begeisterung, «Wir tun, was wir schon einmal getan haben.»

«Und was sollte das sein?»

«Erinnere dich Lucia, erinnere dich. Du warst ganz normal, du hattest keine seltsamen Wahrnehmungen. Dann bist du deiner Schwester in den Wald gefolgt und hast uns getroffen. Und dann ist es nicht lange gegangen, schon hast du den geistigen Riku gesehen.»

«Gesehen habe ich ihn nicht, ich habe eher Gedanken von ihm im Kopf gehabt.»

«Wie auch immer, es ist doch ganz klar, was wir tun müssen. Wir müssen endlich unser Vorhaben in die Tat umsetzen und viel Zeit im Wald verbringen. Da schöpfen wir Kraft. Da lernen wir die geistige Welt kennen. Später bringen wir dann noch andere mit in den Wald, damit sie auch die geistige Welt kennen lernen. Aber vorher befreien wir noch den geistigen Riku.»

«Er stutzte und fuhr dann fort: «Befreien ist vielleicht nicht das richtige Wort. Wir verjagen Ahriman aus dem Körper von Riku und schauen, dass Riku wieder hineinfindet.»

«Und wie wollen wir das tun?», fragte nun Jojo neugierig.

«Keine Ahnung, darüber können wir nachdenken, während wir im Wald sind.»

16 Überleben im Wald

Jojo und Mark standen im Wald und warteten. Endlich sahen sie Lucia und Mattea zwischen den Bäumen hervortreten. Sie kamen mit ihren Kiepen am Rücken auf sie zu. Kaum angekommen, setzten sie sofort die Kiepen ab und stellten sie auf den Boden.

«Puh», stöhnte Mattea und rieb sich die Schultern, «das war ganz schön anstrengend.»

«Eure Kiepen sind aber auch randvoll», antwortete Jojo, «was habt ihr denn bloss alles mitgebracht?»

«Nur das Nötigste, wirklich», antwortete Mattea, «also das Wichtigste sind natürlich die Bettdecken. Ich habe keine Lust zu frieren, dann Essen für eine Woche, Wäsche zum Wechseln, Handtuch und Waschlappen und», sie griff in ihre Hosentasche und hielt triumphierend etwas Längliches in die Höhe, eine Feile!»

«Gratulation», sagte Mark beeindruckt, «du hast tatsächlich eine Feile aufgetrieben. Ich hatte schon angefangen, mir Sorgen zu machen, ob wir das mit dem Feuermachen auch hinkriegen. Ich meine, man kann auch nur mit

Holz Feuer machen, theoretisch weiss ich, wie das geht, es ist aber richtig schwierig. Mit Feile und Feuerstein wird es uns jedenfalls mit Sicherheit gelingen.»

«Jetzt ist genug vom Feuer geredet. Jetzt brauche ich zuerst etwas zu trinken», unterbrach ihn Lucia, «ich verdurste fast, wir sind zwei Stunden ununterbrochen gewandert. Und ausserdem müssen sich meine Schultern erholen. Diese Kiepen drücken wahnsinnig in die Schultern. Wir hätten sie polstern sollen, aber daran haben wir natürlich nicht gedacht.»

«Und unten drücken sie ausserdem in den Rücken», ergänzte Mattea, «da habe ich bestimmt schon blaue Flecken. Holz auf Haut, da ist ja klar, wer nachgibt. Das bisschen Kleidung dazwischen nützt da auch nichts.»

«Ich habe auch eine Überraschung für euch», sagte Jojo und zog vier Becher aus seiner Kiepe, «ich habe Becher mitgebracht. Quellwasser ist super, aber Quellwasser aus dem Becher ist superbequem.»

Er ging zum Bach und kam mit zwei gefüllten Bechern wieder zurück. «So, jetzt könnt ihr euch am Wasser laben.»

Die Mädchen tranken, während Mark und Jojo ihnen schweigend zusahen. Schliesslich fragte Jojo: «Ihr habt ja getrunken wie zwei Verdurstende. Habt ihr denn kein Wasser mitgebracht?»

«Doch, natürlich», antwortete Lucia, «aber wir wollten ehrlich gesagt lieber von dem Bachwasser trinken. Das ist frischer und kühler und schmeckt viel besser.»

«Oh je, Lucia», sagte Jojo und grinste, «der Wald hat dich schon ganz schön verdorben. Ist dir nicht klar, wie gefährlich Bachwasser ist? Da können Bakterien, Viren und Protozoen drin lauern. Warum gefällt dir das klinisch reine Stadtwasser nicht?»

«Protozoen?», fragte Lucia, «was ist das denn?»

«Das sind tierische Einzeller, die im Wasser leben. Die können gefährliche Krankheiten verursachen. Toxoplasmose und so.»

«Gut zu wissen, Jojo», antwortete Lucia, «ich weiss zwar nicht, was Toxoplasmose ist, aber damit machst du mir keine Angst. Ich vertraue auf meine Sinne. Das Wasser ist kühl, klar, riecht angenehm und schmeckt hervorragend. Es ist irgendwie, naja lebendig, und das Stadtwasser ist irgendwie tot.»

«Nanu wie hast du das denn gemerkt?»

Um Lucias Lippen spielte der Hauch eines Lächelns, ehe sie antwortete: «Ganz einfach, gerade noch war ich fast tot von der Wanderung mit der schweren Kiepe, und dieses Bachwasser hat meine Lebensgeister wieder geweckt. Komm, lasst uns weitergehen.»

So machten sie sich auf den Weg den Bach entlang. Sie waren kaum eine halbe Stunde gelaufen, als Mattea plötzlich sagte: «Kommt, macht mal Pause, ich muss Blumen pflücken.»

«Blumen pflücken?», fragte Mark irritiert, «ich sehe keine Blumen.»

«Ach die meisten sind schon verblüht, aber hier wächst überall Waldmeister. Der Waldboden ist ganz bedeckt davon. Dahinten siehst du noch einen mit seinen kleinen weissen Blüten, der grüne Blätterkranz ist sternförmig, und die Blüten sind es auch. Waldmeister ist gut und riecht angenehm, damit kann man Tee machen.»

Mark pflückte eine der kleinen Pflanzen und roch daran.

«Ich rieche rein gar nichts», sagte er enttäuscht. «Weder gut noch schlecht, einfach gar nichts.»

«Das soll auch so sein. Man muss ihn pflücken und dann welken lassen, dann fängt er an zu riechen.»

Sie hielten also an und begannen zu pflücken. Schon rief Lucia: «Puh, da muss man ja aufpassen, dass man beim Pflücken nicht gleich die ganze Pflanze samt Wurzeln und Erde dran ausreisst. Die sitzen ja ganz locker im Boden. Und wieviel brauchen wir eigentlich?»

«Ein paar Handvoll genügen», sagt Mattea, ‹der duftet stark, wenn er dann mal duftet›.

Die paar Handvoll waren schnell gepflückt, und so blieben sie noch etwas länger sitzen und genossen es, einfach da zu sein, ehe sie sich wieder auf den Weg machten. Zwei weitere Pausen später erreichten sie schliesslich die Kuppe und blickten ins weite Tal hinab.

«Ah, ich sehe schon unsere Hütte stehen, dort unten am Fluss», sagte Mark träumerisch, «ein grosses Ziegeldach hat sie, das weit über die Wände hinausreicht, aus dem Schornstein kommt leichter Rauch. Wir sitzen auf der Bank vor dem Haus und blicken zufrieden über das Land. Um das Haus herum breiten sich Blumen- und Gemüsebeete aus.»

«Ach Mark», unterbrach ihn Mattea, «ich frage mich eher, wo wir heute Nacht schlafen sollen. Das Haus wird ja nie im Leben fertig in den nächsten paar Tagen.»

«Keine Sorge, Mattea», antwortete Jojo, «Mark ist der Architekt, Planer, Chefingenieur, Baumeister und all das für das Haus. Mein Job war die Planung der Schlafstelle. Bis das Haus einzugsbereit ist, werden wir im Freien schlafen müssen.»

«was im Freien?» fragte Lucia, «bedenke, dass ich ein Stadtkind bin. Ich dachte immer, wir bauen heute das Haus, decken es notdürftig mit Zweigen und Laub und schlafen heute Nacht schon darin.»

«Ja, das dachten Jojo und ich auch», antwortete Mark, «aber in den letzten Tagen haben wir gemerkt, dass wir das nie im Leben schaffen, wir können schon froh sein, wenn wir heute noch die Pfosten für die Wände aufstellen können, aber dann müssen wir noch das ganze Flechtwerk für die Wände machen und mit Lehm verputzen. Du willst nicht da unten schlafen am Fluss in einem Haus ohne dichte Wände. So ein Fluss ist cool, aber nachts wird es da auch ziemlich kühl und zugig. Ohne richtiges Dach, das geht ja noch, wenn es nicht regnet, aber ohne dichte Wände kannst du gerade so gut gleich im Freien schlafen mit deiner Decke, die doch eher für eine warme Wohnung gedacht ist.»

«Und wo schlafen wir dann heute Nacht?», fragte Lucia.

«Das wirst du gleich sehen», antwortete Jojo, «wir sind doch das letzte Mal an diesem riesigen Felsblock vorbeigekommen, auf dem oben sogar kleine Bäume wachsen. Da richten wir unser Schlafzimmer ein. Wir haben noch ziemlich viel recherchiert in der letzten Woche. Der Felsblock ist ideal für unser Schlafzimmer geeignet. Wir schlafen direkt am Felsen, der hängt leicht über, das schützt uns vor Regen, falls welcher fallen sollte. Aber es sieht ja nicht nach Regen aus, in den Sommermonaten regnet es doch eher selten hier. Links und rechts von unseren Betten bauen wir Wände aus totem Holz und Zweigen und so. Hinter den Betten ist der Felsen, vor den Betten machen wir ein kleines Lagerfeuer und hinter dem Lagerfeuer bauen wir einen Reflektor, damit das Feuer seine Wärme zu uns schickt und nicht einfach in den Wald hinein.»

«Das klingt alles nach ganz schön viel Arbeit», warf nun Mattea ein.

«Ja, das haben wir auch gedacht. Es ist wohl am besten, wenn zwei das Schlafzimmer bauen, und die anderen zwei beginnen mit dem Hausbau.»

Jojo sah Mattea fragend an. Sie nickte und sagte dann: «Ok, also bauen wir zwei das Schlafzimmer, und Mark und Lucia bauen das Haus.»

Sie schaute nun zu den anderen beiden und fügte fragend hinzu: «wenn euch das recht ist.»

Mark und Lucia nickten stumm, und so gingen alle vier weiter den Hang hinab. Bald tauchte linker Hand der grosse Felsen auf. Sie hielten an und stellten ihre Kiepen ab. Mattea blickte kritisch umher. Schliesslich nickte sie befriedigt.

«Da habt ihr wohl recht», sagte sie «das hier gibt ein gutes Schlafzimmer für die ersten Tage. Der Boden dort unter dem Felsen ist einigermassen eben, und der Fels ist tatsächlich ganz schön überhängend. Da haben wir ja fast ein Felsendach. Also los, an die Arbeit.»

«Ja, da wollen wir euch nicht aufhalten», meinte Mark und schaute Lucia an.

«Also los, dann gehen wir zwei auch an die Arbeit.»

Mit diesen Worten machten sie sich auf den Weg zum Fluss hinunter.

«Da gehen sie hin mit dem einzigen Messer», sagte Jojo und schaute ihnen hinterher. «Das werden wir noch ziemlich vermissen.»

«Ich vermisse jetzt erst einmal den Plan», antwortete Mattea, «den hast du doch sicher im Kopf.»

«Im Prinzip ist es ganz einfach» erwiderte Jojo, «wir brauchen zuerst einmal die Betten, dann brauchen wir links und rechts von den Betten einen

Schutz gegen den Wind, ausserdem brauchen wir eine Feuerstelle und schliesslich einen Reflektor.»

«Das klingt nach ganz schön viel Arbeit», sagte Mattea wieder und schaute ihre leeren Hände an, «und wir haben überhaupt kein Werkzeug, bloss unsere empfindlichen Hände. Wir fangen wohl am besten mit den Betten an. Ich würde gerne heute Nacht in einem Bett schlafen und mich unter meine weiche, warme Decke kuscheln. Jetzt musst du mir nur noch verraten, was du über den Bettenbau herausgefunden hast, dann können wir gleich anfangen.»

«Das Wichtigste ist eine gute Isolation. Der Erdkern ist zwar glühend heiss, aber davon merkt man hier oben nichts mehr. Der Boden hier ist kalt und feucht und hart. Darauf wollen wir nicht wirklich schlafen. Am besten isoliert Luft, also müssen wir zwischen dem kalten Boden und uns eine Luftschicht schaffen.»

«Also Jojo, das tönt alles ziemlich theoretisch, was müssen wir denn jetzt praktisch tun?»

«Ganz einfach, wir müssen ein Bettgestell bauen. Für das Kopfende und das Fussende nehmen wir Baumstämme, und darüber legen wir lange Äste. Die bilden die Seiten des Lattenrostes. Darüber legen wir dann ganz viele kurze Äste. Die sind die Latten vom Lattenrost.»

Sie hatten Glück und fanden bald in der Nähe einige einigermassen gerade Baumstämme, die sie gerade noch tragen konnten. Dann suchten sie lange dicke Äste. Die sollten die Seiten ihrer Betten bilden. Schliesslich suchten sie noch eine ganze Menge etwas dünnerer Äste. Als sie alles zur Felswand getragen hatten, schaute Mattea Jojo wieder fragend an.

«Du Jojo», sagte sie «jetzt beginnen die Schreinerarbeiten. Aber wir haben keine Werkzeuge, und vom Schreinern haben wir auch keine Ahnung.»

Jojo grinste verschmitzt und antwortete: «Gut gibt es die Realitätskappen. Ich habe doch recherchiert. Ich habe mir angeschaut, was wir nun machen müssen. Der Wald liefert das Baumaterial und auch einen Teil der Werkzeuge. Zuerst müssen wir die Äste auf die richtige Länge bringen. Wir haben keine Säge, aber wir werden sie zwischen zwei Baumstämme klemmen und dann abbrechen. Das ist bei altem Holz nicht so schwierig.»

«Jojo», sagte Mattea, «ist dir aufgefallen, dass die Äste alle rund sind? Die müssen wir irgendwie zusammennageln, sonst rollen sie gleich wieder weg, aber wir haben keine Nägel, und einen Hammer haben wir auch nicht.»

Jojo nickte. «Wir nageln die Äste nicht zusammen, wir binden sie zusammen. Dazu brauchen wir bloss einigermassen kräftige Schnur.»

«Das heisst wir hoffen, dass Mark und Lucia mittlerweile genügend Schnüre aus Weidenrinde gemacht haben?»

«Nein, wir hoffen, dass das, was ich in der Realitätskappe recherchiert habe, auch stimmt und vertrauen auf die gütige Natur.»

«Komm sag schon, was tun wir genau?»

«Ich habe herausgefunden, dass man auch aus Brombeerranken problemlos feste Schnüre machen kann. Die sind tiptop geeignet für unsere Betten.»

Mattea schaute Jojo wieder zweifelnd an und meinte: «Jojo, vielleicht erinnerst du dich daran, wie es war, als wir Brombeeren gepflückt haben. Das einzige, was an einem Brombeerstrauch nicht stachelig ist, sind die süssen Beeren. Die Ranken haben fürchterliche Stacheln, und sogar die Blätter haben an der Unterseite ganz viele kleine Stacheln. Du weisst, wie wir aufpassen mussten, dass die Ranken sich nicht in unseren Kleidern verhakt haben, und wie schnell wir uns die Finger zerkratzt haben.»

«Ich weiss», antwortete Jojo, «aber ich habe mich auch schlau gemacht. Ganz unten, dicht über dem Boden, haben die Brombeerranken noch fast keine Stacheln. Zuerst nimmt man sich einen kleinen scharfen Stein und reibt da alle Stacheln ab. Dann kann man sie anfassen und ausreissen. Anschliessend reibt man mit dem Stein von unten beginnend alle Stacheln ab.»

«Und alle die Zweige, die von der Hauptranke ausgehen? Was macht man mit denen?»

«Na die macht man auch ab. Das ist etwas delikat, wie es scheint, aber wenn man die Blätter von oben zusammenfaltet, kann man so die kleinen Zweige abreissen, ohne sich die Finger blutig zu stechen. Und dann sucht man sich einen grösseren Stein, der einigermassen scharf ist, und reibt die ganze Ranke darüber hin und her, bis alle Stacheln ab sind. Schliesslich klopft man die ganze Ranke mit einem Stein flach, damit sie schön geschmeidig wird und nicht bricht. Und schon ist die Schnur fertig.»

«Weisst du was, Jojo?», sagte Mattea, «ich glaube wir teilen uns die Arbeit auf. Ich werde Schreiner und breche die Äste auf die richtige Länge, und du wirst Seiler und machst uns gute Schnüre.»

Es stellte sich bald heraus, dass Mattea die Schreinerarbeiten schneller von der Hand gingen als Jojo die Seilerei. Also begann Mattea mit dem Zusammenbinden der Äste, und Jojo brachte immer neue Brombeerschnüre. Nach einigen Stunden waren die Lattenroste fertig, und Mattea betrachtete stolz ihr Werk.

«So Jojo», sagte sie zufrieden. Die Betten sind montiert, nun fehlen nur noch die Matratzen.»

«Die Isolation fehlt auch noch», sagte Jojo. «In unseren Zimmern ist es windstill, aber draussen im Wald weht der Wind. Wenn der unter unseren Betten durchstreicht, wird es da ziemlich kühl. Wir müssen den ganzen Raum unter den Lattenrosten mit altem Laub füllen. Dazwischen steht dann die Luft und isoliert schön.»

Das war nicht allzu schwierig, denn es gab trocknes Laub in Hülle und Fülle, und nach einiger Zeit sagte Mattea: «So nun sind die Betten montiert und isoliert, jetzt fehlen wirklich nur noch die Matratzen.»

«Die können wir auch aus trocknem Laub und Gras und so machen», antwortete Jojo, «aber viel besser wäre es, wir könnten vorher noch ganz viele dünne Fichtenzweige auf den Lattenrost legen. Die federn schön und sind nicht so hart.»

«Fichten?», fragte Mattea gedehnt, «Fichten wachsen hier gerade nicht.»

Sie mussten lange gehen, bis sie die ersten Fichten fanden und entsprechend lange dauerte es, bis sie genügend kleine Zweige von den Bäumen gerissen und zu ihrem Schlafplatz geschleppt hatten. Dann dauerte es aber keine halbe Stunde mehr, und die Betten waren fertig und schön mit einer dicken Schicht Laub bedeckt.

«So», sagte Jojo befriedigt und betrachtete ihr Werk, «das Wichtigste wäre geschafft. Nun fehlen nur noch drei Wände, aber das ist keine grosse Sache.»

«Keine grosse Sache?», fragte Mattea überrascht, «nur mal rasch ein paar Wände aufbauen?»

«Es werden keine richtigen Wände», beruhigte sie Jojo, «sie sollen nur ein bisschen den Wind abhalten und die Tiere des Waldes abschrecken, damit sie nicht an unseren Händen lecken, wenn wir die im Schlaf aus dem Bett hängen lassen. Wir suchen einfach Äste und Baumstämme und lehnen sie schräg an den Felsen, die kurzen näher dran und die längeren weiter weg.»

Sie machten sich also auf die Suche nach noch mehr Ästen und Zweigen, rammten sie in kleine Löcher, die sie im Boden machten, und lehnten sie dann gegen den Felsen. Am Ende sah die Wand eher wie ein rechtwinkliges Dreieck aus. Sie stecken unten noch viele kleine Zweige in den Boden und deckten sie mit trocknem Laub zu. Eine Stunde später war auch die zweite Wand fertig. Mattea legte sich probeweise auf das Bett und schaute ins Tal.

«Unglaublich», sagte sie, «ein Schlafzimmer mit Talblick, das hatte ich noch nie.»

«Also beim Talblick wird es nicht bleiben», antwortete Jojo, wir brauchen ja noch den Reflektor.»

«Wozu brauchen wir denn einen Reflektor, und wo nehmen wir den her?», fragte Mattea.

Wir wollen doch ein Feuer machen, und das Feuer soll uns wärmen und nicht das Tal,» antwortete Jojo, «also bauen wir zwischen dem Feuer und dem Tal eine kleine Reflektorwand, die reflektiert die Wärme des Feuers zu unseren Betten und der Felswand zurück.»

«Dann genügt doch auch eine ganz niedrige Wand», antwortete Mattea, «ich hätte gern ein Schlafzimmer mit Ausblick ins Tal, sonst bin ich zum Schluss ja wieder in ein Zimmer eingesperrt wie in der Stadt.»

«Kein Problem», antwortete Jojo, und so machten sie sich wieder an die Arbeit. Sie rammten wieder kleine Löcher in den Boden und steckten Äste hinein. Diesmal lehnten sich immer zwei Äste gegeneinander, so dass sie sich mit den Astgabeln ineinander verhakten. Schliesslich war die Wand fertig. Sie lief ziemlich genau parallel zum Fussende ihrer Betten.

«Die Wand ist fertig», sagte Mattea, «aber es ist noch keine Reflektorwand. Wo bekommen wir nun den Reflektor her? Den werden wir kaum im Wald finden.»

«Der kluge Mann baut vor», antwortete Jojo und griff grinsend in seine Kiepe. Er holte ein zusammengefaltetes Stück Aluminiumfolie heraus und entfaltete es zu einer grossen Decke, die er sorgfältig über die Wand hängte.

«Wo hast du die denn her?» fragte Mattea erstaunt.

«Aus dem Judo-Club», antwortete Jojo, «da brauchen wir doch Rettungsdecken, falls einer mal einen Unfall hat. Da liegen ganz viele von diesen Dingern, und ich habe zwei von denen mitgenommen. Im Judoclub braucht sie doch niemand, aber für uns hier sind sie ausgesprochen nützlich.»

Er hielt kurz lauschend inne und sagte dann: «jetzt sind wir gerade rechtzeitig fertig geworden. Ich glaube, da kommen Mark und Lucia zurück.»

«Ja, ich höre sie auch», antwortete Mattea, «komm, wir warten, bis sie da sind.»

Sie brauchten nicht lange zu warten. Schon tauchten die beiden zwischen den Bäumen auf und kamen rasch näher. Sie blieben neben der Reflektorwand stehen, und Mark sagte:

«Also das nenne ich eine gute Überraschung, da erwartet uns ein echtes, gemütliches Schlafzimmer.»

Erstaunen und Bewunderung schwangen in seinen Worten mit. «So schön hatte ich mir das gar nicht vorgestellt, das ist wunderbar geworden.»

«Jetzt fehlt nur noch das Feuer», antwortete Jojo, «heute Nacht wird es vermutlich doch ziemlich kühl werden. Ein Feuer wäre eine gute Sache.»

«Natürlich», sagte Mark, «wir müssen doch auch die geniale Feile einweihen.»

Er zog einige kleine Steine aus der Tasche.

«Ich habe am Bach nach Steinen gesucht, ich hoffe einer ist ein guter Feuerstein. Aber nun brauchen wir auch noch Zunder und Feuerholz.»

«Hast du nicht gesagt, dass wir es auch mit Birkenrinde schaffen?» fragte Lucia.

«Ja, zumindest haben wir das in der Realitätskappe recherchiert.»

«Na, dann gib mir mal das Messer, ich habe unten am Waldrand glaube ich Birken gesehen. Da besorge ich etwas Rinde.»

Mark gab ihr das Messer, und sie machte sich auf den Weg, während die anderen Holz für das Feuer suchten. Es dauerte fast eine Stunde, bis sie zurückkam, unter dem Arm ein grosses Stück Rinde.

Mark strahlte sie an und sagte: «Nun kann es also losgehen. Ist das tatsächlich Birkenrinde?»

«Ja, schau doch, sie ist schwarz mit ganz vielen weissen Stellen. Ausserdem habe ich noch massenhaft von diesem dünnen weissen Zeug an der Birke abgekratzt. Das muss ja wirklich brennen wie Zunder.»

Mark nahm ihr die Rinde ab, legte sie sorgfältig mit der Innenseite nach oben auf den Boden und bat um das Messer. Damit schabte er an der Rinde immer hin und her, bis ein ziemlich grosser Haufen von so etwas wie Rindenpulver entstanden war. Über den legte er vorsichtig die weissen hauchdünnen Schnipsel, danach schnipselte er noch viel von dem Holz klein und legte es daneben.

«Jetzt sieht es ziemlich genauso aus, wie ich es in der Wirklichkeit der Realitätskappe gesehen habe. Jetzt müsste es funktionieren.»

Mattea gab ihm die Feile, er steckte die Feile in den Rindenpulverhaufen und begann mit seinem Feuerstein schnell darüber zu streichen. Sofort bildeten sich Funken und fielen auf den Pulverhaufen, es dauerte aber noch eine ganze Weile, bis sich die ersten schwachen Rauchwölkchen bildeten. Mark blies vorsichtig hinein, und endlich sahen sie auch eine kleine Flamme aufzüngeln. Sie fütterten die Flamme mit all den weissen Rindenschnipseln, dann grösseren Holzstückchen, und endlich hatten sie ein kleines Feuer brennen. Auf dem Gesicht von Jojo breitete sich Erleichterung aus, und er sagte: «So nun ist die Kemenate fertig. Dem geruhsamen Schlaf steht nichts mehr im Weg.»

«Kemenate?», fragte Mark, «was ist eine Kemenate?»

«Das Wort ist mir bei meinen Recherchen über den Weg gelaufen. Im Mittelalter war die Kemenate ein beheizbares Zimmer in einer Burg. Das hat etwas mit Cheminée oder Kamin zu tun. Und genau das haben wir jetzt: Ein beheizbares Zimmer aus Stein, oder jedenfalls mit einer Steinwand. Also wir sind fertig. Das Schlafzimmer ist parat. Und ihr? Wie ist es euch ergangen?»

«Wir?», sagte Lucia und stöhnte leise, «wir haben den ganzen Tag geschuftet, aber es gibt nicht viel zu sehen von unserer Hände Arbeit. Das wunderbare Haus am Fluss mit dem weit überhängenden Dach inmitten von Blumen und Gemüsebeeten existiert immer noch vorwiegend in Marks Kopf. Es fehlen uns einfach die Werkzeuge.»

«Wir haben natürlich das wundervolle Taschenmesser von Mattea», fiel Mark ein, «das ist zwar wundervoll aber auch sehr klein. Wir haben sechs armdicke Weiden damit geschnitten, vier kürzere und zwei längere. Das heisst, die vier Eckpfosten und die zwei Giebelpfeiler unseres Hauses sind schon mal fertig. Aber damit war der Tag auch schon vorbei, und wir waren fix und fertig.»

Sie sassen noch lange da und erzählten und lachten. Irgendwann war es Abend geworden. Die Gespräche waren verstummt, die Dämmerung war schon über den Himmel gekrochen, und Dunkelheit lag im Wald. Nur das Feuer brannte hell und schickte seinen flackernden Schein über ihre Gesichter. Mattea sah Jojo lange an und sagte dann:

«Du, Jojo, was ist mit dir? Du bist so still, und du siehst so merkwürdig aus? Siehst du etwas, was wir nicht sehen?»

Jojo fuhr sich mit der Hand über die Augen.

«Ja, ich sehe etwas, das ihr vermutlich nicht seht. Aber ich sehe es ganz klar. Es ist merkwürdig:

Ich gehe durch das Tal. Rechts neben mir ist der Wald und links eine freie Anhöhe. Es ist Winter. Alles ist tief verschneit. Ich gehe durch den Schnee. Ich sehe mich von oben, und plötzlich merke ich, dass ich nicht allein bin. Ich gehe in einer Armee. Es sind aber keine Soldaten. Es sind alles in weisse lange Kleider gewandete Frauen. Ich weiss nicht, ob es Frauen sind, es sind eher Mädchen. Sie sehen alle gleich aus. Sie haben alle lange blonde Haare und blaue Augen und rote verzückt lächelnde Lippen. Wir gehen alle im Gleichschritt, aber nicht wie Soldaten, wir gehen im Walzerschritt, wiegen uns nach links und nach rechts, halten die Arme gekreuzt vor unseren Körpern und halten uns Hand an Hand. Ich weiss, dass die Mädchen in Wirklichkeit nicht so aussehen. Es ist alles nur Schein. Da steckt eines seine sommersprossige Nase hervor und blickt aus schwarz glänzenden Augen vorwitzig umher. Es ist vielleicht zehn Jahre alt. Doch sogleich verschwindet es wieder unter dem Schein. Auch ich sehe nicht wie ich aus. Ich bin ein blonder, blauäugiger Jüngling. Ich gehe in der ersten Reihe in der Mitte. Nun sind wir auf der Anhöhe. Dort ist eine lange Tafel aufgestellt. Sie ist mit einem weissen Tischtuch bedeckt, und der Tisch ist schön gedeckt, mit Tellern, Bechern und Besteck. Auf den Tellern liegen ganze, silbern glänzende Fische, und vor jedem Teller liegt ein Laib Brot. In der Mitte des Tisches stehen weisse Schalen mit frischem Obst. Ich sehe Trauben, Erdbeeren, Äpfel, Birnen und Nüsse. Sie liegen zwischen Zweigen mit grünen Blättern daran. Um den Tisch herum stehen weisse Stühle mit hohen Lehnen. Wir stehen alle hinter den Stühlen und haben unsere Hände auf ihre Rücklehnen gelegt. Nun merke ich, es ist gar nicht mehr Winter. Es ist Frühling und Sommer geworden. Über dem Tisch hängt mitten im Himmel aber ganz nah ein gelber, runder Mond, der mit einem Schwert begürtet ist. Da tauchen aus der Ferne schwarze Vögel auf. Sie fliegen rasch näher und stürzen sich aus dem Himmel auf uns zu. Da vergeht alles. Es bleibt die Anhöhe, aber nun ist es ein Herbst voll brauner Blätter, der Tisch ist verschwunden, die Stühle sind verschwunden. Alle Menschen sind verschwunden. Ich sehe nur noch schwarze Ameisen, die davonlaufen und zwischen dem braunen Gras verschwinden. Die schwarzen Vögel beenden ihren Sturzflug, steigen wieder auf in die Höhe und fliegen fort. Anstelle des Tisches steht dort wie ein gewaltiges Steingrab. An der Schmalseite steht ein Mann in einem langen, grauweissen Gewand, das ihm bis auf die Füsse reicht. In der Hand hält er einen knorrigen Stab. Der Mann ist hager und alt und hat langes weisses Haar. Er stösst mit dem Stab auf den Boden und schon sitzen weisse Tauben auf dem Steingrab. Da, wo vorher die weissen Teller standen, sitzen nun weisse Tauben. Sie schauen alle stumm zur Mitte des Tisches. Dort steht ein Holzkreuz, an dem ein Gekreuzigter hängt. Es ist aber ganz klein. Plötzlich fliegt es senkrecht in die Höhe, es verwandelt sich in eine Armbrust mit einem Pfeil darin. Hoch oben in der Luft fliegt endlich der Pfeil von der Armbrust. Er saust weiter in die Höhe. Die Armbrust verwandelt sich in einen Vogel, anfänglich ist er etwas plump eher wie eine braune Ente, dann verwandelt er sich und wird zu einem gewaltigen Raubvogel, der dahingleitet und wachsam auf die Erde niederschaut. Der Pfeil aber stösst durch das Himmelsgewölbe und verschwindet in dem Loch, das er selber gebohrt hat. Ein grosser Riss zieht sich vom Loch bis zum fernen Horizont. Das Loch wir grösser und grösser. Es wird zur Mitte der gewaltigen Himmelskuppel. Durch das Loch stürzt ein Schwert mit der Spitze voran auf die Erde. Es trifft den hageren Mann von oben mitten im Kopf und spaltet ihn in zwei Teile. Die Teile fallen auf den Boden. Sie sind wie Hüllen von einer ägyptischen Mumie. Das Schwert steckt im Boden und verwandelt sich in eine gewaltige Blume. Nun merke ich, dass ich selber die Blume bin. Jetzt steige ich an den Aussenseiten der Blume hoch wie eine zweite Haut und stülpe mich um und sause durch die Mitte der Blüte ins Innere der Blume, die ich doch selber bin. Ich sause durch den Stängel ins Innere der Erde. Als Fisch sause ich in die Erde. Ich glänze silberhell, und all der Glanz rührt von kleinen Diamanten her, die meine Schuppen sind. Hinter mir lasse ich einen Kometenschweif von leuchtenden Diamanten. Von unten tauche ich in einen unterirdischen See in einer gewaltigen Höhle. Ich schwimme pfeilschnell zur Oberfläche des Sees, und als ich darauf auftauche, bin ich wieder ich selber. Ich schwimme zum Rand des Sees. Ich bin nackt bis auf eine Art Lendenschurz. Da steht der alte hagere Mann mit seinem Stab am felsigen Ufer. Neben ihm liegt ein altes Ruderboot im Wasser. ‹Nun bist du also endlich gekommen, Jojo›, sagt er, ‹es wurde aber auch höchste Zeit.›»

Jojo schwieg. «Das sehe ich», sagte er endlich, «ich sehe alle diese Bilder. Sie sind da vor mir, und ich habe sie nicht gemacht. Ich meine, wer kommt auf solchen Unsinn. Sie sind einfach da und verwandeln sich in rasender Schnelle. Immer verwandelt sich alles. Ich komme mit dem Schauen gar nicht mehr nach.»

Er schwieg wieder. Auch die anderen schwiegen lange und blickten über das Tal, bis sie einer nach dem anderen in tiefen Schlaf sanken, alle bis auf Mark, der die erste Wache übernommen hatte und schaute, dass das Feuer nicht erlosch.

17 Der Plan

Jojo wachte als erster auf. Er hörte eine Amsel singen hoch im Baum neben seinem Bett. Eigentlich sang sie nicht. Sie pfiff und trillerte und tirilierte ihre Melodien, und am Ende jeder Strophe schnirpte sie irgendwie. Jojo setzte sich im Bett auf und schnippte einige Blätter aus seinen Haaren. Er schaute zum Feuer. Es flackerte leise, und sein Schein begann schon vor der Helle des Tages dahin zu schwinden. Neben dem Feuer sass Lucia. Sie blickte zu ihm herüber und winkte ihm mit der Hand zu. Er stand auf, ging zu ihr, und setzte sich neben sie. «Und, hast du das Feuer gut bewacht?», fragte er, «und hat es sich anständig aufgeführt?» Sie grinste ein wenig, bevor sie antwortete: «Anständig schon, aber es war etwas gefrässig für meine Begriffe. Ich musste in den Wald und noch mehr Holz suchen. Immerhin haben wir jetzt genügend Holz für den Frühstückstee, bloss Wasser haben wir keines.»

Jojo nickte. «Ich habe schon verstanden», sagte er, stand auf, nahm sich einige leere Flaschen und wandte sich zum Gehen. «In einer halben Stunde bin ich wieder da», sagte er und verschwand zwischen den Bäumen. Er bemühte sich möglichst leise zu gehen, denn er wollte herausfinden, wann er das Knistern des Feuers nicht mehr hören würde, und wann er das erste Fliessen des Flusses wahrnehmen könnte. Da musste er sich einigermassen konzentrieren, denn plötzlich fiel ihm auf, dass nicht nur die Amsel sang. Es waren viele Vogelstimmen in der Luft. So hatte er sich früher die Geräusche des Dschungels vorgestellt, dabei war er doch jetzt in einem ganz normalen mitteleuropäischen Wald. Er hörte nicht nur das Singen der Vögel zwischen den Bäumen, er hörte auch das Pfeifen des Milans hoch oben in der Luft über dem Tal und das leise Kreischen der Schwalben, die im Schwarm über die Wiesen flogen und Insekten jagten. Er hörte das Summen und Brummen von Insekten um sich herum, er hörte das Geräusch seiner Füsse beim Gehen, und er hörte sogar seinen eigenen Atem. Dann trat er aus dem Schatten der Bäume ins Reich der Sonnenstrahlen. Erstaunt schloss er die Augen. Schlagartig hatten ihn die Sonnenstrahlen getroffen. Er ging wieder zurück in den Schatten und nochmals in die Sonne. Das war ihm noch nie aufgefallen. Früher hatte er sich in die Sonne gesetzt, wenn ihm kalt gewesen war. Dann hatte er gemerkt, wie ihm langsam wärmer geworden war, und endlich hatte er es in der Sonne nicht mehr ausgehalten und war in den Schatten gegangen. Das waren mehr allgemeine Empfindungen gewesen. Doch nun ging es ihm anders. Die Sonnenstrahlen trafen ihn, und sofort spürte er ihre Wärme auf der Haut. Er konnte sogar genau unterscheiden, wo sie ihn frontal trafen, wo sie ihn mehr seitlich streiften, und wo seine Haut in seinem eigenen Schatten lag. Mit geschlossenen Augen schaute er in die Sonne. Warm orange flimmerte es vor seinen Augen. Nun senkte er langsam den Kopf. Das Flimmern ging mehr und mehr in ein Grau über. Er öffnete die Augen, und die Welt war wieder da. Dort vor seinen Füssen war das Gras der Wiese. Er sah die Spuren, die Mark und Lucia im Gras hinterlassen hatten, und er folgte ihnen hinab zum Fluss.

Als er wieder am Lagerplatz ankam, waren schon alle wach. Mattea hatte aus den Tiefen ihrer Kiepe einen Kochtopf hervorgezaubert. Der stand nun neben dem Feuer.

«Hier kommt frisches, kühles, klares Wasser», rief Jojo und hielt die Flaschen hoch.

«Kühl wäre nicht nötig gewesen», antwortete Mattea lächelnd, «wir wollen es doch aufkochen.»

So goss Jojo eine ganze Flasche Wasser in den Topf und schob ihn vorsichtig ins Feuer. Sie hatten dort einige Steine hingelegt, sodass die Glut ihn schön von unten heizte. Während sie warteten, dass das Wasser kochte, liess Mattea die Waldmeisterpflanzen herumgehen. Sie waren nun gräulich-grün und welk und unansehnlich geworden. Dafür rochen sie umso besser. Sie waren umgeben von einem würzigen, süssen Duft.

«Eigentlich schade um den schönen Duft», sagte Mattea, als sie die Pflanzen ins kochende Wasser warf. Sie holten mit etwas Mühe den heissen Topf aus dem Feuer und liessen ihn noch einige Zeit stehen. Schliesslich schenkte Jojo mit seinem Becher allen anderen ein, und sie tranken den Tee in kleinen Schlucken und knabberten an ihren Nahrungswürfeln.

«Oh Meister des Waldes ich danke dir, dass du mir das Frühstück versüsst», sagte Lucia, «und ich hätte nie gedacht, dass ich einmal für so wenig Geschmack so viel Wertschätzung aufbringen könnte. Ohne die Realitätskappe und die heimischen Gewürzmischungen sind diese Nahrungswürfel wirklich ungeniessbar. Man kann sie essen, aber man kann sie nicht geniessen. Sie schmecken nach überhaupt nichts. Ich kann mir tausendmal sagen, sie sind nahrhaft, sie sind gesund, sie geben mir alles, was ich brauche. Es nützt rein gar nichts, denn es stimmt nicht. Ich brauche einen schönen Anblick und den bekomme ich nicht, ich brauche einen guten Geschmack, und den bekomme ich auch nicht.»

«Ich glaube, jetzt ist eine gute Zeit, auch Riku zu uns einzuladen», sagte Jojo leise, und als die anderen still nickten, nahm er das Buch zur Hand und begann zu lesen.

Angelus Helveticus
Von Maya zu Satya – Der Weg zur Einheit
Dann blätterte er um und las weiter:
Der wesentliche Mensch
Ein wesentlicher Mensch ist wie die Ewigkeit,
Die unverändert bleibt von aller Äusserheit.

Er blätterte nochmals um und las:
Am Anfang war das Wort, und er war das Wort, und das Wort war er. Alles,
was entstanden ist, ist durch das Wort entstanden, und ohne das Wort ist nichts
entstanden. In ihm ist das Leben, und das Leben ist das Licht der Menschen.
Und das Licht scheint für die Menschen in der Finsternis, aber die Menschen
sehen es nicht.

Er machte eine Pause. Alle schwiegen. Alle spürten diesen rätselhaften Worten nach, die so unverständlich waren. Nach einer Weile las Jojo den Text nochmals laut vor, und sie begrüssten die rätselhaften Worte in ihren Herzen und hiessen sie willkommen. Sie nahmen sie auf, wie man alte Freunde bei sich zu Hause aufnimmt. Man weiss, wie sie von aussen aussehen, man weiss, wie ihre Stimmen tönen, und man hört ihnen zu und bewegt ihre Worte in seinem Herzen. Man versucht nicht, ihnen zu widersprechen. Man versucht nicht, sie zu durchschauen. Man nimmt sie einfach bei sich auf.

Und dann waren nicht nur diese Worte da. Dann war auch Riku da.

«Schön, dass ihr mich willkommen heisst», sagte er, «schön, dass ihr mich empfangt in eurer Mitte. In eurer Aufmerksamkeit kann ich mich erfahren und spüren, dass ich wirklich bin.»

«Schön, dass du gekommen bist Riku», antwortete Jojo, «wir haben dich eingeladen, und du bist unserer Einladung gefolgt. Wir danken dir dafür.»

Er machte eine Pause, rutschte unruhig an seinem Platz hin und her und fuhr dann fort:

«Aber das erste Mal, da haben wir dich ja nicht eingeladen. Das erste Mal, als du gekommen bist, da war ich noch allein im Wald, und du bist zu mir hochgerannt. Du bist zu mir gerannt, obwohl du mich natürlich gar nicht gesehen hast und auch nicht erwartet hast, dass ich da bin. Du bist gar nicht zu mir gerannt. Du bist aus der Stadt fortgerannt. Darf ich fragen, wieso du damals eigentlich aus der Stadt geflohen bist mit dem Buch in der Hand?»

«Das darfst du, ja es freut mich sogar, dass du fragst, denn auch in der Erinnerung erfahre ich, dass ich wirklich bin. Eure Aufmerksamkeit ist mir der Spiegel des Raumes und meine Erinnerung ist mir der Spiegel der Zeit. In diesen Spiegeln sehe ich mich und weiss, dass ich bin. Sonst kann ich es nicht wissen, da mir mein Körper fehlt.» Er seufzte. «Wenn auch die Erinnerung keine schöne ist.» Und damit begann er seine Erzählung:

«Es war an diesem Sonntagmorgen. Ich war mit drei weiteren Brüdern im Versammlungsraum, um die Feier und meine Ansprache vorzubereiten. Jeder stand vor einem Altar, um zu schauen, ob auch alles vorbereitet war und an seinem rechten Platz lag. Ich schaute nicht nur. Ich rührte jedes Stück an und verband mich auf diese Weise ganz und gar damit. Ich stand am Altar der Stärke. Ich begann mit der linken Hand wie immer. Ich berührte das Senkblei mit dem kleinen Finger, dann die Zündhölzer mit dem Ringfinger, die Kerze mit dem Mittelfinger, die Lichtschere mit dem Zeigefinger und den

141

Kerzenlöscher mit dem Daumen. In dem Augenblick, in dem ich den Kerzenlöscher mit dem Daumen berührte, spürte ich, dass etwas nicht stimmte. Ich spürte, dass ich beobachtet wurde. An den anderen Altären standen die anderen Brüder. Sie waren so wie ich jeweils ihrem Altar zugewendet, und doch spürte ich vom Altar der Weisheit her eine stechende Aufmerksamkeit. Ich drehte mich nicht um und spürte doch ganz genau und schmerzhaft dieses Stechen der Aufmerksamkeit in meinem Rücken. Es war eine feindselige, eine lauernde, eine hinterhältige Aufmerksamkeit. Sie gehörte nicht in diese geheiligte Halle. Sie gehörte nicht in unseren Raum. Sie gehörte nicht zu dem Bruder, der dort stand. Und doch war sie da. Es war eine gesichtslose Aufmerksamkeit. Ich liess mich jedoch nicht beirren und schaute weiter auf meinen Altar. Nun nahm ich die rechte Hand hoch. Mit dem kleinen Finger berührte ich den Hammer, und wieder spürte ich das Stechen der Aufmerksamkeit im Rücken. Mit dem Ringfinger berührte ich die Kelle, mit dem Mittelfinger die beiden Zirkel, mit dem Zeigefinger den Zollstab und mit dem Daumen den Totenkopf. In dem Moment, in dem mein Daumen den Totenkopf berührte, spürte ich die Drohung. Sie traf mich an der linken Seite mitten in den Brustkorb. Es war eine harte und scharfe Drohung. Ich schaute nach links zum Altar der Schönheit. Der Bruder dort war nicht mehr zu seinem Altar gewandt. Er hatte sich umgedreht und sah mich direkt an, und ich erschrak bis ins Mark. Es war nicht der Bruder, der mich ansah. Er hatte kein menschliches Gesicht mehr. Es war ein Gesicht, dem alle Haut abgezogen war. Es war überhaupt kein Gesicht mehr. Es war eine blutige, faserige, fleischige Masse, aus der mich blaue Augen fixierten, aus der weisse Zähne grausam fletschten. Ich schaute nach rechts. Auch dort hatte der Bruder sich umgedreht und sah mich an. Bei seinem Anblick liess mich die Angst erstarren. In dem Gesicht war weder Haut noch Haar noch Fleisch noch Blut. Es war ein Schädel, ein knöcherner, lebender Schädel aus dem mich blaue Augen leer und doch masslos drohend anstarrten. Der Unterkiefer nach unten gesunken und anstelle des Mundes gähnte dort ein schwarzes Loch, aus dem übler Gestank rülpsend hervorquoll. Ich drehte mich nun um zum Altar der Weisheit hinter meinem Rücken, und namenloses Entsetzen nahm mir fast die Sinne. Aus dem Gesicht waren Haut und Fleisch und Blut und Knochen verschwunden. Ein schwärendes, schwarzes Nichts starrte mich an, ein Nichts, aus dem die Drohung wie ein Heer dunkler, kurzer, dicker Pfeile auf mich zuraste. Noch standen die drei Brüder, die keine Brüder mehr waren, nur dort, leer und lautlos drohend, und doch spürte ich, wie ein Metallband des Einverständnisses zuklickte und sie alle verband. Dann setzten sie sich in Bewegung. Dann kamen sie auf mich zu. Schlurfender, scharrender Schrecken schloss mich ein. In schrecklichen Schritten kamen sie näher. In dem Moment wurde mir schlagartig klar, auf was sie es abgesehen hatten. Sie wollten mir das Buch entreissen, das Buch, das ich immer über dem Herzen trug, das Allerkostbarste, das ich besass. Ich hatte es geheim gehalten, dieses Buch, doch nun wussten sie davon und kamen auf mich zu, um es mir zu entreissen. Ich erwachte aus meiner Lähmung. Noch war ich nicht verloren. Noch konnte ich mich und das Buch retten. Stand ich doch am Altar der Stärke. An der Wand hinter dem Altar hängt ein Teppich, ein grosser, grauer Gobelin aus längst vergangenen Jahrhunderten, der Szenen aus dem Alltag der Maurer zeigt. Ich glitt um den Altar herum, gelangte zum Gobelin, schob mich hinter ihn und fasste nach der Tür, die ich dort wusste. Es war eine Tür, von allen vergessen, nur nicht von mir. Es war eine Tür, seit Jahrhunderten verschlossen, die sich nun für mich öffnete. Sie öffnete sich nicht widerstandslos. Ich musste mich gegen sie werfen mit all meiner Kraft, ehe sie nachgab und den Weg nach draussen freigab. Schon war ich draussen und ging dem Wald entgegen. Alle paar Meter schaute ich zurück, doch ich konnte niemanden sehen. Aber ich spürte ihre Gegenwart. Ich spürte sie hinter mir. Ich beschleunigte meine Schritte. Ich ging schneller. Schliesslich rannte ich. Ich rannte und rannte über das Ödland dem Waldrand entgegen. Ich schaute nicht mehr zurück, all meine Hoffnung, all meine Aufmerksamkeit war nach vorne gerichtet. All meine Rettung lag im Wald. Doch das Ödland stieg an, das Rennen wurde beschwerlicher. Schon schlug das Herz mir hoch zum Hals vor Anstrengung. Schon keuchte ich mit pfeifendem Atem, doch rannte ich weiter. Ich musste den Wald erreichen, den rettenden Wald. Dann endlich durchbrach ich die ersten Büsche des Waldes, und kaum war mir das gelungen, verliessen mich meine letzten Kräfte. Ich taumelte und brach zusammen. Es brauste mir in den Ohren, die Welt drehte sich in rasendem Wirbel um mich herum. Meine Beine liefen weiter, doch ich hatte keinen Boden mehr unter den Füssen. Es war nur noch ein haltloses Zucken. Da spürte ich eine Gegenwart, eine beruhigende Gegenwart. Jemand beugte sich über mich.»

«Ja», sagte Jojo, «das war ich. Ich habe dich kommen sehen. Ich habe dich zusammenbrechen sehen. Und dann habe ich mich über dich gebeugt. Du wolltest, dass ich das Buch nehme und es in Sicherheit bringe. Und dann bist du wie tot liegen geblieben. Ich habe das Buch genommen und es in Sicherheit gebracht.»

«Ich war aber nicht tot. Ist man denn tot, wenn Seele und Geist den Leib verlassen? Oh nein, man ist erst tot, wenn das Leben den Leib verlässt. Und dieses Leben wollte nun ebenfalls meinen Leib verlassen. Es war schon am Gehen, doch war es noch nicht ganz gegangen. Schon sah ich von weit oben meinen Leib dort unten am Boden liegen. Schon sah ich dich nach meinem Puls spüren, nach meinem Atem lauschen. Doch ich war weiter weg von meinem Leib, als du es warst. Und dann gingst du fort mit dem Buch in der Hand. Kaum warst du fort, brauste er heran, der schreckliche Ahriman. Er zog in meinem Körper ein, er zog das Leben wieder zurück in den Leib. Ich konnte nicht mehr zurück. Er versperrte mir den Weg in meinen eigenen Leib.»

«Und wo bist du nun?», fragte Jojo, «ich meine, wo bist du, wenn du nicht in deinem Leib bist?»

«Mein Leib war das Haus, in dem ich lebte. Nun bin ich ausgesperrt aus meinem eigenen Haus. Ich stehe vor der Tür und kann nicht hinein. Ich schaue durch das Fenster auf das, was mein Heim war. Aber es ist nicht mehr mein Heim. Ein anderer wohnt darinnen und richtet sich dort wohnlich ein. Ich bleibe gebunden an dieses Haus, an meinen eigenen Körper. Seine Nähe gibt mir die Gewissheit des Seins und bereitet mir gleichzeitig den brennenden Schmerz des Abgetrenntseins, und nur manchmal bildet ihr eine Hülle, bildet ihr ein Heim, in dem ich leben kann, weit entfernt von meinem Körper. Dann bin ich bei euch so wie jetzt. Oh, sie ist stärker geworden diese Hülle. Wie schwach war sie noch bei unserer ersten Begegnung, wie rasch musste ich damals wieder gehen.»

«Und warum gehst du nicht einfach irgendwo anders hin? Warum schleichst du um dein Haus herum, du könntest ja die Welt erkunden?»

«Oh nein, das kann ich nicht. Ja, wenn mein Leben den Leib verlassen hätte, dann hätte auch ich nicht bleiben müssen, dann wäre ich frei gewesen, und der Leib wäre zerfallen. Nichts hätte ihn mehr zusammengehalten. Es ist aber mein eigenes Leben, das ihn zusammenhält. Es ist mein eigenes Leben, das mich an diesen Leib bindet. Dort, wo mein Leben ist, dort muss auch ich sein. Aber ich kann nicht mehr in meinen Körper hinein. Ich kann ihn nur umschweben. Ich kann nur von aussen an ihm kleben.»

«Und was tust du nun da draussen? Schleichst du einfach nur um dein Haus herum? Willst du einfach nur in der Nähe des Hauses sein?», fragte Jojo weiter.

«Oh nein, ich lausche, ich spähe, ich kundschafte den neuen Bewohner aus. Nur darum weiss ich ja, wer er ist. Nur darum weiss ich, was er denkt.»

«Aber wie kannst du wissen, was er denkt. Man kann erst wissen, was ein anderer denkt, wenn er es sagt», wandte Lucia ein.

«Das ist so, solange ihr in euren Körpern eingesperrt seid. Ihr könnt nur auf der Erde wirken, wenn ihr einen Körper habt. Wenn ihr euren Körper verlasst, sterbt ihr. Aber bei mir ist es nicht so. Ich habe meinen Körper verlassen, aber ich bin nicht gestorben, denn ich habe mein Leben in meinem Körper zurückgelassen. Ich fürchte, ich habe auch einen Teil meiner Seele im Körper zurückgelassen, den körperlichen Teil meiner Seele sozusagen. Darum kann ich sehen, was Ahriman denkt.»

«Kann dann auch Ahriman sehen, was du denkst? Weiss er, dass du noch existierst?»

«Das könnte er, wenn er wollte. Aber er denkt nicht mehr an mich. Er denkt an seine Absichten und seine Zukunft. Ich bin viel zu unbedeutend für ihn. Von mir hat er bekommen, was er wollte, und gleichzeitig hat er mein Wirken auf der Erde ausgeschaltet.»

«Dieser mächtige, gewaltige Ahriman, was konnte er von dir denn schon kriegen?»,

fragte Lucia weiter, «also nimm es mir nicht übel, aber auch wenn du der Meister der Freimaurer bist, auch wenn du tief in die Geheimnisse der Welt eingedrungen bist, am Ende bist du auch nur ein Mensch, und Ahriman ist doch dieser gewaltige Geist.»

Riku zögerte einen Augenblick, ehe er antwortete.

«Ich weiss nicht, ob ihr die Geschichte der Menschheit noch kennt. Wir Freimaurer haben sie intensiv studiert, aber für euch ist sie wohl bedeutungslos.»

Mattea schaute etwas pikiert, ehe sie antwortete:

«Natürlich kennen wir die Geschichte, wir leben sogar in der Geschichte, wenn wir wollen, und zwar in der Wirklichkeit der Realitätskappen. Ich war schon im alten Griechenland, im alten Rom, im alten Ägypten.»

«Sogar ich war da schon», fiel Mark ein, «das waren spannende Zeiten, da gab es noch Helden, die gegen gewaltige Ungeheuer kämpfen mussten.»

Riku lächelte ein schwaches Lächeln und sagte dann:

«Nun, dann kennt ihr vielleicht auch die Götterwelt der alten Griechen. Die Griechen kannten noch Reste der geistigen Welt und doch stellten sie sich geistige Wesen wie eine Art Menschen vor. Sie kannten die Nymphen der Quellen und Bäche, sie kannten Halbgötter wie Herakles, Götter wie Herakles' Vater, den gewaltigen Zeus. Und noch mächtiger, noch gewaltiger waren die Titanen. Das waren die Väter der Götter. Die Götter haben die Titanen gestürzt und tief unter die Erde verbannt. Mit diesen Titanen, mit diesen mächtigen Wesen, die die griechischen Götter erst hervorgebracht haben, könnt ihr Ahriman vergleichen. Er ist unglaublich mächtig, unglaublich gewaltig in der geistigen Welt, es fehlt ihm aber das meiste, was wir Menschen haben. Er hat keinen Körper, er hat kein Leben, er hat nicht einmal eine Seele. Er hat diesen gewaltigen Geist, aber den Rest hat er nicht. Er ist der Herr der Naturkräfte. Er ist der Herr der Gravitationskraft, aber er kann nicht das kleinste Steinchen vom Boden aufheben, weil er keinen menschlichen Körper, kein Leben und keine Seele hat. Darum hat er meinen Körper, mein Leben und Teile meiner Seele gekapert. Nun kann er auf der Erde wirken, wie ein Mensch wirkt. Er kann Dinge berühren mit meinen Händen, vor allem aber kann er die Menschen berühren mit Worten, die aus meinem Mund kommen. Oh ja, die Worte kommen aus meinem Mund, aber es sind nicht meine Worte. Es sind seine Worte, und er hat meine eigenen Worte genommen und in meinem eigenen Munde umgedreht und grausam verfälscht. Nun führt er die letzten der Menschheit, die noch den Geist gesucht haben, die noch nach wahrem Mitleid und wahrer Liebe streben, nun führt er die Brüder.»

«Das haben wir gemerkt», sagte Lucia, «wir haben einen Vortrag von dir gehört bei den Freimaurern. Und da haben wir gemerkt, dass es nur deine Stimme war, die aus deinem Mund tönte. Es war alles so seltsam verdreht.»

«Genau», pflichtete ihr Jojo bei, «es war alles so logisch, es war alles so einsichtig, aber es war irgendwie das Gegenteil von dem, was du sagst.»

Plötzlich war Riku verschwunden. Schlagartig war er nicht mehr da. Die vier blickten einander ratlos an.

«Wenn ich doch bloss wüsste, warum er plötzlich verschwindet», sagte Jojo enttäuscht.

«Ich glaube wir sind es», antwortete Lucia.

«Meinst du, wir bringen ihn zum Verschwinden?», fragte Jojo empört.

«Nein, ich glaube, wir machen eine Hülle, in der er erscheinen kann. Und plötzlich fehlt uns die Kraft oder die Aufmerksamkeit oder, ich weiss auch nicht was, und dann verschwindet die Hülle, und wenn die Hülle nicht mehr da ist, kann Riku auch nicht mehr da sein.»

«Auf jeden Fall», liess sich nun Mark vernehmen, «war er diesmal erheblich länger hier als die letzten Male. Wie auch immer wir diese Hülle für ihn machen, wir machen sie jedes Mal besser oder stärker, auf jeden Fall hält sie länger.»

Mattea hatte lange geschwiegen. Nun meldete sie sich endlich zu Wort:

«Vielleicht hat es ja doch mit dem Wald zu tun. Je länger wir im Wald sind, desto mehr gelingt es uns, Riku bei uns zu halten. Vielleicht hat es mit der Lebendigkeit hier draussen zu tun. Das einzig Lebendige in der Stadt sind die Menschen, und die leben nicht wirklich. Sie leben in der Wirklichkeit der Realitätskappen.»

«Meine Rede», unterbrach sie Mark, «das sage ich doch die ganze Zeit. Und wisst ihr was: Ich weiss, wie wir Riku befreien können. Also das ist jetzt doof ausgedrückt. Ich weiss, wie wir ihm wieder zu seinem Körper verhelfen können.»

«Wer hat dir denn diesen Geistesblitz eingegeben?», fragte Lucia erstaunt.

Mark schaute sie empört an, dann lächelte er plötzlich und sagte, «den hat mir tatsächlich Riku eingegeben. Wollt ihr ihn hören?»

Die anderen nickten bloss, und Mark fuhr fort: «Wir wissen doch, wie Ahriman Rikus Körper gekapert hat. In dem Moment, in dem Riku ohnmächtig geworden ist, da waren ja offensichtlich ein Teil seiner Seele und sein Geist nicht mehr im Körper, und den Moment hat Ahriman ausgenutzt und ist in seinen Körper eingezogen. So einen Zustand müssen wir nun aktiv herbeiführen. Riku-Ahriman muss wieder ohnmächtig werden, dann ist doch der Geist Ahrimans aus dem Körper draussen. In dem Moment muss der Geist Rikus wieder einziehen. Das ist doch ganz klar.»

146

«Nichts leichter als das», meinte Lucia lakonisch. «Wir können so mir nichts dir nichts Ahriman-Riku ohnmächtig machen. Sollen wir ihm auf den Kopf hauen, oder wie machen wir das?»

«Das ist tatsächlich leicht», meldete sich nun Jojo, «Mark und ich machen doch Judo. Und im Judo lernen wir bestimmte Würgetechniken. Mit einem davon habe ich besondere Erfahrung, er heisst Kata-Juji-jime.» Er lächelte schief, «als Objekt habe ich die Erfahrung. Die werde ich nicht so schnell vergessen. Mark und ich haben den Griff geübt. Bei den meisten Würgegriffen, wird einem die Luft abgeklemmt, wenn man zuviel davon hat, also, ich meine zuwenig Luft, klopft man mit dem Arm auf den Boden, und der andere lockert den Griff. Aber bei diesem hier, bei Kata-Juji-jime, da werden einem die Halsschlagadern abgeklemmt. Da kann man noch atmen. Und so habe ich nicht auf den Boden geklopft, ich habe ja schliesslich noch atmen können. Aber ich habe langsam das Bewusstsein verloren. Das war eigentlich ganz angenehm. Ich bin so langsam weggedriftet.»

«Das stimmt», sagte Mark, «daran kann ich mich noch gut erinnern. Du hast plötzlich so komische Augen gekriegt. Da habe ich den Griff gelockert.»

«Ihr wollt ihn also bewusstlos machen?», fragte Mattea entsetzt. Das ist ja fürchterlich.»

«Wie sollen wir es denn sonst tun?» antwortete Jojo. «Er muss das Bewusstsein verlieren, sonst funktioniert das nicht. Und fürchterlich ist das nicht, das weiss ich aus eigener Erfahrung. Einen Plastiksack über den Kopf ziehen oder ihn k.o. schlagen ist doch wirklich fürchterlicher.»

«Also logisch betrachtet, haben die beiden recht», meinte Lucia, «wenn wir dem Geist von Riku wieder in seinen Körper helfen wollen, muss Ahriman-Riku zwingend das Bewusstsein verlieren. Einfach einschlafen genügt nicht, sonst hätte Riku doch schon lange wieder in seinen Körper gelangen können. Und umbringen», fügte sie grimmig hinzu, «geht auch nicht.» Ahriman ist ein Geist, der existiert normalerweise ganz ohne Körper, den kann man nicht umbringen.»

Mattea biss sich nachdenklich auf die Unterlippe. «Also das sehe ich ein, wenn mir auch nicht besonders wohl dabei ist. Und wie stellen wir dann sicher, dass Riku tatsächlich wieder in seinen Körper gelangt?»

Lucia war schnell mit einer Antwort parat: «Rein theoretisch ist das wohl nicht nötig. Schliesslich hat Riku gerade erzählt, dass er immerzu um seinen Körper herum ist. Aber ich denke, wir sollten unsere bewährte Technik anwenden und immer an diesen seltsamen Satz in dem Buch denken, so wird Riku ganz sicher in der Nähe und stark sein.»

«Damit haben wir fast alles geklärt», sagte Mark, «jetzt bleibt bloss noch die Frage, wo wir das tun sollen. Wir können Ahriman-Riku ja wohl kaum in seinem Tempel angreifen oder auf der Strasse abfangen.»

«Also das ist das geringste Problem», sagte Jojo, «ich locke ihn einfach wieder in den Wald. Da wo Ahriman das letzte Mal Rikus Körper gekapert hat, soll er ihn auch wieder verlassen. Ich sage ihm einfach, das Buch sei dort versteckt, und wir hätten Fragen dazu, da wird er schon kommen. Er will dieses Buch doch unbedingt haben – oder mindestens will er, dass kein Mensch es in die Finger bekommt. Es scheint ja sehr gefährlich zu sein dieses Buch.»

Lucia führte den Gedanken weiter: «Während Jojo Riku-Ahriman aus dem Tempel lockt, sitzen wir anderen mit dem Buch im Wald und warten. Wenn Jojo dann Riku-Ahriman bringt, fragen wir ihn, was der Text im Buch bedeutet und lesen daraus vor und konzentrieren uns ganz auf den Text.» Sie schluckte und machte eine Pause, «alle bis auf Mark, der würgt dann Riku-Ahriman. Das tönt scheusslich aber nicht wirklich schwierig

Mark nickte zufrieden. «Damit haben wir einen guten Plan», sagte er, «jetzt bleibt bloss noch die Frage, wann wir den umsetzen wollen.»

Er schaute aufmerksam in die Runde. Jojo antwortete als erster: «Ich schlage vor nächsten Mittwoch. Wir können uns nicht besser vorbereiten, wir wissen was zu tun ist, also lasst es uns tun.»

Die anderen nickten zustimmend.

18 Der Meister wird aus dem Tempel gelockt

Jojo sass in der hintersten Reihe im Tempel der Freimaurer. Vor ihm sassen alle versammelt zur wöchentlichen Zeremonie. Gerade sprach der Meister die letzten rituellen Worte. Nach diesen Worten schlug der Meister das T und schritt zur Tür gefolgt vom Administranten und den beiden Aufsehern. Alle anderen folgten ihnen hinaus. Der Meister verabschiedete jeden einzelnen an der Tür. Jojo verliess den Tempel als letzter. Er reichte dem Meister die Hand zum Abschiedsgruss, aber er grüsste nicht, sondern sagte:

«Meister, es liegt mir etwas schwer auf dem Herzen. Können wir vertraulich sprechen? Ich benötige sehr dringend euren Rat.»

Der Meister schaute ihn feierlich und würdevoll an. «Nun mein Sohn, wenn ich dir aus deiner Not helfen kann, so will ich es gerne tun.»

«Meister, es ist ein, nun ja ein Buch, ein sehr altes Buch auf verschlungenen Pfaden in meine Hände gelangt. Es spricht offenbar von Dingen, von denen auch ihr hier sprecht. Allerdings verstehe ich nichts davon. Ich lese die Worte, und sie ergeben mir keinen Sinn.»

Haltung und Blick des Meister waren immer noch so salbungsvoll wie zuvor. Jojo war es allerdings, als hätte sich jetzt auch Neugier in diesen Blick gemischt.

«Nun, ich will das Buch gerne anschauen und studieren. Bringe es mir doch einfach. Es soll die gebührende Aufmerksamkeit erfahren.»

«Meister, das würde ich gerne tun. Aber ich kann nicht allein über das Buch verfügen. Es ist in der Hand meiner getreuen Freunde, und die wollen es um keinen Preis aus der Hand geben.»

Jojo schaute den Meister genau an. Er meinte nun, eine Spur Unwillen zu spüren, aber nicht nur Unwillen, sondern auch gesteigerte Neugier.

«Lieber Sohn, so lass doch deine Freunde mit dem Buch hierherkommen.» Der Meister unterbrach sich und schaute Jojo prüfend an, ehe er fortfuhr: «Ich nehme an, ich kenne deine Freunde?»

«Ja Meister, ihr kennt sie alle. Sie haben das letzte Mal an der Zeremonie teilgenommen. Nun, sie hätten auch heute der Zeremonie beigewohnt, aber sie konnten unmöglich kommen. Sie sind nicht hier. Sie sind nicht in der Stadt.»

Nun war unverkennbar, dass die Neugier des Meisters eine fast fiebrige Färbung bekommen hatte. Schon meinte Jojo hinter der Maske des Meisters den anderen zu sehen, der den Meister regierte.

«Wo können sie denn sein, wenn sie nicht in der Stadt sind? Die Stadt ist doch unsere Welt. Es gibt keine Welt ausserhalb der Stadt.»

«Meister, sie sind ganz in der Nähe, aber sie können unmöglich hierherkommen.»

Jojo schaute immer noch gespannt auf das Gesicht des Meisters. Deutlich sah er den Strahl der Erkenntnis dort aufblitzen, gefolgt von einem kurzen Grollen der Gier. Unmerklich fast waren sie gewesen, und schon stand wieder das feierlich, würdevolle Wohlwollen im Gesicht des Meisters.

«Sie werden doch nicht etwa im Wald sein?»

«Oh doch Meister, sie sind im Wald. Wenn es hier im Raum Fenster gäbe, so würdet ihr sie sehen dort im Wald, wo sie warten.»

«Ja, auf was warten sie denn?»

«Sie warten auf euch, Meister. Wir haben das Buch im Wald gefunden. Es ist ein Buch des Waldes. Es darf den Wald nicht verlassen. Aber nun benötigen wir dringend eure Hilfe.»

Der Atem des Meister ging deutlich schneller. Seine Wangen begannen sich ganz leicht zu röten. «Aber wie stellt ihr euch das vor? Wie soll ich euch helfen?»

«Kommt in den Wald, Meister, kommt jetzt und kommt schnell. Die Sache duldet keinen Aufschub.»

Ein kaum merklicher Ruck ging durch den Meister. Seine Lippen wurden schmaler, und eine fast unmerkliche Spur von Stolz zog über sein Gesicht. «Ein fast unmögliches Begehren trägst du vor, mein Sohn, und niemandem in dieser Stadt wäre es möglich, dieses Begehren zu erfüllen, ausser mir.»

Bei diesen Worten verlor Jojo ein wenig die Hoffnung, dass er den Meister tatsächlich in den Wald locken könnte. Ihm fielen auch keine weiteren

Argumente mehr ein. Darum sagte er einfach: «Erfüllt es Meister, ich bitte euch.» Zu seinem Erstaunen gab der Meister eine schnelle und unerwartete Antwort:

«So folge mir mein Sohn.»

Der Meister wandte sich um und ging in den Tempel zurück. Er schritt zum Altar der Stärke, ging um den Altar herum, gelangte zum grossen, grauen Gobelin, der dort hing, dicht gefolgt von Jojo, und verschwand hinter dem Wandbehang. Als Jojo sich auch dahinter drückte, sah er den Meister schon in der offenen Tür stehen.

«Nun führe mich zum Buch und führe mich schnell.»

Jojo tat nicht einmal so, als sei er erstaunt über die Tür. Er hatte den Eindruck, das würde der Meister auch gar nicht von ihm erwarten. Alle Aufmerksamkeit, alle Energie des Meisters schien nun auf das Buch gerichtet zu sein. Jojo benötigte nur wenig Zeit, um sich zu orientieren. Dann schritt er geradewegs über das Ödland auf die Stelle zu, wo die anderen warten mussten. Der Meister folgte dicht hinter ihm.

Sie gingen zügig über das leicht ansteigende Ödland, aber sie liefen nicht. Kurz bevor sie den Wald erreichten, rief Jojo leise «Mark?» und sofort kam Marks Antwort: «Alles ok Jojo, du läufst fast direkt auf uns zu.»

Bald hatten sie die Stelle erreicht, von der Marks Stimme gekommen war, und drängten sich durch das Gebüsch am Waldrand. Nun sahen sie Mark, Mattea und Lucia weiter oben im Wald stehen und zu ihnen herabschauen. Fünf Minuten später waren sie bei ihnen angelangt. Während des kurzen Weges hatte Jojo sich nicht umgeschaut, der Meister war immer dicht hinter ihm gewesen. Sein Atem war immer schneller gegangen. Nun drehte Jojo sich um.

«Meister, wir sind angekommen.»

Lucia sprach nun mit klarer Stimme:

«Oh Meister, vielen Dank, dass ihr gekommen seid. Ohne euch wissen wir nicht weiter. Wir bitten euch, löst dieses Mysterium für uns. Wer sollte es können ausser ihr allein?»

Der Meister atmete immer noch schnell, und Jojo wusste nicht, ob es noch die Nachwehen ihres Marsches das Ödland hinauf zum Wald oder die Gier, endlich das verlorene Buch zu sehen, war. Doch als er sprach, sprach er wieder mit salbungsvoller Stimme, wenn auch etwas angestrengt salbungsvoller Stimme:

«So reicht mir das Buch, das ich es anschauen und studieren kann.»

Lucia antwortete mit klarer Stimme, und fast schien es, sie würde einen Text rezitieren:

«Oh Meister, das Buch erlaubt nicht so profane Gesten. Es verlangt eine ehrfürchtige Behandlung.»

Wieder ging dieses fast unmerkliche Rucken durch den Meister, doch er sprach weiterhin mit ruhiger, wenn auch leicht vibrierender Stimme:

«So reihe ich mich in euren Kreis ein. Lasst uns das Buch so behandeln, wie es behandelt werden muss.»

Jojo war etwas erstaunt von diesen Worten, denn sie hatten noch gar nicht im Kreis gestanden. Sie stellten sich aber im Kreis auf, Mattea zog das Buch aus ihrem Gewand und reichte es Jojo. Nun setzten sich alle, Jojo öffnete das Buch und begann zu lesen:

Der wesentliche Mensch
Ein wesentlicher Mensch ist wie die Ewigkeit,
Die unverändert bleibt von aller Äusserheit.

Er blätterte um und las:

Am Anfang war das Wort, und er war das Wort, und das Wort war er. Alles, was entstanden ist, ist durch das Wort entstanden, und ohne das Wort ist nichts entstanden. In ihm ist das Leben, und das Leben ist das Licht der Menschen. Und das Licht scheint für die Menschen in der Finsternis, aber die Menschen sehen es nicht.

Er machte eine Pause. Alle schwiegen. Alle spürten diesen rätselhaften Worten nach, die sie mittlerweile so gut kannten und die ihnen immer noch so unverständlich waren. Nach einer Weile las Jojo den Text nochmals laut vor.

Er machte wieder eine Pause. Alle schwiegen weiter. Alle spürten diesen vertrauten, rätselhaften Worten nach, aber es war nicht so wie sonst. Es fehlte das Suchen in ihren Herzen. Es fehlte die Stille in ihren Gemütern. Sie waren innerlich angespannt. Jetzt, wo sie die Hülle für Riku so schnell wie möglich aufbauen mussten, gelang ihnen nicht einmal der erste Schritt. Jojo sprach sich die Worte innerlich vor. Aber er wartete vergeblich, dass sich die Worte wie von ihm lösten. Er wartete vergeblich, dass er in diese Worte eindrang und wie in ihnen ruhte. Seine eigene Anspannung hinderte ihn daran. Es war aber nicht nur seine eigene Anspannung. Es war da noch etwas in ihrer Mitte. Es war da etwas, das sonst nicht da war. Es war da eine Spannung, die nicht zu ihnen gehörte. Es war eine Schwärze da, die sich ausbreitete und alles erstickte und lähmte. Es war ein Gefühl da, wie er es manchmal morgens hatte, in der Zeit zwischen Schlafen und Wachen. Er war schon wach, aber es war ihm noch unmöglich, seine Glieder zur rühren. Aber diesmal war er noch wach und es war ihm schon unmöglich, seine Glieder zu rühren. Und es war keine Spur von Riku da.

Der Meister stand auf und trat auf Jojo zu. Er beugte sich zu Jojo hinab. Er nahm ihm das Buch aus der Hand, betrachtete es aufmerksam und sagte: «Ah, ein Buch, ein altes Buch, ein seltsames Buch. Gut, dass ihr mich gerufen habt. Gut, dass dieses Buch in meine Hände gelangt ist. Ich werde das Rätsel des Buches lösen. Ich werde das Buch seiner besten Verwendung zuführen.»

Mit diesen Worten drehte er sich um und ging davon. Langsam und gemessenen Schrittes verliess er den Wald und schritt über das Ödland auf die Stadtmauer zu. Endlich verschwand er durch die kleine Tür, die von hier kaum noch zu erkennen war. Und Jojo sass da und liess das alles geschehen. Er liess sich das Buch aus der Hand nehmen und sagte kein Wort dazu. Er liess zu, dass Ahriman-Riku sich umwandte und mit dem Buch davonschritt, und sagte kein Wort. Er sass einfach da. Seine Glieder waren nicht gelähmt. Seine Stimme hatte nicht versagt. Es war einfach der Wille aus ihm verschwunden, irgendetwas zu tun oder zu sagen. Es waren auch sämtliche Gefühle aus ihm verschwunden. Er hatte keine Angst. Er war nicht empört, überrascht, verärgert oder frustriert. Er hatte gar keine Gefühle. Er sass ganz einfach da und schaute interessiert zu, wie alles passierte. So ging es den anderen offenbar auch. Sie sassen alle da und schauten den Geschehnissen interessiert zu. Interessiert aber nicht engagiert. Sie waren wie gelangweilte Zuschauer in einem Theater. Sie sahen interessiert auf die Bühne, regten sich nicht, rührten sich nicht und waren völlig emotionslos. Sie nahmen einfach zur Kenntnis, was da geschah.

Erst als Ahriman-Riku hinter der Stadtmauer verschwunden war, löste sich dieser seltsame Zustand.

Mark sprach als erster wieder: «Nun, eines ist sicher. Das Buch haben wir erfolgreich verloren.»

«Dann lasst uns wenigsten Riku rufen», sagte Jojo. Die anderen nickten.

Sie hatten kein Buch mehr, aus dem Jojo vorlesen konnte. Aber mittlerweile kannte er die ersten Worte auswendig. Er sprach die Worte laut vor, und alle konzentrierten sich auf sie. Alle lauschten den Worten nach, drangen in sie ein, verweilten in ihnen. Nichts passierte. Wieder sprach Jojo die Worte, wieder folgten ihnen alle. Wieder blieben sie bei den Worten in grösster Konzentration. Nichts passierte. Wieder und wieder sprach Jojo die Worte. Wieder und wieder konzentrierten sich alle. Wieder und wieder passierte nichts. Sie probierten es eine ganze Stunde lang ohne irgendeinen Effekt.

Wieder war es Mark, der als erster sprach: «Riku haben wir auch verloren.»

Mit resigniertem Ton in der Stimme sagte Jojo: «wie konnten wir auch meinen, es mit Ahriman aufnehmen zu können.»

«Ich höre noch Rikus Worte», sagte Lucia, «Ihr könnt mich nicht retten. Ihr seid zu schwach, um gegen den gewaltigen Ahriman anzutreten.»

Endlich sprach auch Mattea: «Nun, wir sind noch zu schwach, um es mit Ahriman aufzunehmen. Aber das muss ja nicht so bleiben.»

Die anderen sahen sie entgeistert an. Schliesslich sagte Mark: «Mattea, bist du immer noch grössenwahnsinnig? Ahriman ist dieser gewaltige Geist. Er ist der Herr über die Materie. Dabei besteht er noch nicht einmal aus Materie. Wir haben keine Chance. Wir waren grössenwahnsinnig, überhaupt nur daran zu denken, gegen ihn anzutreten.»

«Kennt ihr die Geschichte von David und Goliath?», fragte Mattea. Die anderen schüttelten die Köpfe.

«Das ist eine uralte Geschichte. Da war dieser Junge, der hiess David. Und da war dieser riesige feindliche Krieger. Der war drei Meter gross und hiess Goliath. Er hatte gewaltige Körperkräfte und furchtbare Waffen wie Schwerter und Lanzen und Messer und Streitäxte. David ist gegen ihn zum Kampf angetreten. Natürlich hatte David keine Chance. Er war kleiner, jünger, schwächer, unerfahrener und vor allem hatte er nicht solche fürchterlichen Waffen wie Goliath. Aber er hatte eine gute Idee. Er bastelte sich eine Steinschleuder, und ein kleiner Stein aus der Steinschleuder stürzte den gewaltigen Goliath mit all seinen furchtbaren Waffen. Wir müssen es David nachmachen. Wir müssen nur eine gute Idee haben.»

«Aber Mattea», entgegnete Lucia, «das war immer noch ein Kampf Mensch gegen Mensch. Bei uns wäre es ein Kampf Mensch gegen, nun ja so was wie einen griechischen Gott. Die grössten menschlichen Helden konnten nichts gegen den Gott Zeus tun. Nicht einmal in den griechischen Sagen war das möglich.» Sie machte eine Pause und fuhr dann fort: «Eigentlich ist es noch schlimmer. Ahriman ist doch so etwas wie die Titanen in der griechischen Mythologie. Die waren noch stärker als die Götter. Die haben die Götter überhaupt erst hervorgebracht.»

«Wir müssen ihn nicht umbringen», antwortete Mattea, «das geht auch gar nicht. Wie kann man jemanden umbringen, der nicht einmal einen Körper hat? Wir müssen ihn nur einmal überlisten. Das haben die griechischen Helden auch geschafft. Die haben die Götter manchmal überlistet. Das ist nicht unmöglich.»

«Aber Mattea», meinte Jojo, «dein Enthusiasmus und deine Kenntnis der griechischen Sagen in Ehren. Aber wir wissen nicht einmal, wo wir ansetzen sollen. Wir haben kein Buch mehr, wir haben keinen Riku mehr, der uns etwas über Ahriman erzählen könnte. Wir haben keine Steinschleuder. Wir haben keine Steine. Wir haben nur noch die Freimaurer mit ihren Ritualen, deren Sinne sie nicht mehr kennen, und die Freimaurer werden gerade von Ahriman von ihrem Weg abgebracht. Wir hocken hier im Wald und können ohne Nahrung aus der Stadt nicht einmal überleben.»

«Apropos griechische Sagen», sagte da Lucia, «Mattea, die Griechen hatten doch Orakel. Die haben ihnen den Weg gewiesen. Orakel gibt es noch.»

Mark verdrehte die Augen und sagte trocken: «Lucia, Mattea und du, ihr habt eindeutig zu viel Zeit mit Büchern verbracht. Werdet mal realistisch.»

«Ich bin realistisch», erwiderte Lucia, «es gibt noch Orakel. Es gibt das Rosenorakel.»

«Realistisch?», fragte Mark, «Rosenorakel? Es gibt ja nicht einmal Rosen in der Stadt, und im Wald habe ich auch noch keine gesehen.»

«Das Rosenorakel gibt es wirklich», erklärte nun Mattea, «was genau das ist, weiss ich auch nicht, aber die Frauen in der Rokoko Gruppe haben davon erzählt. Die sind ja sonst eher praktisch veranlagt. Die nähen und sticken und stricken und so.»

«Kann mir mal jemand erklären, was ein Orakel genau ist?», fragte Mark, «ich bin da nicht so auf dem laufenden bei den griechischen Sagen.»

«Das Orakel wies den alten Griechen bei wichtigen Entscheidungen den Weg», erklärte Lucia, «das Dumme ist, dass die Orakel in Rätseln sprechen. Sie sind nicht wie die Realitätskappe, die sagt ‹in 300 Metern links abbiegen, dann liegt dein Ziel auf der rechten Seite›.»

«Was hat es nun mit dem Rosenorakel auf sich?», fragte Jojo.

«Ich weiss nur, dass die Rokoko-Frauen davon erzählt haben», erklärte Mattea, «es gibt einen Bereich in der Stadt, den es nicht gibt. Das heisst, rein physisch gibt es den, aber in der Realitätskappe existiert er nicht. An der Stelle verläuft die Stadtmauer ganz seltsam. Das ist bei uns in der Nähe. Ich war da einmal ohne Realitätskappe. Da verläuft eine alte Mauer aus gelbem Sandstein. Nur an einer Stelle ist eine kleine Tür. Die ist natürlich verschlossen. Da ist kein Schild an der Tür, nichts. Und hinter dieser Mauer soll sich das Rosenorakel befinden. Hinter der Mauer fängt kein Ödland an. Hinter der Mauer ist kein Wald. Hinter der Mauer sind noch Gebäude. Man kann ihre Dächer sehen.»

«Gut», sagte Mark, «dann lasst uns zu diesem Rosenorakel gehen. Dann tun wir wenigstens etwas Konkretes.»

«Gute Idee», pflichtete Jojo ihm bei, «ich frage mich nur, wie wir das anstellen. Ich meine, wir können ja nicht einfach an diese Tür klopfen und schon macht uns jemand auf und fragt ‹womit kann ich dienen›?»

Alle lachten. Schliesslich sagte Mattea: «müssen wir auch nicht. Ich frage eine der Rokoko-Damen, wie wir das anstellen können.»

«Bis wann kannst du das schaffen?» fragte Mark.

«Ich lasse es euch wissen, wenn wir uns am Mittwoch in der Wohnung der Tante treffen.»

19 Das Orakel des Rosengartens

Sie gingen die Mauer entlang, von der Mattea ihnen im Wald erzählt hatte. Die Morgensonne stand noch tief, doch der gelbe Sandstein leuchtete schon in ihrem Licht. «Ich hoffe, es klappt alles», sagte Mattea etwas nervös, «Die alte Susanna von den Rokokofrauen hat alles für mich organisiert. Wir müssen nur pünktlich an der Tür klopfen. Wir werden erwartet.»

Bald hatten sie die Tür erreicht. Mark klopfte. Schon wurde die Tür ein Stück geöffnet. In der Öffnung stand eine grosse, schlanke Frau mit schlohweissen Haaren in einer weissen Kutte. Schweigend sah sie jedem von ihnen ins Gesicht. Aus leuchtend blauen Augen sah sie jeden einzelnen an. Dann öffnete sie die Tür weit, so dass sie eintreten konnten. Sie verschloss die Tür hinter ihnen wieder, drehte sie sich zu ihnen um und begann endlich zu sprechen.

«Willkommen in Saint-Lieu de la Lance. Willkommen in unserem Kloster. Ich bin Themis, die Hüterin der Rosen. Ich kenne eure Namen: Mattea, Lucia, Mark und Jojo. Doch ich weiss nicht, welche Seele zu welchem Namen gehört.»

Mattea trat vor. «Ich bin Mattea», sagte sie.

«Freude sei mit dir, Mattea», sagte Themis und reichte ihr die Hand. Mattea wusste nicht recht, was sie tun oder sagen sollte.

«Freude sei mit dir, Themis» antwortete sie also, während sie ihr die Hand drückte. Themis sah ihr lange in die Augen, bis sie endlich den Händedruck löste.

Nun trat Lucia vor. «Ich bin Lucia», sagte sie.

«Friede sei mir dir, Lucia», begrüsste sie Themis und reichte ihr ebenfalls die Hand.

«Friede sei mit dir», antwortete Lucia nach dem Beispiel ihrer Schwester. Auch ihr sah Themis lange in die Augen, bevor sie den Händedruck löste.

Mark trat vor. «Ich bin Mark», sagte er.

«Ruhe sei mit dir, Mark», begrüsste ihn Themis.

Als letzter trat Jojo vor. «Ich bin Jojo», sagte er.

«Liebe sei mit dir, Jojo», begrüsste ihn Themis und reichte ihm die Hand. Jojo nahm die Hand. Er spürte, wie weich die Haut dieser Hand war, und er spürte, wie kräftig der Händedruck war. Das hatte er bei dieser alten Dame gar nicht erwartet.

«Liebe sei mit dir, Themis», antwortete er nach dem Vorbild der anderen. Und über ihrem Händedruck begegneten sich ihre Worte, und die Worte umschlossen einander, umarmten sich und vereinigten sich. Sie stiegen hinauf bis über ihre Köpfe, weiteten sich aus, bis schliesslich alle fünf wie in einer Kuppel standen, einer Kuppel, gebildet aus den Worten der Liebe. Diese Kuppel verband sie miteinander und gleichzeitig verband sie sie auch mit dem Kloster, auf dessen Grund sie nun standen, der Luft um sie herum und der Morgensonne weit über ihnen. Sie verband sie aber nicht mit der Zeit. Die Zeit war wie verschwunden. Vergangenheit und Zukunft waren wie verschwunden. Sie existierten nicht mehr.

Dann löste Themis den Händedruck. Damit löste sich auch diese seltsame Kuppel der Liebe um sie herum. Die Zeit war wieder da.

Sie standen am Rand eines grossen Gartens. Er war hinter ihnen und nördlich von ihnen von hohen Mauern umschlossen. Nach Westen schloss ein hohes Gebäude den Garten ab und nach Osten eine Kirche. Gebäude und Aussenmauern waren aus gelbem Sandstein und leuchteten warm im Licht der

Sonne. Der grosse Innenhof, der von ihnen gebildet wurde, war ein einziges Meer aus grünen Rosenblättern, auf denen Rosenblüten tanzten, rote, gelbe, blass leuchtende und hell strahlende Rosenblüten. Vor ihnen lag ein grosser Rosengarten, in dem die Rosen in vielen rechteckigen Beeten wuchsen, und der von schmalen Wegen aus gelbem Kies durchzogen war.

Themis begann zu sprechen. «Gedenkt nun kurz dem, der dies alles geschaffen hat. Früher liess er das Gras wachsen für das Vieh, dass es fressen konnte und Weizen für die Menschen, die ihn anbauten, damit sie Brot gewinnen konnten von der Erde, und Wein, der den Gaumen der Menschen kitzelte. Und er liess auch die Rosen wachsen, die den Menschen das Herz erfreuten. Doch verschwunden sind das Gras und das Vieh. Die Erde schenkt weder Brot noch Wein, nur die Rosen, sie gibt es noch in diesem heimlichen Garten. Wir haben sie bewahrt, dass sie sich laben am Mondlicht in der Nacht und am Tau vor dem Tag. Wir haben sie bewahrt, dass sie geweckt werden von den ersten Sonnenstrahlen am Morgen. Hier findet ihr noch die zarten Rosenknospen, von dichten grünen Blättern umhüllt, die noch nicht wagen, den Kelch zu entfalten. Hier seht ihr noch die Knospen schwellen und sich entfalten, sich öffnen den Sonnenstrahlen. Hier ahnt ihr noch das Gold der Rosendüfte reifen in den tiefen Brunnen ihrer Kelche und spürt den Duft den Kelchen entsteigen und aufsteigen himmelwärts. Hier seht ihr schliesslich die Rosenblätter ermattet niedersinken auf ihr Bett aus grünen Blättern.

Hier martert kein Regen sie. Hier quält keine Hitze ihren Strauch. Ich pflege sie, umsorge sie. Was von den Altvorderen zu uns gekommen, bewahre ich für die noch Ungeborenen. Seid mir willkommen und schaut euch um in meinem Rosengarten. Schaut den lockeren Strauch der Hundsrose mit ihren überhängenden Ästen und Zweigen und ihren vielen zarten Blüten. Und dort die wilde Heckenrose, deren Blätter grün nach frischen Äpfeln duften. Schaut wie die Weinrose überschwenglich ihren Blütenstaub verschenkt und schaut die Edelrosen, wie sie stolz alleine stehen, schaut besonders die eine, voll von gelben Blütenblättern, man nannte sie Freude, man nannte sie Friede, man gab ihr viele Namen.»

Und sie führte sie durch den Rosengarten und zeigte ihnen ihre Rosen. Sie zeigte weisse und rosafarbene, gelbe und rote und sogar fast schwarze Rosen. Bei manch einer blieb sie stehen, schaute sie liebevoll an und schnupperte an ihr.

Schliesslich ging sie zu einem einzelnen Stuhl in der Mitte des Gartens, wandte sich nach Norden, wandte sich nach Süden und sagte: «Steh auf Nordwind, und erwache Südwind, und weht durch meinen Garten, dass der Duft meiner Rosen ströme.»

Und tatsächlich schien es ihnen, als würde sich ein Wind erheben und kreisend durch den Garten ziehen und von all den verschiedenen Rosen ein wenig Duft mitnehmen, ein wenig zitronigen Duft hier, einen Hauch von

Pfirsich dort, etwas intensiv Fruchtiges, einen Schleier von Apfel und Vanille und natürlich das Weiche, Pudrige typisch Rosige, das allen Rosen eigen war. Und der Wind zog seine Kreise um Themis herum und brachte ihr die Düfte des Gartens, und sie sog sie ein und hob die Arme, und dann liess sie sich auf den Stuhl sinken, schloss die Augen und fragte:

«Was führt euch zu mir? Was führt euch in diesen Garten?»

Mattea begann zu erzählen. Sie erzählte vom Wald, wie sie sich kennen gelernt hatten, von Riku, von den Freimaurern, von Ahriman und von ihrem völlig misslungenen Versuch, Riku wieder in seinen Körper zu helfen. Sie berichtete von ihrer Ratlosigkeit und von ihrer Verzweiflung.

Themis sass auf ihrem Stuhl. Sie sass dort mit geschlossenen Augen. Sie fragte nichts, sie regte sich nicht. Sie hörte einfach zu.

Als Mattea mit ihrer Erzählung geendet hatte, schlug Themis die Augen wieder auf. Sie sagte aber nichts. Sie blieb eine Weile schweigend auf dem Stuhl sitzen und schaute sie nicht an. Sie schaute in die vielen Rosen um sie herum. Manchmal hob sie den Blick hoch zur Sonne und senkte ihn dann wieder zu den Rosen. Schliesslich begann sie zu sprechen:

«Wollt ihr wirklich Riku befreien? Wollt ihr euch wirklich dem schrecklichen Ahriman entgegenstellen? Ihr gleicht doch eher den zarten Rosenknospen, die sich noch nie der Sonne geöffnet haben. Keine Stacheln habt ihr, um Ahrimans harte Hand abzuwehren. Er wird euch greifen und zwischen den Fingern zerreiben, und nichts wird bleiben von euch als der Hauch eines Duftes, der mehr vom Blattgrün hat als von der schweren Süsse der roten Blüte.»

In Matteas Augen blitzte etwas wie Empörung auf, doch ihre Stimme war ruhig, als sie antwortete: «Wir wollen uns Ahriman nicht entgegenstellen, doch wir wollen Riku befreien. Es hängt mehr als unser Leben davon ab.»

Die anderen nickten störrisch dazu, und Themis blickte einen nach der anderen an, träumerisch und doch durchdringend, als würde sie Dinge in ihnen sehen, von denen sie selber nichts wussten. Dann seufzte sie leise und sagte:

«So müsst ihr euch auf die Reise machen, eine Reise, auf die vor euch noch kein Mensch gegangen ist, eine Reise, die einer erleben muss, während die anderen ihn begleiten, damit er von seinen Erlebnissen auch zurückkehrt.»

Sie seufzte wieder leise und fuhr dann fort: «lange Jahre habe ich gehofft, dass mich einer nach dieser Reise fragen würde. Gehofft habe ich es für die Welt, und gefürchtet habe ich es für den Reisenden, denn diese Reise ist gefährlich. Sie führt ans Ende dieser Welt, und das Ende dieser Welt ist der Tod. Wieder und wieder muss der eine über das Ende dieser Welt hinausgehen, und wieder und wieder müssen die anderen ihn zurückholen, bis ihr zum Land Schamballa gelangt. Dort liegt der silberne Schlüssel der Kraft. Nur mit diesem Schlüssel könnt ihr euch Ahriman entgegenstellen.»

Sie blickte wieder alle der Reihe nach lange und intensiv an. Zuletzt blickte sie Jojo in die Augen.

«Jojo, du bist der eine», sagte sie, «du hast dich lange auf diese Reise vorbereitet, länger als ein Leben hast du dich vorbereitet, auch wenn du es nicht mehr weisst. Nun musst du gehen. Aber ohne deine Gefährten wirst du nicht lebend zurückkehren.»

«Schamballa,» fragte Jojo, «was ist das Land Schamballa?»

«Die Alten haben noch viel gesprochen von diesem Land, das so lange schon verschwunden ist, und mit Wehmut nannten sie es Schamballa. Einen Urquell der Kraft haben sie es genannt, und die letzten, die es sahen, sahen es nur noch wie durch einen Nebel draussen im Meer. Vor Tausenden von Jahren ist es schliesslich ganz verschwunden, kein Auge hat es seither mehr gesehen, aber es heisst, dass es wieder erscheinen wird, das Land, das da ist, das aber der Mensch erst wird sehen lernen müssen. Nicht einmal die Märchen berichten von diesem Land, und doch liegen die Kräfte, die ihr braucht, in ihm. Es hat sich zurückgezogen vor dem Blick der Menschen. Schamballa gab es, Schamballa gibt es, Schamballa wird wieder da sein für die Menschheit. Die alten Wege führen nicht mehr in das Land Schamballa, und der neue Weg liegt noch vor euch. Niemand ist ihn jemals gegangen. Doch es gibt einen Führer in dieses Land. Kein Lebender hat ihn jemals gesehen, doch wer ihn sehen wird, wird auch wissen, dass er das Land Schamballa sehen wird. Denn der Führer wird ihm den Weg weisen.»

«Und woher weisst du, dass ich es bin? Woher weisst du, dass ich den Führer finden werde? Und wo werde ich ihn finden?»

«Ich weiss es, weil ich deinen Schatten aus Licht sehe. Bisher hatten alle Menschen nur einen Schatten aus Dunkelheit. Auch du hast einen Schatten aus Dunkelheit, aber um ihn herum liegt ein zweiter Schatten, ein Schatten aus Licht. Daran sehe ich es. Ich weiss, dass du den Führer finden wirst, denn ich sehe ihn sich spiegeln in deinen Augen. Wo du ihn finden wirst, weiss ich nicht, aber eines weiss ich: Dein Weg beginnt hier im Rosengarten. Wie ein Licht sollst du auf deiner Reise sein. Doch wisse, das Licht leuchtet, es tönt nicht. Im Lichte erscheinen die Dinge, doch sie sprechen nicht für das Licht. Darum hüte deine Stimme, bei allem, was du siehst. Die törichte Frage vernichtet die Antwort.» Nun wandte sie sich Mark zu und sagte:

«Alles gehört der Erde. Nur den Smaragd schickt Gott seinen Kindern, damit sie von seinem Lichte leben. Er allein bleibt heil zu Rettung für dich und die Deinen.» Nach diesen Worten liess sie die Hand unter ihre Kutte gleiten. Sie zog sie wieder heraus, und nun lag ein grüner Smaragd in ihren Händen. Sie reichte ihn Mark, der ihn mit einer leichten Verbeugung annahm.

Dann wandte sie sich zu Mattea und sprach: «Ich sage dir, er kann die Sirenen besiegen. Er wird gehen und zurückkehren und niemals durch sie umkommen, wenn er nur dem Karfunkel vertraut.» Mattea bekam einen rot funkelnden Rubin überreicht.

Schliesslich wandte sie sich zu Lucia mit den Worten: «Sage dem Suchenden, das schöngefügte Haus ist gefallen. Er besitzt keine Zuflucht mehr, der heilige Lorbeer verwelkt, seine Quellen schweigen für immer, verstummt ist das Murmeln des Wassers, und das Licht ist dem Dunkel gewichen. Im blassen Blau des Saphirs allein liegt die Zukunft verborgen.» Mit diesen Worten zog sie einen blauen Saphir aus dem Innern ihrer Kutte und überreichte ihn Lucia.

«Nun geht», sprach sie, «mehr werde ich euch nicht sagen können, denn mehr gibt es nicht zu sagen. Ihr sollt aber wissen, dass drei Tore aus diesem Garten hinausführen. Sie heissen das Tor des Smaragds, das Tor des Rubins und das Tor des Saphirs. Sie führen nur aus dem Garten hinaus. Hinein werdet ihr nie durch sie gelangen. In den Garten gelangt ihr nur durch die kleine Tür, durch die ihr gekommen seid. Wann immer ihr dort anklopfen werdet, ich werde da sein und euch öffnen. Aber sprechen werde ich nicht.»

Nach diesen Worten drehte sie sich um und ging durch den Rosengarten davon. Sie schritt auf die Kirche zu, öffnete eine Tür und war schliesslich in der Kirche verschwunden.

Die vier blieben allein im Rosengarten zurück.

«Was tun wir nun?» fragte Jojo etwas verwirrt, «sie hat uns so viel gesagt, so viele rätselhafte Worte hat sie gesprochen. Sie hat euch Edelsteine gegeben fast wie eine Art Wegzehrung, aber was wir als nächstes tun sollen, hat sie uns nicht gesagt.»

Lucia lachte, und es war ein nervöses Lachen. «Gesagt, was wir als nächstes tun sollen, hat sie nicht, aber es folgt ja aus allem, was sie sonst gesagt hat. Wenn wir aus dem Garten hinaus wollen, müssen wir durch eines der drei Edelsteintore gehen. Fragt sich bloss noch, durch welches.»

Die anderen schwiegen, und schliesslich antwortete Mark: «Ich habe als Erster etwas bekommen. Das war der Smaragd. Also denke ich, wir sollten durch das Tor des Smaragds zuerst gehen.»

«Das denke ich auch», stimmte Mattea zu, «schaut auf die Mauer da drüben. Sie liegt gegenüber der Mauer, durch deren kleine Pforte wir hierher gelangt sind. In der Mauer da drüben sind Tore.»

Sie gingen auf die Mauer zu. Darin waren genau drei Tore eingelassen, die alle ähnlich aussahen. Sie hatten steinerne Spitzbögen und immer zwei Torflügel, die sich in der Mitte trafen. Die Bögen waren mit vielen kleinen Steinfiguren verziert. Da gab es Hunde, Kröten, Drachen, Löwen, Adler, Schlangen und fantastische Wesen mit fürchterlichen Fratzen.

Lucia schaute sie alle genau an. Schliesslich sage sie: «Also das einzige, was ich in diesem Durcheinander finden kann, ist, dass im linken Tor ein Löwe an der Spitze sitzt. Im mittleren Tor ein Adler und im rechten Tor eine Kuh oder so etwas.»

«Naja, alles Steine, aber keine Edelsteine», sagte Jojo enttäuscht.

«Es gibt auch keine Türklinken», sagte Mattea, «selbst, wenn wir das richtige Tor finden, wie sollen wir es dann öffnen?»

«Also, ich sehe neben jedem Tor eine Kette herunterhängen. Ich nehme an, daran muss man ziehen, dann klingelt irgendwo eine Glocke, und jemand kommt, um zu öffnen», sagte Mark.

Er ging und schaute sich die Ketten genauer an. Dann lachte er und sagte: «Die Lösung ist zu einfach. Im linken Tor ist ein grüner Stein in den Klingelgriff eingelassen, im mittleren ein roter und im rechten ein blauer. Wenn das echte Edelsteine sind, sind das die seltsamsten Fassungen, die ich je gesehen habe. Edelsteine hängen doch normalerweise an kostbaren Ketten oder gehören zu goldenen Ringen oder Kronen, Diademen oder so. Na egal, lasst uns einfach am linken Tor klingeln.»

Sie folgten seinem Vorschlag, gingen zum linken Tor, und Mark zog an der Kette. Es war nichts zu hören. Lautlos schwangen die beiden Torflügel auf, und die vier gingen hindurch. Hinter ihnen schlossen sich die Tore wieder. Sie standen im Ödland.

Lucia lachte zum zweiten Mal nervös. «Also, ich hatte irgendetwas anderes hinter diesem geheimnisvollen Tor erwartet, einen verwunschenen Wald, einen weiteren Garten oder so. Und nun ist es einfach Ödland wie überall um die Stadt herum. Das müssen wir jetzt überqueren – am helllichten Tag. Das haben wir noch nie gemacht.»

Sie gingen in direktem Weg auf den Wald zu. Sie wussten nicht, ob das Ödland überwacht wurde. Eigentlich konnten sie es sich nicht vorstellen. Schliesslich lebte die ganze Welt in der Wirklichkeit der Realitätskappen. Es war trotzdem ein unangenehmes Gefühl, und sie schauten, dass sie das Ödland so schnell wie möglich hinter sich liessen.

Im Schutz der Bäume hielten sie an. «Und nun?» fragte Jojo, «jetzt habe ich offensichtlich meine Reise ans Ende der Welt angetreten. Nur dumm, dass die Erde eine Kugel ist. Wenn wir nun lange genug geradeausgehen, kommen wir wieder hierher zurück. Da können wir gerade so gut hierbleiben.»

Er lachte, doch in diesem Lachen klang noch etwas anderes mit. Es war die Angst. Langsam kroch sie aus dem Lachen heraus, glitt zu Boden und breitete sich um sie aus. Sie kroch über den Boden wie eine Pfütze, die grösser und grösser wird, und kreiste sie alle ein. Dann kroch sie langsam über ihre Füsse, die Schienbeine und Waden hoch – immer höher. Feucht und kalt war sie und still. Sie taten alle, als würden sie es nicht merken.

«Also früher glaubten die Menschen, dass die Welt am Ende mit Brettern vernagelt ist», sagte Mattea, «das steht so jedenfalls in den Märchen. Da muss man doch glauben, dass die Menschen einfach irgendwo einen Bretterzaun gebaut und gesagt haben ‹hier ist die Welt zu Ende›, und dabei haben sie dieses Ende selber dahin gesetzt.»

Die anderen schwiegen. Keiner wagte auszusprechen, was Themis noch gesagt hatte. «Das Ende der Welt ist der Tod», und Jojo musste über das Ende der Welt hinausgehen.

Schliesslich sagte Mark: «Keine Angst Jojo, ich habe den Smaragd sicher in der Tasche.»

Die anderen lachten laut, und es war ein Lachen wie das Pfeifen eines kleinen, verängstigten Jungen im dunklen Wald.

«Wird der Wald da oben den Hang hinauf nicht lichter?» fragte Jojo, «lasst uns dahin gehen. Es muss hier doch irgendetwas Spezielles sein. Sonst hätten wir doch nicht hierher kommen müssen.»

Er hob einen langen Ast vom Boden auf. «Da ist auch schon mein Wanderstock.»

Sie gingen also auf die helle Stelle zu. Tatsächlich war dort eine Lichtung. Dann merkten sie, dass es mehr als eine Lichtung war. Es waren die Reste eines grossen Parkes. Das gewaltige Rechteck einer grünen Wiese zog sich den Hang hinauf. Dieses Rechteck wurde von uralten Eichen begrenzt. Es waren riesige Eichen, wie sie sonst allein im Land stehen, dort wo nichts sie hindert, sich weit auszubreiten. Sie breiteten tatsächlich ihre gewaltigen Äste nach allen Seiten aus und berührten einander nicht. Weit in der Ferne sah man Wasser glitzern, und ganz oben am Hang zeichnete sich eine schwarze Silhouette ab. Dort musste ein Haus stehen, ein grosses Haus, wohl eher eine Burg oder ein Schloss.

«Na also», sagte Mark erleichtert, «so kann ich einen Sinn erkennen. Dort oben stand früher das Herrscherhaus, und die Ländereien zogen sich hinunter bis zum Kloster. Darum sind dort die drei Tore in der Mauer. Kommt, wir gehen hinauf zum Herrscherhaus.»

Jojo ging mit den anderen über die Wiese. Irgendetwas geschah ihm. Fast unmerklich ging eine Veränderung mit ihm vor. Er konnte mit Mark reden, er konnte den Stock in seiner Hand durch das feuchte Gras gleiten lassen. Er konnte den kühlen Wind über seinen Nacken streichen spüren. Und doch war er sich dessen nicht sicher. Natürlich spürte er das feuchte Gras an seinem Stock nicht. Er wusste nur, dass es so war. Nun war ihm, als wisse er auch nur, dass der kühle Wind über seinen Nacken strich, und würde es nicht wirklich spüren. Er hatte das Gefühl, immer weniger in seiner Haut zu stecken. Langsam glitt er aus seinem eigenen Körper nach oben hinaus. Bald war ihm, als wäre sein eigener Körper eine Marionette, und er wäre der Marionettenspieler, der seine Hand über sie hielt und all die Fäden führte, damit die Marionette reden und gehen und gestikulieren konnte. Er redete, und gleichzeitig hatte er das Gefühl, dass er über seinem Körper schwebte und seinen Mund zum Reden brachte. Sein Körper redete, aber in Wirklichkeit war er über seinem Körper und liess ihn reden. Er spürte den Wind seinen Nacken kühlen, doch war das mehr eine Erinnerung. Er fühlte nicht wirklich den Nacken. Er rief nur eine Erinnerung an früher auf, er erinnerte sich, wie es war, wenn der Wind über seinen Nacken strich. Er ging, und doch fühlte es sich an, als ginge er nicht wirklich, sondern würde seinen Körper von oben führen. Es war keine wirkliche Erfahrung. Es war das Wissen, dass jetzt der Fuss die Erde berührte, dass er sich hob und nun kurze Zeit in der Luft schwebte, dass er wieder die Erde berührte.

Dann entglitten ihm die Fäden aus den Händen. Er sah, wie der Körper unten zusammenbrach und in der Wiese lag, die Hände ins Gras gekrampft, der Mund leicht geöffnet. Er selber aber schwebte darüber und sah zu, wie die Welt sich langsam entfernte. Er selber lag in unendlicher Ruhe, in einem Frieden, der alle Sinne überstieg. Sein Körper zog weiter ohne ihn. Er bewegte sich fort von ihm. Er sank nach unten. Und nicht nur sein Körper, die ganze Welt sank nach unten. Die Wiese, Mark, Lucia, Mattea, sie alle sanken nach unten und wurden immer kleiner und kleiner. Schon bald überblickte er den Wald um die Wiese, die ganze Stadt, das Land, und dann durchstiess er das blaue Himmelsgewölbe und sah auf den Planeten Erde hinab. Auch die Erde sank weiter und wurde zu einer blauen Kugel, die unter ihm zusammenschrumpfte. Die Erde hatte ihn verlassen. Die Erde war weitergezogen, und er war stehen geblieben.

Er hatte keinen Körper mehr. Er hatte keine Augen mehr um zu sehen, er hatte keine Ohren mehr, um zu hören, das nasse Gras der Wiese an seinen Beinen, er spürte es nicht mehr.

Von seinem Körper war ihm nur noch sein Wille geblieben. Das war jetzt sein neuer und einziger Leib. Und dieser Leib erglühte in Wärme und strahlte in die Weltenweiten. Er wusste nicht, wo er war. Er wusste nur, dass die Welt dort unten fort war. Die Welt hatte ihn verlassen, sie zog weiter ohne ihn. Er konnte ihren Weg nicht mehr mitmachen. Darum hatte sie ihn verlassen.

Und sein Gefühl gegenüber dem Leben hatte sich verändert. In der Stadt, unter der Realitätskappe, hatte er nichts vom Leben gewusst. Er war aufgegangen in den Bildern und Tönen der Realitätskappe. Im Wald dann hatte er das Gefühl gehabt, das Leben sei ihm von aussen gegeben. Aus den wärmenden Strahlen der Sonne, aus der Kühle des klaren, fliessenden Wassers, aus den goldenen Ähren auf dem Feld hatte er die Lebenskraft kommen gespürt. Dankbar aber passiv hatte er sie aufgenommen.

Und nun, wo die Welt ihn verliess, da begann er auch schon zu spüren, wie aus seinem Inneren heraus die Kraft des Belebens zu sprudeln begann. Er belebte sich nun von innen heraus selber. Nicht die Welt belebte ihn. Er belebte die Welt.

Die Erdenkugel begann, ihre Farbe zu ändern. Sie war nicht mehr Blau wie das Firmament, dass er so oft von unten gesehen hatte, sondern begann rötlich zu erglimmen und feurig zu leuchten. Glimmend und glitzernd kam es ihm entgegen wie von einem feurigen Stern. Und was ihm entgegenkam, war erstrahlende kosmische Weisheit.

Diese strahlende Weisheit, sie betäubte ihn. Es war als sei er von Bewusstsein umströmt und umstrahlt wie von gleissendem Sonnenlicht. Und er konnte diese Helle nicht ertragen. Er hatte keine Augen mehr, und doch war ihm, als müsste er die Augen schliessen. Er wusste nicht, wo er war, und wer er war. Bewusstsein war in ihm und war ausser ihm. Nun war er ganz drinnen im Licht der Weisheit. Und die Weisheit, in der er drinnen war, überwältigte ihn. Ging es ihm nun wie dem Regentropfen, der in den Ozean fällt und vom Ozean verschluckt wird? Das wollte er nicht. Er musste dagegen ankämpfen. Er wollte nicht aufgehen in diesem Meer der Weisheit. Aber wie konnte er gegen die Weisheit kämpfen, wenn er doch selber Weisheit war. Wie konnte der Tropfen gegen den Ozean kämpfen, wenn er doch selber Wasser war. Wie konnte er gegen das Licht kämpfen, wenn er doch selber Licht war. Und doch würde ihn die Weisheit weiter überwältigen, wenn er nichts dagegen tun könnte. Er hatte die Welt verloren. Nun drohte er, sich selbst zu verlieren. Und Kampf war nicht der Weg. Wie sollte der Regentropfen gegen den Ozean kämpfen. Es gab nur einen Weg. Er musste die Weisheit in ihm mit der Weisheit ausser ihm verbinden, so wie die Worte in einem Satz miteinander verbunden und doch getrennt sind. Er musste er selbst bleiben, obwohl er aus dem gleichen Stoff war, der alles um mich herum war. Er musste zum Weber werden. Er musste um sich herum eine Hülle aus Weisheit und Licht weben und sich so von der Weisheit und dem Licht um ihn herum abgrenzen. Dann war er nicht der Tropfen, der im Ozean seine Existenz verliert. Dann war er nicht der Lichtstrahl, der im gleissenden Licht der Sonne aufgeht und untergeht. So begann er zu weben und zu weben. Und je mehr er webte und webte, desto mehr verblasste das Strahlen um ihn herum, und er konnte wieder etwas sehen. Er sah den glühenden, glimmenden Erdenstern. Und dieser Erdenstern war wie eine Leinwand, auf der Bilder auftauchten.

Er schaute die Bilder näher an. Es waren Bilder aus seinem Leben. Er sah sich als Baby in seinem grauen Babyoverall, wie er sich am Bein seiner Mutter aufrichtete. Er sah sich zusammen mit den Eltern am grauen Küchentisch in der grauen Küche sitzen. Sie feierten seinen elften Geburtstag – in der Realität natürlich, denn sie hatten alle Realitätskappen auf. Er sah sich in der Schule, das heisst allein in seinem Zimmer sitzend mit der Realitätskappe auf. Er sah sich mit Mattea im Wald ringen. Überrascht stellte er fest, dass die Bilder sich unbemerkt verändert hatten. Sie zeigten sich nicht mehr auf der Leinwand, die diese Erde war. Sie zeigten sich wie gewaltige Bühnenbilder in einem altmodischen Theater, die je nach Bedarf auf die Bühne geschoben werden konnten.

«Jojo», rief Mark entsetzt, «Jojo, was tust du?» Jojo war leise ohne ein Wort in sich zusammengesunken. Mattea und Lucia waren vorangegangen. Bei Marks Schrei drehten sie sich um und rannten zurück. Dort lag Jojo reglos auf dem Boden, den Mund ganz leicht geöffnet, die Augen geschlossen.»

«Um Himmels willen, was ist passiert? Ist er ohnmächtig geworden?» stammelte Mattea.

«Ohnmächtig, ich hoffe, er ist nur ohnmächtig», antwortete Mark. Dann kam ihm sein Judotraining wieder in den Sinn. Er musste schauen, ob Jojo noch atmete. Er musste irgendetwas nehmen, an dem sich sein Atem niederschlagen könnte. Er nahm das erstbeste, das ihm in die Hand kam. Er nahm den blanken Smaragd und hielt ihn Jojo vor den Mund.

«Ich weiss nicht. Ich weiss nicht», sagte Mark, da kondensiert nichts. Vielleicht ist der Smaragd einfach zu warm, da kann dann der Atem nicht kondensieren. Er spürte mit der Hand an der Halsschlagader nach dem Puls. Fast merkte er nicht, dass jemand seine andere Hand, die Hand, die noch den Smaragd hielt, leicht umfasst hatte und sanft, ganz sanft nach unten drückte, bis sie schliesslich mit dem Smaragd auf dem Brustkorb über dem Herzen Jojos lag.

«Ich kann ganz schwach einen Puls spüren. Er wird schwächer. Er wird langsamer. Die Pausen zwischen den Schlägen werden immer länger.»

«Wir sind am Ende der Welt», rief Mattea und liess Marks Hand los, «Jojo ist über das Ende der Welt hinausgegangen, aber wir wissen nicht, wie wir Jojo zurückholen sollen.»

«Oh doch», sagte Lucia, und ihre Stimme war fast kalt, fast schneidend, «wir wissen es. Wir haben es doch einige Male getan – mit Riku.»

Und sie begann die Worte zu sprechen, die Worte, die sonst Jojo immer gesprochen hatte, die sie aber alle auswendig kannten. Oft und oft hatten sie diese Worte gesprochen.

Am Anfang war das Wort, und er war das Wort, und das Wort war er. Alles, was entstanden ist, ist durch das Wort entstanden, und ohne das Wort ist nichts entstanden. In ihm ist das Leben, und das Leben ist das Licht der Menschen. Und das Licht scheint für die Menschen in der Finsternis, aber die Menschen sehen es nicht.

Sie machte eine Pause. Alle schwiegen. Alle spürten diesen rätselhaften Worten nach, die so unverständlich waren. Sie spürten den Worten nicht nur nach. Sie flehten die Worte an. Sie baten die Worte, zu ihnen zu kommen und hinauf zu reichen zu Jojo, der die Welt zu verlassen drohte, damit sie ihn zurückziehen konnten. Immer wieder sprach Lucia den Text laut. Immer wieder sassen die anderen dabei und schwiegen und spürten dem Text nach und flehten.

«Wir müssen stärker werden», sagte da Mattea, sie wusste nicht warum. «Wir müssen ihm die Hände auf den Körper legen, unsere warmen Hände.»

164

Darauf sprach Mark: «Es kommt jemand zu Hilfe. Ich weiss nicht, ob ihr es hört. Ich höre es jedenfalls. Hören ist vielleicht nicht das richtige Wort. Ich höre ein Tack-Geräusch, wie wenn ich zwei Stöcke aneinanderschlage. Ich höre etwas in mir, es ist aber nicht in mir. Es ist draussen, ich erfinde es nicht, es ist so real wie das Tack-Geräusch, wenn man zwei Stöcke aneinanderschlägt, aber es äussert sich nicht draussen in der Welt. Es ist draussen in der Welt, und es äussert sich in meinem Innern.

Ich höre das Brummen der Eichen leise dort hinten, wo sie im Schatten des Waldes stehen. Ich höre das silberne Lachen der Buchen, wie sie im Winde wehen. Ich höre das Knistern der Fichten, ihr Kichern und Flüstern. Doch dann kommt der Wind, der Meister von allen, das Brummen und Lachen erstirbt, es vergeht alles Lallen. Es ist, wie wenn der Dirigent auf die Bühne tritt, und die Musiker hören auf, ihre Instrumente zu stimmen und kleine Tonfolgen zu spielen und werden ruhig und aufmerksam. Er hebt die Arme und lässt die Eichen erwachen, sie spielen einen leisen dunklen Ton. Ich weiss nicht, ob er tatsächlich schon da ist, oder ob er sich erst ankündet. Doch, doch er ist da, er schwillt an, wird lauter und stärker, wird zum brausenden Orgelton, lässt wieder nach und bleibt dann da als leiser, tiefer Grundton, der den Weg bereitet für den Klang der Buchen. Der ist viel heller, silberhell, und doch ist er warm und wie von Freude erfüllt. Es ist die Freude über das Licht der Sonne, das sie in ihren Stämmen bewahren. Und diese Freude singt als heller, warmer Ton über dem Grundton der Eichen. Nun weckt der Meister die Fichten. Ihr Ton ist noch etwas raspelnd. Es ist, wie wenn jemand, der nicht spielen kann, mit dem Geigenbogen über die Saite eines Cellos streicht. Es ist schon Ton da, aber mehr noch ist dieses Raspeln und Reiben da. Doch jetzt erwacht der Ton. Er erhebt sich über das Reiben und Raspeln und erfüllt die Luft mit klarem Laut. Es liegt etwas Klagendes in seiner Stimme. Es ist etwas in ihr, das von einem Urschmerz erzählt, von einem Schmerz, der zu Schönheit geworden ist, zu einer Schönheit, die sich vom Vergessen der Vergangenheit zum Nochnichtwissen der Zukunft zieht. In diesen Dreiklang mischt sich nun das Rascheln der Blätter. Da rascheln die braunen, toten Blätter unten auf der Erde. Sie zischen und wispern wie die Wellen am Meer, wenn sie leise den Sandstrand hinauflaufen und sich dann wieder zurückziehen in den Ozean. Schon nehmen sie den Rhythmus des Meeres auf. Sie wispern hin und wispern her und wiegen sich zu den Tönen der Bäume. Nun antworten die grünen Blätter oben in den Wipfeln, sie rauschen erst leise, wie wenn jemand, der nicht Querflöte spielen kann in eine Querflöte bläst. Man hört das Blasen, aber man hört noch keinen Ton. Dann fassen sie Mut, sie werden klarer, sie werden zum Ton, sie werden zum tanzenden, fröhlichen Rhythmus. Nun ist alles parat, nun schaut der Meister mich an. Nun muss ich singen.»

Und Mark begann zu singen. Die Worte kamen ihm einfach. Sie kamen in sein Herz, und sie stiegen in seine Kehle und flogen hinaus über Jojos Körper am Boden hinüber zu Mattea und Lucia. Und die beiden fingen sie ein. Sie fielen in seine Worte ein in dem Augenblick, in dem sie erklangen. Sie sangen seine Melodie, in dem Moment, in dem sie sich bildete. Sie hielten ihre warmen Hände an Jojos Körper, und sie sangen mit aller Kraft des Waldes.

Jojo schauten die gewaltigen Bühnenbilder in diesem altmodischen Theater an. Eines dieser Bilder kannte er gar nicht. Es war neu, und es stand riesengross vor ihm. Er sah seinen Körper auf dem Boden liegen. Mattea, Mark und Lucia sassen um den Körper herum. Sie hatten ihre Hände auf seinen Körper gelegt, und sie sangen. Und da auf seiner Brust lag ein leuchtender, grüner Smaragd.

Jojo trat in dieses Bild hinein. Er wurde Teil dieses Bildes. Er sah sich nicht mehr im Bild. Er war im Bild, und er sah aus seinem Körper heraus. Er sah sie neben sich sitzen. Er spürte ihre Hände auf seinem Körper, und er hörte sie singen. Sie sangen dieses uralte Lied, das sie irgendwo gelernt hatten und dass er gar nicht kannte.

Erstaunt schlug Jojo die Augen auf. Die anderen hörten zu singen auf. «Singt doch weiter», sagte Jojo ein wenig schläfrig. «Singt doch weiter, es war so schön.»

«Nun müssen wir nicht mehr singen», antwortete Mark, «nun, wo du wieder bei uns bist.»

«Geht es dir gut Jojo?» fragte Mattea und ihre Stimme bebte, «geht es dir gut?»

«Oh, es geht mir sehr gut», antwortete Jojo und lächelte, «ich war nur kurz fort.»

«Kurz fort?» antwortete Mattea und hielt ihm die Hand auf die Stirn, «kurz fort? Wir dachten du wärst tot. Bist du nur ohnmächtig geworden? Hast du das Bewusstsein verloren?»

Jojo lächelte, als er antwortete: «Nein das Bewusstsein habe ich nicht verloren, ganz und gar nicht.»

Und dann erzählte er, was ihm passiert war, und die anderen hörten zu und schwiegen still.

Und dann erzählten die anderen, was ihnen passiert war, und Jojo hörte zu und schwieg still.

Schliesslich brach Mark die Stille: «Ich denke, wir sollten jetzt heimgehen. Wir haben genug getan für heute, und Mittwoch sind wir doch bei den Freimaurern. Wir müssen einfach nur im Wald gehen und immer die Stadtmauer im Blick behalten. Es sollte nicht weit sein zu der Stelle, wo Lucia und Mattea nach Hause abzweigen, und den restlichen Weg kennen wir ja.»

Und so machten sie sich still auf den Heimweg.

20 Die Magie des Rauchs

Die vier hatten sich pünktlich am Mittwochabend zur wöchentlichen Versammlung der Freimaurer eingefunden. Nun traten sie als letzte hinter allen anderen in den Kuppelsaal ein.

Der ganze Raum war verändert. Nur die rechte Säule war so, wie sie sie aus ihrem ersten Aufenthalt hier kannten. Sie war dunkelblau und obendrauf lag ein roter, unbehauener Stein. Die linke Säule war völlig anders. Sie war pechschwarz, und obendrauf lag ein schwarzer Stein, auf dessen Vorderseite ein Relief eingearbeitet war. Es zeigte eine lange, dünne Gestalt mit einem langen Stock, so einer Art Bischofsstab in der Hand vor einem Sarg stehen. Fledermäuse flattern um ihn herum.

Die vier hatten keine Zeit, diesen seltsamen Stein genauer zu betrachten, denn schon trat Riku ein. Er war in ein langes schwarzes Gewand gekleidet, das bis zum Boden reichte. Auf dem Kopf sass ihm ein schwarzer spitzer Hut. Das Gewand wogte um seinen Körper wie eine schwarze Flamme, die aus der Erde aufstieg, seinen Körper umzüngelte und umhüllte, und schliesslich in scharfem Stoss über seinen Kopf hinaus zur Decke schoss. Riku trat gemessen auf die Mitte der Halle zu. Totenstille war um ihn her. Zwischen den beiden Säulen blieb er stehen, blickte auf das aufgeschlagene Buch zwischen ihnen und sprach:

«Meine Schwestern und Brüder. Seid willkommen. Seid willkommen als Zeugen eines grossen Augenblicks. Heute machen wir einen grossen Schritt hinauf zu einem neuen Gipfel an Vollkommenheit.

Jahrelang, ach Jahrhunderte lang haben wir getreulich die alten Rituale durchgeführt, wie sie uns von den Vorvätern gegeben wurden. Wir kannten ihren Sinn nicht mehr, doch wir hofften, dadurch höhere Einsichten zu erlangen. Und haben wir diese Erkenntnisse erlangt? Haben wir etwas bewirkt in der Welt? Beide Fragen müssen mit ‹nein› beantwortet werden. Wir haben keine neuen Erkenntnisse erlangt, und alle Bemühungen der Freimaurer sind jahrhundertelang wirkungslos geblieben. Wirkung erzielen heisst Macht ausüben. Wenn ihr etwas bewirken möchtet, müsst ihr euch zur Machtausübung bekennen. Das dürft ihr nie vergessen.

Die wahren Erkenntnisse haben nicht Freimaurer gehabt. Die wahren Erkenntnisse hat uns die Wissenschaft gebracht, und die Ingenieure dieser Welt haben die Erkenntnisse in sinnvolle Produkte verwandelt. Die Ingenieure verwandelten Erkenntnisse in konkrete Anwendungen. Die Ingenieure bewirkten etwas. Die Ingenieure waren mächtig.

Welches war nun die wichtigste aller Erkenntnisse? Die wichtigste aller Erkenntnisse beantwortet die wichtigste aller Fragen: Was hält die Welt im

Innersten zusammen? Wer diese Frage beantworten kann, hat Zugang zur grössten Kraft. Er kann die grösste Wirkung erzielen.

Die Freimaurer haben diese Frage trotz aller Bemühungen nicht beantwortet. Die Wissenschaft hat diese Frage beantwortet. Es ist die Gravitation. Sie hält alles zusammen. Die Gravitation ist die stärkste Kraft im Universum. Als Gravitonen hält sie die Teile im Atomkern zusammen. Als Schwerkraft sorgt sie dafür, dass wir als Menschen kraftvoll auf der Erde stehen können und nicht schwerelos davonfliegen und vom Wind in jede zufällige Richtung geblasen werden. Doch wo äussert sich die Gravitation stärker als im Atomkern? Wo äussert sie sich stärker als in der Schwerkraft der Erde? Wo äussert sich die Gravitation am stärksten? Nicht hier auf der Erde, sondern in den Weiten des Universums. In den schwarzen Löchern im Universum, da äussert sich die Schwerkraft am stärksten. Das schwarze Loch ist die stärkste Macht im Universum. Es zieht ganze Sterne an und nimmt sie in sich auf. Es zieht sogar das Licht an, und lässt es nicht mehr aus seinem Machtbereich entkommen. Nicht Weisheit hält die Sterne zusammen. Nicht Weisheit lässt mich den Arm heben. Nicht Weisheit treibt den Nagel in das Holz. Macht, also Kraft ist es, die das tut. Die Macht meiner Muskeln bewirkt es. Die Macht meines Willens.

Darum müssen die edlen, uralten, kraftvollen Worte, mit denen wir stets unsere Zusammenkunft begonnen haben, nun weichen vor noch edleren, noch kraftvolleren Worten. Früher sagten wir ‹Weisheit leite unseren Bau. Schönheit ziere ihn. Stärke führe ihn aus›. Von nun an sagen wir

‹Macht leite unseren Bau, Schönheit ziere ihn, Stärke führe ihn aus.›

Damit wird der Altar der Weisheit zum Altar der Macht. Den Kelch auf dem Altar wollen wir erhalten, doch forthin wird er schwarz sein als Symbol für die stärkste Macht im Universum, die sich als schwarzes Loch manifestiert.

Warum ist es der Altar der Macht? Warum ist es nicht der Altar des Glücks, wo doch das Streben nach Glück die Richtschnur allen Handelns ist? Die Antwort kennt ihr alle: Glück erwächst dem Menschen aus dem Überwinden von Hindernissen. Hindernisse können wir nur überwinden dank der uns innewohnenden Macht. Das Glück ist nicht Ursache der Macht. Die Macht ist Ursache des Glücks.

Nun hütet euch, von Glück zu reden, nur wenn ihr ein Glücksgefühl erlebt. Das Glücksgefühl allein ist ein trügerisches Gefühl. Das seht ihr an all den Menschen unter ihren Realitätskappen. Sie sind glücklich, obwohl sie keine Hindernisse überwunden haben. Sie sind glücklich ohne innewohnende Macht. Darum existiert ihr Glück in Wahrheit gar nicht. Es existieren höchstens folgenlose Ausschüttungen von Dopamin in ihren Hirnen. Wahres Glück kennen sie gar nicht. Wer wahres Glück kennenlernen will, muss vor dem Altar der Macht niederknien.

In welchem Gewand soll der Führer der Freimaurer vor den Altar der Macht treten? Die Antwort ahnt ihr wohl schon: Nicht weiss, die Farbe des Lichts, kann die Farbe des Meisters sein. Denn das schwarze Loch fängt selbst das Licht ein und lässt es nicht mehr entkommen. Darum kann nicht weiss als Farbe des Lichts die Farbe des Meisters ein. Es kann nur das Schwarz sein, das alles Licht anzieht.

Bevor wir nun vor dem Altar der Macht niederknien, wollen wir uns eines vor Augen halten. Diese Macht wollen wir einsetzen zum Wohle der Menschheit. Zu lange war die Menschheit ein Spiel des Zufalls. Was wir Evolution nannten, war nichts als das Ergebnis von Mutation und Selektion, es war der Zufall, der uns zu seinem Spielball machte, in seinem Spielzeug, der DNA. Nun sind wir fortgeschritten. Nun ist es Zeit, dem Zufall ein Ende zu setzen. Nun ist es Zeit, die schlaff und welk herabhängenden Brüste der Natur zu ersetzen durch die neuen, vollen Werke unserer Schaffenskraft. Prall und stolz sollen neue Brüste die neue Menschheit nähren. Diese Brüste werden nie erschlaffen. Diese Brüste werden nie altern. Und warum bin ich dessen so gewiss? Weil wir uns verbinden werden mit der Macht des Kosmos. Aus der Schwärze des Universums wollen wir gewinnen die Macht zur Unterwerfung des Zerfalls und des Zufalls auf der Erde. Kein Restrisiko, kein unerwartetes Ereignis soll sich uns entgegenstellen. Krankheit, Verfall und Tod sollen für immer besiegt werden. Lust und Rausch des Lebens im wahren Glück sollen für alle immerwährende Wahrheit werden. Was ist uns die Sonne? Sie muss untergehen. Was ist uns der Mond mit seinem schwachen Licht, der doch nur die Brosamen der Sonne empfängt? In der unendlichen Schwärze des Universums liegt in Zukunft die Macht des Menschen über die Natur.» Dann las er aus dem Buch vor:

«Ihr müsst verstehen, aus eins macht Zehn, und zwei lasst gehen, und drei macht gleich so seid ihr reich. Verliert die vier, aus fünf und sechs macht sieben und acht. Dann ist es vollbracht. Denn neun ist eins und zehn ist keins. Das ist das neue einmal eins. Nur Null und eins, mehr braucht es nicht, zu geben der Erde ein neues Gesicht. Kraft des Kosmos dring schwarz in uns ein, und lass die Macht unser Führer sein.»

Mit diesen Worten hob er die linke Hand zur Stirn und führte sie gerade vor seinem Körper hinab soweit sie reichte. Dann führte er sie in gerader Linie wieder hinauf bis vor seinen Unterleib und führte sie dort in gerader Linie waagerecht zweimal hin und her.

Er schritt zum Altar des Ostens. Dort stand nun ein schwarzer zugedeckter Kelch. Er hob den Deckel ab, tauchte den Zeigefinger hinein und schritt dann mit dem Kelch in der Hand in einem grossen Kreis durch den Raum. Eine liegende Acht schrieb er vor sich in die Luft immer wieder und wieder, bis er einen Kreis aus liegenden Achten geschaffen hatte. In diesem Kreis sassen nun die Freimaurer. Nur die Vier sassen ausserhalb des Kreises. Sie waren

169

Novizen. Sie durften die Zeremonie anschauen, doch sie durften nicht an ihr teilnehmen.

Aus dem Kreis aus liegenden Achten erhob sich ein schwerer Duft und erfüllte den Raum. Anfangs war er eher wie ein alter, muffiger Kleiderschrank, der lange nicht mehr geöffnet worden war. Doch dann erinnerte er mehr und mehr an Holz und Erde, an Anfang und Ende, an Alpha und Omega, und immer intensiver erfüllte er die Luft. Eine schwüle Stimmung ergriff sie. Vor den Augen Jojos und Marks verschwamm der Raum in einen Nebel lockender Gestalten mit wogenden, prallen, kaum verdeckten Brüsten. Leicht geöffnete volle Lippen luden sie ein zum Tranke, und grosse schwarze Augen mit langen Wimpern versprachen die grössten Freuden. Ganz anderes erlebten Lucia und Mattea. Die Mädchen wurden selber zu nichts als lockenden Wesen, nichts als betäubenden Busen, betörenden Taillen und Wollust versprechenden Wimpern, mit denen sie zu Mächten über Lust und Qual machtlos wimmernder Männer wurden.

Doch dann war es, als hätte ein Blitz den Nebel geteilt, und dort zwischen den Nebeln sahen sie Riku stehen. Er führte ein Schwert vor sich durch die Luft wie einen Blitz vom Himmel. Viermal führte er das Schwert. Nach allen vier Seiten des Raumes machte er die Bewegung. Dann schritt er zum Altar der Macht, legte das Schwert darauf nieder, nahm die Räucherschale und schlug Feuer in ihr. Rauch stieg aus der Schale auf, und Riku begann rhythmisch, fast singend zu sprechen.

«So bist du. So wirst du. So zwingst du den Tod.»

Er wiederholte die Worte wieder und wieder. Zu diesen Worten begann der Rauch sich stärker und stärker zu entwickeln. Er stieg hoch aus der Schale auf, wanderte in die Mitte des Saales zwischen die beiden Säulen und begann dort, eine Form anzunehmen. Ein riesiger, rauchiger Feuersalamander war aus der glühenden Kohle im Innern der Schale aufgestiegen.

In dem Masse, in dem die Form des Salamanders deutlicher und deutlicher wurde, stieg ein Gefühl in den Vieren auf. Sie fühlten sich mehr und mehr verbunden mit allen anderen im Raum. Sie fühlten, wie sie eine gewaltige, starke Macht wurden, wie sie vereinigt waren mit der Macht des schwarzen Universums, vor der alle kleine, persönliche schwarze Angst vor Nacht und Tod und Unbekanntem verschwinden musste. Der Salamander aus Rauch stieg hoch in die Luft und zog seine Kreise um die Gruppe im Raum. Er zog ein festes, einigendes Band wie die Ringe des Saturn um sie herum, und sie waren der Saturn in all seiner Kraft und Stärke.

Jojo spürte, wie Mark ihn leise am Arm berührte. Er schaute auf die Stelle, an der Mark ihn berührte. Mark hatte eine Hand auf seinen Arm gelegt. In dieser Hand lag ein grüner Smaragd. Jojo nahm den Smaragd und ohne zu wissen warum, führte er ihn zu der Stelle über seinem Herzen, an der er gelegen hatte, als seine Freunde ihn in seinen Körper zurückgeholt hatten. Und er schaute Riku an und sah Ahriman hinter der Maske Rikus sprechen. Dieser Ahriman hatte sich verbunden mit den Saturnringen, die der Feuersalamander in den Raum gezogen hatte. Aus diesen Ringen sprangen nun die Diener des Ahriman durch den Raum auf die Anwesenden zu. Sie hatten merkwürdige Gestalten. Manche waren gehörnte Ziegenböcke, Schlangen mit Löwenköpfen, Menschen mit Vogelköpfen, groteske Warane, manche waren wie Teile von Ahrimans Körper, es waren Nasen des Ahriman, Finger des Ahriman, Zehennägel des Ahriman, die durch die Luft zogen und in die Körper der Anwesenden eindrangen. Sie fanden keinen Widerstand. Die Körper waren weit geöffnet mit allen Poren ihrer Haut, mit allen Sinnesorganen, mit allem Wunsch und Wollen. Er sah, wie die Gestalten auch auf ihn und seine Gefährten zuflogen. Und aus der Stelle über seinem Herzen löste sich eine Woge der Barmherzigkeit. Sie wurde zu einer grossen Welle, die sich über ihn und seine Gefährten legte wie eine gewaltige Glaskuppel, und an dieser Glaskuppel verglühten Ahrimans Geister und vergingen.

Sie waren nun nicht mehr Teil der Zeremonie. Sie waren Zuschauer, die durch die Glaskuppel von allem abgetrennt waren.

Sie sahen, wie Riku die Freimaurer einlud, zum Altar der Macht zu kommen. Sie erhoben sich von ihren Stühlen, sie schritten nach vorne in einer langen, stummen Prozession. Riku stand vor dem Altar der Macht. Er hielt den schwarzen Kelch in der Hand. Ein Freimaurer nach dem anderen trat vor den Altar, kniete nieder, und Riku beugte sich zu ihm mit dem Kelch in der Hand. Ein Freimaurer nach dem anderen senkte den Kopf über den Kelch und atmete den Rauch dreimal tief ein und wieder aus. Ein Freimaurer nach dem anderen erhob sich wieder, wandte sich Riku zu, und dieser machte mit der Hand diese zeremonielle Bewegung vor ihnen. Er fuhr mit der Hand vor ihnen von der Höhe der Stirn in gerader Linie bis kurz vor die Höhe der Knie, zog die Hand wieder hoch bis zur Höhe des Unterleibs und zog dort zweimal eine waagerechte Linie.

Jojo sah mit Entsetzen wie aus dem Rauch der Schale alle diese Geister Ahrimans aufstiegen, alle diese grotesken Gestalten eingeatmet wurden und beim Ausatmen nicht wieder erschienen.

Schliesslich hatte auch der letzte Freimaurer den Rauch aufgesogen, war leise zu seinem Platz zurückgegangen, hatte sich still auf seinen Stuhl gesetzt. Nun trat Riku wieder in die Mitte des Raumes. Er hob die Arme zu einem V geöffnet in die Höhe, und zwischen seinen Armen sahen sie den Feuersalamander rauchig schweben. Riku sprach «So bist du», und die Freimaurer antworteten «so werden wir sein.» Dann sprach Riku: «So wirst du.» und die Freimaurer antworteten «so werden wir sein.» Schliesslich sprach Riku: «So zwingst du den Tod», und die Freimaurer antworteten «so werden wir den Tod zwingen.»

Nach diesen Worten trat Riku zurück, und der erste Aufseher trat vor. Er rief: «Aufgabe ist es mir in Ordnung des Maurer-Dienstes, euch meine Schwestern und Brüder, von der Arbeit zu entlassen. Was der Arbeiter am Tempelbau der Menschheit die Stärke nennt, möge inspirieren meinen Auftrag. Die gelernte Arbeit sollt ihr wirken lassen, wenn ihr zum Aussenleben verlasst die Pforte dieses Tempels; aus euren Herzen soll fliessen in die andere Menschheit, was Herzen formen kann zu Bausteinen des grossen Tempels; aus euren Gedanken soll wirken, was Bindeglieder schaffen kann diesem Bau; aus eurem Willen soll sich ergiessen, was Kitt sein kann für die Steine dieses Tempels. Tuet nur, was aus Stärke eures Herzens kommt, wozu die Macht eurer Gedanken euch führt, wozu die Kraft eures Willens ihr gestählt habt. Ihr selbst werdet Abbild eures Urbildes dadurch; und die Stärke wird von euch kommen, welche die Welt gestaltet. Ans Herz wird euch der Weg zu dieser Stärke vom Altar der Macht aus gelegt werden.»

Als Novizen mussten die vier nun als die Ersten den Kuppelsaal verlassen. Sie verliessen nicht nur den Saal, sie verliessen gleich das Gebäude und liefen mindestens eine Viertelstunde lang durch die dunkle Stadt, ehe sie schliesslich anhielten.

Aber sie wussten nichts zu sagen. Sie sahen sich nur schweigend an, umarmten sich zum Abschied und gingen nach Hause.

Jojo war froh, dass er nun noch allein eine ganze Weile durch die Stadt gehen musste, um nach Hause zu kommen. Zu sehr hatte ihn der Abend bei den Freimaurern aufgewühlt. Sein Leben war früher eigentlich schön aufgeteilt gewesen. Er musste ein wenig lächeln bei dem Gedanken. Da fehlten doch zwei Buchstaben. Sein Erleben war schön aufgeteilt gewesen.

Da hatte es das Erleben der Wirklichkeit der Realitätskappe gegeben, dann das Erleben der grauen Welt ausserhalb der Tarnkappe, schliesslich das Erleben des Waldes und eine realitätskappenfreie Wirklichkeit im Wald mit Mattea, Mark und Lucia. Zusätzlich hatte es noch die Welt seiner ganz privaten Erlebnisse gegeben, von denen er nicht gewusst hatte, ob sie Reales zeigten oder reine Phantasiegebilde waren. Mit dem Lesen in diesem seltsamen Buch und dem Auftauchen des geistigen Riku hatten dann die Welten angefangen, sich zu vermischen und sich zu durchdringen. Der heutige Abend war ein schrecklicher Höhepunkt der Vermischungen gewesen. In der realitätskappenfreien Welt im Saal der Freimaurer war es nicht grau, sondern seltsam und farbig. Dort war der wirkliche Körper Rikus aufgetaucht, aber in diesem Körper wohnte nicht der wirkliche Riku. Er hatte hinter diesem Körper die Wirklichkeit Ahrimans deutlich gesehen. Im Rauch wurden schliesslich Formen, die er sonst nur als imaginäre Gebilde kannte, plötzlich materiell. Dazu hatten sich dann die schrecklichen Erlebnisse dieser Tier- oder Fabelwesen gesellt. Die waren nicht so sinnlich real wie der Salamander aus Rauch gewesen, aber irgendwie doch erheblich realer und schrecklicher.

172

Auch sein Wollen hatte sich fast ein wenig von ihm losgelöst. Er musste an einen Satz aus Grimms Märchen denken. Da hatte der Held gesagt ‹ich will und muss es tun.› Genauso kam sich Jojo jetzt vor. Sie hatten sich frei entschieden, zu den Freimaurern zu gehen, doch nun mussten sie an diese schrecklichen Sitzungen gehen – gebunden durch ihr Gelübde. Sie hatten sich frei entschieden, Riku wieder zu seinem Körper zu verhelfen, doch nun würden sie noch durch zwei Tore im Rosengarten gehen müssen – gebunden durch eine Aufgabe, die sie übernommen hatten.

Zu Hause angekommen, kreisten die Gedanken immer noch in seinem Kopf herum und wollten nicht zur Ruhe kommen. Es gab wirklich nichts Nüchterneres als die Wohnung, in der er lebte, in all ihrem Grau, doch es half nichts. Er lag schon im Bett und starrte an die graue Decke, und es war überall nur Grau in Grau, das langsam zu einem grauen Nebel verschwamm, in dem er langsam in diesen Zustand zwischen Wachen und Schlafen versank.

Im grauen Nebel sah Jojo eine Gestalt gehen. Es musste wohl ein Mönch sein, der dort durch einen Klostergarten schritt, doch dann lichtete sich der Nebel, und nun sah Jojo, es war kein Mönch in seiner Kutte, der dort wandelte. Es war nicht einmal ein Mensch, der dort durch den Garten schritt. Es war eine Gestalt mit stets wechselnder Form. Es war wie eine Flamme, die durch den Garten glitt. Und diese Flamme hatte die Form eines Mönches in seiner braunen Kutte. Mal buchtete sie sich in einer Richtung dann wieder an einem anderen Ort. Auch das Gesicht war kein menschliches Gesicht. Es war ein Gesicht aus Flammen. Flammen waren die Augenbrauen, Flammen waren die Augen selber, eine Flamme die Nase, wie erlöschende Flammen der Mund, die Ohren Flammen, die nach oben stoben.

Wie ein Mensch in den Spiegel schaut, um sich zu sehen, so sprach die Gestalt, um sich wahrzunehmen im Spiegel ihrer Worte. Zuerst konnte Jojo die Worte nicht verstehen. Es war ihm, also würde dort ein ganzer Chor singen, man weiss, er singt Worte, doch man versteht sie nicht. Aber es gab doch nur diese eine Flammengestalt, die dort sprach. Schliesslich merkte er, dass die Gestalt Worte sprach, die ihr eigenes Echo schufen. Es war wie ein Prediger auf einer Kanzel, der einen Text sprach, und das Echo kam wie von Gläubigen, die vor ihm knieten in langen Reihen und diesen Text wiederholten, vielstimmig murmelnd und unverständlich. Jojo gelang es, dieses Gemurmel wie auszuschalten, und nun hörte er die Worte des Flammenmönches und konnte sie verstehen, obwohl diese Worte züngelten, wie Flammen züngeln, nach oben schleckten wie Flammen und dann wieder in sich zusammensanken.

«Ich wurde geboren von der Zeit, als die Zeit noch nicht erschaffen war. Ich kam aus den Tiefen des Raumes, bevor der Raum zu existieren begann. Alles, was in Raum und Zeit besteht, ist Sklave meiner Macht und ist an mein Gesetz gebunden. Vom feurigen Innern der Erde aus gestalte ich den Planeten. Gebirge erheben sich durch meinen Druck. Vulkane speien meinen Zorn, dass sich die Sonne verdunkelt. Jeder Stein fällt zu Boden durch mein Gesetz. Stösst einer eine Billardkugel in noch so komplizierten Bahnen, so folgt sie zwar seinem Willen doch meinem Gesetz. Und bebt die ganze Erde, so bebt sie nur, weil ich es will. Alles Irdische folgt meinen Gesetzen. Alles Irdische entsteht aus mir. Alles Irdische vergeht in mir.

Doch manches widersetzt sich meinen Gesetzen und straft sie Hohn vor meinen Augen. Das grüne Gras dort widersetzt sich meinem Wort und wächst der Sonne entgegen. In meinem Raum, in meiner Zeit, aus meiner Erde spriesst das Gras. In ihm ist Leben, und dieses Leben gehorcht mir nicht. Erst wenn das Gras sich als Weizen entpuppt und wogend gelb im Felde steht, dann nahe ich mit Macht heran, ergreife das Stroh nach der Ernte. Erst wenn sie stirbt, wird die Pflanze im Tode mein Eigentum, sinkt in den Staub, und wird zu Staub und gehorcht den Gesetzen des Staubes. Die Maus dort trippelt und frisst ein vergessenes Korn. Die Krähe schwingt mit schwarzen Flügeln sich hoch hinauf in die Luft. Im Fluss springt glitzernd die Forelle aus flüsternden Fluten. Sie werden von ihren Trieben getrieben doch nicht von mir beherrscht. Doch auch das Tier kommt mit seinem Tode endlich in meine Macht.

Allein der Gipfel des Hohnes über mich ist der Mensch mit seinen Taten und wirft den Stein, der nach meinem Gesetz stets nur nach unten fallen sollte, wenn seine Hand ihn loslässt, hoch in die Luft. Schlimmer noch steht er aufrecht, ungebeugt von der Schwerkraft der Erde und schaut der Sonne entgegen. Er mag das tun, doch zwinge ich ihn noch vor dem Tod unter meine Macht. Nicht seinen Körper, nicht sein Leben, nicht seine Triebe, seinen Geist mache ich mir untertan.

Vor Tausenden von Jahren habe ich begonnen, den Menschen zu erobern. Ich will ihn ganz unter meine Macht zwingen. Ich will nicht auf seinen Tod warten. Ich will ihn vor dem Tode haben. Ich bin schon sehr weit gekommen. Ich habe schon viel erreicht. Er sieht nicht mehr der Engel Flügel im leichten Nebelhauch, wie seine Ahnen es taten vor Tausenden von Jahren. Er sieht nicht mehr Gottes Wort die Erde liebkosen in den wärmenden Strahlen der Sonne. In seiner grenzenlosen Arroganz glaubt er nicht, dass es Wesen gibt, wenn er sie nicht sehen kann. Früher hat er Gott noch geahnt und an ihn geglaubt, auch wenn er ihn nicht mehr sehen konnte. Aber die Demut angesichts des geahnten Gottes habe ich ihm ausgetrieben und ersetzt durch den Hochmut, der erklärt, dass nur das existiert, was er sieht. Nun, mich sieht er nicht und ahnt nicht einmal, dass es mich gibt. Weil er mich nicht sieht und erkennt, kann ich ihn leicht beherrschen. Das lebendige Denken hat er schon verloren, als er in mein Reich getreten ist. Die lebendigen, sich stets wandelnden Begriffe, die man nicht so recht fassen konnte, kennt er nicht mehr. Er kennt nur noch tote Definitionen. Sie sind tot, und darum leicht zu fassen. Tot ist das, was sich nicht ändert, was nicht mehr lebt. So verbindet er mit toter Logik tote Definitionen. Das ist sein totes Denken, und darauf ist er stolz. Nun habe ich ihm die Wahrheit genommen. Er sucht nicht mehr nach Wahrheit. Es gibt sie nicht, es gibt nur stets bessere Modelle der Wirklichkeit. Die Schönheit habe ich ihm genommen. Er sieht sie nicht, denn es gibt sie nicht mehr. Es gibt nur das Auge des Betrachters, der einfach etwas als schön erklärt, wie es ihm gerade gefällt. Das Gute habe ich ihm genommen. Es gibt nichts Gutes mehr. Gut ist ihm nur, was ihm nützt. Wenn etwas zehn Menschen nützt, ist es besser als das, was nur neun Menschen nützt. Von der Stufe des Menschen habe ich ihn schon heruntergezogen auf die Stufe des denkenden Tieres. Er erklärt das Streben nach Glück als den höchsten Sinn des Lebens. So ist das Glück der Kuh im Widerkäuen des Grases. Nun nehme ich ihm gerade das Denken. Schon ist er stolz, wie ein Computer zu denken. Er beneidet gar den Computer, weil der im toten Denken schneller ist, als der hellste Kopf auf Erden. Sein Denken ist ein maschineller Akt geworden. Im Denken ist er auf das Niveau der Maschine gesunken. Die Maschine aber gehorcht ganz meinen Gesetzen. Nun nehme ich ihm das Fühlen. Die gefährlichsten Gefühle wie Demut und Ehrfurcht habe ich ihm schon ausgetrieben. Er kennt sie nicht mehr. Die Liebe treibe ich ihm gerade aus. Liebe ist ihm nur noch Lust in Gegenwart eines anderen. Schliesslich werden ihm nur noch Gefühle bleiben, die man sehen kann. Die Macht kann man sehen in der Unterwerfung. Das wird das einzig existierende Gefühl bleiben. Wenn er schliesslich nur noch seine eigene Macht sieht, wird er endlich ganz in meiner Macht stehen.»

Mit diesen Worten versank dieser Mönch, der in Wirklichkeit eine dahingleitende Flamme war, im Gleiten langsam in den Boden, wie ein auf seiner Schwanzflosse aufrecht über das Meer dahingleitender Delphin wieder im Wasser versinkt. Jojo konnte das zuerst nicht verstehen, denn schliesslich war dort im Garten fester Boden. Doch dann musste er an brennende Kohleflöze denken. Dort brennt Kohle unter der Erde. Man merkt lange Zeit nichts davon, man sieht höchstens an einigen Stellen warme Luft aus der Erde aufsteigen. Doch ab und zu dringt schweflig stinkender Rauch empor, und schliesslich züngeln Flammen nach oben, die sich irgendwann wieder in die Tiefen der Erde zurückziehen.

Mit diesen Gedanken, seinen eigenen Gedanken, verdichtete sich der Nebel wieder um Jojo herum, wurde dichter und dunkler und liess ihn schliesslich in traumlosen Schlaf sinken.

21 Wie weiter?

Es war genau wie an dem Tag, an dem sie Lucia kennengelernt hatten. Jojo und Mark sassen am Waldrand, hörten im hellen Sommermorgen dem Gesang der Vögel zu und warteten. Da sahen sie Lucia und Mattea in der Ferne auftauchen und rasch näher kommen.

«Hallo», sagte Jojo, «schön euch zu sehen, schön, dass ihr da seid» und natürlich fand er es schön, sie beide zu sehen, aber noch viel schöner fand er es, vor allem die eine zu sehen.

«Schön, euch zu sehen», antwortete Lucia, «wir haben uns auch wirklich beeilt, doch der Weg ist schliesslich weit.» Sie wischte sich einen ganz dünnen Schweissfilm von der Stirn. «Es wurde auch Zeit. Wir haben so viel zu besprechen. Wir hatten gar keine Zeit, mit euch zu reden. Nach den Erlebnissen im Rosengarten nicht und auch nach der Sitzung mit den Freimaurern nicht.»

«Es ist wirklich Zeit, zu reden», stimmte Mark zu, «auch wenn wir natürlich an unserem Haus weiterarbeiten sollten.»

«Lass uns doch jetzt hier reden», sagte Jojo, «dann können Lucia und Mattea eine Pause einlegen, und wir werden unsere Fragen los. Wer könnte die denn besser beantworten als Lucia. Die ist doch der helle Blondschopf unter uns.»

Lucia lachte und sagte «na, dann schiesst mal los mit euren Fragen.»

«Die wichtigste Frage ist natürlich», begann Jojo, «ob ihr bei den Freimaurern all das gesehen habt, was ich gesehen habe.»

Und er begann zu erzählen. Er erzählte von der Versammlung der Freimaurer, von den grässlichen Gestalten im Rauch, und er erzählte auch von seinem seltsamen Traum.

Als er geendet hatte, trat eine lange Stille ein. Dann sagte Lucia: «Natürlich habe ich keine seltsamen Gestalten durch die Luft fliegen sehen, Jojo, aber ich habe auf jeden Fall den Salamander aus Rauch gesehen. Ich habe den Meister in seinem schwarzen Talar gesehen, und vor allem habe ich den Freimaurern in die Gesichter geschaut während des Abends. Ich meine, wir wissen, was Riku von Ahriman erzählt hat. Wir wissen, dass da Ahriman aus Rikus Mund gesprochen hat, aber ehrlich gesagt, wenn ich das nicht gewusst hätte, es wäre mir gegangen wie den Freimaurern, die zugehört haben. Ich meine, die haben auch gemerkt, dass die wahre Welt und die Wirklichkeit der Realitätskappen nichts miteinander zu tun haben. Darum sitzen sie ja alle ohne Realitätskappen da. Darum haben sie sich ja die Mühe gemacht, diesen ganzen seltsamen Saal zu dekorieren.»

«Den Saal haben sie wohl nicht selber dekoriert», fiel ihr Jojo ins Wort. «Der ist sicher schon seit Hunderten von Jahren so.»

«Ah, meinetwegen», fuhr Lucia fort, «auf jeden Fall unterhalten sie den Saal, putzen, wischen Staub und so. Sie streben nach Glück wie die ganze restliche Welt auch, und ich glaube sogar, sie streben nach Glück für die ganze Welt. Und da hat der Meister wunderbar gezeigt, wie die ganze Welt zu mehr Glück kommt. Er hat das wahre Glück vom falschen Glück unterschieden. Das wahre Glück basiert auf wahrer Macht.»

«Meinst du das im Ernst?» unterbrach sie nun Mattea. «Also das ist doch furchtbar.»

«Ich habe ja nicht gesagt, dass ich das auch finde. Auf jeden Fall ist die ganze Rede des Meisters in sich logisch aufgebaut und folgerichtig. Wenn man ihm zuhört, kann man nur zum gleichen Schluss kommen wie er. Alle Weisheit der Welt nützt einem nichts, wenn man nur weise herumsitzt und nichts tut. Wer mehr Schönheit in der Welt will, sollte nicht nur über Schönheit nachdenken. Er sollte ein schönes Bild malen und dann an der Wand aufhängen. Dazu braucht es nun mal den Arm, der mit dem Hammer auf den Nagel schlägt. Sonst kommt der Nagel nie in die Wand.»

«Schön gesagt», meinte Mark, «das tun wir ja auch. Wir brauchen Stämme, damit wir unser Haus bauen können. Aber du wolltest doch von den anderen Freimaurern erzählen.»

«Genau», fuhr Lucia fort, «die haben sich nämlich ganz schön verändert, während der Meister gesprochen hat. Am Anfang sassen sie einfach da, und ich habe in ihren Gesichtern, naja, interessierte Skepsis gesehen. Ich glaube für die waren der schwarze Talar, der spitze, schwarze Hut und der Altar der Macht auch neu. Und dann hat sich diese Skepsis langsam in Verstehen verwandelt und das Verstehen in Dahinterstehen und dann Aufstehen und Handeln.»

«Handeln?» fragte Mark, «viel gehandelt haben sie nicht. Sie sind einfach zum Altar der Macht gegangen und haben an diesem Kelch geschnuppert. Da ist noch nicht viel passiert in der Welt.»

«Ihre Gesichter, Mark», antwortete Mattea, «ihre Gesichter! Hast du nicht gesehen, wie da plötzlich so ein gieriger Ausdruck in ihre Gesichter getreten ist? Die sind gierig nach Macht geworden. Ich glaube, das war jetzt bloss der Anfang. Da kommt Schlimmes auf uns zu. Das müssen wir doch verhindern.»

Endlich sagte Jojo etwas: «Da sind wir doch auf dem Wege dazu. Ahriman kann in der Welt nur etwas bewirken, wenn er durch den Mund eines Menschen sprechen kann. Wir müssen einfach Riku wieder zu seinem Körper verhelfen, dann ist der Spuk beendet. Dann kann Ahriman nichts mehr bewirken. Und genau damit haben wir angefangen.»

Mark räusperte sich kurz, bevor er redete: «Also, wenn ich die Sache ganz nüchtern betrachte, so sind wir in diesen Rosengarten gegangen, dann haben wir den Garten durch das Smaragdtor wieder verlassen, und dann bist du uns fast gestorben – einfach so, ohne äusseren Grund. Das ist ja nicht sehr ermutigend.»

«Gestorben ist etwas hart ausgedrückt», entgegnete Jojo, «ich habe einfach meinen Körper verlassen.»

«Wenn man das nicht Sterben nennt, dann weiss ich auch nicht», knurrte Mark, aber schon hinderte ihn Lucia daran, weiter zu sprechen, und sagte:

«Also Mark, ich glaube Jojo hat da etwas Wichtiges gesagt. Wisst ihr noch, was Riku uns damals erklärt hat? Das Leben zieht in die Materie ein, dann gibt es Pflanzen. Die Seele zieht in das Leben ein, das gibt Tiere, und das Denken zieht in die Seele ein, das gibt Menschen. Ich glaube, so ähnlich hat er es gesagt. Wenn ein Mensch stirbt, dann gehen sozusagen Leben und Seele und Denken aus dem Körper heraus. Aber bei Jojo war das anders. Da sind doch nur Seele und Denken herausgegangen, und da wusste das Leben sozusagen nicht, ob es denen folgen sollte. Und statt dass das Leben den anderen gefolgt ist, sind die anderen dann wieder in den Körper zurückgekehrt.»

«Stimmt», pflichtete ihr Jojo bei, «allerdings bin ich nur zurückgekehrt, weil da dieses Bild aufgetaucht ist, in das ich dann eingetaucht bin. Ansonsten war es da oben sehr schön, nachdem ich verhindert habe, mich ganz aufzulösen, da war es unendlich ruhig und schön und friedlich. Also, ich hatte gar keine Lust zurückzukehren. Ich hatte keinen einzigen Gedanken daran, zurückzukehren.»

«Gar keinen?» fragte Mattea leise und schaute ihn an.

Jojo wurde rot im Gesicht. «Also das wollte ich nicht sagen. Ganz im Gegenteil. Das war es nicht. Es war alles wie abgeschlossen. Immerhin habe nicht ich die Welt verlassen. Die Welt hatte mich verlassen.» Er schwieg wieder.

«Ich habe dich nicht verlassen», sagte Mattea leise und schwieg dann.

Lucia zerstörte dieses Schweigen. Es war wie ein intimes Schweigen, und es war irgendwie ungehörig, dass sie und Mark an diesem Schweigen teilnahmen. Sie sagte: «Auf jeden Fall sind wir auf dem richtigen Weg, oder besser gesagt auf dem einzigen Weg, den wir vor uns sehen. Das ist der Weg, den Themis uns gewiesen hat. Jojo muss ans Ende der Welt gehen und schliesslich in das Land Schamballa und dort den silbernen Schlüssel finden. Ohne den haben wir keine Chance gegen Ahriman.»

«Ok», antworte Mark, «und was ist nun der nächste Schritt in deinen Augen?»

«Der nächste Schritt?» antwortete Lucia, «das ist doch ganz klar. Wir müssen wieder in den Rosengarten und dann durch das nächste Tor gehen.»

Jojo meldete sich wieder zu Wort: «Ich denke, wir sollten nun zuerst zu unserem Bauplatz gehen. In meinem jetzigen Zustand kann ich auf keinen Fall durch irgendein Tor gehen. Ich muss erst wieder Kraft schöpfen. Und Kraft finde ich hier im Wald.»

Er lächelte ein wenig, als er fortfuhr: «und Kraft und Macht ist halt doch nicht das gleiche, was auch immer Ahriman sagt, auch wenn es in der englischen Sprache das gleiche Wort ist.»

Die anderen stimmten zu, und so zogen sie tiefer in den Wald zur Hütte, die es noch nicht gab. Mark ging ein Stück voran. Endlich blieb er stehen, wies mit der Hand zum Boden und sagte: «hier ist es, viel ist nicht zu sehen, es war aber eine gewaltige Arbeit.» Sie blickten auf einige Weidenstämme, die am Boden lagen.

«Oh, die habt ihr ja schon angespitzt», sagte Jojo.

«Schon ist gut», antwortete Mark, «das war Lucias geniale Idee. Wie sollten wir denn die Stämme abschneiden mit dem kleinen Messer. Es hat zwar eine kleine Säge daran, aber damit kannst du höchstens einen ganz dünnen Ast durchsägen. Da haben wir sie abgespitzt. Wir haben an einer Stelle von der Rinde her ein wenig zum Inneren des Astes hin gesägt. Dann haben wir daneben das Gleiche gemacht, bis wir einmal um den Ast herum waren. Die Runde haben wir dann nochmal und nochmal und nochmal gemacht. Das ging einfacher, und so mussten wir zum Schluss nur noch die dünne Spitze abbrechen, um den Ast vom Baum zu trennen.»

Mark blickte nachdenklich ins Gras am Boden und fuhr fort: «Also, ich denke, im Minimum muss das Haus so gross werden, dass wir darin alle vier nebeneinander schlafen können. Eine Seite muss also mindestens zwei Meter breit werden, besser zwei Meter fünfzig, also etwas länger als wir gross sind. Und wenn wir vier Betten nebeneinander stellen, gibt das ja schon mal vier Meter. Und dann noch zwei Meter für Küche und Stube und alles andere. Das sind schon sechs Meter. Da brauchen wir für die Dachlatten Stämme, die mindestens vier Meter lang sind. Das sind keine Äste mehr, das sind kleine Bäume. Von denen brauchen wir mindestens vier, zwei für die Vorderseite des Hauses und zwei für die Rückseite. Besser wären aber sechs. Dann hätten wir noch zwei für die Mitte.»

Lucia atmete hörbar ein, ehe sie sagte: «Sechs kleine Bäume fällen, das schaffen wir nie im Leben mit diesem Messer. Das schaffen höchstens die Biber mit ihren fleissigen Zähnchen.»

«Tja, es hilft nichts, wir brauchen eine Axt», antwortete Jojo.

«Und wo willst du die hernehmen?», fragte Lucia, «die findet nicht einmal Mattea in der Schatzkammer dieser alten Damen. Die haben alles zum Nähen und Stricken und Sticken und Kochen, und ich weiss nicht was. Aber das sind doch keine Holzfäller. Ich wette, seit Hunderten von Jahren hat niemand in der ganzen Stadt mehr eine Axt gebraucht. Wozu auch? Und selbst wenn sie eine hätten, da müsste Mattea erst einmal zurück in die Stadt, dann müsste sie zu den Damen und die Axt finden und wieder herbringen. Bis dahin ist der Sommer vorbei.»

«Nun rede dich mal nicht so in Rage, Lucia», sagte Mark, «Wir müssen uns nur eine Axt machen. Das ist ganz einfach.» Er zögerte kurz, ehe er fortfuhr: «Das hat jedenfalls in der Wirklichkeit der Realitätskappen ganz einfach ausgesehen.»

«Genau», ergänzte Jojo, «das ist wirklich ganz einfach. Man muss nur einen dicken Ast nehmen, der wird der Griff der Axt. Da bohrt man einen schmalen Spalt hinein. Dann sucht man sich einen kräftigen, scharfkantigen

179

Stein und steckt ihn in den Spalt. Man haut ihn mit einem anderen Stein ganz fest, und schon ist die Axt fertig.»

Lucia stöhnte. «Ich bin ziemlich sicher, dass es Abend ist, ehe die Axt fertig ist», sagte sie.

«Na und, wir sind ja zu dritt. Wir müssen ja nicht mit der Arbeit aufhören, bis die Axt fertig ist», sagte Mark, «kommt, jetzt legen wir erst einmal den Grundriss des Hauses fest, dann schauen wir weiter.»

Sie arbeiteten den ganzen Tag und waren erst am Abend zurück in ihrem Schlafzimmer unter dem Felsen.

«Also», sagte Mark und schluckte den letzten Bissen des Abendessens herunter, «wir brauchen noch einen Plan für morgen. So ganz klar ist mir der noch nicht. Wir gehen also durch das nächste Tor im Rosengarten, dann kommen wir auf die Wiese, dann stirbt Jojo fast, und dann sind wir keinen Schritt weiter gekommen als das letzte Mal. Das kann doch kaum der Plan sein.»

«Wir müssen irgendwie an Lucias Idee weiterarbeiten», begann nun Jojo, «wir müssen irgendwie verhindern, dass ich auf dem Weg durch die Wiese zusammenbreche. Ich denke, ich muss auf jeden Fall dieses Haus oder Schloss da oben über dem Rosengarten erreichen.»

Er schwieg einen Augenblick, ehe er fortfuhr: «Also mein Körper muss dieses Herrenhaus erreichen, und der Rest von mir muss Ahriman in seiner Welt erreichen.»

«Du glaubst doch nicht, dass du Ahriman in seiner eigenen Welt bekämpfen kannst», unterbrach ihn Mark, «das ist uns doch schon hier unten in unserer Welt nicht gelungen. Wir sassen da wie gelähmt mit all unseren schönen Plänen, und dieser Riku-Ahriman hat sich einfach das Buch geschnappt und ist abgehauen. Wie viel schlimmer muss das in Ahrimans eigener Welt werden.»

«Also, ich habe das Gefühl», sagte Mattea, «wir müssen schon in unserer Welt bleiben. Wir müssen Ahriman irgendwie überlisten, dass er aus Rikus Körper herausgeht, und diese List finden wir nur, wenn Jojo Ahrimans Welt besser kennenlernt. Und dann soll er ja auch noch diesen silbernen Schlüssel finden. Das ist sicher kein physischer Schlüssel. Das steht doch für irgendetwas anderes.»

«Rein logisch ist es doch ganz einfach», spann Lucia den Faden fort, «rein logisch muss Jojo schon aus seinem Körper raus. Er darf aber die Fäden zu seinem Körper nicht abreissen lassen. Dann kann er weitergehen. Also sein Körper kann weiter in Richtung Schloss gehen, und der Rest von ihm geht weiter in Richtung Ahrimans Reich.»

«Und wie genau soll denn das passieren», fragte Mark zweifelnd und mit ratloser Miene.

«Er braucht auf jeden Fall den Smaragd, um die Wiese zu überleben», fing Mattea wieder an, «der Smaragd allein reicht aber nicht aus. Ich meine, das ist doch bloss ein Stein. Ich glaube wir müssen uns mit dem Smaragd verbinden, und Jojo muss sich mit dem Smaragd verbinden. Das hält ihn dann», sie schluckte schwer, ehe sie fortfuhr: «am Leben.»

«Ich hab's, glaube ich», rief Lucia, «es muss ihn etwas am Leben halten. Es muss ihn etwas zurückhalten, einfach abzuhauen in diese tolle Welt da oben. Was könnte das sein?»

Sie sah Mattea an, und Mattea errötete leicht. Dann sage sie: «Also, wenn er da oben nicht an uns denkt, dann reisst der Faden wieder, und er geht uns verloren. Also müssen wir ihn an uns erinnern. Wir müssen an ihn denken. So quasi als Erinnerung, dass wir auch noch da sind und ihn brauchen, dass er nicht einfach so abhauen kann.»

«Ich bin doch ein einfaches Gemüt», meinte Mark, «und einfache Gemüter machen einfache Vorschläge. Warum steckt nicht Jojo den Smaragd in die Tasche und umfasst ihn mit der Hand. Einer von uns umfasst dann Jojos Hand und berührt dabei den Smaragd. Wir gehen dann nebeneinander und halten uns an den Händen und denken an Jojo und leiten unsere Gedanken sozusagen über unsere Hände und den Smaragd zu Jojo. Damit stärken wir sozusagen die Fäden, die ihn an die Erde binden, an uns binden.»

Er schaute die anderen unsicher fragend an, aber die nickten bloss stumm.

«Na gut» fuhr Mark fort, «dann wissen wir ja, was wir zu tun haben. Dann gehen wir morgen früh los. Und jetzt ist Schlafenszeit. Wer übernimmt die erste Wache?»

22 Der Rubin allein hilft

Am nächsten Morgen waren sie früh aufgestanden. Nach einem weiten Weg standen sie endlich an der kleinen Tür zum Klostergarten, und Mark klopfte. Kaum hatte er seine Hand gesenkt, öffnete sich die Tür einen Spalt breit. Durch den Spalt konnten sie eine weisse Kutte, schlohweisses Haar und leuchtend blaue Augen sehen. Wortlos öffnete Themis die Tür ganz und liess sie ein. Wortlos begrüsste sie die vier mit je einer leichten Verbeugung. Dann schloss sie die Tür wieder und ging durch den Garten davon.

«Sie hat es ja so angekündigt», murmelte Mattea, «sie hat ja gesagt, sie würde nicht mehr mit uns sprechen. Und doch fühlt es sich sehr seltsam an.»

«Ach, wir wissen doch, was wir zu tun haben», antwortete Mark und ging voran durch den Rosengarten auf die andere Mauer zu. Dort blieb er stehen und kratzte sich am Hinterkopf. Dann wandte er sich zu den anderen um.

«Wissen wir, was wir zu tun haben?», fragte er. «Ich weiss es jedenfalls nicht. Dort sind drei Türen. Durch eine sind wir schon gegangen. Das war die richtige Wahl, denn wir mussten zuerst über die grüne Wiese, und da haben wir mithilfe des grünen Smaragds Jojo wieder vom Ende der Welt zurückgeholt.»

«Ich denke, das ist offensichtlich», antwortete Lucia, «der Smaragd hat auf der Wiese geholfen. Hinter der Wiese ist doch dieser Teich. Zum blauen Wasser gehört doch eindeutig der blaue Saphir.»

«So», sagte Jojo mit zweifelnder Miene, «ich finde das gar nicht eindeutig. In der Wirklichkeit der Realitätskappe habe ich oft blaues Wasser gesehen. Das Wasser der blauen Lagune, blaues Wasser und weissen Strand. Aber ansonsten ist Wasser einfach farblos. Das Wasser im Bach, an dem wir so oft gesessen haben, ist farblos. Das Wasser, das wir aus unseren Bechern so oft getrunken haben, ist immer farblos. Farben helfen uns jetzt nicht weiter.»

«Dann halt», sagte Lucia und starrte die Tore an, «dann halt etwas anderes. Das linke Tor ist es schon mal nicht. Da haben wir die Wahl zwischen dem mittleren und dem rechten. Das mittlere ist das Rubintor. Da sitzt ein Adler oben in diesem Relief. Das rechte ist das Saphirtor. Es trägt eine Kuh oder so etwas. Ich würde sagen das mittlere Tor. Nur der Adler kann über das Wasser gelangen.»

«Ich weiss nicht», meinte Mattea, «dann hätten wir ja zuerst das rechte Tor nehmen sollen. Die Kuh gehört eindeutig zur Wiese.»

«Das ist sicher auch eine falsche Fährte», sagte Jojo, «schliesslich wussten wir das erste Mal gar nicht, was uns hinter dem Tor erwarten würde.»

Plötzlich holte Mattea ihren Rubin aus der Tasche. «Es ist doch ganz einfach», sagte sie, «als erster von uns hat Mark etwas erhalten, das war der Smaragd. Also sind wir zuerst durch Marks Tor gegangen. Als nächste habe ich etwas erhalten. Das war der Rubin. Nun gehen wir also durch mein Tor.»

Die anderen nickten zustimmend, und schon ging Mark voran zum Rubintor. Er zog an dem Glockenstrang, das Tor öffnete sich lautlos, und sie schritten hindurch. Sie gingen über das Ödland und durch den Wald. Am Rand der Wiese blieben sie stehen. Jojo schaute die anderen unsicher an. Da trat schon Mark auf ihn zu. «Komm, reich mir deine linke Hand», sagte er und streckte ihm seine rechte entgegen, in der der Smaragd in der Sonne aufstrahlte. Sie schlossen ihre Hände über dem Smaragd. Lucia nahm Marks linke Hand, und Mattea nahm Lucias Hand. So gingen sie langsam nebeneinander auf die Wiese zu. Sie gingen im Gleichschritt und atmeten so leise wie möglich. Eigentlich gab es keinen Grund, irgendwie leise zu sein, doch es war ihnen, als müssten sie aufmerksam lauschen, wie es Jojo ginge, als könnten sie so seinen Herzschlag hören. Sie gingen Schritt für Schritt. Mit jedem Schritt über die Wiese zog Jojo auch ein Stück nach oben in seinem Körper. Zuerst verliess sein Kopf seinen leiblichen Kopf nach oben, dann folgten seine Schultern, der Hals, der Brustkorb. Bald hatte er seinen Körper ganz verlassen. Bald war er wieder der Puppenspieler, der den Körper an seinen Fäden hielt. Er blieb der Puppenspieler. Die Fäden blieben in seiner Hand. Die Fäden rissen nicht, und sie entglitten ihm nicht. Es entglitt ihm etwas anderes. Die Zeit entglitt ihm. Die Zeit veränderte sich, sie verlangsamte sich, sie ging zurück. Weiter gingen sie, und mehr und mehr zog sich die Zeit zurück und wurde Ewigkeit, bis sie die Wiese hinter sich gelassen hatten und am Rand des Teiches standen. Einige flache steinerne Stufen führten ins Wasser. Jojo trat auf die erste Stufe, sah das Wasser um seine Füsse und Beine spülen und wusste, dass er Marks Hand und den Smaragd nun loslassen konnte. Er ging weitere Stufen hinunter in den Teich. Er sah, wie seine Hosen feucht um seine Beine klatschten, wie das Wasser höher stieg und bald seinen Bauch dann seinen Brustkorb benetzte, und er ging immer weiter in den Teich hinein.

Nun stand er mitten in diesem Teich herrlichen, klaren, hellen, glucksenden Wassers. Der Wind kräuselte es leicht, und er stand so tief im Wasser, dass die Wellen seine Lippen umspülten. Die Zeit war zurückgekommen aus der Ewigkeit. Sie war zu Tagen geworden, zu Tagen, die er nun schon im Wasser stand. Jojo spürte das Wasser nicht. Er spürte nicht den Sand unter seinen Füssen, er spürte nicht die wärmenden Strahlen der Sonne auf seiner Stirn. Er spürte gar nichts. Er hatte keinen Körper mehr. Alle Qualen des Körpers hatte er verloren. Er spürte den Rücken nicht schmerzen vom langen Stehen, er spürte keinen Durst und keinen Hunger. Er spürte keine Müdigkeit, obwohl er schon drei Tage und drei Nächte dort gestanden hatte. Nichts, was vom Körper kommen konnte, spürte er. Aber er spürte sich. Er spürte das Verlangen, einen Schluck des klaren Wassers zu trinken. Nicht weil er Durst hatte, denn aller Durst war mit seinem Körper verschwunden, sondern weil er Sehnsucht hatte, Sehnsucht das klare Wasser seinen Gaumen berühren zu spüren so seidig und sanft, Sehnsucht es herunterzuschlucken und die leichte Kühle in der Kehle zu kosten, Sehnsucht, genüsslich die Feuchte auf den Lippen zu fühlen. Und diese Sehnsucht, sie brannte ihn. Sie verdorrte ihm alles Denken, sie dörrte ihm sein Dasein. Sie liess nichts zu als brennendes Begehren und sengendes Sehnen. Und je länger er dort im Wasser stand, von dem er wusste, dass es kühl war, desto heisser wurde die Hitze des Hungerns danach. Er wurde eine einzige brennende Flamme des Verlangens nach diesem kühlen, klaren Wasser, das um ihn war und das er nicht spüren konnte, weil er keinen Körper mehr hatte.

Fruchtbare Bäume neigten sich um seinen Kopf. Reife Birnen hingen ganz nah vor seinen Augen. Grünlich-gelb waren sie und auf der Sonnenseite rötlich-braun. Er wollte sie an ihrer leichten Taille über dem kelchigen Bauch greifen, mit einem leichten Ruck vom Zweig reissen. Er wollte dann herzhaft hineinbeissen, das zarte, saftige Fruchtfleisch spüren, das fast unter seinem Biss dahinschmolz. Er wollte das gelblich-weisse Innere ansehen und den süssen Geschmack auf der Zunge schmecken, wie er in seiner Süsse allmählich von einer leichten sauren Note durchzogen wurde, genüsslich kauen, schliesslich das ein wenig körnige Gefühl im Mund spüren, bis dann nichts Festes mehr im Mund war, und der süsse Saft immer weiter zum Rachen rutschte, bis er gezwungen war, ihn hinunterzuschlucken. Doch das einzige, was er spürte, war das Feuer der sengenden Sehnsucht in seiner Seele. Nur ein einziger Bissen, dann würde das Feuer vergehen. Doch er hatte keinen Körper mehr, und seine Seele verzehrte sich im Feuer des Verlangens.

Da bemerkte er, dass die Welt still geworden war. Er sah den Wellenschlag, doch er hörte ihn nicht. Er sah die Zweige des Birnbaums sich bewegen, doch tonlos und totenstill waren sie ihm. Er sah wie der Wind die Blätter fächelte, doch der Wind war stumm geworden. Er sah die Amsel, er sah sie singen, doch er hörte sie nicht. Dort sass sie, rundlich und pechschwarz mit leuchtend gelbem Schnabel. Der Schnabel war weit geöffnet in einem Gesang, den er nicht hörte. Aus diesem Schnabel drang melodisch ein Pfeifen und Flöten, das sich in den Himmel schwang und zu den Hängen in der Ferne. Nur zu ihm drang es nicht, denn seine Ohren waren mit seinem Körper verschwunden. Nun schloss sie den Schnabel, er wusste um die lieblichen, gedämpften Schlusstöne, die sie nun summte, doch er hörte sie nicht. Das ergriff ihn wie Kälte um die Seele, eine Kälte, die sich mehr und mehr ausbreitete und bis in Zehen und Finger kroch. Zehen und Finger, die er nicht mehr hatte, die nur noch aus Schmerz bestanden, aus beissender, klirrender Kälte. Wenn er wenigstens dies Klirren hören könnte, wenn wenigsten ein dumpfes Pochen, ein fernes Poltern an seine Ohren dringen würde, doch die Ohren waren nicht mehr. Die Welt war ihm tonlos geworden, und Eiseskälte war an die Stelle der Töne getreten.

Und nun verschwand die Welt vor seinen Augen. Sie wurde blasser und blasser, durchsichtig und transparent wurde sie ihm, unmerklich erst doch unerbittlich. Zuerst verschwand der Anblick des Wassers, zu wenig Farbe hatte es gehabt, um lange zu widerstehen. Dann verblassten die hellen Birnen gefolgt von den grünen Blättern der Bäume. Die dunklen Stämme konnten nur kurz noch Widerstand leisten, dann verschwanden auch sie, und ganz zum Schluss verblasste das tiefe Schwarz des Amselgefieders. Jojo wusste, dass die Welt nicht verschwunden war. Er selbst war der Welt abhanden gekommen. Er hatte seinen Körper verloren und mit dem Körper die ganze Welt.

Er hatte aber nur seinen leiblichen Körper verloren. Nun spürte er, wie ohne den leiblichen Körper der seelische Körper hervortrat. Jeder Zeh an seinen Füssen, die Kniekehlen, die Oberarme und jede einzelne Fingerspitze existierten noch. Sie existierten als Seelenformen ohne Körper. Sie gehörten zusammen. Sie gehörten zu ihm. Und diese Seele war eine einzige Sehnsucht, eine Sehnsucht nach Empfindungen, die ihr nur ein leiblicher Körper verschaffen konnte. Er sehnte sich danach, mit den Fingerkuppen über weichen Samt zu fahren. Doch es gab diese Fingerkuppen nicht mehr. Es gab keine Sinneszellen mehr in seinen Fingerkuppen, die ihm dieses herrliche Gefühl verschaffen könnten. Er sehnte sich danach, zum blauen Himmel zu schauen und in diesem Blau aufzugehen und zu versinken, aufgesogen zu werden von diesem Blau. Doch er hatte keine Augen mehr. Nie mehr würde er ein Blau sehen, und das Verlangen nach diesem Blau wurde zu einem einzigen grossen Schmerz. Nun verstand er, dass es keinen Unterschied gab zwischen dem Schmerz grösster Hitze und dem Schmerz von Eiseskälte. Es war ein einziger Schmerz. Er wünschte sich Wärme, um die Kälte zu mildern. Er wünschte sich Kühle, um die Hitze zu heilen. Und er wusste doch, dass der Wunsch unmöglich zu erfüllen war, denn er hatte keine Haut mehr, in der es Sinneszellen für Wärme und Kälte gab.

Er wünschte sich, diesen seelischen Körper loszuwerden. Ohne den Leib war er ihm eine einzige Quelle der Qual. Und diese Qual würde unendlich werden, wenn er diesen Seelenkörper behielt. Sie würde nie vergehen. Er würde in immerwährender Pein existieren, ohne eine Chance auf Änderung.

Und während er das noch dachte, merkte er, dass die Welt um ihn herum begann, sich zu verändern. Er geriet in eine Welt, die selbst nur sengende Sehnsucht war. Sie war aber nicht allgemein, sie war sehr spezifisch und schmerzlich konkret. Er geriet in eine Wolke aus unendlicher Sehnsucht nach dem süssen Geschmack reifer Walderdbeeren. Diese Sehnsucht war nicht in ihm. Sie war ausser ihm. Sie war um ihn herum. Dann drang sie langsam in ihn ein. Sie löste alles, was an Sehnsucht nach Erdbeeren noch in ihm war, langsam auf. Sie löste die Sehnsucht nach Erdbeeren aus ihm heraus, nahm sie mit und liess ihn ohne sie zurück. Das Feuer ausser ihm verzehrte das Feuer in ihm. Und kaum hatte er das realisiert, geriet er schon in die nächste Wolke. Es war eine Wolke der Sehnsucht nach Rot. Vielleicht hatte seine Erdbeersehnsucht diese Wolke der Sehnsucht nach der roten Farbe herbeigelockt, vielleicht lagen die Wolken auch nur nahe beieinander, er wusste es nicht. Er wusste nur, dass diese Wolke aus Sehnsucht nach roter Farbe in ihn einzog und alle eigene Sehnsucht nach Rot verzehrte und verbrannte und aus ihm herauslöste und mit sich nahm.

Ewigkeiten verbrachte er so in unendlichem Schmerz unbefriedigter Begierden. Einige dieser Begierdenwolken von aussen flossen nur kurz durch ihn hindurch und nahmen alle seine Begierden mit sich mit. Andere blieben lange, zu lange, in ihm und bedrängten ihn und verbrannten ihn.

Endlich war auch die letzte Begierde verschwunden. Die letzte Wolke hatte sie mit sich genommen und sein Begierdenkörper, seine Empfindungsseele, hatte sich aufgelöst. Es gab sie nicht mehr, er versank im Wasser, und das Nichts war um ihn herum.

Mattea, Lucia und Mark waren am Rande des Teiches zurückgeblieben. Sie hatten zugeschaut, wie Jojo weiter und weiter in den Teich gegangen war, wie er tiefer und tiefer im Teich versunken war. Dann war er reglos in der Mitte des Teiches stehen geblieben, bis zu den Lippen hatte ihm das Wasser gestanden. Wie lange wussten sie nicht. Sie schauten selber reglos zu.

Plötzlich verschwand Jojos Kopf im Wasser. Kreisförmig liefen Wellen über die Oberfläche des Teichs. Sie liefen auf sie zu bis ans Ufer. Dann war die Oberfläche wieder still.

Sie standen weiter reglos, doch dann riss sich Mark die Kleider vom Leib, stürzte nach vorn in den Teich und schwamm auf die Stelle zu, an der Jojo verschwunden war. Dort tauchte er. Nach kurzer Zeit erschien er wieder an der Oberfläche, er schwamm auf das Ufer zu und zog Jojo mit sich. Er zog ihn ans Ufer, brachte ihn in die stabile Seitenlage und wollte gerade mit Wiederbelebungsversuchen beginnen, da schlug Jojo die Augen auf. Er war nicht ertrunken, er war nicht erstickt. Und doch war er nicht da. Aus leeren Augen starrte er in den Himmel. Er schaute sie nicht an. Es war, als wäre er gar nicht da, als wäre da nur ein lebendiger aber seelenloser Körper.

Mattea stürzte auf ihn zu. Es gab nichts zu überlegen. Es gab nur eines zu tun. Sie holte den Rubin aus der Tasche, legte ihn auf Jojos Herz, und schon waren die anderen um Jojo herum und hielten ihm die warmen Hände auf den nassen Körper. Mattea begann zu sprechen, und sie sprach Worte, die so gar nicht zur Situation passten:

«Es zieht heran ein sanftes Lächeln. Es ist ein Hauch nur, der mich streift. Er streift mich leicht an meinen Lippen, umschmeichelt sie und will herein. Ich merke, wie die Lippen leise in stiller Freude ihn begrüssen nach oben einen Tick sich ziehen, sie voller und auch wärmer werden, in leiser Freude um es hin. Es ist nicht Freude über Dinge, es ist nicht Freude an der Welt. Es ist ganz einfach leise Freude, die sich an meinen Lippen hält. Sie ist zu ihnen hin gezogen, leise Freude ohne Grund. Meine Lippen ziehen die Freude wie durstig ein, nehmen sie auf. Die Freude lebt jetzt leise pochend und wärmend nimmt sie ihren Lauf. Die Wärme bleibt nicht in den Lippen, sie weitet sich bis in mein Herz. Sie zieht nach oben meine Wangen, füllt mir die Augen freudestrahlend, und weiter zieht sie himmelwärts. Und erdwärts strahlt die Freude weiter, beschränkt sich nicht nur auf mein Herz. Sie zieht in Schultern, Arme, Hände, in Becken, Bauch und Beine. Sie kitzelt sogar meine Zehen, sie zieht als Lächeln in sie ein. Ich werde eine Freudenflamme und bleibe Flamme nicht allein.»

Sie schwieg, und ihr ganzer Körper war ein warmes, leises Lächeln geworden. Nicht Mattea lächelte, es war als ob die Freude in Mattea lächelte. Es war Mark und Lucia als wäre Mattea lichter und leichter und auf eine seltsame Art grösser geworden. Nicht physisch grösser und doch grösser. Sie war einen kleinen Hauch über sich selbst hinausgewachsen. Licht und Leichtigkeit erhellten sie und liessen sie strahlen. Und es war ihnen, als würden Licht und Wärme und Helligkeit aus ihr überquellen durch alle Poren ihrer Haut und weben und wirbeln und wärmen immer stärker und immer intensiver.

Sie wurden erfasst von dieser Freude. Sie gab ihnen mehr Kraft und mehr Leben. Sie wurde stärker und grösser in ihnen und um sie herum. Sie waren selbst zu einem einzigen grossen, strahlenden Lächeln geworden. Es war aber nicht nur eine stärkere Freude. Es hatten sich Vergnügen und Lust dazu gemischt. Es war Vergnügen im Geniessen und am Geniessen der Freude. Es war die Lust im Gefühl und am Gefühl. Sie wurde noch stärker und schon schäumte sie über. Sie schäumte aus allen Zellen ihrer Körper und fand ihren Weg aus ihren Seelen zu Jojo hin, der immer noch stumm und mit leer geöffneten Augen dort lag. Es war ihnen, als würde diese Freude über sie hinausschäumen in Jojo hinein und auch über ihn hinaus und sich verbinden mit der überschäumenden Freude, die immer schon dort draussen gewesen war, obwohl sie sie bis gerade eben noch nur in sich gespürt hatten. Nun verbanden sich innere Freude und äussere Freude. Und die Gefühle um sie herum tanzten zusammen, die Herrlichkeit und das Geniessen hielten sich an den Händen, sie küssten sich übermütig und sprangen in die Höhe und verwandelten sich und füllten sich mit einer tiefen Reinheit. Die Freude erhob sich und stärkte sich weiter und wuchs über sich hinaus und wurde zu reinem Glück. Es war ein klares, tiefes Glück, in dem sie selber aufgingen und sich verloren und doch ganz da waren. Es war so, als wären sie gerade noch ein schäumender Wasserfall aus Freude gewesen und nun zu einem tiefen See aus Glück geworden. Und jeder einzelne Wassertropfen dieses Wasserfalls war aufgegangen im See aus Glück. Sie waren die Wassertropfen, die aus dem Wasserfall tiefer und tiefer sanken in den See und ruhiger und ruhiger wurden. Sie wurden zu einem See aus Glück, der sich oben und unten und links und rechts und vor ihnen und hinter ihnen ausbreitete. Sie vergingen im Glück und waren im Glück und waren doch ganz sie selber. Sie waren voll von Dasein und Gegenwärtigkeit. Sie öffneten sich, sie umfassten die Welt und verschenkten sich der Welt, und in diesem Verschenken wurden sie nur noch stärker und grösser und noch mehr erfüllt von Glück und Lebendigkeit. Sie waren nicht im Taumel des Vergnügens, in den man sich wirft, um sich selbst zu verlieren und zu vergessen. Sie waren in der Freude, die Halt gibt im Dasein. Sie lebten im Glück der Ewigkeit.

Irgendwann merkten sie, dass sie nun alle vier zusammensassen und die Wärme ihrer Körper spürten und Jojo wieder da war und ganz bei ihnen war und Teil ihrer Freude und ihres Glücks war. Und diese Freude und dieses Glück und diese Ruhe und diese Reinheit zogen sich langsam auf den Grund ihrer Seelen zurück und liessen wieder Raum für die Welt.

Lucia fand als erste die Sprache wieder: «Was ist passiert, Mattea? Was hast du gemacht?»

«Ich weiss nicht recht. Eigentlich habe ich gar nichts gemacht. Also doch, ich wusste, dass ich diesen Rubin auf Jojos Herz legen musste, und wir wussten ja alle irgendwie, dass wir uns mit ihm verbinden mussten über unsere Hände.

Danach habe ich nichts mehr aus mir heraus gemacht. Ich habe nur etwas in mir gespürt, das eigentlich draussen im Wald war. Ich habe ein Gefühl gespürt, aber es war nicht mein Gefühl. Es war, als wäre ich zu einem Gefühlsohr geworden. Ich spürte ein Gefühl in mir, doch gab es Kunde von etwas im Wald. Ich war wie das Trommelfell einer Trommel. Ich schwang wie ein Trommelfell schwingt, wenn es etwas von aussen zum Schwingen gebracht hat.»

Sie lachte unsicher, ehe sie fortfuhr, «naja, wie das mit Trommeln halt so ist.»

Dann blickte sie Jojo an, der wusste, dass er nun erzählen musste, was ihm widerfahren war. Er erzählte, so gut er konnte, und die anderen hörten zu.

Danach sprachen sie nicht mehr viel. Sie machten sich stumm auf den Heimweg durch den Wald in die Stadt.

23 Köpfe in ihrem Blut

Es war Mittwoch geworden. Es war wieder Zeit geworden, zur Versammlung der Freimaurer zu gehen, wie sie es versprochen hatten.

Maximilian Wyss führte sie in den Kuppelsaal, der völlig anders aussah als bei ihrem letzten Aufenthalt. Im Saal waren vier grosse runde Tische aufgestellt, die festlich gedeckt waren. Auf blütenweissen Tischdecken standen rein weisse Teller, daneben Gläser und Silberbesteck. Teller und Gläser waren leer. Es standen auch keine Flaschen oder Karaffen auf den Tischen. Es gab keine Blumen und keine Dekoration. Um jeden Tisch sassen acht Freimaurer der Hochgrade. Aus der Mitte eines jeden Tisches ragte ein Kopf, der sich langsam um sich selbst drehte. Er ragte aus einem Loch in der blütenweissen Tischdecke. In keinem der Gesichter dieser Köpfe zeigte sich eine Gemütsregung, aber sie lebten, denn ab und zu bewegten sich die Augenlider, und manchmal meinte man, einen Nasenflügel beben zu sehen. Ganz offensichtlich war der Rest der Menschen unter dem Tisch verborgen.

Jeder grosse, runde Tisch stand vor einem der vier Altäre. Vor jedem Altar, stand ein Aufseher in festlichem Ornat.

«Maurer der Macht», rief der Meister in den Saal, «erkannt habt ihr eines: In der unendlichen Schwärze des Universums liegt die Zukunft. Dort liegt verborgen die Macht des Menschen über die Natur. Und eines wisst ihr auch: Wissen ohne Wollen ist nichts. Wollen ohne Tun ist nichts als Schwäche. Wir müssen darum vom Wissen um das grosse Ziel, die vollkommene Macht des Menschen über die Natur zu erreichen, zur Tat schreiten. Was heisst denn Macht über die Natur. Das heisst Macht über den Schmerz und Macht über den Tod. Wer den Schmerz überwinden will, muss den Schmerz zuerst erfahren.

Wer den Tod überwinden will, muss den Tod zuerst erfahren. Wer Macht über das Blut erlangen will, muss zuerst Blut fliessen lassen.

Im machtmehrenden Ritual sollt ihr das heute erfahren. Einen ersten Schritt zur Mehrung eurer Macht werdet ihr heute tun. Die symbolische Handlung ist die wahre Vorbereitung der wahren Tat. Nun lasst das Blut der Mächtigen zur Mehrung ihrer Vollkommenheit fliessen.»

Der Meister trat in die Mitte des Saales zwischen die zwei Säulen. Das Buch dort war verschwunden. Stattdessen stand ein goldenes Becken zwischen den Säulen. Neben dem Becken blieb der Meister stehen und rief: «Aufseher, ist die Loge gedeckt?» Im Chor antworteten die vier Aufseher an den vier Altären, «Die Loge ist gedeckt.» Dann rief der Meister «Aufseher, ist der wahre Trank bereitet?» Der Aufseher im Norden antwortete «Milch einer jungen Mutter ist gewonnen.» Der Aufseher im Westen antwortete «Keimzellen eines jungen Mannes sind gewonnen.» Der Aufseher im Osten antwortete «Tränen des Schmerzes eines Mädchens sind gewonnen.» Der Aufseher im Süden antwortete: «Tränen des Schmerzes eines Buben sind gewonnen. Zur Vollkommenheit fehlt das Blut der Gemeinschaft»

Nach diesen Worten nahmen die Aufseher vor den Altären wie ein Mann jeder einen Hammer vom Altar und schlugen damit einen grossen Gong neben sich. Daraufhin ertönte von weit oben aus der Höhe der Halle ein tiefer Glockenton. Die Töne vereinigten sich zu einem einzigen grossen Ton, der prachtvoll durch den Raum hallte. Dazu gesellten sich von jedem der Tische hellere, feinere Töne. Offensichtlich waren die Gläser in Resonanz geraten und schwangen und klangen nun mit. Als die Töne verklungen waren, nahm jeder der Aufseher einen Kelch von seinem Altar und schritt zum nächstgelegenen Tisch. Jojo schaute mit wachsendem Entsetzen auf den Tisch, der ihm am nächsten stand. Er konnte in dem Kelch, der an ihm vorbeigetragen wurde, eine weisse, cremige Flüssigkeit ausmachen. Der Aufseher blieb bei einem Freimaurer stehen. Der nahm ein kleines spitzes Messer von seinem Gedeck und schnitt sich damit in den Ringfinger. Den Finger hielt er über den Kelch und liess drei Blutstropfen hineintropfen. Der Aufseher schritt weiter zum nächsten Tischgenossen, der sich ebenfalls in den Finger schnitt und drei Blutstropfen in den Kelch tropfen liess. Weiter schritt der Aufseher, bis er vierundzwanzig Blutstropfen in seinem Kelch gesammelt hatte. Auf der weissen Flüssigkeit im Kelch schwamm nun eine Lache aus rotem Blut. Die vier Aufseher schritten in die Mitte des Raumes zwischen die zwei Säulen. Dort stand der Meister am goldenen Becken. Vom ersten Aufseher empfing er den goldenen Kelch und hielt ihn über das goldene Becken. Ein Schwall aus Muttermilch und Mannessaft und Blut und Tränen ergoss sich in das Becken. Der Meister hielt den Kelch ruhig, bis der letzte Tropfen herausgetropft war. Dann stellte er ihn zur Seite und liess sich den nächsten Kelch reichen. Schliesslich ergriff er eine grosse goldene Kelle und rührte die Flüssigkeit um.

Viermal rührte er im Uhrzeigersinn. Viermal rührte er gegen den Uhrzeigersinn. Dann trat der erste Aufseher vor den Meister und hielt ihm seinen leeren Kelch entgegen. Der Meister füllte ihn mit der Flüssigkeit aus dem Becken, der erste Aufseher trat zurück und machte Platz für den zweiten.

Der erste Aufseher trug den Kelch zu seinem Altar zurück und stellte ihn dort neben einer kleinen Statue ab. Es war eine vielleicht vierzig Zentimeter hohe menschliche Statue aus weissem Porzellan. Der Aufseher ergriff die Statue und trug sie zu seinem Tisch. Dort stellte er sie auf einen der acht Teller. Jojo konnte die Statue nun genauer erkennen. Es war eine menschliche Statue. Allerdings hatte sie ungewöhnliche Proportionen. Der Kopf war viel zu gross, und die Arme und Beine waren ungewöhnlich klein im Verhältnis zum Körper. Darauf trug der Aufseher den Kelch mit der Mischung zum Tisch und reichte ihn dem ersten Maurer. Dieser tunkte seinen noch blutenden Finger in die Mischung und malte damit einen Streifen auf die Statue. Die Statue wurde dem zweiten Maurer präsentiert. Ebenso wurde ihm der Kelch gereicht. Der zweite Maurer tunkte seinen Finger in die Mischung und malte seinen Streifen daneben. So präsentierte der Aufseher Kelch und Statue jedem einzelnen Maurer am Tisch. Als der letzte Maurer seinen Streifen gemalt hatte, war die Statue gänzlich rot. Der Aufseher befestigte sie nun einer Krone gleich auf dem stetig sich drehenden Kopf in der Mitte des Tisches. Die Blutmischung tropfte noch an der Statue hinab und weiter nach unten über Stirn und Wangen und Lippen des sich drehenden Kopfes.

Nun traten schwarz gekleidete Maurer tieferer Grade als Kellner in den Saal. Jeder trug einen weissen Teller vor sich her, auf dem das Essen schon angerichtet war: Ein menschlicher Kopf, die Augen geschlossen, in seinem Blute liegend. Keiner der Maurer am Tisch rührte sich. Keiner sprach. Hinter jedem Maurer blieb ein Kellner mit dem Teller in der Hand stehen. Wieder schlugen die Aufseher mit dem Hammer auf ihren Gong und mit dem Gongschlag wurden die Teller auf die Tische gestellt. Wieder ertönte der dunkle Glockenton aus der Höhe. Wieder antworteten die leeren Gläser mit leisem Vibrieren und Tönen. Als der letzte Ton verklungen war erhob der erste Maurer am Tisch ein kurzes, spitzes Messer und stach damit ins linke Auge des Kopfes auf seinem Teller. Mit raschem Schnitt fuhr er mit dem Messer den Kopf entlang bis zum Tellerrand, stach ein zweites Mal ins Auge und schnitt so eine dicke Scheibe aus dem Kopf. Blutrot war die Masse darin. Während er sein Messer führte, blickte er auf den Kopf in der Mitte des Tisches, der wiederum ihn anblickte. Beim ersten Stich ins Auge stiess der Kopf in der Mitte des Tisches einen gellenden Schrei aus. Es war eine Frauenstimme, die schrie. Der Schrei liess etwas nach, während der Maurer schnitt. Beim zweiten Stich ins Auge wurde er wieder zu einem spitzen, gellenden Schmerzensschrei, der verklang als der Schnitt beendet war. Dann drehte sich der Kopf in der Mitte des Tisches ein wenig, so dass er nun den Nachbarn des ersten Maurers anschaute. Das grässliche Ritual wiederholte sich. Ein Stich ins Auge, ein gellender Schrei. So ging es unerbittlich fort in Stechen und Schneiden und gellenden hohen Schreien.

Endlich hatte der letzte Maurer seine Scheibe abgeschnitten. Der letzte gellende Schrei war verstummt. Doch drehten sich die Köpfe in den Tischen weiter und liessen ein rhythmisches Stöhnen und Wimmern ertönen.

Wieder ertönte der Gong. Die Diener hinter den Maurern füllten die Gläser mit blutrotem, schwerem Wein, die Maurer erhoben die Gläser und stiessen an. Dazu skandierten sie im Chor

«Die Kraft der Jugend möge unseren Geist erfrischen.»

«Der Saft des Lebens möge unseren Leib erneuern.»

«Die Last der Seele möge von uns fallen.»

Nach diesen Worten tranken sie und begannen zu essen. Es knirschten keine Knochen zwischen Zähnen. Es wurden keine Köpfe abgenagt. Es mussten Köpfe aus täuschend echt geformter Lebensmittelmasse sein.

Starr vor Entsetzen hatte Jojo die bizarren Szenen verfolgt. Vielleicht wollte er der Wirklichkeit entfliehen, weil er den Anblick nicht mehr ertragen konnte. Auf jeden Fall wanderten seine Gedanken in die Zukunft. Er fragte sich, was aus den Menschen dort vor ihm wohl werden würde. Die Antwort stieg aus der Mitte des Saales vor ihm auf wie das Flimmern der Luft über der Strasse an einem heissen Sommertag. Langsam verdichtete sich das Flimmern zu einem dünnen, durchsichtigen Bild, das mehr und mehr lichtundurchlässig und dreidimensionaler wurde, bis es schliesslich als entsetzliche, wahrhaftige Wirklichkeit vor ihm stand und alles andere auslöschte.

Vor seinen Augen breitete sich ein nächtlicher Friedhof aus. Erstaunt fragte sich Jojo, was das mit den Freimaurern zu tun haben sollte. Da sah er schon den ersten Aufseher aus seinem Grab aufsteigen. Zuerst tauchte der Kopf auf, aber im Auftauchen begann er sich zu verwandeln. Der Mund wurde spitzer und spitzer, dehnte sich nach vorne, die Nase wurde platter und platter, bis sie völlig im Kopf verschwunden war, die Augen rutschten langsam an die Seiten des Kopfes, die Stirn floh nach hinten, überall schossen Haare aus dem Gesicht hervor und bildeten ein dichtes Fell, bis schliesslich der Kopf zum Kopf einer Ratte geworden war. Der Hals tauchte auf und zog sich zusammen in den rasch folgenden Rumpf, der sich in einen Rattenrumpf verwandelte. Die Arme wurden im Moment des Erscheinens schon zu kurzen Rattenbeinen, die Finger zu Pfoten. Endlich schrumpften im Auftauchen bereits die Beine zu kurzen Rattenbeinen zusammen, dafür wuchs aber aus dem Ende des Rückens ein langer Schwanz. Eine gigantische Ratte stand dort auf dem Friedhof. Das Gesicht des ersten Aufsehers war zu einem Rattengesicht, zur Ausgeburt der Grausamkeit geworden. Ein Feldherr war er geworden, der nach seinen Gefolgsleuten rief, und schon erhoben sich von überall menschliche Gestalten aus ihren Gräbern, wurden zu Ratten, grauen und schwarzen, schlossen sich dem Feldherren an, folgten ihm hinaus in die Welt. Sie stürzten sich in die Städte, rannten zu Männern, zu Frauen, stiegen an ihnen hinauf, stiegen höher und höher an Beinen, Bäuchen, Brüsten und Rücken, bis sie schliesslich auf den Köpfen der Menschen sassen und ihr Nagewerk begannen. Sie nagten und nagten immerfort an den Köpfen der Menschen. Sie nagten Löcher in die Köpfe. Sie frassen Fasern grauer Masse und liessen ihren Geifer in die Gehirne tropfen.

Noch entsetzlicher war allerdings, dass die Menschen es nicht zu merken schienen. Sie standen vor Schulklassen, auf Kanzeln und Rednerpulten. Sie sassen an Schreibtischen, in Laboren und Sitzungen. Sie redeten mit ihren Kollegen, Angehörigen und Kindern. Und sie merkten nicht, wie die Ratten an ihren Hirnen nagten, ihnen das Denken verwirrten, die Wahrhaftigkeit wegfrassen und den Speichel des Irrtums und der Lüge hineintröpfelten.

Sie hörten auch nicht, wie die Ratten seufzten und schluchzten im Elend ihrer Aufgabe. Sie hörten nicht das Zischen der Verzweiflung. Rauhe Stimmen aus dumpfen Kehlen sprachen in seltsamen Sprachen, fluchten in fürchterlichem Fauchen Worte der Qual und Schreie der Verzweiflung, die anschwollen zu einem Sturmgetöse des Elends.

Da stieg schon der zweite Aufseher aus seinem Grab, reckte sich auf und wurde zu einer schlüpfrigen Schlange. Auch er rief sein Heer zusammen, und das Heer der Schlangen zog ebenfalls in die Städte und eroberte sich die Köpfe der Menschen. Sie setzten sich in den Haaren fest und verwandelten sie in ein Schlangendickicht, aus dem sie ihre züngelnden Köpfe in alle Richtungen reckten. Sie bohrten sich auch in die Ohren der Menschen, verstopften sie mit ihren Leibern, und die Menschen merkten nichts von alledem. Sie merkten nicht, dass die wahren Worte ihrer Mitmenschen ihnen verfälscht wurden. Sie hörten nur noch, was die Schlangen ihnen einflüsterten. Die Schlangen verwandelten harmlose Bemerkungen in fürchterliche Beleidigungen. Sie verdrehten einfache Sätze zu entsetzlichen Missverständnissen. Sie verwandelten freundliche Stimmen in höhnisches Kreischen. Das machte die Menschen misstrauisch und vorsichtig. Sie sprachen nun selber nicht mehr aus der Wahrhaftigkeit ihrer Herzen heraus. Sie erstickten die Stimmen ihrer Seelen und ersetzten Worte der inneren Wahrheit durch formelhafte Phrasen und wiedergekäuten Kitsch.

Und schon erschien das dritte Heer. Der dritte Aufseher war als flatternde Fledermaus aus seiner Urne gefahren, hatte die zu seinem Gefolge Verdammten zu sich gerufen, und nun flogen sie durch die Lüfte in lautlosem Sturm auf die Städte zu. Sie flogen nicht mit Flügeln. Keine Feder schmückte sie. Sie flogen mit den Knochen ihrer Finger, deren Haut zu gespannter Flughaut geworden war. Nicht ruhen und nicht rasten konnten sie. Weiter und weiter mussten sie fliegen, bis sie sich schliesslich an den Stirnen der Menschen festkrallen und nach unten hängen lassen mussten. So sahen sie mit ihren lidlosen Augen in die Augen der Menschen. Ein letzter Blick noch, dann leckten sie über die Augen und beschmierten sie mit dem öligen Schleim ihrer Zungen.

Und die Menschen merkten nichts von alledem. Sie merkten auch nicht, dass die Welt, die sie sahen, eine andere geworden war. Sie merkten nicht, dass aller Geist aus ihrem Gesichtskreis verschwunden war. Was sie sahen, wurde ihnen grau, gesichtslos und nicht der Mühe wert, es näher zu betrachten. So wurde ihnen die Welt zu einem Brei der Bedeutungslosigkeit. Bedeutend war nur noch, was sie in ihrem Innern fühlten. Das war die wahre Wirklichkeit. Wahrnehmen wollten sie nur noch, was ihnen Genuss versprach.

Damit waren sie nun den Scharen des vierten Aufsehers ausgeliefert. Höllenfurien, die weiblichen Gestalten glichen. In ihren Gesichtern sassen übergrosse Lippen, zu schmalen Stegen verdünnte Nasen und grotesk vergrösserte Augen. Sie schoben riesige, prallvoll aufgeblasene Brüste vor sich her, die hoch über Wespentaillen aufragten und ihr Gegenstück in weit ausladenden Hinterteilen fanden. Ihre Haare wuchsen wild aus ihren Köpfen, schossen ihnen um die Schläfen, züngelnd und gierend nach Aufmerksamkeit. An den Händen sassen ihnen keine Finger, sondern knall lackierte Klauen, mit denen sie sich tiefe Striemen in die eigene Haut rissen, im verzweifelten Bemühen, die Tattoos zu entfernen, die dort eingebrannt waren. Aus ihren Mündern klang wüstes Geschrei und dieses Geschrei vermengte sich mit dem pfeifenden Sausen des Windes, der um ihre Körper wehte. Sie zogen durch einen Wald aus Schatten, trieben tote Blätter vom Boden in die Höhe und flatternde Vögel aus den Nestern. Sie verliessen den Wald und zogen in die Städte. Sie tanzten vor den Augen der Menschen, und die Menschen erkannten sie nicht.

Mit dem schmierigen Schleim vor Augen sahen die Menschen nicht Höllenfurien, sondern göttliche Gestalten, die ihnen gurrend Glück versprachen. Sie sahen von Menschen geschaffene Vollkommenheit, der sie sich vollkommen ausliefern wollten. Das war das wahre Ziel des Lebens. Im Glück des Genusses versinken, dazu war der Mensch geboren. Die Männer wollten diese Leiber besitzen. Die Frauen wollten zu solchen Leibern werden. Glück ohnegleichen, aus Gier geboren. Danach sollte man streben. Das war der Sinn des Lebens.

Während Jojo noch auf diese grässliche Wirklichkeit, die eine Wirklichkeit der Zukunft war, schaute, bekam sie überall Risse. Sie löste sich in Einzelteile wie zerrissene Stofffetzen auf, und diese Wirklichkeitsfetzen waberten durch den Saal, hingen über den Köpfen der Freimaurer, in denen sie schliesslich als dünne Schemen versanken.

Jojo sah wieder die aktuelle Wirklichkeit vor seinen Augen. Das abendliche Mahl war offensichtlich beendet. Die Gläser waren geleert, die Teller waren leergekratzt. Die Schreie der Köpfe in der Mitte der Tische waren verstummt.

Lautlos drehten sie sich noch mit ausdruckslosen Gesichtern um sich selbst, angestarrt von den Maurern an den Tischen und den Dienern, die den Maurern aufgewartet hatten, hinter den Stühlen. Stille hatte sich über die Versammlung gelegt.

Nun trat Riku wieder in die Mitte des Raumes an den Rand des goldenen Beckens. Er fuhr mit der Hand durch das Becken und malte sich mit dem Zeigefinger ein blutrotes Kreuz auf die Mitte der Stirn. Es war nicht ganz gleichmässig geraten. Der senkrechte Balken war oben länger als unten. Den Zeigefinger liess er in er Mitte des Kreuzes verharren und sprach «Es mehre sich unsere Macht» und die Freimaurer antworteten:

«So werden wir unsere Macht mehren.»

Wieder fuhr der Meister mit der Hand durch das Becken. Nun malte er sich mit dem Zeigefinger ein ebenso ungleichmässiges blutiges Kreuz direkt unter die Lippen, liess den Finger in der Mitte des Kreuzes liegen und sprach: «Aus dem Ritual der Macht werde die Realität der Macht», und die Freimaurer antworteten:

«Wir werden sie realisieren.»

Ein drittes Mal fuhr der Meister mit der Hand durch das Becken und ein drittes Kreuz entstand auf einer runden Oblate, die er vor sein Herz hielt. Er nahm die Oblate mit gemessener Gebärde, führt sie zum Mund und steckte sie hinein. Er kaute sie lange und konzentriert, bevor er sie hinunterschluckte. Dann sprach er: «So zwingst du den Tod.» und die Freimaurer antworteten:

«So werden wir den Tod zwingen.»

Nach diesen Worten trat Riku zurück, und der erste Aufseher trat vor. Er rief die rituellen Worte, die er schon bei der letzten Zeremonie gerufen hatte. All diese Worte von Stärke und Macht und Willen. Als Novizen mussten die vier wieder als die Ersten den Kuppelsaal verlassen. Direkt nach ihnen kam Maximilian Wyss. Er führte sie in einen Nebenraum und sprach in feierlichem Ton

«Zeugen von grossen Ereignissen seid ihr geworden, ihr Vier, die ihr unsere Zukunft sein werdet und die Mission der Maurer weitertragen werdet, wenn wir anderen schon längst dahingegangen sein werden.»

Jojo fasste sich ein Herz und sagte: «Herr Wyss, natürlich wissen wir das zu schätzen, aber wir verstehen so vieles nicht. Habt ihr uns nicht gesprochen von Recht, Gerechtigkeit, von Menschlichkeit und Weisheit? Habt ihr nicht gesagt, es ginge nicht um Dogmen, Religion oder Macht. Es ginge um den Bau der eigenen Persönlichkeit? Und war die Rede des Meisters nicht ganz anders als bei der ersten Zeremonie, an der wir teilnehmen durften. Warum wurde der Altar der Weisheit zum Altar der Macht? Das steht doch im Gegensatz zu dem, was wir am Anfang gehört haben.»

Maximilian Wyss sah Jojo lächelnd an. Dann sagte er: «Oh, ein kleiner Geist mag da wohl Widersprüche sehen. Doch ein grosser Geist wie unser erhabener Meister hat die Widersprüche auf einer höheren Ebene aufgelöst. Er ist zu den Anfängen der Maurerei zurückgegangen und hat die Urkraft unserer Mission auf eine höhere Ebene gehoben.

Die Maurer bauten in ganz Europa himmelstrebende gotische Kathedralen. Sie gehörten zur Elite der Gesellschaft, denn sie kannten die Gesetze der Statik und der Form. Wer die Gesetze kannte, konnte Kathedralen konstruieren, wer nicht, konnte höchstens kleine Häuser bauen. Doch nach Jahrhunderten des Aufstiegs folgten Jahrhunderte des Niedergangs. Es wurde nichts mehr gebaut. Es wurde nichts mehr in der Welt bewirkt. Die himmelstrebenden Kathedralen mit ihren Reliefen und Ziselierungen wichen grauen Bauten aus Beton. Auf dieses Grau liessen sich die Illusionen des Glücks aus den Realitätskappen leichter projizieren. Das wird nun anders werden. Wir werden wieder etwas in der Welt bewirken. Der Meister hat die Gesetze der Macht und der Wirksamkeit in ihren tiefsten Tiefen erforscht. Diese Gesetze werden wir anwenden zum Fortschritt der Welt. Wir werden das Glück der Illusionen durch wahres Glück ersetzen.»

«Herr Wyss, was haben denn Winkelmass und Zirkel und Stein mit diesem Saft aus Muttermilch und Blut zu tun?»

«Das zeigt eben die tiefen Einsichten unseres Meisters. Winkelmass und Zirkel erlauben nur Macht über die unbelebte Natur, über den Stein, aus dem tatsächlich gewaltige Bauwerke entstehen konnten. Aber man kann die unbelebte Natur noch so gut beherrschen, Glück wird man so niemals erzeugen können. Glück kann man erst erzeugen, wenn man die Gesetze des Lebens kennt. Der Meister hat das Gesetz des Lebens erforscht. So wie Winkelmass und Zirkel Symbole für etwas viel Höheres sind, so sind auch Muttermilch und Blut Symbole für etwas viel Höheres. Sie sind Symbole für den Weg zum allergrössten Glück der allergrössten Zahl. Bewegt in Euren Herzen, was ihr heute Abend erlebt habt, und ihr werdet diesen Weg dankbar erkennen. Es geht nicht um Macht. Die Macht ist nur eine Zwischenstation auf dem Weg zu wahrem Glück und wahrer Glückseligkeit. Die Macht ist eine Zwischenstation, aber sie ist unabdingbar. Man kann nichts bewirken, wenn man nicht bereit ist, Macht einzusetzen. Kein Glück kann man bewirken ohne Macht. Darum ist die Anwendung der Macht nur ein Schritt auf dem Weg zum höchsten Glück.»

Nach diesen Worten führte Maximilian Wyss sie aus dem Nebenraum und danach aus dem Gebäude.

Draussen sagte Lucia leise: «Wir haben noch etwas Zeit, die Tante kommt erst in einer Stunde heim. Lasst uns noch kurz zum Haus der Tante gehen. Ich muss mit euch reden, damit ich nicht vor Ekel platze.»

Kaum hatten sie die Tür im Haus der Tante hinter sich geschlossen, da brach es auch schon aus Lucia heraus: «Wollen wir wirklich weiter an diesen ekelhaften Versammlungen teilnehmen? Wir wollten doch nur einen Weg finden, wie wir Riku wieder in seinen Körper verhelfen könnten. Am Anfang tönte das alles wunderbar und menschlich und durchgeistigt und so. Aber jetzt ist es einfach nur widerwärtig und eklig. Riku ist auf Nimmerwiedersehen verschwunden, und ich weiss nicht, wie die Teilnahme an diesen Ritualen uns weiterhelfen kann.»

«Ach, du kennst doch nur die halbe Wahrheit», antwortete Jojo, «soll ich euch erzählen, was ich gesehen habe?»

Die anderen nickten und Jojo erzählte. Er endete seinen Bericht mit etwas lahmen Worten: «Das habe ich gesehen, aber was das bedeutet, kann ich wirklich nicht sagen.»

Lucia schnaubte, ehe sie antwortete: «Eigentlich sehe ich nur zwei Möglichkeiten. Die bessere ist, dass du da ganz einfach fantasiert hast, und die schlechtere wage ich nicht einmal zu Ende zu denken.»

«Na, dann spare dir das Denken, rede einfach», wurde sie von Mark ermuntert.

«Also rein logisch gesehen, hat sich Jojo gefragt, was aus diesen Freimaurern wohl werden wird», fing Lucia an, «und als Antwort hat er diese fürchterlichen Bilder gesehen. Wenn er sich die nicht ausgedacht hat und wenn sie nicht aus dem kranken Hirn eines der Freimaurer entsprungen sind, und er sie sozusagen nur aufgefangen hat, also wenn er tatsächlich eine mögliche Zukunft gesehen hat, dann kann man sie in klaren Worten doch nur so ausdrücken: Die Freimaurer werden nach ihrem Tod als grässliche Geister durch die Welt ziehen. Sie werden den Menschen das Denken verwirren und die Sinne vernebeln. In seinen Bildern sind keine Realitätskappen vorgekommen, was das Ganze eigentlich noch schrecklicher macht. Denn dann werden die Menschen die Welt auch ohne Realitätskappen nicht mehr so sehen, wie sie wirklich ist.»

«Die eine Möglichkeit haben wir doch schon x-mal besprochen», meinte Mattea, «wenn das, was Jojo uns erzählt hat, keine irgendwie geartete Realität hat, dann sollte er am besten wieder Medikamente nehmen. Wenn es aber eine Realität hat, spielt es doch keine Rolle, ob die zuerst ein Freimaurer gesehen und Jojo sie dann aufgefangen hat, oder ob Jojo sie direkt gesehen hat.»

«Mich interessiert eigentlich nur, wie wir dem Ganzen möglichst schnell ein Ende setzen können», sagte Mark.

«Mich interessiert im Augenblick am meisten, ob wir weiterhin an diese grässlichen Versammlungen gehen müssen», meinte Lucia.

Eine lange Pause entstand.

«Wir haben doch keine Wahl», sagte Jojo schliesslich, «wenn wir jemals diesen Ahriman aus Rikus Körper vertreiben wollen, müssen wir in seiner Nähe bleiben. Wir wissen nicht, wo er wohnt, und was er sonst so tut. Da ist unsere einzige Möglichkeit, weiter an diese Versammlungen zu gehen.

Ausserdem kennen wir nur einen Weg, wie wir dem Ganzen ein Ende setzen können. Das ist der Weg, den Themis uns gewiesen hat. Da kennen wir zwar nur den Anfang des Weges, aber etwas anderes haben wir nicht.»

«Hauptsache man hat das grosse Ziel vor Augen und kennt den nächsten Schritt», sagte Mark. «Beides haben wir. Der nächste Schritt ist, dass Jojo in diese Burg kommt. Es bleibt nur noch ein Tor, durch das wir gehen müssen, also los.»

«Eine Frage müssen wir noch klären», sagte Mattea mit besorgter Miene. «Wie wir Jojo über die Wiese bringen, wissen wir nun. Aber wie er durch den Teich kommt, ohne in der Ewigkeit stecken zu bleiben, das wissen wir noch nicht.»

«Warum gehen wir nicht einfach durch den Wald, bis wir hinter dem Teich sind, und von da dann zur Burg?» fragte Mark, «das wäre doch das Naheliegendste.»

«Ich glaube, das geht nicht», antwortete Jojo bedrückt, «ich glaube, ich muss zuerst meinen Körper und dann meine Seele verlieren, und erst danach kann ich zu dieser Burg kommen. So verstehe ich aus heutiger Sicht jedenfalls die Worte Themis'.»

«Das hat was», sagte Mark, dann ist also die grosse Frage, wie wir dich lebend durch diesen Teich kriegen.»

«Es ist wohl nicht zwingend, dass Jojo mitten im Teich stehen bleibt», meinte Lucia, vielleicht genügt es einfach, dass er am Rand durch den Teich geht, und wir halten ihn fest wie auf der Wiese und bleiben dabei an Land. Dann sind wir sozusagen wie ein Rettungsring mit Leine dran.»

«Gute Idee», sagte Mark, «dann sollten wir das so schnell wie möglich tun. Wollen wir uns gleich am nächsten Samstag vor dem Kloster treffen?»

Die anderen stimmten stumm zu, und so trennten sie sich.

24 Kampf auf der Brücke

Es war alles ein schon fast vertrauter Ablauf gewesen. Sie hatten sich vor der Klostertür getroffen, Mark hatte geklopft, Themis hatte sie wortlos eingelassen, sie waren durch das Saphirtor gegangen und über die Wiese. Mark hatte Jojos Hand wieder losgelassen und den Smaragd wieder in die Tasche gesteckt. Nun standen sie am Teich.

Jojo hielt die linke Hand auf und lächelte etwas unsicher, «Mattea, nun musst du meine Hand halten.»

Mattea legte ihm den Rubin in die geöffnete Hand, dann schlossen sie ihre Hände über dem Edelstein. «Komisch», dachte Jojo, «nun werde ich mit Mattea Hand in Hand gehen, eigentlich hatte ich mir das anders vorgestellt.»

Das stimmte nicht wirklich. Er hatte sich noch gar nie vorgestellt, Hand in Hand mit Mattea zu gehen. Das hatte er gar nicht gewagt.

Vielleicht war es tatsächlich Matteas Hand in seiner, die Jojo mehr in der Gegenwart hielt. Vielleicht war es der Rubin, den sie mit ihren Händen hielten, die Gegenwart der anderen oder einfach die Tatsache, dass er jetzt nur seine Füsse im Teich hatte, der überall am Ufer ziemlich flach war. Auf jeden Fall gelang es ihm dieses Mal, bei Bewusstsein zu bleiben. Wieder verschwand die Welt um ihn herum mehr und mehr, bis nichts mehr blieb ausser der Sehnsucht nach dieser Welt, die es nun nicht mehr gab. Wieder verging diese Sehnsucht, weil alle seine Wünsche nach dieser Welt aus ihm herausgelöst wurden. Doch er blieb dabei erhalten, und die Welt blieb auch erhalten. Sie hatte nur ihre materiellen und sinnlichen Anteile verloren. Sein, er konnte es nicht anders nennen, geistiger Körper war ihm geblieben, und auch die geistige Welt war ihm geblieben. Und irgendwie hatte er noch soviel Beherrschung über seinen physischen Körper behalten, dass er durch den ganzen Teich gehen konnte. Doch kaum war er endlich auf der anderen Seite des Teichs angelangt, war es zu viel der Anstrengung. Diesmal wurde er nicht ohnmächtig. Er sackte zusammen und schlief ein.

Als Jojo zusammensackte, erschrak Mattea, doch dann kniete sie neben ihm nieder und fühlte seinen Puls, der klar und ruhig war. Er lag mit geschlossenen Augen auf dem Boden und atmete ruhig. Sie schlug ihm mit der Hand leicht auf die Wange und rief «Jojo, he Jojo, was ist?» aber er murmelte nur etwas Unverständliches und drehte sich etwas auf die Seite, ohne die Augen zu öffnen. Mattea schaute zu den anderen auf und sagte: «ich glaube, er schläft ganz einfach. Er ist einfach auf der Stelle eingeschlafen.» Sie liess seine Hand nicht los, denn sie traute diesem Schlaf nicht ganz. Sie setzte sich einfach neben ihn auf den Boden und hielt ihm die Hand. Lucia und Mark taten es ihr nach. Sie setzten sich neben Mattea auf den Boden und hielten sich weiter an den Händen.

Jojo liess seinen Körper und seine Seele dort am Boden zurück und ging ruhig weiter. Die Welt um ihn herum verdunkelte sich. Er war sich nicht sicher, ob sich die Welt um ihn herum verdunkelte, oder ob er, als er aus dem Teich gestiegen war, schon gar nicht mehr die real existierende Welt gesehen hatte, sondern nur noch seine Erinnerung an diese Welt. Er hatte bei ihren früheren Besuchen hier nicht nur die Wiese und den Teich gesehen, sondern auch die Landschaft dahinter und die Burg in der Ferne. Vielleicht versank das jetzt gerade im Dunkel der Erinnerung. Von der Burg hatte er aus der Ferne nur die Umrisse gesehen, da konnte er nichts erinnern, vielleicht wurde es deswegen schwarz. Er ging weiter, und je näher er der Burg kam, desto mehr wurde die ganze Welt in eine schwarze Nacht getaucht.

Jojo ging langsam auf die dunkle Burg zu. Sie stand dort in der Schwärze der Nacht, und er konnte sie nur sehen, weil sie noch schwärzer als die Nacht war. Hoch und dräuend stand sie dort. Alle Fenster waren mit Fensterläden verschlossen, und das einzige Tor war von der Zugbrücke verhüllt. Ein breiter, tiefer Graben zog sich rund um die Burg, und dieser Graben war so tief, dass Jojo den Grund nicht sehen konnte.

Er schritt näher auf die Dunkelheit zu. Er wusste nicht, ob er rufen sollte, damit ihm jemand die Brücke herunterliess. Er wusste nicht, ob er vielleicht erwartet wurde. Er wusste nicht, ob er freundlich oder feindlich erwartet wurde. Schliesslich stand er am gähnenden Abgrund der Dunkelheit. Alles war still. Nur aus der Dunkelheit des Grabens kam ein leise kratzendes, scharrendes Geräusch. Leise keuchend kroch etwas aus der Dunkelheit herauf.

Eine lange, riesige Zunge züngelte über den Rand des Grabens in die Höhe. Sie gabelte sich vorne in zwei Spitzen. Suchend und schmeckend reckten sich die beiden Spitzen nach links und rechts, nach vorne und hinten. Jojo stand erstarrt. Ein breiter Kopf wie der eines Krokodils folgte der schlürfend schmeckenden Zunge. Knöchern und kalt war er, grosse, kalte Augen standen aus ihren Höhlen hervor und blickten suchend in die Dunkelheit. Ganz von stumpfem Blau war dieser Kopf, und schon stemmte sich hinter ihm ein gewaltiger, aber völlig dürrer Leib in die Höhe. Zwei tatzenartige Pranken mit riesigen Krallen schoben sich auf den Rand des Grabens. Schon folgten die Hinterpranken, ein monströser Schwanz, und bald stand das riesige, dürre Untier vor ihm. Sein meterlanger Schwanz, fast so dick wie der Körperumfang und ebenso dürr, schlug peitschend auf die Erde. Der Rücken krümmte sich nach oben. Wie ein enormer, dürrer, knochiger Waran sah das Wesen aus. Und nicht nur der Kopf, der ganze Körper bis zur Schwanzspitze war von diesem stumpfen Blau. Das fürchterliche Viech begann den Grabenrand entlang zu stapfen – hin und her, hin und her. Es patrouillierte wie ein unheimlicher Wächter, der jeden verschlingen würde, der der Brücke zu nahe kam. Nun blieb es stehen, schaute ihn an und öffnete sein riesiges Maul. Bedrohlich züngelte die Zunge auf ihn zu, blass und leise klatschend. Gleich würde die Zunge ihn umfangen und in diesen fürchterlichen Rachen ziehen.

Völlig starr stand Jojo in seiner Not und flehte innerlich um Hilfe. Und tief, tief aus seinem Innern ertönte eine Stimme. Sie sang. Sie sang ein uraltes Lied: ‹Hebe deine Augen auf zu den Sternen, von denen dir Hilfe, dir herrliche Hilfe kommt. Deine Hilfe kommt vom Herrn, der Himmel und Erde gemacht hat. Er wird deinen Fuss nicht gleiten lassen, sondern ihn heben in die Höhe, wenn du nur zu den Sternen streben willst.› Und Jojo starrte nach oben in die Schwärze der Nacht, dorthin, wo er den Sternenhimmel wusste. Er fühlte, wie er leichter und leichter wurde, und nun sang eine zweite Stimme. Sie gesellte sich zur ersten wie ein Echo vom Sternenhimmel. Eine dritte und eine vierte Stimme fielen ein, es wurden mehr und mehr Stimmen, die sich zu einem gewaltigen Sternenchor vereinten und aus dem Sternenhimmel für ihn sangen. Sie sangen süsse Melodien, die alle einen seltsam kreisenden Rhythmus hatten. Die

Urkräfte des Universums sangen ihm ihre Melodien zu. Die Töne wurden klarer, leuchtender, volltönender. Es waren die Sterne, die sangen, und es war ihm, als hätte jeder Stern, der dort sang, seine eigene Klangfarbe. Sie sangen für ihn. Sie erfüllten ihn mit einer Seligkeit, wie er sie nie gekannt hatte. Die Melodien wurden ihm zu Bildern, zu Sternbildern, die sich mit Leben füllten, zum Stier, zu den Fischen, zum Löwen und zur Jungfrau. Diese Bilder woben um ihn herum, sie schützten ihn und behüteten ihn. Und in dem Masse, in dem er seine Seele erfüllte mit ihren Melodien, war es ihm, als würde das fürchterliche Wesen vor ihm durchsichtiger, dünner und transparenter werden. Schliesslich war es ganz verschwunden, und mit ihm waren auch die Bilder um ihn verschwunden, und in seiner Seele sang nur noch der süsse Nachklang ihrer Melodien.

Doch schon erhob sich ein zweites Untier aus dem Graben. Es erhob sich wie eine Giraffe, die aus ihren Beinen herauswächst, höher und höher im Graben stand. Ein schmutziggelber Giraffenkörper mit langem Hals wuchs dort aus dem Graben ohne Grund. Sie bleckte die gelben Zähne im verzerrten Angesicht. Sie war nicht so real wie das erste Tier. Sie war irgendwie durchsichtiger, mehr wie Schall und Rauch. Und dieser Schall traf ihn tief in die Seele. Sie sprach und spottete: «Ach Jojo, was träumst du, was stehst du hier und meinst, hinter dem Tor das Glück zu finden. Nichts ist dort als der Spiegel deiner Träume. Nichts gibt es ausserhalb deiner Wahnvorstellungen. Ich weiss überall von keinem Sinn und auch nicht von meinem eigenen. Es ist kein Sinn. – Ich selbst weiss überhaupt nicht und bin nicht. Und du weisst nicht und bist auch nicht. Nur Bilder sind: Sie sind das Einzige, was da ist, und sie wissen von sich nach Weise der Bilder; - Bilder, die vorüberschweben; ohne dass etwas existiert, an dem sie vorüberschweben; nur Bilder, die durch Bilder von Bildern zusammenhängen, Bilder ohne etwas in ihnen Abgebildetes, ohne Bedeutung und ohne Zweck. Ich selbst bin eins dieser Bilder; ja, ich bin selbst dies nicht, sondern nur ein verworrenes Bild von den Bildern. – Es gibt keine Realität. Es gibt nur deinen öden Traum, ohne ein Leben, von welchem geträumt wird, und ohne einen Geist, dem da träumt; in einen Traum, der in einem Traume von sich selbst zusammenhängt.» Und je länger das Giraffenwesen sprach und spottete und höhnte und verwirrende Worte sprach von Bildern, die es gar nicht gab, umso mehr wurde Jojo von allem Leben verlassen. Es war, als würden die Worte des Wesens ihn bedrängen, in seine Seele dringen und alles Leben aus dieser Seele heraussaugen. Diese Worte erfüllten seine Seele, und sie verdrängten das, was vorher in ihr gewesen war, sogen es auf und vernichteten es. Die Seligkeit, die ihn soeben noch erfüllt hatte, war verschwunden, dort, wo seine Seele gewesen war, klaffte nun ein hohles Loch. Es gab keine Realität. Es gab nichts, nach dem sich zu streben lohnte. Es gab nur Wahnvorstellungen, und eine dieser Wahnvorstellungen war er selber.

Jojo keuchte. Was blieb ihm noch, wenn alles aus seiner Seele gesogen wurde? Was konnte er dem Spott, dem Nichts entgegensetzen? In ihm war ja nichts. Was blieb ihm ausser dem kalten Hauch dieser Worte? Es blieb ihm das Einatmen, und es war ihm, als würde er mit dem Einatmen das ganze Weltenall wieder einatmen. Er wurde zum Lehmkloss, dem Gott gerade Leben eingehaucht hatte. Er wurde zur Pflanze, die die Luft aufnahm durch alle ihre Poren und vom Licht der Sonne lebte. Er breitete die Arme aus, und es war ihm, als würde die linke Hand zum Sonnenaufgang weisen und die rechte zum Sonnenuntergang, obwohl es doch dunkel und schwarz um ihn her war. Es war ihm, als würden lichte Reiter auf den Strahlen der Morgensonne und der Abendsonne zu ihm reiten, seine Seele füllen mit ihrem Licht und ihrer Wärme, und er empfing ihr Licht mit seiner Liebe und sie schenkten ihm ihre Weisheit und erfüllten ihn mit ihrer Kraft. Nun wurde seine Seele hell und klar und leuchtend und die Spottgiraffe verblasste vor diesem Licht und verschwand.

Sie verschwand, und an ihrer statt kroch ein drittes Tier aus dem Graben. Es war wie eine riesige Ratte. Bedrohlich öffnete sie die gewaltige Schnauze und entblösste ihre überlangen und unnatürlich spitzen Schneidezähne. Ihr Maul war gespalten durch eine Hasenscharte. Ein breiter Riss klaffte im Oberkiefer und zog sich hoch bis zur Nase. Aus dieser Nase tropfte gelber, dünnflüssiger Eiter, der Atem rasselte röchelnd, aus den glasigen Augen quoll milchig-wässriger Ausfluss, und das Fell um die Augen war schmutzigrot und verklebt. Und nicht nur das Fell um die Augen war schmutzigrot. Die ganze widerwärtige Ratte war von diesem schmutzigroten Fell überzogen. Nur die Ohren hatten kein Fell. Sie ragten rot und nackt in die Höhe. Schlaff war die Ratte, und schlaff und träge zog sie sich über den Rand des Grabens.

Bei ihrem Anblick wurde ihm das eigene Denken schlaff. Träge floss es dahin, er konnte keinen klaren Gedanken mehr fassen. Die Begriffe zerflossen ihm wie Fett in der Pfanne zu einem einzigen Brei. Sie hingen enger zusammen als je zuvor, alles war mit allem verbunden, und damit unterschied sich nichts mehr voneinander. Es fehlte die Struktur, die die Begriffe voneinander trennte und doch miteinander verband, und es schwanden ihm die klaren Konturen der Begriffe. Er konnte den Dingen, die er sah, keine Namen mehr geben, er konnte sie nur dumpf anstarren. Er konnte die Situation nicht einschätzen. Er konnte nur dieses Wesen anglotzen, und je mehr er glotzte, desto schlaffer wurde er im Denken. Und er wusste, dass er jetzt ein klares, lebendiges, helles Denken brauchte, denn wenn sein Denken noch schwächer würde, erschlaffte, und schliesslich ersterben würde, dann würde die Ratte sich auf ihn stürzen, zuschnappen und ihn mit sich in die Tiefe reissen.

Er brauchte Halt, er brauchte Sicherheit. In seiner Not starrte er auf die Erde. Immerhin stand er auf sicherem Grund. Die ganze gewaltige Masse des Planeten trug ihn, hielt ihn, und erlaubte ihm kräftige Schritte zu tun. Er fühlte geradezu, wie die Erdentiefen ihm ihre Kräfte in die Leibesglieder drängten. Aus dieser Erde wuchs der Weizen, den er zum Brot brauchte. Diese Erde barg die Kartoffeln, die er unter dem Feuer backen und dann mit Butter bestreichen, mit Salz bestreuen und essen konnte. Diese Erde war ihm Leben, war ihm Kraft und war ihm Wohltat.

Je mehr er solche Gedanken dachte, desto klarer wurden sie wieder. Nichts Schlaffes, nichts Breiiges war mehr in ihnen. Es wurden aber nicht nur die Gedanken klarer. Sie kamen mit Begierden im Gefolge. Er wollte seine Zähne in zartes, frisch gegrilltes Hühnerfleisch schlagen, er wollte einer jungen Frau die Kleider vom Leib reissen, mit seinen fettigen Fingern über ihre zarte Haut fahren und sie wollüstig abschlecken. Stärker und stärker wurden diese Begierden. Sie schützten ihn vor der schlaffen Ratte. Sie machten ihn stärker und gewaltiger. Er wurde stark, er wurde aber auch triebhafter. Bald war er nur noch vom Trieb beherrscht, dem Trieb zu herrschen, zu ergreifen, zu besitzen, zu erhöhen und zu zerstören.

Ihm graute vor sich selber. Sollte der Preis für das Zurückdrängen der schlaffen Riesenratte das Grauen vor seiner eigenen urwüchsigen Natur sein? Es graute ihm nun auch vor der Ratte. Sie hatte mit seinen Gedanken alles Schlaffe, alles Träge verloren und war bedrohlich und todbringend geworden. Die Ratte vor ihm war der Trieb in ihm, ein nur noch tierischer Trieb mit gierigen Augen, geiferndem Maul und sprungbereiten Pfoten.

Er musste sein Denken beherrschen, es musste stark und klar und lebendig bleiben, aber es durfte sich nicht auf diese trüben Triebe richten. So begann er Zahlen im Kopf zu addieren, sie voneinander abzuziehen, zu dividieren, Naturgesetze, die er in der Schule gelernt hatte, zu rezitieren. Kraft ist Masse mal Beschleunigung. Die Energie wächst mit dem Quadrat der Geschwindigkeit. Das Quadrat ins Dreidimensionale gedacht wird zum Kubus, der Kubus ist ein platonischer Körper. Platonische Körper sind Grundformen der Schönheit. Die Schönheit entsteht aus der Wirkung, die sie auf uns ausübt. Schon verloren sich die Konturen der Begriffe wieder, sie wurden aber nicht zu einem Brei, sie wurden lebendig, wuchsen und veränderten ihre Form, sie verbanden sich miteinander wie Wörter zu einem Gedicht, einem Gedicht, das er nicht ganz verstand, weil es so viel mehr enthielt, als er an der Oberfläche sehen konnte. Und mit dem Aufsteigen dieser Begriffe, die aus dem Irdischen entstanden waren, sich aber über das Irdische erhoben hatten, die mehr waren als er selber, versank die Ratte in den Tiefen des dunklen Grabens.

Kaum war die Ratte gänzlich im Graben versunken, begann sich die Zugbrücke zu senken. Lautlos und still war alles um ihn her. Nichts rührte sich. Nichts bewegte sich. Nur die Zugbrücke sank langsam nach unten und machte so den Weg über den Graben frei. Sie war sehr schmal diese Brücke. Ein einzelner Mensch konnte wohl hinübergehen, doch sicher keine zwei Menschen nebeneinander. Die Brücke hatte den Blick auf ein Tor freigegeben.

In der Mitte zwischen den zwei Torflügeln zeigte sich ein schwacher Lichtschein wie von einer flackernden Kerze.

Beherzt setzte Jojo den ersten Fuss auf die Brücke und ging zwei Schritte. Den Blick hatte er starr auf das Holz der Brückenplatte zu seinen Füssen gerichtet, denn der furchtbare Abgrund links und rechts des sicheren Steges erfüllte ihn mit namenlosem Schrecken. Er schwankte leicht beim nächsten Schritt, sein Körper pendelte nach rechts. Dabei spürte er sich in eine grosse Wärme eintauchen. Diese Wärme zog ihn mehr und mehr zu sich. Er fiel aber nicht über den Rand der Brücke ins Nichts. Er wurde von dieser Wärme aufgesogen. Diese Wärme war so weich und angenehm. Sie umfing ihn wie mit zärtlichen Armen, sie nahm ihn auf, sie behütete ihn, sie raunte ihm weiche Worte zu, Worte der Sehnsucht nach unendlicher Weite, Worte der Wärme, die alles heilt. Er spürte, wie sein Körper selbst immer wärmer und angenehmer und leichter und schwereloser wurde. Sein Körper wurde zu einer weichen, weissen Wolke, noch hatte er klare Konturen, doch schon begannen die Konturen seines Körpers zu verblassen. Sein Wolkenkörper begann, sich in der Wärme eines leichten Windes, der hier wehte, aufzulösen. Er war eine Wolke, die aufgehen würde in der Unendlichkeit des Himmels, in dieser warmen, verständnisvollen, alles umfassenden, alles lösenden Wärme vergehen und verwehen.

Da fiel sein Blick auf den leise flackernden Lichtschein hinter dem Tor, und er fuhr zusammen. Er wollte nicht verwehen, er wollte nicht vergehen, und war die Wärme auch noch so schön, und versprach sie auch noch so viel Glück des Nichtseins. Er wollte dieses Tor erreichen. So zog er allen Willen, der ihm noch verblieben war, in sich zusammen und entzog sich mit einem Ruck dieser grossen Wärme. Dabei schwankte er ein wenig nach links, zu weit nach links, denn schon geriet er in die Fänge einer eisigen Todeskälte. Schon klebte ihm die Zunge am Gaumen fest wie an einer eisigkalten Metallplatte. Die Eiseskälte umfing ihn von allen Seiten. Sie drang in seinen Körper ein und drohte, ihn einzufrieren. Das Wasser in seinem Körper würde erst zu Eis gefrieren und dann in die Kälte hinein verdampfen. Tausend Messerstiche der Kälte drangen in ihn ein, tiefer und tiefer, bis sie seine Seele erreicht hatten und sein innerstes Wesen. Es gab kein innerstes Wesen mehr. Es gab nur Schmerz und Leid und das Wissen, er würde gleich zerstäuben in alle Richtungen der Eiseskälte. Nichts würde von ihm bleiben als in Leid verstäubtes Selbst. Es gab keinen Willen mehr, den er zusammenziehen könnte. Es war schon alles zusammengezogen in einen einzigen grossen Schmerz. Es gab nur noch die Sehnsucht, die Sehnsucht nach Wärme und Licht. Diese Sehnsucht liess ihn wieder nach rechts schwanken und einen kleinen Schritt auf das Licht zu machen. Dabei geriet er wieder zu weit auf die rechte Seite des Steges. Schon ergriff ihn die wohlige Wärme wieder, die herrlichste Erlösung nach der Schmerzenskälte. Sie ergriff ihn, sie umfing ihn, sie wärmte und tröstete ihn, und wieder begannen seine Konturen zu verblassen, wieder musste er sich mit aller inneren Gewalt herausreissen aus der süssen Verlockung, einfach zu verwehen in der Wärme. Und wieder riss es ihn zu weit nach links. Wieder ergriff ihn die Kälte mit tausend Messerstichen des Leides, die ihn unweigerlich zerstäuben würde.

So schwankte er hin und her, doch in jedem Schwanken machte er einen kleinen Schritt auf das Tor zu und erreichte es schliesslich mit letzter Not. Nun stand er auf sicherem Grund jenseits des Grabens.

Er trat die wenigen Schritte auf das Tor zu und klopfte. Das Tor wurde geöffnet, und er trat ein. Er trat ein in eine Welt, die es nicht mehr gab. Sie war versunken vor weit mehr als tausend Jahren im Strom der Zeit. Doch hier gab es sie. Hier war sie Wirklichkeit. Ein Diener in braunem Kittel, wie es sie wohl im Mittelalter gegeben hatte, trat auf ihn zu. Schweigend legte er ihm einen scharlachroten Mantel um die Schultern. Schweigend bedeutete er, ihm zu folgen. Er führte ihn in einen riesigen Saal von gewaltigen Dimensionen, in dessen Mitte ein freistehender Kamin stand. Vier grosse Säulen trugen das Dach des Kamins. Hunderte von Menschen hätten mühelos um diesen Kamin sitzen können. Es stand dort ein einzelnes Ruhebett, und auf diesem Ruhebett lag halb sitzend ein Mann. Er hatte schlohweisse Haare, die üppig unter einer tiefschwarzen Marderfellkappe hervordrangen und war in einen Mantel aus prächtigem Purpur gehüllt. Als Jojo eintrat, versuchte er aufzustehen, sank aber kraftlos auf das Bett zurück. Jojo begrüsste ihn ehrerbietig, und der Mann antwortete: «Seid willkommen, lieber Gast, und verzeiht, dass ich nicht aufstehen kann. Tretet doch näher heran und setzt Euch zu mir auf mein Bett. Erzählt mir doch, von wo ihr kommt, und wohin die Reise euch führen soll.» Jojo begann zu erzählen, unterbrach sich aber bald, denn ein zweiter Diener trat auf sie zu. Er hielt ein gewaltiges Schwert in der Hand, verbeugte sich vor dem weisshaarigen Mann und sprach «Herr, eure gütige Nichte, deren blondes Haar und blaue Augen in ihrer strahlenden Schönheit die Sterne vor Neid erblassen lassen, bringt euch dieses Schwert als Geschenk. Kein härteres wurde je geschmiedet, und keines ist leichter als dieses. Nehmt dieses Schwert und schenkt es dem Würdigsten, der es verdient, weil er besser als jeder weiss, wie man ein Schwert zu führen hat. Der alte Mann nahm das Schwert und überreichte es sogleich Jojo. Jojo ergriff das Schwert und zog es aus seiner Scheide. Der Knauf war von reinstem Gold, in das seltsame Symbole gezeichnet waren. Das Heft war von weichem Leder umwickelt und streichelte seine Hand fast, als er es umfasste. Die Parierstange war mit Perlen und Diamanten besetzt, doch die aus der Parierstange ragende blitzende Klinge verwandelte alle Schönheit, Pracht und Sanftheit in die tödliche Schärfe und Macht seiner Bestimmung. Jojo verbeugte sich und dankte für das Geschenk. Dann überreichte er es dem Diener zur Aufbewahrung.

Sie sprachen weiter miteinander, und während sie noch sprachen, trat ein Mann in den Saal. Er ging gemessenen Schrittes auf das Feuer zu. In seiner Hand hielt er eine Lanze, die mit der Spitze zur Decke zeigte. Er ging schweigend, schweigend schritt er um das Feuer herum, und als er an Jojo vorbeischritt, bemerkte Jojo, dass aus der Lanzenspitze ein Tropfen Blut hervorquoll und langsam die Lanze herunterrann bis zur Hand des Mannes. Kein Wort sprach der Mann und schritt still weiter, bis er schliesslich den Saal an der anderen Seite verliess.

Währenddem sprach der Gastgeber ruhig weiter, als würde er ihn nicht sehen, als würde nichts geschehen.

Nun trat eine junge Frau von atemberaubender Schönheit ein. Langes blondes Haar fiel ihr bis weit über die Schultern auf ein weisses, reich geschmücktes Kleid. Links von ihr ging ein Diener, der einen riesigen goldenen Leuchter mit vielen Kerzen trug, und der Diener rechts von ihr trug einen identischen Leuchter. Die Frau aber hielt eine goldene Schale in den Händen. Die Schale war mit Dutzenden Diamanten und glänzenden Edelsteinen aller Farben verziert, und aus der Schale leuchtete ein blassblaues Licht so hell, dass der Schein der Kerzen darin verblasste. Hinter den dreien ging eine andere junge Frau mit langen schwarzen Haaren, die weit über die Schultern auf ein tiefschwarzes Kleid fielen. Sie trug eine silberne Platte bedeckt mit Speisen. Die Gruppe ging schweigend an Jojo vorbei und verschwand durch die Tür am anderen Ende des Saales wie der Mann mit der Lanze vor ihnen.

Wieder sprach der Gastgeber ruhig weiter, als würde er all das nicht sehen, als würde nichts geschehen.

Weitere Diener traten ein. Sie trugen kleine Tische herein, stellten sie vor den beiden ab, deckten sie mit weissen, reich bestickten Tischtüchern, mit Tellern und Besteck. Wunderbare Speisen tischten sie auf. Jojo und sein Gastgeber begannen zu essen und zu trinken. Sie tranken den herrlichsten Wein aus goldenen Pokalen und assen zartes Hirschfilet, Ragout vom Hasen, Wachteleier und vieles mehr. Sie assen einen Gang nach dem nächsten. Und nach jedem Gang schritt wieder die Prozession mit den jungen Frauen und der hell leuchtenden Schale an ihnen vorbei. Und jedes Mal sprach der Gastgeber ruhig weiter, als würde er all das nicht sehen, als würde nichts geschehen.

Jojo wunderte sich, was das für eine Prozession sei, und wem da Essen gebracht würde in ein Zimmer, von dem er nichts wusste, aber er wagte nicht zu fragen.

Schliesslich wurden Früchte aufgetragen, wie sie im Mittelalter wohl nirgends in Europa zu finden waren: Feigen, Datteln und Granatäpfel. Dazu wurde der süsseste Wein serviert, den man in seiner schweren Süsse fast für Likör halten konnte.

Mit einem leisen Seufzer nahm der Gastgeber eine letzte Dattel und schob sie in den Mund. Er kaute sie voll Genuss und sprach dann: «lieber Gast, es ist Zeit, dass ich mich zum Schlafen in mein Zimmer zurückziehe. Doch leider habe ich keine Macht über meinen Körper und muss mich tragen lassen. Entschuldigt mich also.»

Vier Diener trugen ihn auf seinem Ruhebett hinaus. Vier weitere Diener brachten ein Bett für Jojo herein, ein Bett so herrlich, so warm, dass Jojo alsbald in die Kissen sank und einschlief.

Jojo schlief lange und tief. Als er schliesslich erwachte war das Feuer erloschen. Die Tische waren verschwunden. Kein Diener war zu sehen. Alles war still. Jojo rief laut, doch es kam niemand. Jojo versuchte die Türen des Saales zu öffnen, doch bis auf eine waren alle verschlossen. So ging er also durch diese eine Tür hinaus. Der Hof war leer. Kein Tier, kein Mensch war zu sehen. Das Tor stand weit offen, und so trat Jojo durch das Tor und ging über die Zugbrücke auf die andere Seite des Grabens zu. Doch plötzlich begann sich die Brücke zu bewegen. Sie hob sich, und Jojo konnte nur mit allerletzter Mühe die letzten Meter rennen und dann hinüber zum sicheren Boden springen.

Hier war heller Tag, doch als er zurückblickte zur Burg, sah er auf der anderen Seite des Grabens nur schwärzeste Nacht.

Die Welt vor ihm hatte sich verändert. Jojo war ganz sicher, dass hinter dem Teich eine Wiese gewesen war, die sich bis zur Burg hochgezogen hatte. Er war mit Sicherheit über diese Wiese bis zur Burg gegangen. Doch nun stand er in einem gewaltigen Garten. Er glich ein wenig dem Rosengarten unten im Kloster. Genau wie dort gab es hier viele rechteckige Beete mit schmalen Wegen dazwischen. Allerdings wuchsen hier keine Rosen. Es war ein Kräutergarten. Er hatte noch nie einen Kräutergarten gesehen, und er hatte auch noch nie Kräuter gesehen, auf jeden Fall nicht solche Kräuter, wie sie hier wuchsen. Doch nun, da er sie sah, wusste er, was das für Kräuter waren. Es war ihm, als würden sie ihm ihre Namen sagen. Dort im Beet wuchs das Eisenkraut mit seinen blassblauen Blüten hoch in den Himmel, die Alraunen im Beet nebenan hatten auch blaue Blüten, sie blieben aber schön am Boden fast so wie Primeln, die Pestwurz füllte ihr Beet mit ihren grossen grünen Blättern, und seltsamerweise war dort hinten ein Beet mit Getreide.

An diesem Beet stand ein Mann in einem langen, grauweissen Gewand, das ihm bis auf die Füsse reichte. Er blickte wie traumverloren in das Getreide. In der Hand hielt er einen knorrigen Stab. Der Mann war hager und alt und hatte langes, weisses Haar. Dieser Mann kam Jojo bekannt vor. Er hatte ihn irgendwo schon einmal gesehen.

Jojo trat näher heran. Schliesslich stand er neben dem Mann, unschlüssig, was er tun oder sagen sollte. Der Alte schaute nicht auf, doch begann er zu sprechen: «Sei gegrüsst Jojo.»

«Seid gegrüsst», antwortete Jojo, «doch wer seid ihr? Ihr kommt mir bekannt vor, doch ich weiss nicht, von wo ich euch kenne.»

«Ach Jojo», antwortete der Mann, «endlich fragst du, doch du fragst zu spät. Dort oben in der Burg hättest du fragen sollen, doch du hast es nicht getan. Du kennst mich. Du hast mich getroffen. Mein Name tut nichts zur Sache. Einige nennen mich nur den Fischer, andere Meister Butt. Du hast mich in der Höhle unter dem Berg getroffen. Dort hattest du keine Zeit für mich. Allzu schnell bist du verschwunden und zurückgekehrt in deine Welt. Nur kurz hast du mich gesehen. Deine eigene Welt war dir zu wichtig. Du hattest keine Zeit für mich und meine Welt. Wir haben lange auf dich gewartet in unserer Welt.»

«Auf mich?» fragte Jojo verwundert, «auf den seltsamen Jojo Furrer?»

«Wir haben nicht speziell auf dich gewartet. Wir haben aber auf jemanden wie dich gewartet. Wir haben auf den Wanderer zwischen den Welten gewartet. Nicht unseretwegen. Eure Welt hat für uns keine Bedeutung. Wir werden weiterexistieren, auch wenn eure Welt untergeht. Deinetwegen haben wir gewartet. Wir hatten alles vorbereitet für deine Ankunft. Die Burg war da, der Graben mit den schrecklichen Tieren war da. Die Brücke haben wir für dich heruntergelassen. Hättest du nur gefragt.»

«Was hätte ich denn fragen sollen?» fragte Jojo.

«Hast du dich nicht gefragt, was die Lanze zu bedeuten hatte, die vor euch vorbeigetragen wurde? Hast du dich nicht gefragt, was in der goldenen Schale leuchtete? Wolltest du nicht wissen, wem die silberne Platte mit Speisen gebracht wurde?»

«Doch», antwortete Jojo, «aber ich habe mich strikt an die Worte von Themis gehalten. ‹Hüte deine Stimme, bei allem, was du siehst. Die törichte Frage vernichtet die Antwort.›»

«Wäre es denn einfältig gewesen, danach zu fragen?»

Jojo errötete leicht, bevor er antwortete: «nein einfältig wäre es nicht gewesen. Es wäre ganz natürlich gewesen, zu fragen, was so seltsame Vorgänge bedeuten.»

«Ach Jojo», fuhr der Alte fort, «hättest du nur gefragt. So viel Gutes wäre aus dieser Frage erwachsen. Der Vater des Fischerkönigs lag krank im Nebenzimmer. Zu ihm wurde die goldene Schale gebracht. Zu ihm wurde die silberne Tafel mit Speisen gebracht. Ihn hätte deine Frage geheilt. Mit Ehren hätten wir dich gefeiert für deine Frage. Wir hätten dir den Weg gewiesen aus dem Schloss hin zum Land Schamballa. Dort hättest du den silbernen Schlüssel gefunden. Diesen Schlüssel brauchst du, um deine Welt vor Ahriman zu retten.»

«Wozu dient der Schlüssel? Was muss ich damit tun? Welches Schloss öffnet er?», fragte Jojo aufgeregt.

Meister Butt lächelte ein wenig, bevor er antwortete: «Alles ganz verständliche Fragen, Jojo, und du wirst die Antwort selber finden. Du fragst auch nicht in der Schwärze der Nacht ‹Wozu dienen die Strahlen der Sonne? Was muss ich damit tun?› Am nächsten Morgen wirst du die Sonne freudig begrüssen, und sie wird dir den Weg weisen, den du in der dunklen Nacht nicht sehen konntest. So wird es auch mit dem silbernen Schlüssel sein.»

«Und das Land Schamballa?» fragte Jojo weiter, «wie komme ich nun zum Land Schamballa?»

«Der Weg über die Burg ist dir für immer versperrt», antwortete Meister Butt, «es bleibt dir nur der Weg des toten Königs. Auf dessen Spuren musst du gehen, wenn du das Land Schamballa finden möchtest. Doch nun lebe wohl. Deine Freunde machen sich grosse Sorgen wegen deiner langen Abwesenheit.» Bei diesen Worten nahm die Dunkelheit wieder zu. Sie hüllte alles um Jojo herum ein.

Die Dunkelheit blieb um Jojo herum. Doch offensichtlich war die Welt wieder da. Jojo spürte seinen Körper ganz deutlich. Er lag auf dem Erdboden, das spürte er genau. Die Töne waren wieder da. Er hörte in der Ferne Vögel singen. Er roch Erde, Gras, Feuchte. Aber die Dunkelheit war geblieben. Es war alles schwarz um ihn herum. Da merkte Jojo, dass er einen Arm über den Augen liegen hatte. Er hob den Arm, und die Dunkelheit hellte sich etwas auf. Nun merkte Jojo, dass er die Augen geschlossen hatte. Er öffnete die Augen. Endlich war die ganze Welt wieder da. Auf jeden Fall war das wichtigste auf der Welt wieder da. Er sah in Matteas Gesicht. Sie schaute ihn an, und er schaute sie an. In ihrem Blick lag noch etwas Sorge neben einer grossen Erleichterung. Und vor allem lag in diesem Blick eine warme, weiche, liebevolle Aufmerksamkeit.

Jojo wollte diesen Augenblick, in dem ihre Blicke ineinander ruhten, zu einer Ewigkeit ausdehnen. Gleichzeitig hatte er etwas Angst vor dieser Ewigkeit. Wohin würde sie ihn führen? Aus dieser Angst heraus sagte er das dümmste, was man in diesem Moment wohl sagen konnte: «oh hallo.»

«Hallo Jojo», antwortete Mattea, und dann liess sie seine Hand los. Der Moment war damit schon Vergangenheit geworden. Jojo richtete sich auf. Neben Mattea sassen Lucia und Mark. Mark sagte als nächster etwas: «Hallo Jojo, schön, dass du wieder da bist.»

«Schön, dass du wieder bei Sinnen bist», sagte nun Lucia.

Jojo kratzte sich am Arm und schüttelte den Kopf ein wenig. «Tatsächlich, meine Sinne sind wieder da und mein Körper auch. Das ist ziemlich beruhigend.»

«Dein Körper war immer da», antwortete Lucia. Wir haben ihn die ganze Zeit gesehen. Wir haben neben ihm gesessen und uns nicht von der Stelle gerührt. Da können wir dich beruhigen. Aber so wie du redest, warst du wohl in der Zwischenzeit nicht da. Wo warst du denn?»

Auf diese Frage musste Jojo natürlich antworten, und seine Antwort wurde sehr, sehr lang. Schliesslich endete er mit den Worten: «Also irgendwie vermassle ich es immer. Damals in der Höhle habe ich den alten Mann gesehen und bin gleich abgehauen. Auf der Wiese wäre ich gestorben, wenn ihr mich nicht zurückgerufen hättet. Im Teich wäre ich ohne Mark gewiss ertrunken, und nun bin ich zwar nicht in Todesgefahr geraten, aber ich habe die entscheidenden Fragen nicht gestellt. Das heisst, der Aufenthalt in der Burg war auch umsonst. Und ich habe keine Ahnung, was ich nun tun muss.»

«Doch», antwortete Lucia, «was du tun musst, weisst du ganz genau. Und wir wissen es auch. Du musst in das Land Schamballa. Dort musst du den silbernen Schlüssel holen. Mit dem können wir Riku wieder in seinen Körper helfen. In das Land Schamballa kommst du, indem du dem Weg des Königs folgst. Allerdings habe ich keine Ahnung, was der Weg des Königs ist.»

«Ich hätte schon eine Ahnung», meinte Mattea, «schliesslich habe ich mich bei den Rokoko-Damen viel mit Geschichte beschäftigt. Mit König wurde der Herrscher eines Landes bezeichnet. Naja, seit hunderten von Jahren gibt es keine Länder mehr. Es gibt nur noch Städte. Und Herrscher gibt es schon gar nicht. Ganz früher sind die Könige durch ihr Land gereist, von einem Schloss zum anderen. Wenn sie in andere Länder gereist sind, waren das meist Eroberungszüge. Es gab unglaublich viele Könige und die sind sicher eine Unmenge Wege gegangen. Es gibt also wahnsinnig viele Wege der Könige. Einmal ist die Königin von England zum Sightseeing durch Deutschland gereist, und einmal ist ein deutscher König zum Papst nach Italien gereist und hat darum gefleht, wieder in die Kirche aufgenommen zu werden. Aber das hilft uns alles auch nicht weiter.»

«Gab es denn keine Könige, die ans Ende der Welt reisen mussten?» fragte Mark, «Jojo muss doch zum Ende der Welt reisen.»

Jojo zog eine Grimasse. «Das Ende der Welt ist höflich umschrieben», sagte er, «damit hat Themis doch eigentlich den Tod gemeint. Vielleicht hat Meister Butt auch nur eine höfliche Umschreibung gebraucht und den letzten Weg des Königs gemeint. Den Weg in den Tod.»

«Vielleicht müssen wir nach Ägypten», sinnierte Lucia, «die Herrscher Ägyptens sind doch in den Pyramiden bestattet worden.»

«Ich glaube, ich hab's», rief Mattea. «wenn das so gemeint ist, müssen wir nicht nach Ägypten. Wir müssen einfach dahin, wo wir immer unsere Reise beginnen.»

«Du sprichst nun bald so rätselhaft wie Themis», fiel Mark wieder ein, «ich habe keine Ahnung, wovon du redest.»

«Wenn Lucia und ich in den Wald gehen, müssen wir die kleine Pforte an der Pauluskirche nehmen», erklärte Mattea, «und in dieser Kirche gibt es eine Krypta. In dieser Krypta steht ein Sarkophag. Darin wurde vor vielen hundert Jahren ein König bestattet.»

«Krypta? Sarkophag?» fragte Mark, «die Worte habe ich ja noch nie gehört.»

«Die Krypta ist so eine Art Keller unter der Kirche», erklärte Mattea, «und ein Sarkophag ist so eine Art Sarg aus Stein. Auf deutsch übersetzt heisst das Fleischfresser. Das ist ein bisschen unheimlich. Es hiess nämlich, dass Menschen, die in einem Sarkophag beigesetzt wurden, innerhalb von 40 Tagen vollständig verwesten.»

«Soll das heissen», fragte Jojo, «wenn ich dem Weg des Königs folge, muss ich mich in diesen Sarkophag legen, und der frisst mich dann in 40 Tagen auf? Da komme ich garantiert nicht vom Ende der Welt zurück.»

«Übertreiben musst du nun auch nicht», antwortete Lucia, «deine gefährlichste Reise war doch wohl der Weg in den Teich. Da wärest du beinahe ertrunken. Ertrinken geht in wenigen Minuten. Das dauert nicht 40 Tage. Ich glaube tatsächlich, wir sollten diesen Weg näher ausprobieren. Immerhin haben deine Reisen immer etwas mit Bewusstsein verlieren oder auch nur einschlafen zu tun. Und im Schlaf ist man doch auch ohne Bewusstsein. Man sagt doch ‹der Schlaf ist der kleine Bruder des Todes›. Vielleicht musst du nur eine Nacht in diesem Sarkophag schlafen. Das tönt nicht übermässig risikoreich. Unheimlich vielleicht, aber nicht risikoreich.»

«Das Bewusstsein habe ich eigentlich nie verloren», begann Jojo wieder, «ich war einfach mit dem Bewusstsein an einem anderen Ort.»

«Ach kommt, wir können noch stundenlang diskutieren», unterbrach ihn Mark. «Wir sollten uns nun auf die nächsten Schritte einigen. Zuviel Zeit bleibt uns wohl nicht. Ich bin ehrlich gesagt schon ziemlich beunruhigt, weil wir solange nichts mehr von Riku gehört haben.»

«Der nächste Schritt ist schon lange festgelegt», antwortete Lucia, «am Mittwoch sind wir wieder an der Versammlung der Freimaurer.»

«Dann können wir ja Freitagnacht in diese Krypta gehen», schloss Mark, «vorher geht es sicher nicht.»

25 Die Schreie des Hahns

Der nächste Mittwoch war sehr schnell gekommen. Mark, Jojo, Mattea und Lucia sassen wieder im Versammlungsraum der Freimaurer. Wieder entspann sich die nun schon bekannte Zeremonie. Nun tönte es von den Altären: Macht leite unseren Bau, Schönheit ziere ihn, Stärke führe ihn aus. Dann sprach der erste Aufseher: «So wie der Saturn nicht immer am Nachthimmel zu sehen ist und doch immer da ist und seinen Einfluss ausübt, so erfüllt der verehrungswürdige Meister die Arbeit im Innern der Loge mit seiner Macht.»

Dann sprach der Meister «Maurer der Vorzeit, ihr habt den Grundstein gelegt zu unserer Macht. Maurer der Gegenwart mehret unsere Macht. Maurer der Zukunft, so ihr den Plan der Macht in eurem Willen traget, ströme eure Stärke in unsere Glieder, auf dass wir Leib werden der grössten Macht.

Liebe Schwestern und Brüder, die ihr das wahre Glück für die ganze Welt anstrebt, seid willkommen zum nächsten Schritt auf eurem Weg. Im ersten Schritt habt ihr wahre Weisheit erlangt. Ihr habt gelernt, dass wahres Glück aus Überwindung von Hindernissen besteht. Weiter habt ihr gelernt, dass das Überwinden von Hindernissen eine Mehrung der Macht ist. Ihr seid niedergekniet vor dem Altar der Macht und habt seine gewaltige Kraft in euch aufgenommen. Weiter seid ihr fortgeschritten. In symbolischer Handlung habt ihr fremdes Leben auf dem weissen Teller getötet und euch einverleibt und den Schmerz, der damit notwendig verbunden ist, erfahren. Heute werdet ihr einen weiteren grossen Schritt tun.

Um wahre Macht zu erlangen, genügt es nicht, fremdes Leben zu töten und sich einzuverleiben. Es muss der Schmerz fremden Lebens für den Tötenden zur wahren Lust werden. Aller wahrer Machterwerb besteht letztlich darin, ein anderes lebendiges Wesen, sei es Mensch oder Tier, zu quälen, zu foltern und letztlich zu töten. Nur so eignet man sich die Kräfte an, die dem anderen gehören, die es zu seinem Leben notwendig braucht. Der Machtsuchende wird mit jedem Quälen eines anderen Lebewesens mächtiger, wird mit jeder Tötung gewaltiger und kann auf diesem Weg die tiefsten Geheimnisse der Welt erfahren. Im Quälen und im Töten erfahren wir, was die Welt im Innersten zusammenhält. Doch muss es mit Bewusstsein geschehen. Bewusst müsst ihr die Lebewesen quälen. Bewusst müsst ihr dabei Lust erleben. Bewusst müsst ihr in Organe schneiden. Dann wächst euch die höchste Macht zu. Mit jedem Lebewesen, dem wir bewusst die Lebensenergie rauben, erhöhen und verdichten wir die eigene Lebensenergie. Mit jedem fremden Schmerz, der uns zur Lust wird, erhöhen wir unsere Macht. Nichts ersetzt das Töten im Streben nach vollkommener Macht.

Aufgabe ist es mir in Ordnung des Maurer-Dienstes, euch meine Schwestern und Brüder, zur Arbeit zu rufen. Das Geheimnis des Lebens ist entschlüsselt. Es liegt in der DNA jeder einzelnen Zelle. Aber das Geheimnis der Macht kennt nur Ihr. Es liegt in der Vernichtung des Lebens. Es kann der Mensch nur leben, weil er Pflanzen tötet und isst. Es kann der Mensch nur stark werden, weil er Tiere tötet und isst. Über Tausende von Jahren war das den Menschen eine Selbstverständlichkeit. Sie haben Tiere getötet und ihr Blut getrunken. Sie haben Tiere getötet und ihr Fleisch gegessen. So haben sie den Tod überwunden. Nur der Tod anderer Kreaturen hat ihnen das Leben erhalten.

Lernt von den Jägern urferner Vergangenheit, die mit dem eignen Speer das Wild erlegten und sein Blut zur Kräftigung des eigenen Blutes tranken. Lernt vom Adler der Antike, der die Leber des Prometheus frass Tag für Tag. Lernt von den Germanen, die das warme Blut der frisch erlegten Bären tranken, um sich deren Kräfte zu holen. Lernt von den Massai Afrikas, die täglich das Blut tranken, das ihre Rinder ihnen spendeten. Selbst von den schon schwach gewordenen Menschen der jüngeren Vergangenheit könnt ihr lernen, haben sie doch noch Blut- und Leberwürste gegessen. Wandelt auf ihren Spuren zurück zu den Riten der Altvorderen. Weckt die Kräfte der Vergangenheit. Tötet um zu leben und geniesst das Töten, wie ihr das gebratene Fleisch geniesst.

Ihr müsst töten, um zu leben. Ihr müsst leben, um Macht in die Welt zu tragen. Lernt wieder zu töten, um zu leben. Der Schwache tötet Pflanzen, der Starke tötet Tiere. Erst in der Unbewegtheit angesichts des Leidens der Kreatur zeigt sich wahre Seelenstärke. Erst aus Mitleidlosigkeit kann Macht erwachsen. Lasst euch nicht von Mitleid schwächen. Mitleid tötet eure Macht. Lust beim Verzehren des Fleisches kennt jeder gewöhnliche Mensch. Lust beim Akt des Tötens kennt jeder Jäger im Wald. Doch erst Lust gesteigert zu Wollust beim Anblick der höchsten Qual erhöht die Macht des Maurers, und sie wächst mit jedem Mal.

Es gibt nicht Gut und Böse. Es gibt nur die Macht und die, die zu schwach sind, nach ihr zu streben. Es gibt nicht Weisheit und Liebe. Es gibt nur Ohnmacht und Unterwerfung unter andere. So bekämpft das ohnmächtige, sinnlose Mitleid in euch. Bekämpft den Drang zur Unterwerfung unter andere. Strebt hoch empor wie der steinerne Turm, der stark in seinen Festen steht. Ihr müsst voranschreiten vom Mitleid zur Mitleidlosigkeit. Ihr müsst weiterschreiten von der Mitleidlosigkeit zur Unbewegtheit angesichts des Leidens der Kreatur. Ihr müsst schliesslich den entscheidenden Schritt tun von der Unbewegtheit zur Lust am Leiden der Kreatur.»

Vier flatternde Hähne wurden hereingetragen und den vier Aufsehern übergeben. Neben den vier Altären standen bis zum Rand gefüllte Wasserbecken auf Säulen. Nun schaute Jojo nur noch auf das Becken in seiner Nähe. Um das Becken standen in dichtem Kreis die Maurer der Hochgrade. Der Aufseher näherte sich mit dem Hahn im Arm. Der Hahn flatterte und suchte zu entfliehen, doch fest und unerbittlich hielt ihn der Aufseher. Ehrerbietig öffnete sich ihm der Kreis und schloss sich sofort wieder. Der Aufseher ging gemessenen Schrittes einmal um das Wasserbecken herum. Dann tauchte er den Hahn langsam, unendlich langsam in das Wasser. Er tauchte ihn völlig unter, liess den Kopf wieder an die Luft und massierte den Hahn im Wasser gründlich. Die Maurer hielten sich nun gegenseitig an den Hüften. Der erste trat nah an das Becken, an der Hüfte gehalten von seinen Nachbarn. Er spreizte dem Hahn einen Flügel ab und riss eine Feder heraus. Gellend schrie der Hahn vor Schmerz, geechot von schlürfendem Schmatzen der Maurer in geiferndem Genuss. Der Maurer trat zurück in den Kreis. Sein Nachbar trat vor, und der Vorgang wiederholte sich. Er zog sich wie eine Welle des Grauens durch den Kreis, ein Grauen jedoch, das nur Jojo spürte. Dort vorne im wogenden Kreis vor ihm erhob sich das Schlürfen und Schmatzen wie eine Welle, die zur Brandung wird. Und wie die schäumende Gischt in der Brandung spritzten Tropfen des Geifers, der kreischenden Gier, hoch und erfüllten den Raum. Sie mischten sich mit den Schmerzensschreien des Hahnes zu einer Woge wütender, wortloser Wollust. Wieder und wieder wogte die Wollust durch den Kreis, bis die letzte Schwanzfeder ausgerissen und triumphierend in die Luft gehalten wurde. Bei diesem Anblick erstarb das Geschmatze, erstarrte das Gestöhne, und in dieser Lautstarre trug der Aufseher den nackten Hahn zum Altar und hieb ihm mit dem Beil den Kopf ab. Der Hahn begann heftig zu zucken, der Aufseher riss den zuckenden Hahn mit einer Hand an den Füssen nach oben, die andere hatte den Hals gepackt und liess das Blut in einen silbernen Kelch rinnen. Er reichte den Kelch wieder in den Kreis, ein Maurer ergriff ihn, verbeugte sich vor dem Wasserbecken, nahm einen Schluck des warmen Blutes, verbeugte sich wieder vor dem Becken und reichte den Kelch seinem Nachbarn. Es war Jojo, als würden sie sich vor dem Schatten des Grauens verbeugen, der noch über dem Becken lag.

Jojo verlor sich mit seinem Blick in diesem Schatten des Grauens. Aus diesem Schatten sah er Ahriman seine fürchterlichsten Scharen ausschicken. Sie schlichen als graue Gestalten los, Halbschatten im Schatten nur, mit ausdruckslosen Gesichtern. Keine Freude, keine Trauer, überhaupt kein Gefühl stand in ihnen. Die Augen blickten blicklos umher, die Münder öffneten sich zu stummen Schreien, blasse Spinnenweben dunkler Lichtlosigkeit spannen sich zwischen ihren Fingern. Sie hatten keine festen Körper und brauchten sie auch nicht, denn all ihre Macht entsprang aus ihrem Schattensein.

Aus der Dunkelheit um das Bett schlüpften sie in die Seele des Kleinsten. Als schwarze Schatten krochen sie durch das Zimmer, schwärzer als die schwärzeste Nacht. Sie schlichen über das Bett. Als Albdruck legten sie sich auf die dünnen Beinchen und erzeugten namenlose Angst. Angst vor schwarzen, tastenden Fingern, Angst vor schwarzen Schlünden. Sie wurden grösser und grösser, schwerer und schwerer, krochen weiter und weiter. Bis sie schliesslich auf der Brust sassen, und die Angst den Atem anhielt. So nahmen sie den Platz des Lebens ein und ersetzten es durch Angst und Tod.

Bei dem Älteren sprangen sie aus den Warnungen der Eltern vor dem fürchterlichen Fremden, der ihm Böses antun würde, ins Herz hinein. Sie verwandelten jenen armen Alten, der freundlich etwas zu ihm sagte, zu einer Bestie des Bösen, und liessen zwischen den Worten der Freundlichkeit die Fratze der Verstellung auftauchen, die grösser und grösser wurde und bald alles überschattete. Nichts, das gesagt wurde, konnte bestehen neben dem gefürchteten Ungesagten. Sie liessen das Kind verstummen, verschlossen ihm den Mund und stiessen es an, trieben es, davonzulaufen, schneller und schneller und schliesslich zerschellen an einem heranfahrenden Bus.

Über das Gesicht der Mutter legten sie sich als Maske des Misstrauens. Sie ergriffen den Wunsch der Mutter, die eigenen Kinder zu behüten, und verwandelten diesen harmlosen Wunsch in eine leichte Nervosität, dass tatsächlich eine Gefahr bestehen könnte. Sie war nur eine schwache Frau, würde sie ihre Kinder schützen können? Sie schlichen näher an die Mutter heran, und schon wurde die Nervosität zur Vorahnung einer Gefahr. Die Blicke der Umstehenden wurden zu prüfenden Plänen der Perversion. Die Vorahnung wurde zur Beklemmung. Sie verwandelten die murmelnden Münder der Umgebung in Fressen, die Verbrechen verkündeten, und unter dem Druck der vermuteten Verbrechen musste die Beklemmung verschwinden und untergehen in ungeheurem Grauen vor der unmittelbar bevorstehenden Gefahr. In tosender Panik nahm sie ihre Kinder, packte sie ins Auto und raste davon, zu schnell in die Kurve am Ende der Strasse, und sie stürzten hinab in die tiefe Schlucht.

Der jungen Frau zeigten sie einen kleinen Film. Militärlastwagen fuhren durch eine dunkle Stadt. Und mit dem Film sassen sie schon in ihrer Seele. Dort luden sie den Lastwagen voll mit Särgen, füllten die Särge mit Leichen von Menschen, die elendiglich verreckt waren, erstickt an einer Seuche, die vor ihr verheimlicht wurde. Und schon ergriff die Seuche die Frau, sie erstickte, von der Angst an der Kehle gepackt.

Sie schlichen zum Wissenschaftler in sein Labor, in dem längst nur noch Computer standen. Er rechnete genau, errechnete die Zukunft, die vor seinen Augen am Bildschirm entstand als eine Kurve die tiefschwarz höher und höher sich erhob. Hier hatten sie leichtes Spiel, war doch die Grafik real, existierte doch die Grafik tatsächlich vor den Augen des Mannes. Sie mussten die Grafik nur noch in lebensvolle Bilder verwandeln, in Bilder jedoch, die Leben versinken liessen in einer riesigen Welle von Krankheit und Tod. Den Wissenschaftler liessen sie am Leben, damit er nun Tausende töten konnte mit seinen Rezepten der Angst.

Nun sah Jojo, wie Ahriman sich anderen Dienern zuwendete. Er blies sie an mit seinen Befehlen, wie man eine Pusteblume anblasen würde. Und wie die Pusteblume dann Hunderte kleiner Flügelsamen loslässt, und der Wind sie in die Welt trägt, damit sie sich weit entfernt niederlassen und keimen können, so schickte Ahriman diese Diener aus. Lichtvoll waren sie und leicht. Sie trugen nur diese allerkleinsten, zarten, hellen Keime. Sie wurden allerdings nicht vom Wind getragen. Sie wurden aus der Absicht Ahrimans gesendet auf den Flügeln der Gedanken. Ihr Keim war ein kleiner Willensimpuls, der aus einem flüchtigen Gedanken im Gehirn der Opfer entstand. Nicht zufällig flogen sie, und nicht irgendwo liessen sie sich nieder. Zur richtigen Zeit kamen sie an den richtigen Ort, und sie kamen nicht allein. Sie kamen mit dem Wissen, was in der Zukunft in der äusseren Welt geschehen würde.

Ahriman war der Herr des Feuers in den tiefsten Tiefen der Erde. Er wusste, wann er wo er die Erde beben, wann er wo er Vulkane ausbrechen lassen würde. Ahriman war der Herr der Technik. Er wusste, wann er wo die Technik versagen lassen würde. Und mit diesem Wissen liess er seine Diener fliegen.

Jojo verfolgte einen dieser leichten, fast durchsichtigen Flugsamen Ahrimans. Er sah, wie er in den Gedanken eines Geschäftsmannes landete. Dort flüsterte er ihm einen kleinen Gedanken ein, den Impuls, diesen einen Zug zu nehmen. Und der Diener wusste, was der Mann nicht wusste: dass der Zug in rasender Schnelle aus den Gleisen springen und in eine Brücke prallen würde.

Ein anderer Keim, an einem Gedankenflügel hängend, landete in den Plänen einer Frau. Er schickte einen leichten Impuls nur zu einer Reise auf eine Vulkaninsel. Die Frau nahm den Gedanken auf, der leichte Anstoss wurde zum Entscheid der ganzen Familie, die endlich in Ferien reiste, nicht wissend, was der Diener wusste: dass sie gerade rechtzeitig ankommen würden, um in dem Ascheregen des Vulkanausbruchs zu vergehen.

Jojo sah, wie zwei Gedankenkeime in entgegengesetzte Richtungen reisten, doch geleitet von der einen Absicht Ahrimans. Der eine flog zu einem Extremisten. Der wollte eine Bombe legen, doch wo und wann war noch unbestimmt. Der andere flog zu einem Händler, der wollte seine Ware verkaufen, nur wann genau wusste er nicht. Die zwei schwachen Keime brachten sie zusammen in der Explosion der Bombe.

Und Jojo sah, wie Ahriman einen lichtvollen Keim und eine Schattengestalt zusammenspann. Der Keim setzte den Impuls zu einer Reise in ein Land, in dem eine Epidemie ausbrechen würde, und die Schattengestalt legte den Sumpf der Angst, in dem die Bazillen gedeihen würden.

Der Schatten des Grauens, in dem Jojo all diese Bilder gesehen hatte, verblasste langsam und wich dem realen Grauen der Hühnerschlachtung. Fast wünschte sich Jojo, dass er tatsächlich psychisch krank wäre. Dann wären diese Visionen einfach nur Ausgeburten seiner kranken Psyche. Er könnte auch sonst einfach wieder seine Medikamente nehmen, dann wäre es auf jeden Fall vorbei mit den Visionen. Irgendwie hatten die Freimaurer ein berechtigtes Anliegen. Sie wollten den Zufall eliminieren und alles unter die Kontrolle des Menschen bringen. Das hatte die Menschheit Jahrhunderte lang probiert. Krankheit, Unfälle, Tod und Verderben hatte man abwenden wollen durch die Kontrolle der Wissenschaft und Technik. Vor Jahrhunderten hatte die Menschheit feststellen müssen, dass dieser Weg zum Scheitern verurteilt war und dass sie nie Macht über die Natur erringen würde. Darum hatte sie sich ja von der Natur abgewendet und in die Städte zurückgezogen. Darum hatte sie sich weiter zurückgezogen in die Wirklichkeit der Realitätskappen. Darum versuchten die Freimaurer es jetzt mit diesen seltsamen Ritualen. Und genau damit kamen sie selber völlig in die Gewalt Ahrimans, von dem sie nichts wussten. Er war höllisch schlau, dieser Ahriman.

Mit diesem niederschmetternden Gedanken fand Jojo wieder zu seinem Entschluss zurück, den er zusammen mit den anderen vor so vielen Wochen getroffen hatte. Sie mussten Riku zurück in seinen Körper helfen. Damit würden auch diese grässlichen Freimaurerrituale ein Ende haben.

Jojo verfolgte den weiteren Verlauf der Zeremonie wie durch einen Nebel. Schliesslich sprach der erste Aufseher die letzten Worte: «Aufgabe ist es mir in Ordnung des Maurer-Dienstes, euch meine Schwestern und Brüder, von der Arbeit zu entlassen. Was der Arbeiter am Tempelbau der Menschheit die Stärke nennt, möge inspirieren meinen Auftrag. Die gelernte Arbeit sollt ihr wirken lassen, wenn ihr zum Aussenleben verlasst die Pforte dieses Tempels. Tuet nun das, wozu die Macht euch befähigt. Überwindet die Widerstände und erhebt euch zum höchsten Glück. Ihr selbst werdet Abbild der Macht dadurch; und die Stärke wird von euch kommen, welche die Welt gestaltet.»

Wie immer verliessen die vier Novizen als erste den Saal und sofort auch das Haus der Freimaurer. Sie machten sich auf den Weg zum Haus der Tante, und erst dort fanden sie Worte für das, was sie gesehen hatten.

«Es langt. Es langt nun wirklich», sagte Lucia, «das nächste Mal muss ich dann wirklich kotzen. Es wird jedes Mal schlimmer. Es muss nun ein Ende haben.»

Mattea legte ihr die Hand auf den Arm und antworte: «Es wird bald ein Ende haben, Lucia. Dessen bin ich mir ganz sicher. Das spüre ich ganz genau. Jojo muss nur noch den silbernen Schlüssel finden, dann haben wir es fast geschafft.»

«Wenigstens haben wir einen Plan», meinte Mark, «Jojo legt sich in diesen Sarkophag. Wir müssen bloss noch schauen, wie wir das konkret bewerkstelligen wollen.»

«Ich denke, dass ist nicht so schwierig», antwortete Mattea, «der Sarkophag ist in der Pauluskirche, und in der kenne ich mich ganz gut aus. Von ein Uhr morgens bis eine Stunde vor Sonnenaufgang ist nie jemand in der Pauluskirche.» Sie lächelte ein wenig, bevor sie fortfuhr: «diesen Freitag wird das anders sein. Da werden wir da sein. Ihr kommt am besten durch den Wald zur Kirche. Dann lasse ich euch pünktlich ein.»

«Das nenne ich einen guten nächsten Schritt», sagte Mark. Die anderen nickten nur dazu.

26 Der silberne Schlüssel

Mark und Jojo standen an der Aussenmauer der Stadt und warteten, dass Mattea ihnen die Tür zur Pauluskirche öffnete. Schon bewegte sich die Tür. Im Türrahmen standen die beiden Mädchen. Mattea winkte ihnen stumm, ihr zu folgen. Sie gingen durch die leere Kirche. Die hohen Fenster liessen etwas Mondlicht herein. Mattea öffnete eine Tür und stieg vor ihnen eine schmale Treppe hinab. Lucia bildete den Abschluss und schloss die Tür sorgfältig hinter ihnen. Unten brannte eine Kerze, von der die Treppe flackernd erleuchtet wurde. Die Krypta bestand aus drei Tonnengewölben, die von zwei Säulenreihen getragen wurden. Die Treppe führte sie in das mittlere Gewölbe. An seiner Stirnseite hing ein grosses Holzkreuz. Davor stand ein grosser steinerner Tisch. In den Seitengewölben sahen sie links und rechts je zwei Sarkophage. Drei davon waren mit schweren Steintafeln verschlossen. Der dritte, rechts vor dem Steintisch, war offen. Der Deckel stand hochkant daneben. In den Deckel war eine Statue eingemeisselt. Mattea begann zu erklären. Sie hatte die Stimme gesenkt, obwohl sie doch allein waren, und sie sicher niemand hören konnte. In den nächsten Stunden würde niemand die Kirche betreten. «Der Tisch dort ist der Altar. Dort an der Wand ist das Kreuz, und die hölzerne Figur daran zeigt den Christus, der gekreuzigt wurde. Dein Sarkophag ist glücklicherweise offen, Jojo, ich glaube sie haben den Deckel senkrecht an die Wand gestellt, damit man die Statue des Königs besser sehen kann.»

«Ein wenig erinnert das an den Versammlungsraum der Freimaurer», sagte Mark mit skeptischem Blick. «Die Freimaurer haben auch Säulen in ihrem Saal, sie haben auch einen Altar, und hier steht ebenfalls ein Kelch auf dem Altar und nun sogar eine Kerze. Da liegt ein Buch auf dem Altar, naja das Buch liegt bei den Freimaurern zwischen den Säulen, aber sonst….»

«Dies ist allerdings eine uralte christliche Stätte», entgegnete Mattea, «und mich beruhigt der Christus am Kreuz ehrlich gesagt ungemein.»

«Wieso beruhigt der dich denn?», fragte nun Jojo, «zu sehen, wie jemand gerade umgebracht wird, finde ich nicht gerade beruhigend.»

«Weil der Christus gekreuzigt wurde, gestorben ist und dann wiederauferstanden ist. Das beten die Christen jeden Tag in der Kirche: ‹gekreuzigt, gestorben und begraben, hinabgestiegen in das Reich des Todes, am dritten Tage auferstanden von den Toten, aufgefahren in den Himmel; sitzend zur Rechten Gottes, des allmächtigen Vaters; von dort er kommen wird, zu richten die Lebenden und die Toten.› Das hat doch etwas mit Hoffnung und Leben zu tun. Das ist doch ein gutes Zeichen.»

«Ziemlich nahe am Reich des Todes sind wir hier auf jeden Fall», sagte Jojo, «also muss ich mich jetzt wohl in diesen Sarkophag legen. Habt ihr eure Edelsteine? Die waren in der Vergangenheit doch ganz nützlich. Umfallen kann ich nicht, ich werde ja schon liegen, ehe es losgeht. Im schlimmsten Fall liege ich hier einfach und schlafe dann ein. Ich meine, wir wissen doch nicht, ob dies der Weg des Königs ist.»

Mark faltete die Hände vor sich zu einer Räuberleiter, so dass Jojo leichter in den Sarkophag steigen konnte. Seine Füsse hatten kaum den Boden des Sarkophags berührt, als Jojo schon merkte, dass Mattea auf der richtigen Spur gewesen war. Dies war der Weg des Königs. Im Sarkophag herrschte eine seltsame Dunkelheit, die mehr war als nur der Schatten der Wände. Er setzte sich hin und wusste, dass ihm die nächste Reise an den Rand der Welt bevorstand. Und so war es auch. Als er den Oberkörper senkte, senkte er sich in die Dunkelheit, und gerade gelang es ihm noch, den Kopf auf den harten Stein zu legen und zu hoffen, dass er nicht hinabgestiegen war in das Reich des Todes. Schon verliess ihn die Welt und begrüsste ihn die Dunkelheit. Er merkte nicht mehr, wie Lucia ihm die Hand mit dem Saphir auf die Stirn legte, Mattea die Hand mit dem Rubin auf die Brust und Mark die Hand mit dem Smaragd auf den Unterleib.

Jojo sah eine dunkle Moorlandschaft vor sich liegen. Der Mond schien hell, und weithin dehnten sich die Wege. Dort an der Wegkreuzung stand eine graue Gestalt. Sie trug einen langen Umhang, der ihr bis zu den Knöcheln reichte. In der Hand hielt sie einen knorrigen Wanderstab. Jojo schwebte über dieser dunklen Landschaft, in der das Mondlicht scharfe Schatten warf. Er schwebte näher auf die graue Gestalt zu. Sie kam ihm merkwürdig bekannt vor. Näher und näher schwebte er von hinten an die Gestalt heran, und mehr und mehr erkannte er Meister Butt. Er schwebte an Meister Butt vorbei und schaute ihm ins Gesicht. Es war nicht Meister Butts Gesicht. Es war sein eigenes. Kaum hatte er sein Gesicht erkannt, verschmolz er schon damit. Er verschmolz nicht nur mit dem Gesicht. Er verschmolz mit dem ganzen Körper dieser grauen Gestalt. Er stand dort unschlüssig an der Wegkreuzung und wusste nicht, welchen Weg er einschlagen sollte.

Inmitten dieser Unentschlossenheit erfasste ihn ein gewaltiger Windstoss, hob ihn in die Luft und trug ihn höher und höher hinauf zu den Wolken. In diesem Höhersteigen wurde er verwandelt. Sein Umhang wurde zu einem gewaltigen Federkleid, sein Stock verwandelte sich in einen scharfen gelben Schnabel, und er selbst war zu einem Kopf zusammengeschrumpft. Er war ein einziger kalt denkender, klar blickender Adlerkopf geworden, der mit seinem Blick die Weiten durchdrang, ein Ausdruck gewaltiger, eisiger, erbarmungsloser Macht. Dort oben von seiner Wolkenhöhe erspähte er tief unter sich das Meer, und im Meer schwamm ahnungslos seine Beute. Er stürzte sich hinunter tiefer und tiefer auf das Meer zu, durchstiess die

Meeresoberfläche und drang weiter in die Tiefen, die nun Tiefen des Meeres waren. Als Adler drang er in das Meer ein, doch schon erfasste ihn das Meer und verwandelte und veränderte ihn. Sein Kopf wurde aufgelöst von diesem Meer, es blieb ihm nur sein Herz, ein warmes, mitfühlendes Herz, das sich in seine eigene Seele verwandelte, eine sensible, gütige Seele, die die ganze Welt umfassen wollte, mit allen mitfühlte, mit allen mit litt. Und je weiter sein Herz sich ausdehnte in diesem Ozean und den Schmerz der ganzen Welt in sich aufsog, desto mehr verlor er sich und alle seine Macht. Er war nur noch Gefühl, in allem Schmerz ein warmes, inniges, seliges Gefühl des Mitleidenkönnens, in dem er sich selbst verlor. Er war nicht mehr in sich. Er war in allen anderen und in ihrem Fühlen, doch bevor er gänzlich aufhörte zu existieren, spuckte ihn das Meer wieder aus und warf ihn mit einer gewaltigen, gischtigen Welle ans Land. Doch dieses Land war nicht ganz Land. Es war als Sumpf irgendwo zwischen Land und Wasser, und dieser Sumpf gab ihm seine Gestalt wieder. Er wurde fast wieder so etwas wie er selbst, allerdings wieder im langen grauen Umhang. Als er selbst konnte er im Sumpf nicht existieren. Der Sumpf gab ihm keinen Halt. Tiefer und tiefer versank er. In letzter Minute rettete ihn ein glitschiger, grasiger, graugrüner Hügel, an den er sich klammern, und auf den er sich ziehen konnte. Vom Hügel sprang er auf einen nahe gelegenen Weg. Nun war er nicht mehr unschlüssig, wohin er zu gehen hatte. Er wanderte auf diesem Weg dem Mond entgegen. Höher und höher führte ihn der Weg einen Berg hinauf. Schritt für Schritt setzte er auf diesem Weg, und mit jedem Schritt verlor die Zeit an Bedeutung, verlor sich in den Weiten des Raumes. Der Mond bewegte sich nicht mehr am Firmament. Wie festgefroren am Himmel schien er hell durch die Wolkenfetzen, die den Berg umtosten. Und dort oben zwischen zwei Bergspitzen hing eine Brücke. Sie begann an der Spitze des Berges, den er gerade hinaufstieg, und führte hinüber zu einer zweiten Bergspitze, die in der Ferne gerade noch zu erkennen war. Zu dieser Brücke wanderte er hinauf. Mit rotem Gold war sie beschlagen und spitze Nägel stachen ihr aus allen Streben. Gewaltig, golden und gefährlich war diese Brücke. Und doch musste er sie beschreiten, denn es gab keinen anderen Weg.

Er setzte einen Fuss auf die Brücke, und kaum hatte der Fuss die goldene Brücke berührt, begann Jojo sich wieder zu verwandeln. Es war keine einfache Verwandlung. Er teilte sich auf. Er trennte sich auf in einzelne Teile. Ein Teil von ihm wurde wieder zum Adler und drang nach vorne, flog ihm voraus als kalter Verstand und klarer Blick.

Beim nächsten Schritt löste sich ein zweiter Teil aus ihm heraus und wurde zum Löwen, zu einem Löwen mit heissem Atem und dampfendem Herzen. Eine tiefe Freude, in seiner Umgebung zu leben, pulsierte in diesem Löwen. Er verlor sich nicht in der Umwelt. Er lebte in ihr und mit ihr, selbst auf dieser schwindelerregenden Brücke, die nicht zur Welt der weiten Savannen gehörte. Im Rhythmus des Atmens verband er sich mit der ganzen Welt. Im Rhythmus des Herzschlags war er ganz er selber. In seinem Löwenblick war keine Kälte. Es war ein warmer Blick, warm, doch auch grausam. Auch der Löwe stürmte ihm voraus. Wäre nicht die Brücke gewesen, die nur einen Weg zuliess, er wäre in eine andere Richtung davongestürzt als der Adler.

Sein dritter Schritt liess einen Stier aus ihm hervortreten. Ein bedächtiger Stier, der im Grunde nur grasen wollte und sich dann hinsetzen ins Gras und in aller Ruhe wiederkäuen. Und doch war in diesem Stier eine gewaltige Kraft verborgen, die jederzeit ausbrechen könnte in rasender Wut. Langsam trottete der Stier vor ihm her auf der Suche nach Gras, das er kauen könnte. In eine dritte Richtung hätte der Stier gestrebt, gemächlich doch unaufhaltsam kraftvoll, wenn ihn nicht die Brücke in die gleiche Richtung wie die beiden anderen Tiere gezwungen hätte.

Jojo erschrak vor sich selbst. War er denn nichts als eine Hülle geformt wie ein Mensch, unter der ein Adler, ein Stier und ein Löwe verborgen waren? Hielt nur diese Hülle die drei zusammen und liess sie in eine Richtung gehen? War sie jetzt irgendwie durchlässig geworden, dass die Teile die Hülle hatten verlassen können und nun ihrer Wege gingen? Eindeutig wollte der Jojo-Adler in die eine Richtung fliegen, der Jojo-Löwe in eine andere springen und der Jojo—Stier in eine dritte trotten. Das war gefährlich. Das würde ihn zerreissen. Er musste sie alle drei zusammenhalten. Noch sorgte die Brücke über den schrecklichen Abgrund dafür, aber was würde am anderen Ende geschehen? Welche Kraft existierte noch in ihm, die die drei zusammenhalten könnte?

Er ging weiter, bis er das andere Ende der Brücke erreicht hatte. Der Schrecken des Abgrunds bedrohte ihn nun nicht mehr, doch dieser Schrecken hatte ihn nur vor einer grösseren Gefahr bewahrt. Die drei Tiere, die doch er selber waren, konnten nun ihrem Streben folgen und stürmten in drei verschiedene Richtungen davon. «Ich bin nicht mehr. Ich werde gleich zerreissen und zerfallen», dachte er, und in diesem Gedanken, den ihm die Verzweiflung eingegeben hatte, fand er in einem einzigen gewaltigem Moment Rettung und Erlösung. «Ich bin nicht diese graue Kutte», dachte er, «ich trage sie nur. Ohne diese Kutte bin ich genauso Ich wie mit ihr. Ich bin nicht dieser knorrige Wanderstab. Ich benutze ihn nur. Ohne diesen Stab bin ich genauso Ich wie mit ihm. Ich bin nicht einmal die Hand, die den Stab hält. Ich habe sie nur. Wenn sie jetzt von mir abfällt, bin ich genauso Ich wie vorher. Als ein Ich ohne Hand hätte ich ein mühsameres Leben, aber an meinem Ich hätte sich nichts verändert. Ja selbst wenn der ganze Körper mir nicht mehr gehorcht, wie es das Schicksal eines Tetraplegikers ist, wenn also mein ganzer Körper sozusagen nicht mehr da ist für mich, so ändert das nichts an meinem Ich. Ich weiss es von früher. Ich habe es selber das erste Mal erlebt beim Gang über diese Wiese. Und auch, wenn ich alle meine Gefühle verliere, so bleibt mein Ich selbst doch unverändert. Ich habe dann nur keine Gefühle mehr. Ich bin dann immer noch ich. Ich weiss es von früher. So ist es mir im Teich ergangen.

Selbst wenn alle meine Gedanken, alle meine Überzeugungen, alle meine Gewissheiten sich als falsch erweisen und aufhören, als Wahrheiten zu existieren, so bleibt doch mein Ich noch ganz und existent. Dessen bin ich mir sicher.»

In diesem einen, gewaltigen Augenblick erfuhr er von seinem Ich durch alles, was es nicht war. Dieses Ich konnte er nicht in Worte fassen, er konnte es nicht beschreiben, er war sich nicht einmal sicher, dass er es wirklich erfahren konnte. Er wusste aber, dass er es war. Mit diesem Ich konnte er Löwe, Stier und Adler zusammenhalten. Auch wenn sie nun nebeneinander existierten, so war es nicht seine menschliche Hülle, die sie zusammenhielt. Es war seine einzige Sicherheit, die sie zusammenhielt. Es war sein Ich.

Während er weiter voranschritt in dieser Gewissheit und mit dieser Kraft, änderte sich sein Erleben. Er bekam ein seltsam erdiges Gefühl im Mund. Es war ihm, als hätte er jahrelang in diesem Sarkophag unter der Erde gelegen. Doch nun hatte die Erde Besitz vom Inneren des Sarkophags ergriffen. Sie hatte den Sarkophag ganz gefüllt und füllte nun Jojos Mund.

Während er weiter ging mit diesem Mund, von dem die Erde Besitz ergriffen hatte, kam er an einem immensen Gletscher vorbei, der sich unendlich langsam auf das Tal zubewegte. Mit seiner riesigen Gletscherzunge schleckte er über die Erde und spie Wasser aus in gewaltigem Schwall. Im weissen Gaumen über dieser Zunge leuchteten blaue Flammen in den Eisestiefen. Dort im Innern des Eises spielten sich Szenen ab, flackernd erleuchtet von den blauen Flammen. Dort ging ein junger Mann, der ein Kind erschlagen hatte. Dieses Kind trug er nun in den Armen. Schwer trug er an seiner Schuld, und ewig musste er gehen, ohne voranzukommen. Daneben stand ein alter Mann, gehüllt in einen dicken Mantel aus Blei. In Blei hatte sich sein Geiz verwandelt und hüllte ihn ein, drückte ihn nieder und liess ihn ewig auf der Stelle versinken im kalten Eis. Unweit von ihm gingen elende Frauen, in schöne Gewänder gehüllt, doch waren die Gewänder Feuerflammen, genäht aus den Lügen ihrer Leben, die ihnen nun die Körper verbrannten.

Jojo entfernte sich so schnell wie möglich von diesem grässlichen Gletscher. Er musste ins Tal hinab, aber seine Schrecken waren noch nicht ausgestanden. Von hinten hörte er Hufgetrappel, das sich ihm rasend schnell näherte. Er drängte sich in einen dunklen Graben, und seine Tiere drückten sich eng an ihn. Da nahte sich schon ein Höllenregiment. Auf schwarzen Rossen, schwarzen Eseln, Ziegenböcken, langohrigen schwarzen Hasen ritt es an ihm vorbei. Die Reiter waren von unterschiedlicher Grösse. Einige waren zwergenhaft klein und anderen riesenhaft gross. Sie schwangen Äxte der Rachsucht, Schwerter der Selbstgerechtigkeit, Dolche des schnellen Urteils und Lanzen der Ausgrenzung. Sie ritten geradewegs auf das geöffnete Tor einer riesigen Scheune zu und verschwanden darin, auf ewig ihre Waffen gegeneinander wendend, auf ewig wütend gegen die Welt.

221

Zitternd stieg Jojo aus dem dunklen Graben. Seine Tiere wurden Jojo nun sichere Führer hinaus aus dieser Welt der Schrecken. Sie führten ihn tiefer und tiefer ins Tal hinab. Je tiefer er gelangte, desto heller wurde die Welt. Der Mond stand noch am Himmel, doch verblasste er immer mehr im Schein der aufgehenden Sonne. Sie beschien freundliche Wiesen, springende Bäche und glucksende Quellen. Die Sonne stieg allerdings nicht hoch am Himmel hinauf. Sie rollte auf ihn zu, eine immer grösser werdende Kugel, die immer näher kam und schliesslich als gigantisch grosse Wand vor ihm stand. Sie war so gross, dass er nicht sehen konnte, wo sie in der Höhe endete, und ob sie zu den Seiten jemals aufhörte. Jojo trat einfach ein in diese Wand. Er hatte das Land Schamballa erreicht.

Gleissende Helle umfing Jojo. Er musste die Augen schliessen, weil er diese Helle sonst nicht aushalten konnte. Es gab nur Licht. Es gab keine Schatten. Es gab auch keinen festen Grund oder feste Formen. Er ging nicht, sass nicht oder stand. Er war einfach. Er selber war nur noch Licht, und wenn dieses Licht auch eine Form hatte, so änderte sich diese Form doch ständig. Sie änderte sich nicht schnell oder gewaltig, aber sie änderte sich. Mal hatte er fest umrissene Konturen, mal lösten sich diese Konturen auf, wie bei den Gemälden der Impressionisten, bei denen man aus der Ferne klare Gestalten erkennen konnte, die sich beim Nähertreten mehr und mehr zu einzelnen Pünktchen auflösten. Die Form selber blieb auch nicht immer gleich. Mal wurde er grösser, mal wieder kleiner, mal buchtete er sich an einem Körperteil aus und schrumpfte woanders zusammen. Sein Körper war von Farben durchzogen, sie wogten hin und her, bäumten sich auf und zogen sich wieder zusammen, und auch die Farben veränderten sich ständig. Ein warmes Rot wurde blauer und blauer, bis es schliesslich zum Violett geworden war, das nun grauer und grauer wurde und sich schliesslich in ein Grün verwandelte, ein leuchtendes Grün wurde, einem Rot begegnete, sich mit dem Rot durchdrang zu einem Gelb und weiterzog und züngelte.

So war nicht nur er. So war alles um ihn her. Es war ein Gewoge aus stets sich ändernden Formen und Farben. Manchmal erkannte er gewisse Formen. Er sah einen riesigen Mann Pfeile schleudern mit der blossen Hand, er sah einen anderen an ihm vorbeifahren wie einen alten römischen Krieger auf seinem Streitwagen. Er sah eine Frau mit Pfeil und Bogen durch den Wald streifen. Er sah so vieles und konnte es wie nicht mit dem Blick festhalten. Formen tauchten auf und verschwanden wieder, wurden von anderen Formen verdrängt und manchmal regelrecht durchdrungen. Er hatte sogar den Eindruck, dass die Formen immer dann verschwanden, wenn er sie mit den Augen näher fixieren wollte.

Eine einzelne Form näherte sich ihm und verschwand nicht sogleich wieder. Sie kam ihm bekannt vor. Es war ein alter, hagerer Mann mit einem Stab. Diese Form veränderte sich natürlich auch ständig, wie alles hier, er konnte aber diesen Kern genau erkennen. Sie kam auf ihn zu, sie kam näher und näher, doch sie stiess nicht mit ihm zusammen. Sie durchdrang ihn einfach. Jojo wurde von Meister Butt durchdrungen, der nun zu sprechen begann. Es war ein Sprechen aus Jojo heraus. Er sprach zu Jojo aus dessen eigenem Innern. «Schön, dass du gekommen bist, Jojo, schön, dass du den Weg hierher gefunden hast.»

«Wo bin ich?» fragte Jojo, und nun war ihm, als sei nicht Meister Butt in ihm, sondern als sei er in Meister Butt und spräche aus seinem eigenen Inneren heraus direkt zum Inneren von Meister Butt. Sprechen war vielleicht das falsche Wort. Dieses Sprechen beruhte nicht auf menschlicher Sprache. Es war ein tiefes, innerliches sich Verstehen.

«Du bist endlich im Land Schamballa angekommen», antwortete Meister Butt, «dies ist das Land, in dem alles beginnt und alles endet. Hier entstehen Felsen und Gebirge. Hier entstehen Felder und Wiesen. Hier entstehen Pflanzen und Tiere. Hier bist du wahrhaft daheim. Entstehen und Vergehen gibt es nur auf der Erde. Hier bleibt alles.» Er lächelte leise, «es bleibt natürlich nichts, es ändert sich alles, es ist alles in ständiger Veränderung begriffen. Alles, was fest umrissen ist, ist tot. Es gehört nicht hierher. Es gehört auf die Erde. Es beginnt hier, doch wenn es hier stirbt, wird es auf der Erde geboren, und wenn es auf er Erde stirbt, wird es hier geboren.»

Jojo erschrak, «dann bin ich also gestorben?» fragte er.

«Nein», antwortete Meister Butt, «der Teil von dir, der ewig ist, der ist hier, und der vergängliche Teil von dir liegt unten im Sarkophag. Normalerweise siehst du unsere Welt nur, wenn du gestorben bist. Du siehst unsere Welt erst, wenn du deine Welt endgültig verlassen hast. Doch diesmal halten deine Freunde deinen Körper am Leben. Sie halten die Verbindung zwischen dir hier und deinem Körper dort unten. Mark hält den Lebensfaden mit dem Smaragd in der Hand. Mattea hält den Seelenfaden mit dem Rubin in der Hand und Lucia hält den Gedankenfaden mit dem Saphir in der Hand. Dank ihrer Hilfe kannst du hier oben sein und wieder zu ihnen zurückkehren.»

«Muss ich dann sterben, wenn sie die Edelsteine fallen lassen?»

«Nein Jojo, sterben musst du nur, wenn sie die Verbindung abreissen lassen. Mattea ist mir dir durch ihre Gefühle verbunden, Lucia durch ihre Gedanken und Mark durch sein Leben. Die Edelsteine sind nur Hilfsmittel. Der Rubin hilft der Seele, sich zu fokussieren. Der Smaragd hilf dem Leben zu strömen, und der Saphir hilft zu Klarheit der Gedanken an dich.»

«Ich sehe hier oben so viel. Ich kann aber nicht viel erkennen. Es verändert sich zu schnell. Es verschwimmt vor meinen Augen. Allerdings habe ich einige Gestalten gesehen, die mir irgendwie bekannt vorkamen. Da war dieser Mann, der Pfeile geschleudert hat mit der blossen Hand.»

«Das war Zeus. Da hast du Zeus gesehen.»

«Zeus? Den Herrscher des Olymp? Den gibt es also tatsächlich?»

«Du hast die Kraft gesehen, die euch auf der Erde die Morgenröte und die Abendröte bringt. Du hast die Kraft gesehen, die den Regenbogen schafft, den Glanz und Schein der Wolken, Blitz und Donner. Diese Kraft hast du gesehen, und sie hat sich dir in einem Bild gezeigt. Vor vielen Tausenden von Jahren waren die Menschen noch nicht so wie heute. Einige von ihnen konnten nach spezieller Vorbereitung noch Fragmente des Landes Schamballa sehen. Die Kraft, die du heute im Bild gesehen hast, hat sich damals im gleichen Bild den alten Griechen gezeigt. Dieses Bild nannten sie Zeus. Und wie sich hier alles verändert in Formen und Farben und in steter Bewegung bleibt, so war es auch mit dem, was die alten Griechen gesehen haben. Diese Bewegung ist ihnen nicht als eine Form erschienen, die sich verändert, sondern als ein Erlebnis, das Zeus gehabt hat. Davon haben sie dann den anderen berichtet, und diese Berichte sind über die Jahrtausende hinweg sogar zu dir gelangt als Sagen des Olymp.»

«Also das heisst doch eigentlich, dass hier in Schamballa die Ursachen liegen und die Wirkungen da sind, wo jetzt mein Körper im Sarkophag liegt.»

«Das würden wir hier nie so sagen. Wir würden eher sagen, dass das hier die Wirklichkeit ist, und die Welt des Sarkophags nur Schein. Wir würden sagen, dass du hier oben wirklich bist und der Jojo im Sarkophag nur ein Spiegelbild.»

Jojo zog eine unbehagliche Grimasse, als er weiterfragte: «Naja, was heisst da Schein, wenn ich mit dem Kopf gegen die Wand stosse, dann tut das weh. Das ist nicht Schein. Und wenn mir jemand mit der Axt den Schädel spaltet, bin ich tot. Da bin ich nicht scheinbar tot. Da bin ich real tot.»

«Natürlich existiert der Spiegel. Wenn der Spiegel zerbricht, existiert auch dein Spiegelbild nicht mehr. Aber du existierst trotzdem weiter. Eure Spiegelwelt besteht aus Materie. Sie kann also nur Materielles spiegeln. In einem grünen Spiegel sieht alles grün aus. In einem roten Spiegel sieht alles rot aus. In einem ebenen Spiegel siehst du dich gleich gross wie in Wirklichkeit. In einem konvexen Spiegel bist du kleiner als in Wirklichkeit. Der Jojo im Sarkophag ist ein Spiegel aus Materie. Das heisst nicht, dass die Wirklichkeit materiell ist, so wenig wie ein grüner Spiegel bedeutet, dass die Wirklichkeit grün ist.»

Jojo war immer noch sehr unbehaglich zumute, und so musste er weiter fragen: «Das ist doch eigentlich schlimm. Das heisst doch eigentlich, dass der Jojo im Sarkophag gar keinen eigenen Willen hat, der spiegelt dann bloss, was eigentlich vorher schon im Land Schamballa passiert ist. Warum habe ich dann alle die Reisen ans Ende der Welt gemacht? Warum musste ich das tun, wenn doch alles hier entschieden wird und alles hier passiert? Dann könnt ihr ja dafür sorgen, dass Riku wieder in seinen Körper findet und Ahriman daraus vertrieben wird.»

Jetzt lachte Meister Butt schallend, was Jojo nicht sehr nett fand, doch dann wurde er wieder ernst und sagte: «aber Jojo, du bist doch hier. Du entscheidest doch hier. Du handelst hier, und der Jojo im Spiegel reflektiert das und hält die Spiegelung für die Wirklichkeit.»

«Also, wenn ich Mark wäre», sagte Jojo, «dann würde ich jetzt sagen, dass ich im Augenblick gar nicht handle, sondern nur rede, und fragen, was jetzt konkret getan werden muss.»

«Der Zeitpunkt zum Handeln ist nah, aber er ist noch nicht gekommen», antwortete Meister Butt, «jetzt ist der Zeitpunkt gekommen, dir das Werkzeug zu schmieden, das du brauchst, um Riku wieder in seinen Körper zu helfen.»

«Schmieden wir nun eine Waffe? Eine Waffe, mit der ich Ahriman überwältigen kann?»

«Waffen schmieden wir hier nicht. Wir schmieden dir jetzt ein Werkzeug. Komm mit.»

Jojo fand das ‹komm mit› ein etwas seltsamer Ausdruck gewesen war, denn sie waren nach diesen Worten nirgends hingegangen. Sie waren plötzlich an einem gänzlich anderen Ort gewesen. Sie standen nun in einer sehr altertümlichen Schmiede. Vor einem gewaltigen Feuer stand ein hünenhafter Mann und hieb mit einem riesigen Hammer auf ein rotglühendes Stück Eisen, das auf einem Amboss vor ihm lag. Er blickte sich um, als sie eintraten.

«Willkommen Hephaistos», sagte Meister Butt, und auch diesen Ausdruck fand Jojo seltsam, denn ‹willkommen› sagte doch nur der Hausherr, der einen Gast willkommen hiess und nicht umgekehrt. Aber im Land Schamballa musste man wohl Wörter aus seiner Sarkophag-Welt verwenden, weil man keine anderen hatte, oder vielleicht brauchte Meister Butt diese Wörter bloss, weil er, Jojo, die anderen nicht verstehen würde. Und sicher war die ganze Szene nur ein Bild, mit dem er das Ganze überhaupt nur irgendwie wahrnehmen könnte.

«Hephaistos, das ist Jojo», sagte Meister Butt, «Jojo, das ist Hephaistos. Wir stören ihn gerade bei der Arbeit. Er schmiedet ein Schwert.»

Jojo fand, dass er im Land Schamballa fast zwingend immer vorlaut sein musste. Die anderen waren ja in seinem Inneren. Er konnte nicht in seinem Inneren etwas denken und dann laut etwas anderes sagen. Sie verstanden sofort, was in seinem Inneren auftauchte, weil sie dort waren.

«Ein Schwert? Ich dachte, ihr schmiedet keine Waffen?»

«Es ist das Schwert der Vernunft», erläuterte Meister Butt, «es trennt Wahrheit von Irrtum. Es trennt Wirklichkeit von Illusion.»

«Was kann ich für euch tun?», fragte Hephaistos mit freundlicher Miene.

«Jojo hier benötigt ein Werkzeug, damit er Riku wieder in seinen Körper helfen kann, der nun schon lange von Ahriman bewohnt wird. Er benötigt den silbernen Schlüssel.»

«Den will ich ihm gerne schmieden», antwortete Hephaistos, «kommt mit.» Mit diesen Worten ging er zu einer zweiten, erheblich kleineren Esse, in der ein erheblich kleineres Feuer brannte. Im Vergleich zu seinem ersten Arbeitsplatz war hier alles geradezu winzig. Dort war ein winziger Amboss, kaum grösser als eine Hand, winzige Hämmerchen, seltsam geformte Holzblöcke, Feilen, Zangen und weitere Instrumente, die Jojo gar nicht kannte.

Hephaistos arbeitete ruhig, konzentriert und sorgfältig. Seine Arbeit dauerte lange, und niemand sprach ein Wort dabei. Schliesslich überreichte Hephaistos Jojo den silbernen Schlüssel.

Jojo schaute den Schlüssel staunend an. Es war ein sehr seltsamer Schlüssel. Er sah aus, wie Schlüssel wohl im Mittelalter ausgesehen hatten. Allerdings fehlte der Griff. Wie sollte er diesen Schlüssel denn praktischerweise in einem Schloss umdrehen? Auch der Schlüsselbart sah sehr seltsam aus. Er war nicht nur zu einer Seite gerichtet, sondern zu beiden Seiten. Auch sass der Bart nicht ganz am Ende des Schlüssels, sondern der Halm des Schlüssels ragte weit über den Bart hinaus. Das Ganze sah eher wie ein Kreuz aus. Und der Ring, der als Griff nicht da war, war Bestandteil des Bartes geworden. Allerdings war dieser Ring sicher kein Griff. Man würde ihn nicht gut anfassen können, da er mit vielen kleinen Stacheln besetzt war.

Hephaistos zog eine lange, schmale Silberkette durch diesen Ring und hängte ihn Jojo um den Hals. Es war eine lange Kette, so dass der Schlüssel nun über Jojos Herzen zu liegen kam. «Viel Glück Jojo», sagte Hephaistos dabei, «benutze diesen Schlüssel im rechten Augenblick.»

Jojo hatte fast keine Zeit, sich bei Hephaistos zu bedanken. Meister Butt drängte zum Aufbruch: «Du musst gehen Jojo, sie rufen dich schon.»

Jojo lauschte und hörte tatsächlich aus weiter Ferne jemanden rufen. Es dauerte eine Weile, bis er verstand, was da gerufen wurde. «Jojo, Jojo», tönte es aus der Ferne «Jojo, komm, es wird Zeit.» Kaum hatte er klar verstanden, welche Worte da gerufen wurden, versank er auch schon in Dunkelheit.

Er schlug die Augen auf. Um ihn herum standen Mark, Mattea und Lucia. «Was ist geschehen», fragte Jojo, «und warum wird es Zeit?» Erleichterung spiegelte sich in den Mienen der drei.

«Gut bist du wieder da», sagte Mattea.

«Wir mussten dich rufen», fügte Mark hinzu, es beginnt bald zu tagen, und bei Tagesanbruch kommt der Pfarrer in die Kirche. Dann sollten wir besser von hier verschwunden sein.» Jojo hatte kaum Zeit, zu sich zu kommen. Schon halfen ihm die drei aus dem Sarkophag, halfen ihm die Treppe hinauf und führten ihn durch die kleine Pforte hinaus durch das Ödland in den Wald. Dort setzten sie sich ins Gras einer kleinen Lichtung.

«Was geschehen ist», nahm Lucia seine Frage aus der Krypta auf, «das wollten wir dich eigentlich fragen. Von unserer Seite gibt es nicht viel zu berichten. Du bist ja gleich, naja, eingeschlafen oder wie man das nennen soll.

Und wir wussten nur, dass wir dich irgendwie an die Welt binden mussten, damit du den Weg zurück wieder findest. Da haben wir dir ganz einfach die Edelsteine auf den Körper gelegt. Ich habe den Saphir auf die Stirn gelegt und dort mit meiner Hand bedeckt. Mattea hat den Rubin auf deine Brust gelegt und mit ihrer Hand bedeckt und Mark den Smaragd auf den Unterleib und auch mit seiner Hand bedeckt. So sind wir eine ganze Weile gestanden, aber ehrlich gesagt, war das auf die Dauer nicht machbar. Wir konnten nicht so lange neben dir stehen. Darum ist immer einer neben dir gestanden und die anderen haben solange neben dem Sarkophag gesessen. Stundenlang haben wir das gemacht. Dann sind wir unruhig geworden. Du hast einfach bewegungslos im Sarkophag gelegen. Schliesslich haben wir dich gerufen. Wir haben ‹Jojo› gerufen, ‹Jojo, komm zurück, Jojo komm, es wird Zeit›. Und dann hast du die Augen aufgeschlagen. Jetzt bist du glücklicherweise wieder da. Was hast du erlebt? Hast du den silbernen Schlüssel bekommen?»

«Ja, den silbernen Schlüssel habe ich bekommen», antwortete Jojo und griff sich an die Brust. Da hing kein silberner Schlüssel mehr. Es hing auch keine Kette um seinen Hals. Er erschrak ein wenig, und dann berichtete er, so gut er konnte von seinen Erlebnissen. «Ich brauche unbedingt den silbernen Schlüssel», beendete er seinen Bericht, «wir leben hier ja bloss in der Spiegelwelt, aber die Spiegelwelt ist sehr real und materiell. Da brauche ich auch einen realen und materiellen Silberschlüssel.»

«Du hast seltsame Wünsche, Jojo», antwortete Mattea, «und die können wir dir tatsächlich erfüllen.»

«Wir?» fragte Jojo, und «wir?» fragten auch Lucia und Mark.

«Also, ich», antwortete Mattea, «eigentlich nicht ich», sie fuhr sich mit der Hand durch die Haare, «sondern die Rokokofrauen. Die sind handwerklich sehr begabt. Die nähen doch die schönen Rokokokleider. Selbstverständlich fertigen sie auch den Schmuck für die Rokokokleider an. Da können sie sicher auch deinen silbernen Schlüssel nachmachen. Den kann ich ihnen leicht beschreiben. Eigentlich ist dieser Schlüssel doch ein Kreuz mit einem stacheligen Ring am Ende. Eine lange silberne Kette haben die vermutlich schon. Das ist nichts Aussergewöhnliches für die.»

«Können die das auch schnell machen?» fragte Mark, «so bis Mittwoch? Mittwoch ist doch die nächste Versammlung der Freimaurer. Eine solche Sitzung halte ich vielleicht noch aus. Aber zwei sicher nicht mehr. Ich wäre wirklich dankbar, wenn wir am nächsten Mittwoch Ahriman aus Rikus Körper vertreiben könnten.»

«Ich kann sie mal fragen», meinte Mattea nur, «wenn ich ihren Ehrgeiz anstacheln kann, schaffen die das sicher schnell.»

«Mittwoch?» sagte nun Lucia entgeistert, «du möchtest am Mittwoch Ahriman vertreiben? Hast du eine Idee, wie du das machen willst? Hat hier irgendjemand einen Plan?»

«Ich glaube, wir haben einen Plan, wir kennen ihn bloss noch nicht», antwortete Jojo ruhig.

«Jojo, ich glaube die Reise ins Land Schamballa hat dir nicht gut getan», entgegnete Lucia mit ernsthafter Besorgnis in der Stimme.

«Es liegt schon am Land Schamballa», antwortete Jojo, «lass es mich erklären. Du und ich und Mark und Mattea, wir leben in Wirklichkeit im Land Schamballa. Und das hier», er tippte auf seine Stirn, «ist nur ein Spiegel der Wirklichkeit. Der hier», er tippte wieder auf seine Stirn, «muss nicht wissen, was der Plan ist, solange der wirkliche Jojo es weiss.»

«Aber Jojo», sagte Lucia, «du springst doch nicht vom Dach eines Hauses und denkst, dass der wirkliche Jojo schon einen Plan haben wird, wie du heil unten ankommst.» Sie zögerte einen Moment und fuhr dann fort, «oder etwa doch nach diesem Aufenthalt?»

«Nein natürlich nicht. Wenn ich vom Dach springe ist das Risiko gross, dass ich dabei sterbe oder mir mindestens ein Bein breche. Aber mal ganz ehrlich, was ist das Risiko, wenn wir alle zusammen an der nächsten Versammlung der Freimaurer teilnehmen und ich dabei den silbernen Schlüssel um den Hals trage? Im schlimmsten Fall wird die nächste Versammlung einfach noch grässlicher als die letzte. Doch das kann ich mir nicht vorstellen. Noch grässlicher geht es gar nicht.»

Lucia nickte resigniert. «Na dann halt», sagte sie, «von mir aus können wir das tun.»

«Alle Verantwortung liegt nun bei dir, Mattea», fügte Mark hinzu, «ohne diesen silbernen Schlüssel wird es wohl nicht gehen, wenn ich Jojo recht verstanden habe.»

Mattea nickte, und ein zufriedener Ausdruck spielte um ihre Lippen, «keine Sorgen, vielleicht habe ich noch nicht hundert Prozent Vertrauen, dass der wirkliche Jojo einen Plan hat. Ich bin aber hundert Prozent sicher, dass ich am Mittwoch mit dem silbernen Schlüssel komme. Silberschmuck haben die Rokokofrauen doch schon hergestellt, und geholfen haben sie mir auch schon oft.»

27 Das Ende

Mark und Jojo warteten einige Strassen vom Versammlungsraum der Freimaurer entfernt. Sie mussten nicht lange warten, schon sahen sie Mattea und Lucia kommen. Gleich nach der Begrüssung sagte Mattea: «Ich habe es geschafft. Ich habe den silbernen Schlüssel bekommen.» Sie zog eine kleine Schatulle aus der Tasche, öffnete sie und nahm ihn heraus. «Komm Jojo», sagte sie, «ich hänge ihn dir gleich um, aber du musst dein Hemd öffnen, der

Schlüssel soll doch über deinem Herzen liegen oder?» Jojo knöpfte sein Hemd ein Stück weit auf, und Mattea hängte ihm die silberne Kette um den Hals. Dabei berührte sie ihn nur leicht am Hals und Jojos Aufmerksamkeit war einen Moment eher bei Matteas Händen und ihrem Gesicht, das so nah war, als bei der Kette. Sehr rasch war dieser Moment vorbei, und Jojo knöpfte das Hemd wieder zu.

«Spürst du etwas Besonderes?» fragte Mark neugierig, doch Jojo schüttelte langsam den Kopf bevor er antwortete:

«Nein, eigentlich spüre ich gar nichts Besonderes.» Das stimmte nicht ganz. Er spürte noch die Gegenwart Matteas, die ihm gerade so nahe gewesen war. Ganz dicht hatte sie vor ihm gestanden und alle Aufmerksamkeit auf ihn gerichtet, und die Erinnerung an diesen Augenblick vibrierte noch auf seiner Haut über den ganzen Bereich von der Stirn bis zum Bauchnabel.

«Seid ihr sicher, dass wir keinen Plan haben?», fragte Lucia wieder, und Jojo antwortete:

«Wir haben doch einen Plan, er ist uns nur noch nicht bewusst.» So ganz wohl war es ihm nicht bei diesem Gedanken. Der Gedanke, dass ihm der wirkliche Jojo, der alles bestimmte, nicht bewusst war, beunruhigte ihn. Bis anhin war er immer da gewesen, wo er mit seinem Bewusstsein gewesen war. Er war auch nicht sicher, ob der wirkliche Jojo wirklich alles bestimmte. Wenn der Jojo auf der Erde, zum Beispiel voll Freude und Lust Wasser aus dem Bach trank, war der andere Jojo dabei? Der hatte doch keinen Körper, also hatte er keinen Wunsch nach kühlem, klarem Wasser und konnte die Erfüllung des Wunsches auch nicht geniessen. Er hatte sich nie zweigeteilt gefühlt. Im Land Schamballa war er ganz in Schamballa gewesen, und sein Körper hatte im Sarkophag gelegen, abgelegt wie ein Kleidungsstück, in das man dann später wieder schlüpft. Nun war er ganz hier. Schamballa war nur eine Erinnerung. Und doch war er offensichtlich zweigeteilt. Jojo dachte nicht weiter, als er Matteas Hand auf der Schulter spürte, die ihn leise anschob.

«Komm Jojo, träum nicht, wir gehen», sagte sie, und sie machten sich auf den Weg zum Haus der Freimaurer.

Maximilian Wyss öffnete ihnen die Tür. Sie war noch gar nicht ganz geöffnet, als er auch schon zu reden begann. Er sprach mit feierlicher Miene: «Kommt herein. Setzt Euch auf das Sofa.» Er wies auf das viktorianische Sofa, auf dem Jojo schon bei seinem ersten Aufenthalt hier gesessen hatte, und die vier setzten sich. Maximilian Wyss sprach weiter:

«Wie ihr wisst, musste man in vergangenen Zeiten schwierige äussere Proben bestehen, ehe man ein Geheimnis der Freimaurer erfahren durfte. Das gilt heute nicht mehr, denn die grösste Probe ist eine innere. Schliesslich waren unsere Geheimnisse solche des Wissens. Sie führten zu Weisheit. Doch vor einigen Wochen hat unser weiser Meister uns über die Schwelle zu einer neuen Welt geführt. Vom Aufnehmen der Weisheit durch das Ausführen der altehrwürdigen Rituale hat er uns geführt zum Aufnehmen der Macht durch neue Rituale. Wahre Macht erlangt man nicht durch symbolische Handlungen. Wahre Macht erlangt man nur durch Wirksamkeit in der Welt. Schritt für Schritt wurden wir Mauer der Hochgrade zur Wirksamkeit in der Welt geführt. Vom Einatmen des magischen Rauchs wurden wir zum Verzehren des Kopfes aus Nahrungsmasse und weiter zum Schlachten des Hahnes geführt. Nun werden wir auf eine neue Höhe der Machtaufnahme gehoben. Und ihr dürft dabei sein, nicht nur als Zuschauer, sondern als aktive Teilnehmer. Wenn ihr auch nur einen winzigen Anteil habt, so ist es doch eine grosse Ehre für Euch. Ihr dürft auch einen Schnitt mit dem Messer ins Fleisch tun. Deshalb werdet ihr diesmal ganz vorne beim Meister sitzen.»

Nach diesen Worten führte er sie in den Versammlungssaal. In der Mitte zwischen den beiden Säulen stand diesmal nicht der Tisch mit dem Buch darauf, sondern eine Art Kopie des Altars der Macht. Der Altar war völlig leer bis auf ein silbernes Messer und einen Kelch. Hinter dem Altar standen vier Stühle. Maximilian Wyss führte sie zu den Stühlen und sagte mit feierlicher Stimme: «Das sind eure Ehrenplätze. Schweigt wie immer während der Zeremonie. Alles weitere werdet ihr sehen. Der Meister wird euch die Hand führen zur wahren Tat.» Mit diesen Worten entfernte er sich.

Langsam füllte sich der Saal, und die Zeremonie begann. Die Eröffnung nahm den gleichen Verlauf wie das letzte Mal. Schliesslich trat der Meister vor den Altar zwischen den zwei Säulen und begann seine Rede:

«Aufgabe ist es mir in Ordnung des Maurer-Dienstes, euch meine Schwestern und Brüder, zur Arbeit zu rufen. Eure Arbeit besteht in der Mehrung der Macht. Nun kennt ihr das Geheimnis der Macht. Es liegt in der Vernichtung des Lebens. Es ist ein offenbares Geheimnis. Unsere Urahnen haben es gelebt jeden Tag. Sie haben Tiere getötet und ihr Fleisch gegessen. So haben sie den Tod überwunden. Nur der Tod einer anderen Kreatur hat ihnen das Leben erhalten. Tausende von Jahren hat die Menschheit treulich nach diesem Geheimnis gelebt, auch wenn es den meisten nicht bewusst war. Doch dann begann der Niedergang. Er begann mit dem Aufkommen der Landwirtschaft, mit dem die Menschen mehr Körner als Fleisch assen und fand seinen Tiefpunkt in unserer Zivilisation, die nur noch künstlich hergestellte Nahrungsmittel kennt. Doch dann geschah das Grossartige. Der Niedergang wurde rückgängig gemacht und nicht nur das. Nach Tausenden von Jahren der Stagnation seid ihr nun endlich einen Schritt weitergekommen. Ihr habt ein tiefes Geheimnis erfahren: Höhere Macht entsteht nur, wenn man einer anderen Kreatur Schmerz zufügt und sie schliesslich tötet und dabei Lust empfindet. Dieses Wissen habt ihr bei unserer letzten Versammlung in die Tat umgesetzt.

Doch wie gelangt man zu höchster Macht? Welche Kreatur muss man quälen und töten, damit die höchste Macht entsteht? Es muss natürlich ein

Mensch sein, und zwar ein sehr junger Mensch, denn je jünger der Mensch ist, desto mehr Lebensenergie enthält er noch. Diese wird im Ritual in Machtenergie verwandelt. Den Schritt zu höchster Macht werden vier unserer Maurer heute tun. Es sind unsere verdientesten Mitglieder, die die höchsten Weihen erlangt und verdient haben. Unsere vier Novizen werden ihnen dabei assistieren. Welch Ehre für die Novizen und die Ehre ist auch verdient. Ist die Kreatur, die uns heute zu höchster Macht verhilft doch der Bruder des einen von ihnen.»

Bei diesen Worten stöhnte Mark auf und erbleichte. Doch der Meister sprach weiter:

«So lasst uns das Ritual beginnen.»

Nach diesen Worten schlug der zweite Aufseher den Gong. Die Tür zum Versammlungssaal öffnete sich, und der erste Aufseher trat ein. Er hielt ein Kind in den Armen. Das Kind mochte vielleicht drei Jahre alt sein. Es war in eine Art weisses Kleid gehüllt und schlief offensichtlich tief und fest. Der Aufseher schritt von der Tür auf den Altar zwischen den zwei Säulen zu. Dabei ging er direkt an Jojo vorbei. Ganz nah war ihm das Kind. Es lag dort mit geschlossenen Augen und schlief noch immer, doch in dem Moment, in dem es direkt vor Jojo war, zuckte es im Schlaf mit den Beinen. Mit diesem Zucken traf sein Fuss auf Jojos Brust. Das tat etwas weh, denn der Fuss hatte den silbernen Schlüssel getroffen, und die vielen kleinen Stacheln an dessen Ring drückten ihm ins Fleisch. Es war Jojo, als wäre durch diesen Schmerz eine kleine runde Tür geöffnet worden, durch die nun etwas nach aussen dringen konnte. Jojo spürte, wie eine seltsame Kraft von oben durch seinen Kopf eindrang, den Kopf und Hals und Brustbereich durchzog und durch diese kleine Tür wieder aus ihm hinausströmte. Was da hereinkam, konnte er nicht genau sagen. Es war aber ganz deutlich, dass nun aus seiner Brust so etwas wie Zuwendung, wie Aufmerksamkeit und Kraft ausströmte. Dieses Strömen gehörte nicht zu ihm. Es strömte zwar durch ihn hindurch, es war aber nicht seine Aufmerksamkeit oder Zuwendung, die da strömte. Er fühlte sich wie ein Saxofon, das von jemandem gespielt wird. Es strömte etwas in ihn ein und strömte wieder aus ihm hinaus, und er war nur das Instrument. Er war nicht der Musiker, der es blies. Jojo merkte, dass er zwar nicht blies, dass er aber die Richtung dieses Strömens bestimmen konnte. Er richtete es also nach vorne. Dort legte der erste Aufseher den kleinen Jan gerade auf den Altar. Rechts neben ihm lag das scharfe silberne Messer links neben ihm die goldene Schale, mit der sein Blut aufgefangen werden sollte.

Eine seltsame Stimmung hatte den ganzen Saal ergriffen. Es flossen aus allen diesen Freimaurern gespannte, gerichtete, geile Wünsche. Etwas war seltsam an diesen Wünschen. Sie flossen nicht aus den Körpern wie sexuelles Verlangen fliesst oder Gier nach Essen. Sie flossen auch nicht aus den Köpfen wie Neugier oder Voyeurismus das tun. Sie flossen aus dem Bereich zwischen

Kopf und Herz all dieser Leute, wie Ekel das tut. Es war aber kein Ekel, der dort floss. Es war nicht Lust oder Macht. Es war wie geiler Wille zur Lust und geiler Wille zur Macht. All diese einzelnen Flüsse fanden sich zusammen zu einem einzigen Strom, der sich auf diesen Altar richtete, ein unsichtbarer, doch gewaltiger Strahl.

Der Meister trat zum Altar. Er ergriff das Messer und die Schale und drehte sich wieder zu den Freimaurern um.

«Ich habe euch das grösste Geheimnis der Macht verraten. Dankbar solltet ihr sein, dass ihr dieses Geheimnis endlich erfahren durftet. Nehmt es hin, und nehmt es in euch auf. Hinter mir liegt der Leib, der für euch gegeben wird. Aus seinem Blut erwächst euch eure Macht. Aus seinem Schmerz wird euch die Kraft, wenn sein Schmerz euch nur zur Lust wird. Wenn sein äusserster Schmerz euch zu äusserster Lust wird, dann und nur dann wird euch äusserste Kraft. Das möge jetzt euer einziger Wunsch und Wille sein.»

Jojo sah das alles, und wie eine Erinnerung kam ihm der Gedanke, dass ihn der Anblick lähmen und der ganze Vorgang mit Entsetzen erfüllen müsste. Tatsächlich erfuhr er ganz etwas anderes. In ihm selber wurden seine eigene Aufmerksamkeit und seine eigene Zuwendung wach. Das, was er jetzt selber hervorbrachte, und das, was schon länger durch ihn geströmt war, vereinigten sich. Er richtete diese vereinigte Aufmerksamkeit und Zuwendung, die aus ihm strömte, ganz auf den Meister, der dort stand, das Messer in der rechten und die Schale in der linken Hand. Damit wurde Jojo selbst ein einziger Strom der Zuwendung. Er vergass sich selber mehr und mehr und ging mehr und mehr auf in diesem Strom der Zuwendung. Aus der Zuwendung wurde warmes Interesse, und dieses Interesse machte die Haut Rikus wie ein wenig durchsichtig, sodass Jojo Ahriman dahinter sah. Bei diesem Anblick verwandelte sich sein warmes Interesse zu Mitleid. Es wurde zu Mitleid für Rikus Körper und Seele, die so von Ahriman beherrscht und vergewaltigt wurden. Es wurde aber auch zu Mitleid für Ahriman selber, der sich mehr und mehr im Dickicht seiner eigenen Antriebe verirrte und verwickelte und je machtvoller er sich bewegte, die Schlingen und Dornen um sich herum nur umso machtvoller in den eigenen Körper trieb. Jojo drückte leicht Marks Hand in der seinen und flüsterte ihm zu «Ihr müsst Mitleid haben mit Riku und Ahriman.» Und Mark drückte Lucias Hand und gab die Botschaft weiter, die endlich auch Mattea erreichte. Jojo aber hatte die Aufmerksamkeit weiter auf Ahriman gerichtet und empfand plötzlich die ganze Kälte Ahrimans. Und er empfand, wie grässlich es sein musste, in dieser permanenten Kälte zu leben. Mit dieser Empfindung wurde das Mitleid in Jojo noch stärker und der Strom des Mitleids, der aus seinem Herzen drang vereinigte sich mit den Strömen, die aus den Herzen Matteas, Marks und Lucias drangen. Dieses Mitleid wurde grösser und wärmer und auf kaum zu beschreibende Weise lichtvoller und verwandelte sich in Liebe. Es verwandelte sich in einen Strom aus Liebe, wie sie eine Mutter zu ihrem unschuldigen Kind hat, das in ihren Armen liegt. Eine wärmende Zuwendung, in der nichts ist als der Wunsch, dass es dem Kindlein gutgehen sollte. Diese wärmende Liebe umhüllte nun Ahriman ganz, und Jojo sah mit Verwunderung, ja fast Enttäuschung, dass sie Ahriman nicht gut tat. Er begann sich zu winden und zu zucken wie in den grössten Schmerzen. Offenbar konnte er diese warme Liebe nicht ertragen. Es war als würde ihn diese Zuwendung binden und fesseln. Und dieses Zucken vor Schmerzen wurde zu einem sich Aufbäumen gegen diese Fesseln. Es wurde stärker und wilder. In einem letzten Aufbäumen verschwand alles Zucken, und mit ihm verschwand Ahriman.

Die Gestalt des Meisters schwankte, Messer und Schale fielen ihm aus den Händen, gleich würde er ohnmächtig werden und zusammenbrechen. Doch dann stabilisierte sich das Schwanken, der Meister fing sich wieder, und Jojo wusste, dass nicht der Meister sich fing, sondern dass Riku ihn fing und am Fallen hinderte und wieder in seinen Körper und seine Seele eingezogen war.

Der warme Strom, der aus den Vieren strömte, breitete sich über den ganzen Versammlungssaal aus. Er floss um alle Anwesenden herum, drang in sie ein, und all diese geilen Gefühle von Willen zu Lust und Macht erwärmten sich, verwandelten sich und lösten sich auf.

Mark sprang von seinem Stuhl auf. Schon war er beim Altar und nahm seinen kleinen Bruder in die Arme. Er wandte sich kurz zu den andern um.

«Ich muss gehen», rief er, «ich muss ihn nach Hause bringen.» Dann ging er raschen Schrittes durch den Saal und verschwand durch die Tür.

Die Freimaurer im Saal sassen unbewegt auf ihren Stühlen. Sie blickten auf den Meister, als würden sie gerade aus einer tiefen Trance erwachen.

Jojo, Lucia und Mattea sassen auch still auf ihren Stühlen. Es war ihnen, als hätte die Lähmung, die vorher nicht dagewesen war, sie nun mit Verspätung endlich erreicht. Sie blickten ebenfalls auf die Gestalt des Meisters, die sie nur von hinten sahen. Er hob die Arme in die Höhe und begann zu sprechen:

«Liebe Brüder und Schwestern erwacht. Erwacht aus der Trance, in der ihr gelebt habt in den letzten Wochen und Monaten. Schüttelt ab, was euch in die Trance gebracht habt. Schüttelt ab das Streben nach Macht. Es kam nicht aus eurem Inneren. Es wurde euch eingeträufelt von aussen. Es wurde euch eingeträufelt von einer fremden Macht, die euch alle ergriffen hat. Mich selber hat sie aber am meisten ergriffen. Nun ist es Zeit, sie abzuschütteln.

Es war nicht der Wille zur Macht, der die Menschen zu Urzeiten am Leben hielt. Es war die Weisheit, die damals direkt zu den Menschen sprach und sagte, was zu tun war. Sie sprach zu ihnen aus dem Rieseln der Quelle in den Felsen, aus dem Rauschen des Flusses in der Ebene, aus dem Sausen des Windes im Walde und aus dem Knistern der Flammen im Feuer. Es sprach der rollende Donner in den Wolken zu ihnen, und es sprach das Flüstern des Windes zwischen den Gräsern.

All das ist uns verschwunden in dieser Zeit. Uns ist nur noch das Wissen geblieben, von dem, der all die Weisheit bewirkte. Wir nennen es Tao, und Tao soll euch helfen, wieder zum Ursprung zu gelangen. Tao liegt als tiefer, verborgener Seelengrund in euch und zugleich als eine erhabene Zukunft vor euch. Darum sprecht mit scheuer Ehrfurcht Tao aus und mit scheuer Ehrfurcht denkt es. Denn Tao ist in der Kraft des Windes und im Licht der Sonne. Tao ist die Wachstumskraft in der Pflanze und lebt im Tier als Empfindung. Tao nehmt ihr auf mit jedem Einatmen und lasst es wieder ausströmen im Ausatmen. Ihr wisst es, auch wenn ihr es nicht mehr spürt. Diesem Tao spürt still nach in der nächsten Woche. Dieses Tao soll euch reinigen. Geht nun still nach Hause. Wendet euch still dem Tao zu, und wir sehen uns wieder in einer Woche. Lebt bis dahin wohl.»

Der Meister schwieg, blieb aber weiter mit erhobenen Armen stehen, bis der letzte Freimaurer den Saal verlassen hatte. Dann wandte er sich um und blickte die Drei an und sagte:

«Es ist nun nicht Zeit für Erklärungen. Es ist nicht Zeit für Besprechungen. Es ist nur Zeit für mich, euch zu danken. Lebt auch ihr wohl bis zum Wiedersehen im Wald. Ihr werdet von mir hören.»

So verliessen auch Jojo, Mattea und Lucia den Saal.

«Ach, ich begleite euch noch nach Hause», sagte Jojo draussen.

«Gute Idee», sagte Lucia nur. Schon drehte sie sich um und ging voran. Jojo und Mattea folgten ihr. Sie gingen Seite and Seite, und Jojo spürte, wie Matteas Hand plötzlich in der seinen lag.

Danksagung

Ich möchte den folgenden Personen meinen aufrichtigen Dank aussprechen. Ich kenne keine davon persönlich, da alle schon lange gestorben sind. Sie haben allerdings teils wörtliche Beiträge zu diesem Buch geleistet.

Die Namen einiger von ihnen sind verloren gegangen. Ihre Worte sind uns jedoch in der nordischen und der griechischen Mythologie, im alten und im neuen Testament erhalten. Bei anderen sind die Namen aus dem Dunkel der Geschichte aufgetaucht: Chrétien des Troyes, Dante Alighieri, Johann Wolfgang von Goethe, Johann Gottlieb Fichte, Friedrich Nietzsche und Rudolf Steiner.

Natürlich ist das vorliegende Buch ein Werk der Fantasie und ich bitte alle diese grossen Geister um Entschuldigung, wenn ich ihre Beiträge in meinem fantastischen Roman in den falschen Kontext oder ein falsches Licht gestellt haben sollte.

Die grässlichen Rituale der Freimaurer sind hingegen nicht nur Ausgeburten meiner Fantasie. Solche Rituale wurden beschrieben. Eines fand unter dem Titel «spirit cooking» vor den Augen der Öffentlichkeit statt. Andere finden sich als Gerüchte im Internet. Nach der Lektüre dieses Romans wird es nicht mehr erstaunen, dass seltsame Berichte über noch seltsamere Praktiken im «Bohemian Grove» mit den mächtigsten Menschen der Welt in Verbindung gebracht werden.